M



Marian Keyes … des études de dr… partir à Londres, … ser-veuse. Alcoolique, … de désintoxication à la sui… …ative de suicide en 1996. Depuis, Mari… Keyes est devenue écrivain. Ses romans ont tous connu un énorme succès dans le monde anglo-saxon. Nourri de son expérience personnelle, *Les vacances de Rachel* (Belfond, 2000) est son premier livre traduit en français.

# LES VACANCES DE RACHEL

MARIAN KEYES

# LES VACANCES DE RACHEL

*Traduit de l'anglais (Irlande)*
*par Roxane Azimi*

BELFOND

Titre original :
*RACHEL'S HOLIDAY*
publié par Penguin, Londres

Tous les événements et les personnages de ce roman sont fictifs. Toute ressemblance avec des événements ou des personnes réels serait pure coïncidence.



ISBN : 2-266-10827-1

*À Tony*

# 1

On a dit que j'étais toxicomane. J'ai trouvé ça fort de café… moi, issue d'un milieu bourgeois, éduquée chez les sœurs, moi qui prenais de la drogue uniquement pour me détendre. Et puis, un drogué, c'est beaucoup plus maigre, non ? D'accord, j'en consommais, des drogues, mais personne ne semblait comprendre qu'il n'y avait pas une grande différence avec le fait de boire un verre ou deux le vendredi soir après le boulot. Eux pouvaient sans problème s'envoyer plusieurs vodka-tonics pour décompresser. Eh bien, moi avec mes lignes de coke, c'était pareil. Comme je l'ai dit à mon père, à ma sœur, au mari de ma sœur et, pour finir, au personnel soignant du Prieuré : « Si la cocaïne était vendue sous une forme liquide, en bouteille, me reprocheriez-vous d'en prendre, hein ? Je parie que non ! »

J'étais d'autant plus vexée que je n'avais rien d'une toxicomane. Outre les traces de piqûres sur les bras, ces gens-là ont les cheveux sales, sont perpétuellement gelés, rentrent les épaules, portent des chaussures en plastique, traînent en bas des immeubles et, ainsi que je l'ai déjà mentionné, sont *maigres*.

Moi, je ne l'étais pas.

Pourtant, ce n'était pas faute d'avoir essayé. J'avais passé des heures sur le Stairmaster dans le club de gym.

Mais j'avais eu beau stairmasteriser, la génétique avait eu le dernier mot. Si mon père avait épousé une petite femme frêle, j'aurais sans doute eu une tout autre vie. Ou du moins, d'autres cuisses, c'est sûr.

Au lieu de quoi, j'étais vouée à ce qu'on dise de moi : « C'est une grande fille. » En général, les gens s'empressaient d'ajouter : « Non pas qu'elle soit *grosse.* »

Sous-entendu, si j'avais été grosse, au moins ça n'aurait pas été irrémédiable.

« Non, poursuivaient-ils, c'est une belle grande fille. Une fille robuste. »

On me décrivait souvent comme étant robuste.

Ça me gonflait prodigieusement.

Mon petit ami, Luke, me disait parfois « magnifique » (à contre-jour et après plusieurs bières). Enfin, c'est ce qu'il me disait *à moi*. Devant ses copains, ça devait être : « Non pas qu'elle soit *grosse*... »

Toute cette histoire de toxicomanie m'est tombée dessus un beau matin de février quand j'habitais New York.

Ce n'était pas la première fois que je me sentais dans le collimateur d'une caméra cachée cosmique. Ma vie avait tendance à échapper à tout contrôle, et j'avais depuis longtemps abandonné l'idée que le Dieu censé veiller sur moi était un brave vieillard barbu et chevelu. Je le voyais plutôt en animateur de télé céleste commentant les images de mon existence pour amuser les autres dieux.

« Regardez ça, déclare-t-il en riant, Rachel qui croit avoir un nouveau boulot et qui s'imagine pouvoir quitter l'ancien en toute sécurité. Sans se douter un instant que sa nouvelle boîte est au bord de la faillite ! »

Morts de rire, les dieux.

« Et ça, glousse-t-il. Rachel qui court au rendez-vous avec son nouveau jules. Voyez-la se prendre le talon dans une grille. Parti, le talon. Arraché net. Elle ne se doute pas, Rachel, que nous l'avons trafiqué. Regardez-la boitiller le reste du chemin. »

Nouveaux ricanements dans l'assemblée des dieux.

« Et la meilleure, ajoute le présentateur en s'esclaffant, c'est que l'homme qu'elle devait retrouver n'est jamais venu ! Il lui avait donné rendez-vous juste pour gagner un pari. Regardez-la se tortiller d'embarras dans ce bar chic. Voyez les regards apitoyés que lui lancent les autres femmes. Voyez la note astronomique que lui apporte le serveur pour un verre de vin. Et surtout, voyez-la quand elle découvre qu'elle *a oublié son porte-monnaie chez elle* ! »

Fou rire généralisé.

Les événements qui m'ont conduite à être taxée de toxicomanie comportaient le même élément de farce céleste que le reste de ma vie. Il se trouve qu'un soir j'avais un peu forcé sur les substances euphorisantes et je n'arrivais pas à m'endormir. (Je n'avais pas eu l'intention d'en prendre trop, j'avais simplement sous-estimé la qualité de la cocaïne que j'avais en ma possession.) Comme je devais me lever le lendemain pour aller travailler, j'ai pris deux somnifères. Au bout de dix minutes, les cachets ne produisant pas d'effet, j'en ai pris deux autres. Ma tête continuait de bourdonner ; alors, en désespoir de cause, sachant que j'avais absolument besoin de dormir pour être fraîche et dispose à mon boulot, j'en ai avalé encore quelques-uns.

Finalement, j'ai réussi à trouver le sommeil. Un sommeil profond, formidable. Tellement profond et formidable que le matin, quand mon réveil a sonné, j'ai omis de me réveiller.

Brigit, ma colocataire, a frappé à ma porte. Puis elle est entrée dans ma chambre, m'a crié dessus, m'a secouée et, à bout d'arguments, m'a giflée. (Cette histoire d'être à bout d'arguments, je n'y crois pas trop. Elle se doutait bien qu'une gifle n'allait pas me réveiller, mais personne n'est en forme un lundi matin.)

Ensuite, Brigit est tombée sur le bout de papier sur lequel j'avais essayé d'écrire juste avant de m'endormir. C'était l'habituel charabia romantico-larmoyant que j'écrivais lorsque j'étais sous influence. Ça me semblait très profond sur le moment, où je pensais avoir découvert le secret de l'univers, mais, en me relisant à froid, j'en rougissais de honte... quand j'arrivais à me relire.

C'était donc un poème du genre : « Bla-bla la vie... indéchiffrable... un bol de cerises... bla... je ne récolte que les noyaux... » Puis – je me souvenais vaguement d'avoir écrit ça – j'avais trouvé un très bon titre pour un poème sur une cambrioleuse rattrapée par sa conscience. Ça s'appelait *Je tire l'échelle*.

Seulement Brigit, qui depuis quelque temps était toute bizarre et coincée, a pris ce lamentable fatras d'âneries au sérieux. Et, quand elle a aperçu la fiole de somnifères vide à côté de mon oreiller, elle a aussitôt conclu au suicide. Avant que j'aie compris ce qui m'arrivait... littéralement *avant*, puisque je dormais toujours – enfin, je dormais ou j'étais inconsciente, selon la version que vous choisirez de croire –, elle a appelé une ambulance, et je me suis retrouvée à Mount Solomon pour y subir un lavage d'estomac. Ça, c'était désagréable, mais le pire était encore à venir. Brigit avait manifestement rejoint les rangs de ces forcenés de l'abstinence qui, si vous vous lavez les cheveux avec un shampoing à la bière plus de deux fois par semaine, vous traitent d'alcoolique et vous recommandent une cure de désintoxication. Elle a téléphoné à mes parents à Dublin afin de leur annoncer que j'avais de gros problèmes avec la drogue et que j'avais essayé de me tuer. Je n'ai guère eu le temps d'intervenir pour expliquer que tout ceci était un énorme malentendu. Mes parents ont contacté ma sœur aînée, l'irréprochable Margaret. Qui a débarqué par le premier avion de Chicago avec son mari, le tout aussi insupportable Paul.

Margaret n'avait qu'un an de plus que moi, mais j'avais l'impression que c'était plutôt quarante. Elle tenait à tout prix à m'expédier en Irlande dans le giron familial. Où je séjournerais brièvement avant d'être admise dans une sorte de centre Betty Ford, afin de m'en sortir « une bonne fois pour toutes », comme a dit mon père lorsqu'il m'a téléphoné.

Bien entendu, je n'avais pas l'intention d'aller où que ce soit, mais là j'ai eu vraiment peur. Pas uniquement parce qu'il était question de rentrer à la maison, puis dans une clinique, mais parce que mon père m'avait *téléphoné. Il* m'avait téléphoné. *À moi.* En vingt-sept ans de vie, ça ne m'était encore jamais arrivé. C'était déjà assez dur de lui arracher un bonjour quand j'appelais à la maison ; d'ailleurs, il répondait rarement au téléphone. Dans le meilleur des cas, c'était :

« Laquelle de vous est-ce ?… Ah, Rachel. Ne quitte pas, je vais chercher ta mère. »

Et il lâchait le combiné avec fracas pour se précipiter à la recherche de maman.

Si maman n'était pas là, il était terrifié.

« Ta mère n'est pas là », disait-il, une note de panique dans la voix.

Le message étant : Surtout, *surtout* ne m'oblige pas à te parler.

Ce n'était pas un manque d'affection de sa part, ni le signe qu'il était un père froid ou inaccessible.

C'était un homme charmant.

Ça, j'avais fini par l'admettre à contrecœur, à l'âge de vingt-sept ans, et huit ans après être partie de la maison.

Qu'il n'était pas le Grand Rétenteur d'Argent pour l'Achat d'un Jean Neuf que mes sœurs et moi aimions à haïr durant notre adolescence. Mais, tout charmant qu'il était, la conversation n'était pas son fort. À moins que je ne lui parle de golf. Le fait qu'il m'ait téléphoné signifiait donc que, cette fois-ci, j'étais réellement dans le pétrin.

Apeurée, j'ai tenté de redresser la barre.

« Je n'ai rien, ai-je dit à papa. Tout ça est une erreur, je vais très bien. »

Mais il ne désarmait pas.

« Tu rentres à la maison », a-t-il ordonné.

Je ne désarmais pas non plus.

« Papa, voyons… Sois… sois… un peu réaliste, je ne peux pas tout quitter comme ça.

— Qu'est-ce que tu ne peux pas quitter ?

— Mon boulot, par exemple. Je ne peux pas lâcher mon boulot.

— Je leur ai déjà parlé, à ton travail, et ils sont d'accord pour que tu rentres. »

Soudain, un gouffre s'est ouvert sous mes pieds.

« Tu *quoi* ? »

J'arrivais tout juste à parler tellement j'étais tétanisée. Que lui avait-on raconté à mon sujet ?

« Je leur ai parlé, à ton travail, a répété papa sur le même ton égal.

— Espèce de vieux salopard. »

J'ai dégluti.

« Qui t'as eu ?

— Un dénommé Eric. Il m'a dit qu'il était ton patron.

— Oh non ! »

D'accord, à vingt-sept ans, j'aurais dû me ficher pas mal que mon père soit au courant de mes retards occasionnels au boulot. Sauf que je ne m'en fichais pas.

J'avais l'impression de revenir vingt ans en arrière, quand mes parents étaient convoqués à l'école pour s'expliquer sur la somme de devoirs que je ne faisais pas à la maison.

« C'est affreux, ai-je déclaré. Qu'est-ce qui t'a pris de téléphoner à mon travail ? Je ne saurai plus où me mettre ! Que vont-ils penser, maintenant ? Ils vont me licencier pour ça, tu sais.

— Rachel, d'après ce que j'ai cru comprendre, ils étaient sur le point de le faire de toute façon », m'a répondu papa outre-Atlantique.

Catastrophe ! Papa savait. Eric n'avait pas dû y aller de main morte pour lui décrire mes multiples défaillances.

« Je ne te crois pas. Tu dis ça pour que je rentre à la maison.

— Pas du tout. Je vais te répéter exactement ce que cet Eric m'a dit… »

Ah non, surtout pas ! Je ne voulais même pas songer à ce qu'Eric avait dit, et encore moins l'entendre.

« Tout allait bien à mon boulot jusqu'à ton coup de fil, ai-je menti d'un ton fébrile. C'est toi qui as semé la zizanie. Je vais rappeler Eric pour lui dire que tu es un frappadingue échappé d'asile et que tu racontes n'importe quoi.

— Rachel, a soupiré papa, je n'ai pratiquement pas ouvert la bouche, l'Eric en question a parlé tout le temps, et il avait l'air ravi de te laisser partir.

— Me laisser partir ? ai-je soufflé. Autrement dit, me virer ? Je n'ai donc plus de travail ?

— C'est ça. »

Papa ne semblait guère affecté par la chose.

« Formidable, ai-je dit, au bord des larmes. Merci d'avoir gâché ma vie. »

Dans le silence qui a suivi, j'ai tenté de digérer le fait d'être de nouveau au chômage. Là-haut, à la télévision céleste, l'heure était-elle aux rediffusions ?

« Et mon appartement ? me suis-je écriée. Puisque tu as le don de mettre la pagaille dans mon existence ?

— Margaret va régler ça avec Brigit.

— Régler ça ? »

J'avais pensé que la question de l'appartement lui clouerait le bec. À ma grande consternation, il l'avait déjà envisagée. Tout se passait comme si j'avais *réellement* un problème.

« Elle versera un ou deux mois de loyer à Brigit, afin qu'elle ait le temps de se retourner pour trouver quelqu'un d'autre.

— Quelqu'un d'autre ? ai-je glapi. Mais c'est chez moi, ici !

— D'après ce que j'ai compris, Brigit et toi, vous ne vous entendiez plus très bien. »

Papa paraissait gêné.

Il avait raison. Et nos rapports s'étaient encore détériorés depuis qu'elle avait alerté ma famille, laquelle m'était tombée dessus. J'étais furieuse contre elle et, inexplicablement, elle semblait furieuse contre moi. Mais Brigit était ma meilleure amie ; on avait toujours partagé un appartement, elle et moi. Il était hors de question qu'elle habite avec quelqu'un d'autre.

« C'est fou, tout ce que tu as compris », ai-je ironisé.

Papa n'a rien répondu.

« Putain, j'y crois pas ! »

Ma voix s'était mise à trembler.

Je ne me défendais pas aussi bien que d'habitude. À vrai dire, mon séjour à l'hôpital ne m'avait pas vidé que l'estomac. Je me sentais flageolante et peu encline à me bagarrer avec papa, ce qui ne me ressemblait guère.

Les bagarres avec mon père, c'était aussi instinctif chez moi que le refus de coucher avec des hommes moustachus.

« Bref, il n'y a rien qui t'empêche de rentrer pour te refaire une santé, a affirmé papa.

— J'ai un chat, ai-je menti.

— Tu en prendras un autre.

— Mais j'ai un copain, ai-je protesté.

— Ça aussi, ça peut se trouver. »

Facile à dire.

« Repasse-moi Margaret. À demain.

— J' t'en fous », ai-je marmonné.

Et voilà, la discussion était close. Heureusement, j'avais pris deux cachets de valium. Sinon, je crois que j'aurais pété les plombs.

Margaret était assise à côté de moi. D'ailleurs, à la réflexion, je me rendais compte qu'elle était toujours à côté de moi.

Quand elle a eu fini de parler à papa, j'ai décidé de mettre fin à cette histoire abracadabrante. Il était temps de reprendre ma vie en main. Car ça n'était pas drôle, ça n'était pas amusant, ça n'était pas divertissant. C'était désagréable et, par-dessus tout, inutile.

« Margaret, ai-je déclaré vivement, je vais très bien. Je regrette que tu sois venue pour rien. S'il te plaît, pars et emmène ton mari avec toi. Tout ça est une grosse, énorme, terrible erreur.

— Ça m'étonnerait. D'après Brigit…

— On s'en fout, de Brigit ! l'ai-je interrompue. D'ailleurs, elle m'inquiète : je la trouve bizarre en ce moment. Beaucoup moins marrante qu'avant. »

Margaret semblait sceptique.

« Mais tu as l'air de prendre tellement de drogues…

— C'est juste une impression que tu as, lui ai-je expliqué gentiment. Et c'est normal, pour une lèche-cul comme toi. »

C'était vrai que Margaret était lèche-cul. J'avais quatre sœurs, deux plus jeunes et deux plus âgées, et Margaret était la seule « convenable » du lot. Il arrivait à ma mère de nous balayer du regard en disant tristement : « Sur les cinq, il y en a au moins une de bien. »

« Je ne suis pas lèche-cul, s'est-elle plainte. Je suis quelqu'un d'ordinaire, c'est tout.

— Oui, Rachel. »

Paul montait au créneau pour défendre sa femme.

« Margaret n'est pas une lèche-cul simplement parce qu'elle n'est pas une… une junkie qui n'arrive pas à trouver du boulot et qui se fait plaquer par son mari… à l'inverse de certaines », a-t-il ajouté d'un ton sinistre.

J'ai repéré la brèche dans son raisonnement.

« Mon mari ne m'a pas plaquée.

— Parce que tu n'en as pas. »

Visiblement, il faisait allusion à ma sœur aînée, Claire, qui avait réussi à se faire larguer par son époux le jour même où elle mettait au monde leur premier enfant.

« Et j'ai un boulot, lui ai-je rappelé.

— Plus maintenant », a-t-il répliqué en ricanant.

Je le haïssais.

Et il me le rendait bien. Je ne le prenais pas pour moi personnellement : il haïssait toute ma famille. C'était dur pour lui de décider laquelle des sœurs de Margaret il haïssait le plus. Et pour cause, la concurrence était âpre entre nous quatre pour la place de la brebis galeuse. Il y avait Claire, trente et un ans, l'épouse délaissée. Moi, vingt-sept ans, la prétendue junkie. Anna, vingt-quatre ans, qui n'avait jamais décroché un vrai job et qui vendait du hasch de temps à autre pour arriver à joindre les deux bouts. Et puis il y avait Helen, vingt ans, et là, franchement, je ne saurais même pas par où commencer.

Toutes, on haïssait Paul autant qu'il nous haïssait.

Même maman, bien qu'elle se refuse à l'admettre. Elle se targuait d'aimer tout le monde, dans l'espoir que ça lui servirait de coupe-file aux portes du paradis.

Paul était un prétentieux je-sais-tout. Il portait le même style de chandails que papa, et avait acheté sa première maison à treize ans, ou à un âge tout aussi ridicule, avec l'argent de sa première communion.

« À ta place, je rappellerais papa, ai-je lancé à Margaret. Parce que je ne vais nulle part.

— Voilà qui est bien vu », a acquiescé Paul, venimeux.

# 2

L'hôtesse de l'air a essayé de se faufiler entre Paul et moi.

« Pourriez-vous vous asseoir, s'il vous plaît ? Vous bloquez le passage. »

Mais on restait plantés là, gauchement. Bonne fille, Margaret s'était déjà installée dans son siège près du hublot.

« Quel est le problème ? »

L'hôtesse a vérifié nos cartes d'embarquement, puis les numéros des sièges.

« Ce sont les bons sièges. »

Le problème était bien là. D'après les cartes d'embarquement, j'étais placée à côté de Paul, et l'idée de l'avoir près de moi pendant toute la durée du vol me révoltait. Durant sept heures d'affilée, je serais incapable de décontracter les muscles de ma cuisse droite.

« Désolée, ai-je dit. Mais je ne m'assois pas à côté de lui. »

J'ai désigné Paul.

« Et moi, je ne m'assois pas à côté d'elle.

— Et vous ? a demandé l'hôtesse à Margaret. Avez-vous une quelconque objection à vous asseoir à côté de l'un ou de l'autre ?

— Non.

— Parfait », a-t-elle conclu patiemment. Elle s'est tournée vers Paul pour lui suggérer : « Allez donc vous mettre au fond », avant de proposer à Margaret : « Sortez. Vous irez vous asseoir au milieu », puis de me dire : « Et vous en dernier.

— O.K. », avons-nous répondu docilement.

Devant nous, un homme s'est contorsionné pour nous regarder tous les trois.

Il nous a dévisagés un moment, l'air perplexe.

« Vous permettez que je vous pose une question ? a-t-il demandé. Quel âge avez-vous ? »

Eh oui, j'avais accepté de rentrer chez moi, en Irlande.

Même si, au départ, je n'avais absolument pas eu l'intention de le faire, une ou deux petites choses m'avaient incitée à changer d'avis. Tout d'abord Luke, le grand, brun et séduisant Luke, avait débarqué à la maison. J'ai été ravie de le voir.

« Tu ne devrais pas être au boulot ? »

Et je l'ai présenté fièrement à Margaret et Paul.

Luke leur a poliment serré la main, mais son expression demeurait crispée, tendue. Pour le dérider, je me suis lancée dans le récit de mon aventure à Mount Solomon. Il n'a pas eu l'air de trouver ça drôle. M'agrippant par le bras, il a marmonné :

« J'aimerais te parler en privé. »

Déconcertée, j'ai laissé Margaret et Paul au salon, et conduit Luke dans ma chambre. À voir sa mine sombre, il était peu probable qu'il se jette sur moi pour me déshabiller expertement, comme il avait coutume de le faire.

Tout de même, je ne m'attendais guère à ce qui allait suivre. Il m'a fait comprendre que mon séjour à l'hôpital ne l'amusait absolument pas. En fait, il semblait plutôt dégoûté.

« Depuis quand as-tu perdu ton sens de l'humour ? ai-je demandé, interdite. Tu ne vaux pas mieux que Brigit.

— Je ne vais même pas répondre à ça », a-t-il sifflé.

Sur ce, horrifiée, je l'ai entendu déclarer que c'était terminé entre nous. Mon sang s'est glacé dans mes veines. Lui et moi, c'était fini ?

« Mais pourquoi ? »

Chaque fibre de mon corps hurlait : NON !

« Tu as rencontré quelqu'un d'autre ?

— Ne sois pas stupide ! a-t-il éructé.

— Pourquoi, alors ?

— Parce que tu n'es pas celle que je croyais. »

Ce qui ne me disait strictement rien.

Il a continué de m'incendier, comme si tout était *ma* faute. Comme s'il n'avait pas d'autre choix que de rompre avec moi.

« Ah non. »

Je n'allais pas me laisser manipuler.

« Jette-moi si tu veux, mais n'essaie pas de me faire porter le chapeau.

— Bon sang, s'est-il exclamé avec colère, mais tu n'entends rien ! »

Il s'est levé et s'est dirigé vers la porte.

*Ne pars pas.*

S'arrêtant juste pour me lancer encore quelques remarques désobligeantes, il est sorti en trombe de l'appartement. J'étais effondrée. Ce n'était pas la première fois que je me faisais larguer sans raison apparente, mais je n'aurais pas imaginé ça de la part de Luke Costello. On était ensemble depuis plus de six mois. J'avais même commencé à croire que cette fois-ci ça allait marcher.

Chancelant sous le choc et la douleur, j'ai tenté de faire bonne figure devant Paul et Margaret quand, dans mon misérable et nauséeux état d'hébétude, j'ai entendu ma sœur décréter :

« Il *faut* que tu rentres, Rachel. Papa a déjà versé un acompte pour toi au Prieuré. »

Et j'ai eu l'impression qu'on me lançait une bouée.

Le Prieuré ! Le Prieuré était célèbre.

Des centaines de stars du rock avaient séjourné dans cet ancien monastère de Wicklow (et en avaient profité sans doute pour échapper commodément au fisc) pendant les deux ou trois mois requis. Ensuite, comme par enchantement, elles cessaient de saccager les chambres d'hôtel et de balancer des voitures dans les piscines, elles sortaient un nouvel album et apparaissaient, gentilles et sereines, dans tous les talk-shows, les cheveux propres et bien coiffés, pendant que les critiques parlaient d'une qualité inédite et d'une dimension supplémentaire dans leur travail.

Ça ne me gênait pas d'aller au Prieuré. Il n'y avait aucune honte à ça. Au contraire. Et on ne savait jamais sur qui on pouvait tomber.

La rupture avec Luke remettait en question ma vie de A à Z.

Ce serait pas mal de quitter New York quelque temps, ai-je prudemment pensé. Surtout qu'ici le vent semblait tourner en ma défaveur. Je ne partirais pas pour toujours, juste un ou deux mois, histoire de récupérer.

« Alors ? a demandé Margaret d'un ton anxieux. Qu'en dis-tu, Rachel ? »

Naturellement, il fallait que je me rebiffe un peu, pour la forme. Je ne voulais pas admettre que mon existence était tellement vaine que je pouvais l'abandonner sans un regard en arrière. J'ai donc fait mine de résister, mais c'était de la pure forfanterie.

« Ça te plairait, ai-je déclamé, que je débarque dans ta vie en t'annonçant : “Allez, Mags, dis adieu à Paul, à tes amis, à ton boulot, à ton appartement. On va t'enfermer à cinq mille kilomètres de là, dans un asile de fous, même si tu n'as rien qui cloche ?” Ça te plairait, hein ? »

Margaret était au bord des larmes.

« Oh, Rachel, je suis désolée ! Mais ce n'est pas un asile de fous, et… »

Je n'ai pas insisté, car j'avais horreur de lui faire de la peine. Même si elle était bizarre, si elle mettait de l'argent de côté et n'avait pas fait l'amour avant son mariage, je l'aimais beaucoup.

« Margaret, comment ta conscience te permet de me faire ça ? Comment peux-tu dormir la nuit ? »

Arrivée à ce stade-là, ma reddition a été totale.

« D'accord, j'irai », ai-je conclu.

Sur ce, Brigit, Paul et Margaret ont échangé un regard soulagé, et ça m'a agacée : ils se comportaient comme si j'étais une espèce d'attardée mentale.

À la réflexion, j'ai trouvé qu'un centre de rééducation, c'était une bonne idée. Une très bonne idée.

Ça faisait des lustres que je n'avais pas pris de vacances. Un peu de repos, de paix, de sérénité ne me ferait pas de mal. J'avais besoin de me cacher quelque part pour soigner mes blessures, blessures estampillées Luke.

J'avais lu des tas de choses sur le Prieuré, et ç'avait l'air génial. Je me voyais passer beaucoup de temps assise, enveloppée dans une grande serviette. J'avais des visions de hammam, de sauna, de massages, de traitement aux algues. Je mangerais des tonnes de fruits, me promettais-je, rien que des fruits et des légumes. Et je boirais des litres d'eau, au moins huit verres d'eau par jour. Pour me purger, me nettoyer de l'intérieur.

Un mois sans alcool et surtout sans drogue, ce serait merveilleux.

*Un mois entier !* me suis-je dit, soudain paniquée. Mais le valium a fait son effet. Ils devaient sûrement servir du vin au dîner. Ou peut-être que des gens comme moi, qui n'avaient pas un réel problème, étaient autorisés à se rendre au pub du coin.

J'allais loger dans une simple cellule monacale. Sol pavé d'ardoises, murs blanchis à la chaux, étroite couchette en bois, écho lointain du chant grégorien flottant dans l'air du soir. Bien entendu, il y aurait une salle de musculation. Tout le monde sait que l'exercice est le meilleur remède pour les alcooliques et compagnie. À ma sortie, j'aurais le ventre comme une planche. Deux cents flexions par jour. Ce serait formidable d'avoir du temps pour m'occuper de moi. Je rentrerais à New York superbe, et Luke m'implorerait à genoux de renouer avec lui.

« Tu crois qu'elle va être... euh, en manque ? a demandé Margaret à Brigit, tandis que nous nous préparions à affronter la route enneigée pour aller à JFK.

— Ne sois pas ridicule, ai-je rétorqué en riant. Vous avez tous tendance à dramatiser, là. En manque, tu parles ! Ça n'arrive qu'avec l'héroïne.

— Et tu ne prends pas d'héroïne ? »

Exaspérée, j'ai levé les yeux au ciel.

« Mais comment veux-tu que je le sache ? a-t-elle crié.

— Il faut que j'aille aux toilettes d'abord.

— Je viens avec toi, a proposé Margaret.

— Sûrement pas. »

J'ai foncé vers les cabinets et lui ai claqué la porte au nez.

« Lâche-moi les baskets ! ai-je hurlé derrière la porte verrouillée. Ou je vais commencer à me shooter rien que pour t'emmerder. »

Lorsque l'avion a décollé de JFK, je me suis calée dans mon siège ; à ma grande surprise, je ressentais un intense soulagement. J'avais l'étrange impression de m'envoler vers la sécurité. Tout à coup, j'étais extrêmement contente de quitter New York. La vie n'avait pas été facile, ces temps-ci. J'évoluais en permanence sur la corde raide.

J'étais fauchée, je devais de l'argent presque à tout le monde. J'ai ri intérieurement : à m'entendre, on aurait dit une vraie toxico. Non, je n'avais pas *ce genre* de dettes, mais j'avais atteint les limites de mes deux cartes de crédit et j'avais dû taper tous mes amis, jusqu'au dernier.

Travailler à l'hôtel où j'occupais le poste de directrice adjointe était devenu de plus en plus difficile. Certains jours, en franchissant les portes à tambour, j'avais envie de hurler. Eric, mon patron, se montrait dur et irascible. J'avais été souvent malade et souvent en retard. Ce qui le rendait encore plus odieux. Et me poussait à mon tour à prendre davantage de congés maladie. Finalement, ma vie tout entière s'était réduite à deux sentiments : le désespoir quand j'étais au travail, la culpabilité quand je n'y étais pas.

Pendant que l'avion fendait les nuages au-dessus de Long Island, je me disais, farouche : Je pourrais être au bureau en ce moment même. Je n'y suis pas, et c'est tant mieux.

J'ai fermé les yeux, et aussitôt les images indésirables de Luke sont revenues m'assaillir. Au choc initial du rejet avait succédé le chagrin de l'avoir perdu. Lui et moi en étions déjà presque à vivre ensemble, et son absence me causait comme une douleur physique. Je n'aurais pas dû penser à lui : au souvenir de notre dernière scène, j'ai senti que je frisais l'hystérie. J'ai éprouvé un besoin quasi incontrôlable d'aller le trouver *à la minute même* pour lui dire qu'il se trompait et le supplier de ne pas m'abandonner. Une pulsion pareille dans un avion en plein vol, ce n'était pas bien malin. J'ai donc renoncé à la tentation d'appuyer sur le bouton d'appel. Par chance, l'hôtesse de l'air était en train de distribuer les boissons, et j'ai accepté une vodka orange avec la gratitude d'un naufragé à qui l'on jette une corde.

« Arrêtez, ai-je marmonné en voyant que Paul et Margaret me dévisageaient, blêmes d'anxiété. Je suis contrariée. Et d'ailleurs, depuis quand je n'ai plus le droit de boire ?

— Du moment que tu ne forces pas la dose, a dit Margaret. Tu me le promets ? »

Maman avait très mal pris le fait que je sois toxicomane. Helen, ma plus jeune sœur, et elle étaient en train de regarder la télévision lorsque papa leur a annoncé la nouvelle. Apparemment, après avoir raccroché à la fin de sa conversation avec Brigit, il avait fait irruption dans le salon et bredouillé de but en blanc :

« Tu as une fille toxicomane.

— Hmmm ? a répondu maman, tout en continuant de regarder Ricki Lake et autres ringardises. Je suis au courant, a-t-elle ajouté. Il n'y a vraiment pas de quoi en faire un fromage.

— Je ne plaisante pas, a répliqué papa, ennuyé. Ce n'est pas Anna. C'est Rachel ! »

Maman, paraît-il, a fait une drôle de tête et est quasiment tombée du canapé. Pendant que papa et Helen la regardaient – papa avec appréhension, Helen en jubilant –, elle est allée à tâtons dans la cuisine et, posant le front sur la table, s'est mise à pleurer.

« Toxicomane, sanglotait-elle. Ce n'est pas possible. »

Papa a placé une main réconfortante sur son épaule.

« Anna peut-être, se lamentait-elle. Anna *sûrement*. Mais pas Rachel. C'est déjà assez dur d'en avoir une, Jack, mais deux ! Je ne sais pas ce qu'elles fabriquent avec ce satané papier alu. Franchement, je ne sais pas ! Anna se jette dessus comme la misère sur le monde, et quand je lui demande pourquoi, elle est incapable de me donner une réponse claire.

— Elle s'en sert pour faire des petits paquets de hasch lorsqu'elle en vend, a expliqué Helen avec empressement.

— Mary, arrête avec le papier alu une seconde, veux-tu ? » a dit papa qui réfléchissait au moyen de me sortir de là.

Tout à coup, il s'est tourné vers Helen.

« Elle fait *quoi ?* » a-t-il demandé, atterré.

Entre-temps, maman fulminait.

« "Arrête avec le papier alu", hein ? Facile à dire. Ce n'est pas toi qui fais rôtir la dinde et qui, au moment de la couvrir, t'aperçois qu'il ne reste plus qu'un rouleau en carton dans le dérouleur. Ce n'est pas ta dinde qui finit sèche comme le Sahara !

— Mary, je t'en supplie...

— Si au moins elle m'avait prévenue qu'elle s'en était servie, ce ne serait pas si grave. Si elle avait laissé le carton dehors, j'aurais pensé à en racheter la fois d'après...

— Tâche de te rappeler le nom de cet endroit où ce type a été...

— Quel type ?

— Tu sais bien, l'alcoolique qui a détourné plein d'argent, celui qui a été marié à la sœur de la bonne femme avec qui tu fais des retraites, tu le connais.

— Tu parles de Patsy Madden, c'est ça ?

— Oui, oui, celui-là ! »

Papa était enchanté.

« Essaie de savoir où il a été pour régler son problème de boisson.

— Mais Rachel ne boit pas, a protesté maman.

— Non, mais ils font de tout, là-bas : alcool, drogue, jeu, nourriture. Aujourd'hui, on peut devenir accro à n'importe quoi. »

Chaque mois, papa achetait un ou deux magazines féminins de luxe. Officiellement pour Helen et Anna, mais en fait pour lui-même. Il était donc informé sur des tas de choses que les autres pères ignoraient : automutilation, radicaux libres, AHA, Jean-Paul Gaultier et les meilleurs autobronzants.

Maman a pris le téléphone et s'est renseignée discrètement. Aux questions, elle a répondu qu'un cousin éloigné de papa avait un peu trop tendance à lever le coude, puis elle a remercié son interlocutrice de sa sollicitude et s'est hâtée de raccrocher.

« Le Prieuré, a-t-elle dit.

— Le Prieuré ! s'est exclamé papa, soulagé. Ça me rendait fou de ne pas arriver à me souvenir. Je n'en aurais pas fermé l'œil de la nuit, à me triturer la cervelle…

— Appelle-les », l'a interrompu maman, au bord des larmes.

# 3

Le Prieuré coûtait une fortune. C'est pourquoi on y trouvait toutes ces vedettes du showbiz. Dans certains cas, l'assurance santé prenait en charge les frais du séjour, mais, comme j'avais quitté l'Irlande depuis huit ans environ, je n'étais plus assurée. À New York non plus, d'ailleurs. J'avais toujours eu l'intention de m'en occuper, le jour où je serais enfin adulte et responsable.

Puisque je n'avais ni couverture sociale ni le moindre sou en poche, papa avait dit qu'il réglerait la note, que ça en valait la peine pour me sortir de là.

En conséquence, dès que j'ai débarqué à la maison, chancelante, étourdie par le décalage horaire, le valium et la vodka, Helen m'a accueillie en braillant du haut de l'escalier :

« Espèce d'abrutie, c'est mon héritage que tu es en train de claquer pour te désintoxiquer !

— Salut, Helen, ai-je dit avec lassitude.

— Mais tu as maigri ! s'est-elle exclamée, surprise. T'es d'un chic, ma salope ! »

J'ai failli dire « Merci », mais je me suis retenue à temps. C'était le scénario habituel. Je répondais : « C'est vrai ? Tu trouves ? » Et elle : « Non ! Na-a-an ! Ça marche à tous les coups, hein ? Pauvre cloche. »

« Où est Pollyanna ? a-t-elle demandé.

— Au portail, en grande conversation avec Mme Hennessy. »

Margaret était la seule d'entre nous à discuter avec nos voisins, que ce soit d'une prothèse de la hanche, de la première communion des petits-enfants ou du temps particulièrement pluvieux.

À ce moment-là, Paul, chargé de bagages, s'est engouffré dans l'entrée.

« Oh non ! a dit Helen, toujours du haut des marches. Pas lui… Tu vas rester combien de temps ?

— Pas longtemps.

— Tant mieux. Sinon je serai obligée de me trouver un job à l'extérieur. »

Bien qu'elle ait couché avec tous ses professeurs (du moins, c'est ce qu'elle prétendait), Helen avait raté ses examens de première année à l'université. Elle avait redoublé, mais après un nouvel échec avait laissé tomber cette occupation, trop ingrate à ses yeux.

Ça, c'était l'été précédent. Depuis, elle n'avait pas réussi à se dégoter un boulot. Elle passait donc son temps à traîner dans la maison, à harceler maman et à lui casser les pieds pour jouer aux cartes avec elle.

« Helen, laisse ton beau-frère tranquille ! »

Et ma mère a paru dans l'escalier à côté d'elle.

Je redoutais de la rencontrer. Une cabine d'ascenseur s'est décrochée à l'intérieur de ma poitrine et a dégringolé en chute libre au fond de mon estomac.

Vaguement, j'ai entendu Helen protester :

« Mais je le déteste. Et tu m'as toujours dit que l'honnêteté était la meilleure politique… »

Maman ne s'était pas rendue à l'aéroport avec papa. C'était la première fois depuis mon départ de la maison qu'elle ne venait pas me chercher à l'aéroport. J'en avais déduit qu'elle était folle de rage contre moi.

« Salut, maman », ai-je bredouillé, incapable de la regarder en face.

Elle a eu un petit sourire triste, un sourire de martyre qui m'a remplie de remords, au point que j'ai failli me précipiter sur le valium.

« Tu as fait bon voyage ? »

Je n'en pouvais plus de feindre la politesse, de tourner autour du pot.

« Maman, ai-je balbutié, excuse-moi de t'avoir fait peur, mais je n'ai rien, tu sais. Je ne suis pas droguée et je n'ai pas voulu me suicider.

— Rachel, VEUX-TU CESSER DE MENTIR ! »

Mon ascenseur intérieur s'était complètement détraqué. Cette sensation de chute, je l'éprouvais si souvent que j'en étais malade. À la honte et à la culpabilité sont venus s'ajouter la colère et le ressentiment.

« Je ne mens pas.

— Rachel, a-t-elle dit, une note d'hystérie dans la voix, tu as été transportée d'urgence à l'hôpital où on t'a fait un lavage d'estomac.

— Ce n'était pas utile, ai-je expliqué. Tout ça n'est qu'un malentendu.

— Absolument pas ! Ils ont contrôlé tes constantes à l'hôpital, *il fallait* le faire. »

Ah bon ? me suis-je étonnée. Vraiment ? Mais elle enchaînait déjà :

« Et tu as un problème avec la drogue. Brigit m'a dit que tu en prenais énormément, Margaret et Paul aussi.

— Oui, mais… »

L'envie de meurtre que m'inspirait Brigit, j'ai dû m'asseoir momentanément dessus. Car je ne supportais pas de peiner ma mère. J'avais l'habitude des engueulades de mon père, qui ne produisaient sur moi aucun effet. Sauf peut-être me faire rire. Mais maman me servant le couplet « Tu me déçois beaucoup », c'était franchement très déplaisant.

« O.K., ça m'arrive d'en prendre de temps à autre, ai-je reconnu.

— Quoi par exemple ?

— Oh, tu le sais.

— Non, je ne sais pas.

— Euh… mettons une ou deux lignes de cocaïne…

— Cocaïne ! » a-t-elle suffoqué.

À voir sa mine défaite, j'ai eu envie de la gifler. Elle ne comprenait pas. Les gens de sa génération, la simple mention du mot « drogue » leur donnait des convulsions.

« C'est bon ? » a demandé Helen.

Je l'ai ignorée.

« Ce n'est pas aussi méchant que c'en a l'air, ai-je insisté.

— Ça n'a pas l'air méchant du tout. »

J'aurais préféré qu'Helen s'en aille.

« C'est sans danger, il n'y a pas d'accoutumance, et tout le monde en prend, ai-je plaidé pour convaincre maman.

— Pas moi, s'est plainte Helen. J'aimerais bien, pourtant !

— Je ne connais personne dans ce cas, a répondu maman. Pas une de mes amies n'a une fille à qui c'est déjà arrivé. »

J'ai ravalé la fureur qui me submergeait. À l'entendre, j'étais la seule au monde à m'être écartée du droit chemin, à avoir commis une erreur.

Tu es ma mère, non ? ai-je pensé, belliqueuse. C'est toi qui m'as faite telle que je suis.

Par chance – l'animateur de télévision céleste devait être en congé –, j'ai réussi à la fermer.

J'ai passé deux jours à la maison avant de partir pour le Prieuré.

Ce n'était pas agréable.

Je n'étais pas bien vue.

À l'exception de Margaret qui n'était jamais parvenue à se qualifier, nous occupions la position de la Fille la Moins Aimée à tour de rôle, un peu comme la présidence de l'Union européenne. D'avoir frôlé la mort m'avait permis de détrôner Claire, si bien que le titre me revenait de droit.

Dès ma descente d'avion, papa m'avait prévenue qu'avant mon admission au Prieuré on allait me faire une prise de sang.

« Je ne dis pas que tu vas le faire, avait-il ajouté nerveusement, mais si tu envisageais de prendre quelque chose... Remarque, je suis sûr que non... ça apparaîtra dans les analyses, et on ne t'acceptera pas.

— Papa, je te le répète, je ne suis pas toxicomane, et tu n'as pas à t'inquiéter. »

J'avais même failli préciser que j'attendais toujours la capote pleine de cocaïne pour me dégager le tube digestif, mais comme il n'était visiblement pas d'humeur à plaisanter, je m'étais abstenue.

Ses craintes n'étaient pas fondées, car je n'avais aucune intention de prendre des drogues.

D'abord, parce que je n'en avais pas. Enfin, pas de drogues illicites. J'avais bien ma boîte familiale, taille économique, de valium, mais ça ne comptait pas. Je l'avais eue sur ordonnance (même si je devais acheter les ordonnances à un médecin marron de l'East Village qui avait besoin d'argent pour entretenir son ex-femme et satisfaire son goût immodéré de l'héroïne). Je n'étais pas folle au point d'importer clandestinement de la cocaïne au pays. Ce qui était très adulte et raisonnable de ma part.

Du reste, le sacrifice n'était pas aussi immense qu'il en a l'air. Je savais que je ne serais jamais à court de drogue tant qu'Anna était dans les parages.

Seulement voilà, Anna *n'*était *pas* dans les parages. D'après les petites phrases assassines de ma mère, j'ai cru comprendre qu'elle vivait pratiquement avec son copain, Shane. Ça, c'était quelqu'un qui savait profiter de la vie ! Shane, comme qui dirait, « brûlait la chandelle par les deux bouts ». Tant et si bien qu'il n'en restait plus grand-chose.

Curieusement, ce n'était pas la cocaïne qui me manquait. C'était le valium. Pas étonnant, avec tous ces chamboulements survenus dans mon existence, et la tension qui régnait entre maman et moi. J'aurais eu bien besoin de quelque chose pour me détendre. Mais j'ai réussi à me passer de mes magiques cachets blancs car j'avais trop envie d'aller au Prieuré. Si j'avais eu le temps (et l'argent), je me serais même acheté des habits neufs pour l'occasion.

Quelle force de caractère ! Et dire qu'on me traitait de toxicomane. Non mais, vous vous imaginez ?

J'ai dormi énormément pendant ces deux jours. C'était ce qu'il y avait de mieux à faire, vu que j'étais déphasée, perdue, et que tout le monde me haïssait.

Deux ou trois fois, j'ai tenté de joindre Luke. Je n'aurais pas dû, je sais. Il était si furieux contre moi qu'il lui fallait sûrement du temps pour se calmer, mais ç'a été plus fort que moi. Pour finir, je suis tombée sur son répondeur, et j'ai eu la présence d'esprit de ne pas laisser de message.

Avec ma mère, les rapports n'étaient pas fameux non plus. Le premier jour, tandis que je me déshabillais pour piquer un somme après le voyage en avion, je l'ai surprise en train de me fixer comme s'il m'avait soudain poussé une seconde tête.

« Seigneur miséricordieux ! a-t-elle dit d'une voix tremblante. D'où ça vient, tous ces horribles bleus ? »

J'ai baissé les yeux, et cru voir le corps de quelqu'un d'autre. Mes bras, mon ventre, mes côtes étaient constellés de taches violettes.

« Oh, ai-je fait d'une petite voix. Ça doit être le lavage d'estomac.

— Dieu du ciel ! »

Elle a voulu me prendre dans ses bras.

« On ne m'a pas dit… Je pensais… Je n'avais pas idée que ça pouvait être aussi *violent.* »

Je l'ai repoussée.

« Eh bien, maintenant tu le sais.

— Ça me fait mal au cœur », a-t-elle dit.

Elle n'était pas la seule.

Chaque fois que je m'habillais ou me déshabillais, j'évitais de me regarder dans la glace. Heureusement, on était au mois de février, et même au lit je pouvais m'emmitoufler jusqu'au cou.

Durant ces deux jours, j'ai fait des cauchemars à n'en plus finir.

Il y a eu mon préféré : quelqu'un d'effrayant se trouve dans ma chambre, et je n'arrive pas à me réveiller. J'ai rêvé – surprise, surprise – d'une présence menaçante dans la pièce, quelqu'un qui me voulait du mal. Et quand j'essayais d'émerger pour me défendre, je découvrais que j'en étais incapable. Ça se rapprochait, se penchait sur moi, et malgré ma terreur panique je ne me réveillais toujours pas. J'étais paralysée. J'avais beau lutter pour refaire surface, j'étouffais sous le poids du sommeil.

J'ai rêvé aussi que j'étais en train de mourir. C'était terrible car je sentais ma force vitale jaillir de moi en spirale, tel un ouragan à l'envers, et je ne pouvais pas l'arrêter. Je savais qu'il me suffirait de me réveiller pour être sauvée, mais je n'y parvenais pas.

J'ai rêvé que je tombais dans un précipice, que j'avais un accident de voiture, qu'un arbre s'abattait sur moi.

Chaque fois je sentais l'impact et j'émergeais en sursaut, tremblante et en sueur, ne sachant ni où j'étais ni si c'était le jour ou la nuit.

Helen m'a laissée tranquille jusqu'à ma deuxième nuit à la maison. J'étais au lit, redoutant de me lever, lorsqu'elle est arrivée dans la chambre, mangeant un cornet de glace. Son air désinvolte ne présageait rien de bon.

« Salut, a-t-elle dit.

— Je croyais que tu devais aller boire un verre avec Margaret et Paul, ai-je observé, méfiante.

— Je devais. Mais je n'y vais plus.

— Et pourquoi ?

— Parce que ce connard de Paul refuse de me payer à boire ! a-t-elle éructé. Et où trouverais-je de l'argent ? Je suis au chômage, tu sais. »

Elle s'est perchée sur mon lit.

« Mais ne t'ont-ils pas emmenée avec eux hier soir ? ai-je demandé, surprise. D'après Margaret, tu as sifflé verre sur verre sans débourser un sou.

— Je suis au chômage ! a-t-elle rugi. Je suis pauvre ! Que veux-tu que je fasse ?

— O.K. ! O.K. ! »

Je n'avais pas envie de me bagarrer. Et, de toute façon, j'étais d'accord avec elle. Paul était rat comme pas deux. Même maman a dit un jour qu'il serait prêt à manger son dîner dans un tiroir et à peler une orange dans sa poche. Et qu'il ne pisserait pas sur la route de peur que les petits oiseaux ne viennent se réchauffer les pattes. Elle avait certes bu, à ce moment-là – un demi panaché –, mais elle le pensait réellement.

« Tu te rends compte ! »

Helen m'a souri et s'est installée sur le lit comme si elle avait l'intention de rester un bon moment.

« Ma propre sœur, malade mentale, dans un asile de dingues.

— Ce n'est pas un asile de dingues, ai-je protesté faiblement. C'est un centre de cure.

— Un centre de cure ! s'est-elle écriée en s'esclaffant. C'est juste une question de dénomination. Personne n'est dupe.

— Tu n'y es pas du tout…

— Les gens changeront de trottoir quand ils te verront, a-t-elle déclaré gaiement. Ils diront : “C'est la fille Walsh qui a perdu la boule et qu'on a dû enfermer.” À tous les coups.

— Ta gueule.

— Ça va être la confusion à cause d'Anna. Les gens vont dire : “Laquelle des filles Walsh ? Parce qu'il y en a deux qui ont déjanté et…”

— Il y a des vedettes qui vont se faire soigner là-bas », l'ai-je interrompue, jouant mon va-tout.

Ça lui a cloué le bec.

« Qui ça ? »

J'ai cité deux ou trois noms ; visiblement, ça l'a impressionnée.

« Comment tu le sais ?

— Je l'ai lu dans la presse.

— Et pourquoi, moi, je n'en ai jamais entendu parler ?

— Parce que tu ne lis pas la presse.

— Ah oui ? Peut-être bien… À quoi ça me servirait ?

— À connaître les vedettes qui ont séjourné au Prieuré. »

J'ai été récompensée par un regard torve.

« Ta gueule, grosse maligne. Tu ne vas pas te la jouer longtemps, quand tu sautilleras dans ta cellule capitonnée avec une jolie camisole à manches longues.

— Je ne serai pas dans une cellule capitonnée, ai-je répondu d'un air complaisant. Et je ferai copain-copain avec les célébrités.

— C'est vrai qu'il y a des vedettes là-bas ? »

Elle avait toutes les peines du monde à cacher son excitation.

« Oui, c'est vrai.

— Vraiment vrai ?

— Vraiment vrai.

— Mince alors ! »

Ça lui en bouchait un coin.

« Tiens, finis ça. »

Et elle m'a fourré dans les mains les restes de son cornet.

« Non, merci. »

L'idée de nourriture me donnait la nausée.

« Je ne te demande pas de le prendre, je te dis de le faire. J'en ai ras le bol des cornets. Chaque fois que papa va au magasin de surgelés, je lui dis de rapporter des Magnums, et chaque fois il revient avec ces putains de cornets. Sauf une fois, et devine ce que c'était ? des Magnums à la menthe. *À la menthe*, non, mais tu imagines... ?

— Je n'en veux pas. »

J'ai repoussé le cornet.

« Eh bien, tant pis pour toi. »

Haussant les épaules, Helen l'a posé sur la table de chevet où il s'est mis à fondre joyeusement. Je me suis efforcée de penser à des choses plus agréables.

« Donc, Helen, quand je serai copine avec Madonna et compagnie, ai-je lancé nonchalamment, toi, tu seras...

— Sois réaliste, Rachel, m'a-t-elle interrompue. Encore que ce soit l'une des raisons pour lesquelles tu vas chez les dingues, parce que tu es incapable d'être réaliste.

— De quoi parles-tu ?

— Voyons, a-t-elle dit avec un sourire apitoyé, crois-tu qu'ils vont mettre les gens célèbres avec le reste d'entre vous ? Ils sont obligés de protéger leur intimité. Autrement, des individus comme toi fonceront, dès leur sortie, vendre leur histoire à la presse. *Amour et cocaïne*, et tout ça. »

Elle avait raison. J'ai été déçue, mais pas trop. Après tout, je les verrais sans doute aux heures des repas et dans les réceptions. Peut-être y aurait-il des bals.

« Naturellement, ils seront beaucoup mieux logés et mieux nourris, a continué Helen pour bien enfoncer le clou. Et pas toi, parce que papa est trop pingre. Tu seras dans l'aile économique, tandis que les célébrités baigneront dans le luxe. »

J'ai été prise de rage en pensant à mon radin de père. Comment osait-il rogner sur les dépenses et me priver ainsi de la compagnie des célébrités ?

« Et ne lui demande pas de cracher. »

Helen avait lu dans mes pensées.

« Il dit qu'on est pauvres maintenant, à cause de toi. On ne peut même plus s'offrir de vraies chips, seulement celles dans les paquets jaunes. »

Je me suis sentie très déprimée. Je suis restée couchée là sans rien dire. Chose étonnante, Helen aussi.

« Tout de même, a-t-elle fini par déclarer, tu tomberas bien sur eux à un moment donné. Tu sais, dans le couloir, dans le parc, tout ça. Tu pourrais te faire des amis parmi eux. »

Mon moral a immédiatement remonté en flèche. Si Helen en était convaincue, alors ce ne pouvait être que vrai.

# 4

Je connaissais Luke Costello de vue bien avant d'avoir fini dans son lit. Il était irlandais comme moi et, bien que je ne l'aie su qu'après, on habitait à quatre pâtés de maisons l'un de l'autre.

On se croisait parce qu'on fréquentait les mêmes bars. Des bars irlandais – mais pas le genre ghetto où on chante *A Nation Once Again*, où on pleure et on collecte de l'argent pour la Cause. Ces bars-là étaient différents. Ils étaient *branchés*, tout comme les brasseries l'avaient été quelques années plus tôt. L'un d'eux appartenait, semble-t-il, à un célèbre chanteur irlandais. Mais je n'ai jamais su exactement quel bar – ni quel chanteur, d'ailleurs.

Être irlandais à New York, ç'a toujours eu un côté chic, mais à l'époque où j'y ai vécu, c'était franchement supercool.

Bref, Brigit et moi, on avait l'habitude de traîner dans ces endroits-là ; c'est là qu'on rencontrait Luke et ses copains qui nous faisaient bien rigoler.

Pas parce qu'on était méchantes, non, mais il fallait les voir ! Ils sortaient tout droit d'un groupe rock du début des années 70. De ceux qui remplissaient les stades, plongeaient avec leur Ferrari dans la piscine et se faisaient photographier avec une ribambelle de créatures blondes interchangeables.

Luke et les garçons étaient tous à peu près de la même taille, un mètre quatre-vingts, et avaient la même chevelure réglementaire, longue et bouclée.

Leurs habits étaient aussi démodés que leur coiffure. Du jean, rien que du jean, avec une occasionnelle touche de cuir. Moulant de préférence, si vous me suivez.

Ils étaient totalement imperméables à la mode du monde extérieur. Les costumes Tommy Hilfiger, les chapeaux Stussy, les vestes Phatpharm, les cartables Diesel, les chaussures de skate Adidas ou les Timberland : à mon avis, ces garçons-là n'en soupçonnaient même pas l'existence. La seule chose que je puis dire pour leur défense, c'est qu'aucun d'eux n'avait une veste en daim à franges. Du moins, je ne les ai jamais vus avec.

Luke et ses potes avaient une allure bien trop anachronique pour notre goût. Nous les avions surnommés « les Vrais Hommes », avec une bonne dose d'ironie.

Quant à l'occasionnelle touche de cuir… ça, c'est toute une histoire. Il se trouve que, au bout de quelques mois d'observation et de railleries, Brigit et moi avions remarqué un phénomène étrange. Chaque fois qu'ils sortaient en bande, un *seul* d'entre eux portait un pantalon de cuir. Comment font-ils pour s'organiser ? nous sommes-nous demandé. Crois-tu qu'ils se téléphonent avant de sortir ? Pour savoir ce que l'autre va mettre, comme c'est la coutume entre filles ?

Au fil des mois, nous avons tenté de percer le système à jour. Fonctionnaient-ils par roulement ? Du genre : le mercredi, c'était Joey qui portait son pantalon ; le jeudi, Gaz, et ainsi de suite ? Et que se passerait-il si deux d'entre eux mettaient leur pantalon le même jour ?

Mais un soir, nous avons noté une chose plus bizarre encore que leur organisation d'enfer. La poche arrière du pantalon de Gaz était déchirée. Jusque-là, rien d'extraordinaire. Sinon que, le week-end d'avant, nous avions vu Shake avec une déchirure exactement au même endroit. Intéressant, avons-nous pensé, *très* intéressant.

Deux jours plus tard, au Lively Bullock, Joey affichait un pantalon déchiré à l'identique.

Abasourdies, nous avons décidé de réserver notre jugement jusqu'à la quatrième fois. Et ça n'a pas raté : peu de temps après, nous avons aperçu Johnno au Cute Hoor. Sauf qu'il est resté vissé des heures sur sa chaise, et nous avons bien cru qu'il ne se lèverait jamais pour nous montrer son postérieur. On avait pris une bière pour deux, et Dieu sait qu'on l'a fait durer ! On n'avait pas un radis, mais on serait devenues dingues à tourner en rond dans l'appartement. Enfin, alors que notre bière s'était quasiment évaporée, Johnno Vessie de chameau s'est dressé. Pendant que Brigit et moi on retenait notre souffle, serrées l'une contre l'autre, il s'est tourné lentement, et pan ! elle était là. La déchirure. Au même endroit, sur la même poche !

On a toutes deux hurlé de rire. On exultait. C'était donc vrai !

À travers mes convulsions, j'ai vaguement entendu quelqu'un se plaindre avec un accent irlandais :

« Bon sang de bonsoir ! C'est-y un cochon qu'on égorge ? »

Dans un silence total, la salle nous a regardées nous rouler par terre en pleurant de rire.

« Oh, mon Dieu, haletait Brigit. Et nous qui pensions qu'ils en avaient un… un… un… »

Elle riait tellement qu'elle n'arrivait même plus à articuler.

« … un chacun ! a-t-elle soufflé enfin.

— Pas étonnant qu'on l'ait vu sur un seul bonhomme à la fois, ai-je croassé.

— Parce que, suffoquait Brigit, écarlate, parce que… parce qu'il n'y en avait qu'un !

— Arrête, ai-je supplié. Je vais vomir.

— Allez, les filles, nous a exhortées un homme. Dites-nous ce qui vous fait rire. »

Soudain, nous étions au centre de l'attention générale. Il y avait dans ce bar toute une foule d'hommes venus du comté de Mayo pour une conférence sur le bœuf. Ils avaient cru à tort qu'ils passeraient la nuit à chanter *Four Green Fields* et à discourir sur la politique irlandaise. Et ils n'avaient pas apprécié d'être traités de haut par les autochtones les plus branchés et les plus tendance. Mais alors, pas apprécié du tout. Car, n'est-ce pas ? c'étaient des personnages importants à Ballina, à Westport ou dans leur patelin d'origine, quel qu'il soit.

Du coup, notre crise de fou rire, à Brigit et à moi, ç'a été comme une bouffée d'oxygène pour eux. Tout le monde s'est précipité pour nous offrir un verre et découvrir ce qu'il y avait de si drôle. Nous avons accepté – qui irait refuser de boire à l'œil ? –, mais évidemment, nous ne pouvions pas leur dire ce qui nous faisait rire.

On a réussi à se calmer à peu près. Sauf que, de temps à autre, Brigit m'attrapait le bras et bredouillait en s'étranglant presque :

« Non, mais tu imagines, avoir un pantalon en… en… en copropriété ! »

Et c'était reparti pour dix minutes de spasmes et de hoquets, sous l'œil médusé des hommes de Mayo.

Ou alors je disais :

« Pour faire partie de leur bande, il faut avoir la bonne taille et la bonne longueur de jambes. »

Et on se remettait à glousser.

Pour finir, ç'a été une soirée mémorable. Tous les branchés ont levé le camp en masse pour protester contre l'invasion des ploucs de Mayo. Si bien que Brigit et moi, on a pu se lâcher sans craindre de passer pour des gourdes.

On est restées là au moins jusqu'à trois heures, complètement bourrées. Tellement bourrées qu'on a même chanté avec les autres, nostalgie oblige. C'est drôle comme les Irlandais, dès qu'ils partent de chez eux, ne serait-ce que pour vingt-quatre heures, finissent toujours par chanter des complaintes poignantes sur le fait d'avoir quitté l'île d'Émeraude et leur désir de retourner là-bas.

Même si les hommes de Mayo n'étaient à New York que pour quatre jours, on a eu *From Clare to Here*, *The Mountains of Mourne*, *The Hills of Donegal*, la contribution irlandaise à l'Eurovision et, curieusement, *Wonderwall* d'Oasis. Ainsi qu'une tentative malheureuse et extrêmement titubante de danser *Walls of Limerick*. À laquelle le patron a dû couper court. (« Allez, les gars, calmez-vous ou rentrez à Westport, que j'entende plus parler de vous. ») Cela après que deux hommes en étaient presque venus aux mains pour savoir combien de fois il fallait se croiser et reculer avant de traverser. Apparemment, l'un d'eux confondait *Walls of Limerick* avec *Siege of Ennis*, et il ne doit pas être le seul…

# 5

En tout état de cause, l'idée de coucher avec Luke ou avec l'un de ses copains était ridicule. Carrément inconcevable. Si j'avais pu me douter…

La nuit en question a eu lieu un mois environ après notre soirée de Grande Liesse avec les hommes du comté de Mayo. Brigit et moi devions nous rendre – sans invitation, pour être honnête – à une réception à Rickshaw Rooms. On a apporté un soin particulier à notre look : comme chaque fois qu'on allait quelque part, on espérait tomber sur des hommes séduisants et, qui plus est, *disponibles*.

Les hommes, à New York, étaient une denrée rare. L'amour et l'argent n'y suffisaient pas. (Naturellement, j'étais prête à offrir les deux.) D'après une amie en Australie et une autre à Dublin se trouver un jules était mission impossible partout, mais la palme de la difficulté, c'était New York qui la remportait. Non seulement il y avait un milliard de femmes pour chaque homme hétéro, mais chacune de ces créatures était belle à couper le souffle. Proprement renversante. L'explication tenait généralement en quelques mots : « Oh, sa mère est moitié suédoise, moitié aborigène d'Australie, et son père est moitié birman, un quart esquimau et un quart italien. »

Comment nous, qui étions cent pour cent irlandaises, pouvions-nous soutenir la comparaison ? Dans l'ensemble, nous étions fâchées avec notre physique. Surtout qu'on était toutes les deux grandes et solidement charpentées. En vérité, notre unique atout, c'étaient nos cheveux : les miens étaient longs et bruns, et les siens, longs et blonds. Et même en partie naturels, dans son cas à elle.

Une chose cependant jouait en notre faveur : la plupart des New-Yorkaises étaient totalement névrosées – et pas nous. Nous n'étions que modérément névrosées. (La peur pathologique des chèvres et le goût obsessionnel pour les patates sous toutes les formes, c'était bien moins grave que de supplier d'être frappée au visage et au cou avec une bouteille cassée pendant le coït.)

Malgré notre absence de diversité ethnique, on avait l'air drôlement sexy ce soir-là. Si mes souvenirs sont bons, les paroles exactes de Brigit, tandis qu'on s'inspectait mutuellement juste avant de sortir, ont été :

« Pas mal, pour deux pouliches. »

J'ai acquiescé, le tout sans un seul gramme de neige pour booster notre ego ! Évidemment, on ne demandait pas mieux que d'en avoir, mais Brigit ne touchait sa paie que deux jours plus tard, et nous avions à peine de quoi nous nourrir.

Pour l'occasion, j'étrennais une nouvelle et ravissante paire de chaussures. Avec ma pointure, il m'était impossible de trouver de jolies chaussures, même à New York où ils avaient l'habitude des monstres. Heureusement pour moi, nous étions en été, et les chaussures en question étaient des mules. Vert pistache, pas trop hautes. Peu importait donc qu'elles soient deux pointures au-dessous de la mienne. Mes orteils pouvaient dépasser à l'avant, et mes talons à l'arrière. Marcher était un supplice, mais tant pis. Il faut souffrir pour être belle.

Et voilà, direction Rickshaw Rooms ! Où l'on donnait une réception pour le lancement d'une nouvelle série télévisée. Brigit en avait entendu parler à son boulot : apparemment, il devait y avoir deux ou trois hommes beaux et célèbres, des boissons à volonté et, avec un peu de chance, suffisamment de cocaïnomanes prêts à partager leur butin.

Bien que n'ayant pas d'invitation, nous avons réussi à entrer parce que Brigit a proposé au videur de ne pas coucher avec lui.

Elle l'a dit texto :

« Mon amie et moi, on n'a pas d'invitation, mais si vous nous laissez entrer, vous n'aurez pas besoin de coucher avec l'une d'entre nous. »

Comme elle l'avait promis, à partir de ce moment-là l'attention du garçon nous était acquise.

« Vous comprenez, a-t-elle expliqué face à son expression médusée, dans votre métier, vous devez avoir des centaines de filles superbes qui vous disent : "Si vous me laissez entrer, moi aussi." Vous me suivez ? »

Et elle l'a gratifié d'une œillade extrêmement appuyée, au cas où il n'aurait pas suivi.

« Vous devez en avoir marre », a-t-elle affirmé avec conviction.

Le videur, un jeune Italien pas trop mal de sa personne, a hoché la tête, hébété.

« Mon amie et moi, a poursuivi Brigit, notre seul argument de vente, c'est que nous *ne* sommes *pas* superbes, alors autant en profiter, non ? Pouvons-nous entrer ?

— Bien sûr », a-t-il marmonné.

Il avait l'air perplexe et confus.

« Attendez, a-t-il ajouté pour nous rappeler. Il vous faut ça. »

Il nous a fourré dans les mains deux invitations, juste au moment où nous allions foncer vers les ascenseurs.

Une fois en haut, on a dû affronter un second barrage, mais cette fois-ci on avait des invitations.

Et nous avons fait notre entrée. En essayant de ne pas paraître trop subjuguées. La belle salle Arts déco ! Le magnifique panorama ! La quantité d'alcools forts !

Quelques secondes après notre arrivée, alors qu'on riait, grisées par notre succès, Brigit s'est figée et m'a empoignée par le bras.

« Regarde, a-t-elle sifflé, les Décalés ! »

J'ai suivi son regard ; en effet, dans un foisonnement de cheveux et d'étiquettes Levi's, j'ai reconnu Gaz, Joey, Johnno, Shake et Luke, accessoirisés comme d'habitude par deux filles blondes aux cannes tellement maigres qu'on les aurait crues rachitiques.

« Mais que font-ils là, les Vrais Hommes ? » me suis-je exclamée.

Notre victoire sur le videur avait soudain perdu tout son éclat. Visiblement, ils laissaient entrer n'importe qui.

Luke, avec grand sérieux, était en train de distribuer les boissons.

« Joey, vieux, un JD sec, tiens.

— Merci, vieux.

— Johnno, vieux, un JD on the rocks, c'est pour toi.

— Super, vieux.

— Gaz, t'es où, vieux ? Ah, ça y est, voici ta tequila, sel et citron.

— C'est gentil, vieux.

— Melinda, poulette, il n'y a pas de champagne rosé, rien que de l'ordinaire, mais le barman, un type très sympa, a rajouté de la crème de cassis.

— Merci, Luke.

— Tamara, poulette, un JD sec... Désolé, poulette, il n'y avait pas d'ombrelles.

— Merci, Luke. »

Faut-il que je continue ? Eh oui, ils s'appelaient « vieux » entre eux, ils appelaient les filles « poulette », ils buvaient du Jack Daniel's presque non-stop, et, bien sûr, ils employaient l'abréviation JD. Je ne calomnierai pas les garçons en disant qu'ils se tapaient dans la paume chaque fois qu'ils se retrouvaient, mais par moments c'était limite.

« Qui porte le pantalon communautaire, ce coup-ci ? » a demandé Brigit.

On a mis cinq bonnes minutes à se calmer. Finalement, j'ai réussi à jeter un œil dans leur direction.

« C'est Luke. »

J'ai dû parler trop fort, car il a levé la tête, nous a dévisagées et, à notre grande stupeur, nous a adressé un clin d'œil. Brigit et moi avons échangé un regard interdit avant d'exploser à nouveau.

« Il est dans un état ! hoquetais-je à travers mes larmes.

— Non, mais pour qui il se prend ? » pouffait Brigit.

Horrifiée, j'ai vu Luke se détacher des autres et, avec sa nonchalance coutumière, se frayer un passage vers nous.

« Oh, mon Dieu, me suis-je exclamée en reniflant. Le voilà ! »

Brigit n'a pas eu le temps de répondre. Il était déjà devant nous, tout sourires et bienveillance empressée.

« Toi, c'est Rachel, hein ? »

J'ai acquiescé d'un signe de la tête car, si j'avais ouvert la bouche, je lui aurais éclaté de rire au nez. Vaguement, j'ai noté que j'étais obligée de lever les yeux pour lui parler. Ça a fait comme un tilt.

« Et toi, Brigit ? »

Brigit a hoché la tête en silence.

« Moi, c'est Luke. »

Il nous a tendu la main, et nous l'avons serrée comme deux automates.

« Je vous ai souvent vues toutes les deux dans les parages, a-t-il ajouté. Vous riez tout le temps, c'est super ! »

J'ai scruté son visage à la recherche d'une trace d'ironie, mais il semblait parfaitement sérieux. De toute façon, je partais du principe qu'aucun d'entre eux n'avait inventé le fil à couper le beurre.

« Venez que je vous présente les copains », a-t-il proposé.

À notre corps défendant – on était en train de perdre un temps précieux, alors qu'on aurait pu tenter notre chance avec quelques superbes spécimens dans l'assemblée –, on l'a suivi en traînant les pieds.

Quand un Irlandais rencontre un autre Irlandais à l'étranger, ils découvrent immanquablement qu'ils ont grandi dans le même quartier, ont fréquenté la même école, que le frère aîné de l'un est sorti avec la sœur aînée de l'autre, ou que leurs pères se sont emboutis sur la route à quatre voies de Stillorgan, se sont disputés et ont dû passer au tribunal pour avoir troublé l'ordre public.

En quelques secondes, nous avons établi que Joey et Brigit s'étaient rencontrés dix-neuf ans auparavant à Butlin's, où ils avaient eu respectivement le premier et le deuxième prix dans un concours de déguisements. Âgé de neuf ans, Joey s'était déguisé en Johnny Rotten, et c'était tellement réussi que même Brigit a reconnu qu'il avait mérité le premier prix.

Deux ou trois secondes plus tard, je me suis trouvé un lien avec Gaz. Il a dit :

« Je t'ai déjà vue quelque part. »

Avant d'entreprendre un interrogatoire en bonne et due forme :

« C'est quoi, ton nom ? Walsh ? T'habites où ? T'as une grande sœur ? Elle est déjà allée à Wesley ? Elle a les cheveux longs ? Une énorme paire de... euh... d'yeux ? Une fille hypersympa ? Comment elle s'appelle ? Roisin ? Imelda, quelque chose comme ça ? Claire ! Oui, c'est ça. Je l'ai sautée un soir, pendant une fête à Rathfarnham, il y a une dizaine d'années. »

Sa déclaration a été accueillie par un chœur de protestations indignées.

« Ça ne se dit pas ! nous sommes-nous exclamés. Non mais, quel culot ! »

Nous nous sommes tournés les uns vers les autres avec une expression dégoûtée.

« Quel culot, acquiescions-nous vigoureusement ; non mais, quel culot ! »

J'ai regardé Shake, il m'a regardée, et nous avons dit ensemble :

« Non mais, quel culot ! »

Brigit s'est tournée vers Joey, Joey s'est tourné vers Brigit, et ils se sont écriés :

« Non mais, quel culot ! »

Luke et Johnno, consternés, ont déclaré à l'unisson :

« Non mais, quel culot ! »

Melinda a regardé Tamara, Tamara a haussé les sourcils, et Melinda a dit :

« Il faut qu'on pense à acheter du lait en rentrant.

— Gaz, vieux, a déclaré Luke quand le tollé général s'est quelque peu apaisé. Je n'arrête pas de te le répéter, vieux ; on ne parle pas comme ça d'une dame, ça ne se fait pas. »

Gaz était perplexe et contrarié.

« Qu'est-ce que j'ai fait ?

— Tu l'as insultée en parlant d'elle en ces termes, lui a expliqué Luke avec douceur.

— Je l'ai pas insultée, s'est rebiffé Gaz. C'était un super-bon coup… Tu serais pas comme ta grande sœur ? » a-t-il demandé, se rapprochant visiblement de moi.

# 6

J'étais contente de bavarder avec les Vrais Hommes. À New York, j'avais tellement de mal à éveiller l'intérêt de la gent masculine que de me retrouver au centre de leur attention me mettait du baume au cœur. Alors même que je n'aurais pas touché lesdits hommes pour tout l'or du monde. En fait, Brigit et moi, on avait tant de succès que Melinda est partie, outrée, en tortillant de son postérieur de fillette. *La salope !* Elle a été suivie de près par Tamara dont les cannes paraissaient sur le point de se briser.

« Une blonde peut en cacher une autre », ai-je observé.

Et les garçons de se tenir les côtes. Comme je l'ai déjà dit, ils n'avaient pas inventé le fil à couper le beurre.

« Pauvre Tamara, ai-je ajouté. Elle doit être fragile, et un peu secouée par-dessus le marché.

— Pourquoi ? ont-ils tous demandé.

— Parce que Tamara casse. »

Luke, Shake, Joey et Johnno ont failli être hospitalisés. Interloqué, Gaz a bêlé plaintivement :

« Pourquoi elle a dit ça ? »

Luke, plié en deux, a dû le prendre à part pour lui expliquer.

Le moment était enfin venu de dire au revoir aux garçons. L'interlude a été plaisant, mais Brigit et moi, on avait une mission. Il y avait trop de mecs canon dans la salle pour qu'on perde notre temps avec cette bande de crétins chevelus, si gentils soient-ils.

Mais, juste à l'instant où j'allais larguer les amarres, Luke m'a confié :

« À neuf ans, jamais je n'aurais osé me déguiser en Johnny Rotten. Ç'aurait plutôt été mère Teresa.

— Ah bon, pourquoi ? me suis-je enquise poliment.

— J'étais enfant de chœur, à l'époque, et je voulais devenir prêtre. »

Ces paroles ont éveillé un écho dans ma mémoire.

« C'est drôle, à neuf ans, moi je voulais devenir bonne sœur. »

J'ai aussitôt regretté de l'avoir dit. Franchement, il n'y avait pas de quoi se vanter. C'est quelque chose que j'avais toujours gardé pour moi et que j'aurais préféré oublier.

« C'est vrai ? »

Luke a eu un grand sourire.

« C'est tordant, non ? J'ai toujours pensé que j'étais le seul. »

Son attitude décontractée, comme s'il ne s'agissait pas d'un secret honteux, m'a amollie.

« Moi aussi », ai-je avoué.

Il a souri de nouveau, m'incluant dans le petit cercle intime de confidences partagées. Intriguée, j'ai décidé de ne pas partir tout de suite.

« C'était grave, dans ton cas ? a-t-il questionné. Parce que moi, c'était la totale. Je regrettais que le catholicisme ne soit pas proscrit car j'aurais adoré être martyrisé, tu imagines ? Je fantasmais sur le fait d'être bouilli dans de l'huile…

— Moi, je me dessinais transpercée de flèches.

— Mieux que ça, a-t-il acquiescé, l'œil pétillant, je m'étais lancé dans la mortification de la chair ; je portais des trucs hyperserrés et tout, version SM junior, tu vois le genre ? »

Il a haussé un sourcil interrogateur, et j'ai souri pour l'encourager.

« Seulement, comme je ne trouvais pas de cordes dans le garage, j'ai piqué la ceinture de la robe de chambre de ma mère et je l'ai nouée autour de ma taille. J'ai bien souffert pendant deux ou trois jours, puis mon frère a tout découvert et m'a accusé d'être un travelo.

— Ah oui ? Et ça a fini comment ?

— J'aurais dû choisir la riposte qui s'imposait, a-t-il répondu, pensif.

— Quoi ? Prier pour lui ?

— *Non !* Lui foncer dans le lard. »

Surprise, j'ai éclaté de rire.

« Au lieu de quoi, je me suis empressé de tendre l'autre joue et j'ai promis de dire une neuvaine pour lui. Ah, les joies d'une enfance catholique ! »

Je riais sans pouvoir m'arrêter.

« J'étais un sacré couillon, hein, Rachel ? »

Son sourire désarmant, plein de charme, était une invite.

J'aimais bien sa façon de prononcer mon nom. Et j'ai résolu d'attendre encore un peu avant de partir explorer la salle. Discrètement, je me suis renfoncée dans le coin, avec Luke en face de moi. Ainsi, personne d'important ne pouvait me voir.

« À ton avis, ai-je demandé gauchement, pourquoi s'est-on conduits d'une manière aussi bizarre ? Était-ce le début de la puberté ? Les hormones en déroute ?

— Possible. Mais nous étions un peu jeunes pour ça. Dans mon cas, c'était sans doute le fait d'avoir déménagé et de ne pas avoir d'amis.

— Moi, c'est pareil.

— Toi aussi, tu venais de déménager ?

— Non. »

Nous nous sommes dévisagés, stupéfaits. Il ne savait s'il devait me plaindre, rire ou me prodiguer des conseils. Enfin, par bonheur, nous avons ri tous les deux, les yeux dans les yeux, réunis, encerclés par le rire.

Pendant les deux heures qui ont suivi, Luke m'a fait frôler l'hystérie. Il m'a parlé d'un restaurant indien dans Canal Street où le curry était tellement épicé qu'il était devenu aveugle d'un œil durant trois jours. Sur ce, nous avons découvert que, lui comme moi, nous étions végétariens. Un nouveau et vaste champ d'expériences communes s'ouvrait devant nous, et nous avons dénoncé copieusement la discrimination dont les végétariens faisaient l'objet. Avec enthousiasme, nous avons évoqué toutes les fois « où l'on m'a presque forcé(e) à manger de la viande ».

Nous avons déploré la surconsommation générale de protéines et la mauvaise réputation faite aux pousses de luzerne, alors que c'est une source formidable de tout.

« Que nous faut-il de plus ? ai-je déclamé. Des pousses de luzerne.

— Exactement, a renchéri Luke. Un homme adulte peut survivre en se nourrissant de pousses de luzerne tous les deux ou trois mois.

— Qui plus est, les pousses de luzerne, ça te donne une vision semblable aux rayons X, une force surhumaine et… et… voyons…

— Une robe bien luisante et de belles cornes, a suggéré Luke.

— Absolument.

— Et le secret de l'univers.

— Tout à fait. »

Je trouvais qu'il était génial, que j'étais géniale, que les pousses de luzerne étaient géniales.

« Dommage qu'elles soient aussi infectes au goût, ai-je ajouté.

— N'est-ce pas ? »

Je me mettais en quatre pour être aussi drôle que lui. Il s'exprimait avec brio et imitait à merveille toutes sortes d'accents : tantôt il était un bandit mexicain, tantôt un président russe, tantôt un gros policier irlandais en train de procéder à une arrestation.

Il semblait exister en couleurs éclatantes dans un monde en noir et blanc.

Moi aussi, j'étais très en verve car je me sentais totalement détendue. Pas seulement en raison de la quantité d'alcool engloutie, mais parce que je n'avais pas de vues sur Luke.

Au même titre que j'ai toujours été à l'aise avec un gay, même beau comme un dieu, je ne me voyais pas avec Luke ou avec l'un de ses copains.

Face à Luke, je pouvais être moi-même.

Avec tout ce que ça supposait.

Non pas qu'il soit moche. Il avait de beaux cheveux bruns, enfin, qui auraient été beaux s'il les avait coiffés correctement, des yeux pétillants et un visage mobile.

Je lui ai parlé de ma famille car, pour une raison ou une autre, les gens trouvaient ça amusant. Mon pauvre père, seul parmi six femmes. Il avait failli prendre une chambre d'hôtel le jour où la ménopause de ma mère avait coïncidé avec la puberté de Claire.

J'ai raconté comment il avait acheté un chat pour rétablir l'équilibre entre les sexes, avant de découvrir que ce n'était pas un mâle. Comment il s'était assis sur les marches en pleurant : « Même cet enfoiré de chat est une fille ! »

De temps en temps, les autres s'interposaient et essayaient de placer une histoire drôle de leur cru, mais franchement ils ne nous arrivaient pas à la cheville. Personne ne pouvait nous égaler, Luke et moi. Du moins, c'est ce que nous pensions en échangeant des regards entendus pendant que Gaz peinait pour nous raconter comment son frère s'était étouffé avec un Rice Krispie. Ou était-ce un Frostie ? Non, attendez, c'était peut-être un Weetabix. Enfin, pas un Weetabix entier, ce n'était pas possible – quoique, à la réflexion…

Tout le monde, y compris Brigit, est allé au moins une fois chercher des boissons au bar, excepté Luke et moi. Nous avons ignoré Gaz qui nous apostrophait régulièrement :

« C'est ton tour, espèce de rat puant ! »

Finalement, Joey a réussi à lui faire comprendre que les boissons étaient gratuites, et il s'est calmé.

Pendant ce temps, Luke et moi étions tellement occupés à rivaliser d'esprit que nous remarquions à peine les verres qu'on nous glissait dans les mains. Et nous ne prêtions guère attention aux marmonnements du genre « T'aurais pu au moins dire merci ».

*Ce qu'il est gentil*, me répétais-je intérieurement. *Ce qu'il peut être drôle*.

Il se lançait déjà dans une nouvelle histoire.

« J'étais là, Rachel, vêtu d'une jupe à fleurs de ma mère… » Il s'était fracturé la jambe. « Et sur qui je tombe ? Sur mon ancienne petite copine.

— Pas celle qui vous avait surpris, Shake et toi, en train de vous ligoter ? »

Ils s'étaient exercés à faire des nœuds, pas à jouer au maître et à l'esclave.

« La même. Elle m'a regardé en secouant la tête. "Maintenant, il s'habille en femme. T'es qu'un pauvre malade, Luke Costello."

— Et toi, qu'as-tu dit ?

— J'ai décidé de jouer le tout pour le tout. J'ai donc répondu : "Un tour au plumard, c'est hors de question, j'imagine ?"

— Ça a marché ?

— Elle a menacé de me briser l'autre jambe. »

Je pleurais de rire. Tout compte fait, mon nouvel ami m'enchantait.

Après des heures d'une hilarité discontinue, il y a eu une pause dans la conversation. Le brouhaha du monde extérieur a pénétré le cercle magique que Luke et moi avions tracé autour de nous.

Du coin de l'oreille, j'ai entendu Johnno interpeller Brigit :

« Hé ! Brigit du comté de Madison, rapporte des cigarettes aussi.

— C'est marrant, non, a remarqué Luke, que ce soit la première fois qu'on se parle ?

— C'est vrai. »

J'ai souri.

« Car je t'observe depuis un moment, tu sais, a-t-il déclaré, me fixant dans les yeux plus longtemps qu'il n'était nécessaire.

— Ah oui ? » ai-je minaudé.

*Il a flashé sur moi, l'un des Vrais Hommes a flashé sur moi, quelle rigolade !* J'avais hâte d'en parler à Brigit pour qu'on puisse s'en payer une bonne tranche toutes les deux.

« Alors, dis-moi, a-t-il glissé sur le ton de la confidence, qu'est-ce que Brigit et toi vous nous trouvez de si drôle, à moi et à mes amis ? »

J'aurais voulu disparaître dans un trou de souris. L'agréable sentiment de bien-être s'est évanoui en un clin d'œil. Je ne lui plaisais absolument pas, non mais quelle idée j'avais eue là ! Malgré tout l'alcool qui coulait dans mes veines, j'ai rougi et bafouillé.

« Parce que je vous ai vues, figure-toi. »

Sa voix avait soudain perdu de sa chaleur. Son expression aussi.

J'avais un autre homme devant moi, sombre et crispé. Un homme qui forçait le respect.

J'ai baissé les paupières, et mon regard s'est arrêté à la hauteur de sa ceinture. Son T-shirt blanc s'était échappé du pantalon, et j'ai eu la vision de son ventre plat et bronzé, avec une bande de poils noirs qui descendait jusqu'à son…

Vite, le cœur battant, j'ai relevé les yeux, et croisé son regard. Il a jeté un coup d'œil à l'endroit que je venais d'entrevoir, puis m'a fixée de nouveau. Nous nous sommes dévisagés en silence. Je ne savais vraiment pas quoi dire. Quand soudain j'ai été brutalement submergée de désir.

En un éclair, Luke a cessé d'être un objet de dérision. Je me fichais pas mal de sa coupe de cheveux ou de sa tenue ridicule. Tout en lui, y compris son pantalon moulant et surtout ce qu'il contenait, m'inspirait une convoitise sans nom. J'avais envie qu'il m'embrasse. J'avais envie de le traîner dehors. J'avais envie qu'il me jette dans un taxi et qu'il arrache mes vêtements. J'avais envie qu'il me pousse sur un lit et qu'il me fasse l'amour.

Il a dû éprouver la même chose. J'ignore qui a fait le premier pas, mais pendant que nous étions là, à nous regarder en chiens de faïence, j'ai brusquement senti sa bouche sur la mienne. Douce et fraîche d'abord, puis dure et brûlante.

Le choc et le plaisir m'ont donné le vertige. Dieu que j'étais contente d'être venue à cette soirée ! Les bras de Luke autour de moi, ses doigts dans ma chevelure, sur ma nuque. L'enlaçant par la taille, je l'ai attiré contre moi. Il m'a empoignée par les cheveux, m'a renversé la tête en arrière. Ça faisait mal, et j'aimais ça. Il a frotté sa barbe naissante sur mon visage, m'a mordue au coin des lèvres. J'ai failli m'évanouir.

« Espèce d'allumeuse », m'a-t-il murmuré à l'oreille, et j'ai failli m'évanouir de nouveau.

Je me sentais puissante et désirable.

« Allez, a-t-il dit. Prends ton sac, on s'en va. »

On n'a salué personne. J'ai bien vu que Brigit et les autres Vrais Hommes nous considéraient avec stupeur, mais je m'en moquais.

Ça ne pouvait pas m'arriver à moi, pensais-je, désemparée, cette déferlante du désir. Ou alors c'était toujours à sens unique.

On a eu un taxi immédiatement, et sitôt dedans Luke m'a plaquée contre le siège et a glissé ses mains sous mon débardeur. Je ne portais pas de soutien-gorge, et quand il les a touchés mes seins étaient déjà au garde-à-vous. Il a pincé les pointes entre le pouce et l'index, et deux ondes de choc se sont propagées à travers mon corps.

« Nom de Dieu, ai-je soufflé.

— Tu es belle, Rachel », a-t-il chuchoté.

Fébrilement, j'ai relevé ma jupe et l'ai pressé contre moi. Les mains sur ses fesses, j'ai appuyé de toutes mes forces. Exquise douleur.

Je le veux, ai-je pensé.

Comme dans un brouillard, je me suis rendu compte que le taxi s'était arrêté et j'ai cru que, lassé par nos frasques, le chauffeur nous disait de descendre. En fait, nous étions arrivés. J'aurais dû me douter qu'un chauffeur de taxi new-yorkais se fiche pas mal de ce que vous fabriquez, du moment qu'il touche le prix de la course et le pourboire. On peut très bien assassiner quelqu'un sur le siège arrière de la voiture, tant qu'on ne met pas du sang partout.

Je me souviens à peine d'être montée chez Luke. Je sais seulement que, main dans la main, nous avons gravi en courant les quatre étages car nous étions trop pressés pour attendre l'ascenseur. Nous sommes allés droit dans sa chambre, et il a refermé la porte d'un coup de pied, geste qui a mis mes sens en émoi. De toute façon, j'avais tellement envie de lui qu'il aurait pu faire n'importe quoi, il aurait pu vomir sur mes chaussures, ça m'aurait émue tout autant.

Il m'a poussée sur le lit et, en un tournemain, s'est débarrassé de ses vêtements. Ils étaient déjà presque défaits, d'ailleurs. La grosse boucle de sa ceinture de cuir était ouverte, son pantalon de cuir, déboutonné. J'avais dû faire ça dans le taxi, bien que je n'en aie gardé qu'un très vague souvenir.

Il était beau, tout nu.

J'ai commencé à me déshabiller, mais il m'a arrêtée. D'abord, il a retroussé mon débardeur, libérant mes seins. Souriant, il s'est agenouillé sur mes bras pour m'immobiliser. Et il a taquiné les mamelons, tandis que je me trémoussais d'impatience.

« Maintenant, ai-je dit.

— Maintenant quoi ? a-t-il demandé innocemment.

— On le fait ?

— On fait quoi ?

— Tu le sais bien, ai-je imploré, m'arc-boutant contre lui.

— Dis "S'il te plaît". »

Il a eu un sourire malicieux.

« S'il te plaît, salopard ! »

Alors il m'a arraché mes vêtements. Dès que je l'ai senti en moi, j'ai eu un orgasme. Puis un autre, et encore un autre. Ça n'en finissait pas, je n'avais rien connu de pareil. Paralysée, je me cramponnais à ses épaules pendant que mon corps se convulsait de plaisir. Soudain, sa respiration s'est accélérée, il a poussé un gémissement.

« Oh, Rachel, a-t-il lancé pantelant, les doigts emmêlés dans mes cheveux. Oh, Rachel !

Après, tout est redevenu silencieux. Couvert de chair de poule, il s'est effondré sur moi, la tête au creux de mon cou.

Finalement, se soulevant sur les coudes, il m'a contemplée un long, un très long moment. Un large sourire, radieux, presque béat, s'est épanoui sur ses lèvres.

« Rachel, poulette… je crois que je t'aime. »

# 7

« On y est, c'est le Prieuré. »

Papa a ralenti (non sans mal, vu qu'il avait roulé à trente à l'heure pendant tout le trajet, au grand dam d'Helen) et nous a indiqué une vallée. Helen et moi, on s'est dévissé la tête pour mieux voir. Tandis qu'on considérait en silence le grand édifice gothique aux murs gris dans un morne paysage hivernal, j'ai senti comme un nœud dans mon estomac.

« Mince, on dirait vraiment une maison de fous ! »

Helen paraissait impressionnée.

Pour ma part, j'ai éprouvé une légère inquiétude. Pourquoi fallait-il que ça ressemble à ce point à un asile ? Le bâtiment était déjà suffisamment sinistre ; pour ne rien arranger, il était entouré d'une haute muraille de pierre et d'une dense haie de conifères. Je n'aurais pas été surprise de voir des chauves-souris tournoyer autour de ses tourelles avec la pleine lune en toile de fond, même s'il était onze heures du matin et s'il n'y avait pas de tourelles.

« Le Prieuré, ai-je murmuré, tentant de masquer mon anxiété sous des airs désinvoltes. Où j'ai rendez-vous avec le fatum.

— Le Fatum ? a répété Helen, emballée. Qu'est-ce qu'ils chantent ? »

Au fond, pensais-je, m'efforçant de l'ignorer, ç'avait une espèce de charme austère. Même s'il s'agissait bel et bien d'un hôtel de luxe, il ne pouvait se permettre d'en avoir l'apparence. Personne ne l'aurait pris au sérieux.

« Il y a des beaux mecs parmi eux ? » insistait Helen.

C'était super d'être à la campagne, me disais-je, déterminée à ne pas l'entendre. Imaginez ! L'air pur, la vie saine, loin du bruit et de la cohue de la ville.

« Ils sont tous là ? geignait Helen. Ou bien seulement quel… ? »

J'ai fini par craquer.

« La ferme ! »

J'aurais préféré qu'elle ne vienne pas, mais, depuis qu'elle avait entendu parler des célébrités, elle tenait absolument à nous accompagner.

Voyant ma mine orageuse, papa s'est interposé à la hâte :

« Ne l'embête pas, Helen. »

Elle l'a foudroyé du regard, puis, dans un rare accès d'altruisme, a capitulé.

« Bon, d'accord. Ce n'est pas tous les jours qu'elle se fait enfermer. »

En descendant de voiture, Helen et moi avons jeté un rapide coup d'œil alentour, mais il n'y avait pas la moindre vedette en vue. Papa, lui, s'en fichait. Il nous a précédées sur les marches en pierre grise conduisant à une porte en bois massif. Lui et moi, on ne se parlait pas beaucoup, mais au moins il était venu avec moi. Maman, elle, avait refusé de m'accompagner et, qui plus est, avait empêché Anna de se joindre à nous. À mon avis, elle avait peur qu'on la garde aussi. Surtout qu'Helen avait juré ses grands dieux avoir lu que le Prieuré faisait une promo « deux pour le prix d'un » pendant tout le mois de février.

La porte d'entrée, lourde et imposante, s'est ouverte avec une lenteur cérémonielle. Comme il se devait. Mais, derrière, j'ai découvert avec surprise un hall de réception moderne. Photocopieurs, téléphones, fax, ordinateurs, cloisons en placoplâtre, une pancarte sur le mur qui disait : « Vous n'avez pas besoin d'être toxicomane pour travailler ici, mais ça aide. » Quoique, ce dernier détail, je l'aie peut-être imaginé.

« Bonjour », a gazouillé une sémillante jeune femme.

De celles que, dans les offres d'emploi, on qualifie de « dynamiques ». Boucles blondes, sourire éclatant, mais pas trop pour ne pas paraître insensible. Après tout, on n'était pas là pour s'amuser.

« Je suis Jack Walsh, a déclaré papa. Et voici ma fille, Rachel. Nous sommes attendus. L'autre, c'est Helen, mais ne vous occupez pas d'elle. »

Boucles d'Or a décoché un regard nerveux à Helen. Elle n'avait probablement pas l'habitude de se trouver dans la même pièce avec une fille plus jolie qu'elle. Puis elle s'est ressaisie et nous a souri, à papa et moi, avec une sympathie toute professionnelle.

« Elle a eu… euh, quelques petits ennuis avec… vous savez, avec la drogue, lui a dit papa.

— Mmmm, oui. »

Elle a hoché la tête.

« Le Dr Billings vous attend. Je vais le prévenir de votre arrivée. »

Elle a parlé dans l'interphone, a gratifié papa d'un sourire éblouissant, moi d'un sourire triste, et Helen d'un regard de merlan frit.

« Il sera là dans une minute.

— Ce n'est pas trop tard, hein ? a demandé papa. Pour Rachel. On peut encore l'aider, n'est-ce pas ? »

Boucles d'Or a pris un air alarmé.

« Ce n'est pas à moi de vous répondre, a-t-elle lancé précipitamment. Le Dr Billings va procéder à une évaluation, et lui seul pourra juger… »

Mortifiée, j'ai donné un coup de coude à papa. Mais quelle idée d'avoir posé la question à cette enfant !

Mon père semblait toujours avoir réponse à tout. Qu'avais-je fait pour le mettre dans cet état-là ?

Pendant que nous attendions, j'ai pris une brochure sur le comptoir de la réception. *Le Prieuré. Au cœur des vieilles collines de Wicklow*… Un instant, j'ai eu l'impression de lire l'étiquette au dos d'une bouteille d'eau minérale.

Le Dr Billings ressemblait d'une manière frappante à John Cleese. Il était presque chauve et mesurait dans les deux mètres cinquante. Ses jambes lui arrivaient à la hauteur des oreilles, et son pantalon s'arrêtait à mi-mollet, révélant une paire de chaussettes blanches. Il avait l'air d'un échappé d'asile. Plus tard, j'ai appris qu'il était psychiatre, ce qui tombait sous le sens.

Pendant qu'Helen ricanait en sourdine, il m'a escortée dans son bureau afin de m'« évaluer ». Autrement dit, de nous convaincre tous les deux que mon cas était suffisamment grave pour justifier un séjour dans son établissement. Il a eu beaucoup de regards pensifs, beaucoup de « hmmm », et a noté ce que je racontais pratiquement mot pour mot.

J'ai trouvé déconcertant qu'il ne fume pas la pipe.

Il m'a interrogée sur les drogues que je consommais, et j'ai essayé d'être sincère. Enfin, presque. Hors contexte, le tableau semblait infiniment plus noir qu'il ne l'était en réalité, si bien que j'ai édulcoré un peu. Certes, je maîtrisais parfaitement mon usage de drogues, mais il n'était pas censé comprendre. Il gribouillait sur une fiche en disant des choses comme :

« Oui, oui, je vois bien qu'il y a un problème. »

Ça ne m'a pas plu. Surtout que j'avais menti. Jusqu'au moment où je me suis rappelé que ma prétendue toxicomanie lui rapportait plusieurs milliers de livres sterling.

Ensuite, il est arrivé ce que j'appréhendais depuis mon entrée dans son bureau. Les coudes sur la table, il a joint les bouts des doigts et s'est penché en avant.

« Oui, Rachel, il est clair que vous avez un problème de dépendance par rapport aux stupéfiants, et patati et patata... »

Bref, j'étais bonne pour le service.

Après, j'ai eu droit à un sermon sur le Prieuré.

« Personne ne vous force à venir ici, Rachel. Il n'est pas question de vous séquestrer. Peut-être avez-vous fréquenté d'autres institutions ? »

J'ai secoué la tête. Non mais, quel culot !

« La plupart de nos clients sont pourtant dans ce cas de figure. Mais, une fois que vous avez accepté de rester ici, vous êtes tenue de respecter un certain nombre de conditions. »

Des conditions ? Quelles conditions ?

« La durée normale du séjour est de deux mois. Il y a des gens qui demandent à partir avant, mais en signant le formulaire d'admission on s'engage à rester au minimum trois semaines. Après, on est libre de s'en aller, sauf si nous jugeons que ce serait contraire à vos intérêts. »

J'ai senti un frisson me parcourir. Ça ne me gênait pas de passer trois semaines ici ; en fait, je comptais bien accomplir les deux mois jusqu'au bout. C'est le ton de sa voix qui m'avait perturbée. Pourquoi cette solennité ? Et pourquoi voudrait-on partir avant la fin du séjour ?

« Vous comprenez ça, Rachel ?

— Oui, docteur Cleese, ai-je marmonné.

— Billings. »

Fronçant les sourcils, il a plongé sur ma fiche pour griffonner quelque chose.

« Mon nom est Dr Billings.

— Oui, Billings, ai-je bredouillé. Billings, bien sûr.

— Nous ne prenons personne contre son gré, a-t-il poursuivi. Tout comme nous ne prenons pas les gens qui n'ont pas envie de s'en sortir. Nous comptons donc sur votre collaboration. »

Ça non plus, ça ne me plaisait pas. Je voulais juste me reposer au calme, loin des soucis. Je n'allais pas causer d'ennuis. Mais je n'avais pas besoin qu'on m'impose des contraintes. J'avais beaucoup souffert, et j'étais là pour me refaire une santé.

Sur ce, le Dr Billings m'a carrément sidérée.

« Rachel, a-t-il dit en me fixant droit dans les yeux. Reconnaissez-vous que vous avez un problème ? Souhaitez-vous qu'on vous aide à vous sortir de cet état de dépendance ? »

Mentir ne me dérangeait pas. Simplement, ça s'avérait un peu moins évident que je ne me l'étais imaginé.

Oh, et puis zut, ai-je pensé, mal à l'aise. Songe à la lecture de magazines, aux jacuzzis, à l'exercice, aux UV. Songe au ventre plat, aux cuisses de gazelle, à l'éclat de la peau. Songe aux contacts rapprochés avec les célébrités. Songe à quel point tu vas manquer à Luke et combien il va en baver en te revoyant à ton retour triomphant à New York.

Le Dr Billings, lui, continuait à énumérer les conditions de mon séjour.

« Les visites sont autorisées le dimanche après-midi, à l'exception du premier week-end. Vous aurez le droit soit de donner soit de recevoir deux coups de fil par semaine.

— Mais c'est barbare ! ai-je protesté. *Deux* coups de fil par *semaine* ? »

Normalement, je passais deux coups de fil par heure. Il fallait que je parle à Luke, et ça voulait dire téléphoner souvent. Est-ce que ça comptait pour un coup de fil si je tombais sur son répondeur ? Et s'il me raccrochait au nez ? Ils n'allaient tout de même pas me comptabiliser ça…

Le Dr Billings a noté quelque chose sur la fiche et m'a regardée avec attention.

« C'est intéressant comme choix de mot, Rachel. Barbare ? Pourquoi barbare ? »

Ah-ah, me suis-je dit, m'apprêtant à contourner habilement le piège qu'il me tendait. Je les connais, tes astuces psychanalytiques. Je ne suis pas une pauvre plouc, moi. J'ai vécu à New York qui, côté jargon psy, occupe la deuxième place après San Francisco. Ce serait plutôt à *moi* de te psychanalyser.

J'ai résisté à la tentation de lui demander en le dévisageant fixement : « Suis-je une menace pour vous ? »

« Pour rien, ai-je répondu avec un sourire suave. Ça ne veut rien dire de particulier. Deux coups de fil par semaine ? Parfait. »

Il était contrarié, mais que pouvait-il y faire ?

« Durant votre séjour, vous vous abstiendrez de prendre la moindre substance psychotrope.

— Il n'y aura donc pas de vin au dîner ? »

J'avais décidé de mettre les pieds dans le plat.

« Pourquoi ? a-t-il riposté. Vous aimez le vin ? Vous en buvez beaucoup ?

— Pas vraiment. C'était juste pour causer. »

Flûte, pensais-je, déçue. Heureusement que j'avais emporté mon valium.

« Nous serons obligés de fouiller votre valise. J'espère que ça ne vous ennuie pas ?

— Pas du tout. »

J'ai souri gracieusement. Dieu merci, j'avais planqué le valium dans mon sac à main.

« Et votre sac à main, évidemment. »

*Oh non !*

« Euh... très bien. »

J'essayais de parler avec calme.

« Mais d'abord, puis-je utiliser les toilettes ? »

Son air sournoisement entendu m'a beaucoup déplu. Cependant, il s'est contenté de préciser :

« Au fond du couloir à gauche. »

Le cœur battant, j'ai foncé aux toilettes et claqué la porte derrière moi. Paniquée, j'ai tourné en rond dans le local exigu, cherchant un moyen de me débarrasser de ma précieuse petite bouteille, ou encore – et c'était la meilleure solution – de la cacher pour pouvoir la récupérer par la suite. Mais il n'y avait rien. Pas de poubelle ni de seau à serviettes hygiéniques, pas le moindre recoin. Les murs étaient bien lisses, le sol, nu. Il m'est alors venu à l'esprit que l'absence de cachettes était délibérée. (Et j'ai constaté plus tard que j'avais vu juste.)

À quel point pouvait-on être parano ? ai-je pensé dans un accès de rage impuissante. Putain de parano, putain de grande saucisse, putain de cinglé, putain de putain !

La bouteille à la main, j'ai été prise d'un étourdissement, oscillant entre la colère et la peur. Il fallait à tout prix que j'arrive à m'en défaire. Il n'était pas question qu'on découvre une drogue quelconque, si inoffensive soit-elle, en ma possession.

J'ai regardé autour de moi dans l'espoir que quelque chose avait pu m'échapper. Hélas, non. Avec regret, je me suis rendu compte que je devais au moins jeter les comprimés. Et vite. Le Dr Billings se demandait sûrement ce que je fabriquais.

Une voix dans ma tête m'a ordonné de me remuer, de faire disparaître les détails suspects. J'y crois pas ! me suis-je dit, les mains moites, en arrachant l'étiquette de la bouteille. J'avais l'impression d'être une criminelle.

J'ai jeté l'étiquette dans les toilettes, puis, dans un bref et violent sursaut de chagrin, j'y ai versé le flot de comprimés blancs.

En tirant la chasse, j'ai été obligée de détourner la tête.

Je me sentais nue et vulnérable, mais j'avais d'autres soucis, plus graves : que faire de la fiole vide ? Je ne pouvais l'abandonner ici ; quelqu'un la trouverait, et on finirait par savoir qu'elle était à moi. Il n'y avait pas de fenêtre pour la balancer dehors. Autant la garder sur moi, ai-je résolu, en espérant qu'ils n'effectuaient pas de fouille corporelle.

Mon sang s'est glacé dans mes veines. Et si c'était le cas ? Ils fouillaient bien ma valise et mon sac à main !

Eh bien, je ne me laisserais pas faire. Un point, c'est tout. Non mais, comment osaient-ils ?

En attendant, où allais-je la cacher sur ma personne ? Mon manteau était resté à la réception, et je n'avais pas d'autres poches. Avec consternation, j'ai soulevé mon pull et glissé la petite bouteille dans mon soutien-gorge, entre mes seins. Mais elle meurtrissait tellement ma poitrine que la douleur était insoutenable ; j'ai dû la retirer. J'ai essayé les bonnets, l'un après l'autre, mais on distinguait clairement la forme de la bouteille à travers mon pull en angora moulant (« mon » pull, c'était une façon de parler : en fait, il était à Anna), et elle ressortait, quel que soit le bonnet.

Il n'y avait rien à faire, pas d'autre endroit où la planquer. Je l'ai mise dans ma culotte. Le verre était froid, et je me sentais vraiment gourde ; cependant j'ai esquissé quelques pas, et elle n'a pas bougé. Victoire !

Je jubilais quand soudain je me suis vue de l'extérieur, et ça m'a fait mal.

Comment en étais-je arrivée là ? Moi, la New-Yorkaise, jeune, indépendante, glamoureuse, voguant de succès en réussite – et non la chômeuse de vingt-sept ans, accusée de toxicomanie, échouée dans un centre de cure au diable Vauvert avec une bouteille de valium vide dans ma culotte !

## 8

Pauvres mecs, ai-je pensé, compatissante, en voyant la longue tablée de drogués et d'alcooliques. Pauvres, pauvres mecs.

J'étais maintenant officiellement pensionnaire.

On m'avait fait une prise de sang : le résultat a été impeccable ; on n'avait pas fouillé dans ma culotte, mais dans mes bagages, si, sans rien trouver d'illicite ; et papa et Helen étaient repartis avec un minimum d'émotion et de larmes.

« Sois sage, je t'en supplie, avait dit papa. Je reviendrai dimanche en huit.

— Salut, miss Foldingue, tricote-moi quelque chose de joli », avait dit Helen.

Pendant que je regardais la voiture de papa sortir lentement du parking, je me suis félicitée de mon calme : la pensée de la drogue ne m'avait même pas traversé l'esprit. Vous parlez d'une toxicomane !

Le Dr Billings m'a tirée de ma contemplation pour m'annoncer que les autres clients, comme il les appelait, étaient déjà en train de déjeuner. Il n'a pas vu Helen lui adresser des grimaces par la vitre arrière de la voiture.

« Venez déjeuner, m'a-t-il proposé. Ensuite, je vous montrerai votre chambre. »

Bien qu'Helen m'ait convaincue que les célébrités n'allaient pas se mêler au vulgum pecus, j'ai senti l'espoir tressauter au creux de mon estomac. Évidemment, les autres drogués, alcooliques, boulimiques et joueurs qui constituaient le reste de la « clientèle » devaient aussi valoir le coup d'œil. D'un pas léger, j'ai suivi le Dr Billings dans la salle à manger, où il m'a présentée en disant :

« Mesdames et messieurs, voici Rachel qui nous a rejoints aujourd'hui. »

Une mer de visages s'est tournée vers moi pour me saluer. Au premier regard, je n'ai remarqué aucune vedette du showbiz. Dommage.

Personne non plus n'avait l'air de sortir de *Vol au-dessus d'un nid de coucou.* Ce qui était encore plus dommage.

En fait, les alcoolos se sont montrés très accueillants. Ils se sont mis en quatre pour me faire une place à table parmi eux.

La salle elle-même était d'une banalité affligeante. À moins que le décorateur n'ait conçu les murs jaune institutionnel comme un clin d'œil ironique au postmodernisme. Et, bien sûr, le lino était de nouveau à la mode. Sauf que les carreaux bruns et rabougris semblaient être là depuis le début.

J'ai brièvement scruté la tablée : il y avait là environ une vingtaine de « clients », dont seulement cinq femmes.

L'homme gros et âgé à ma droite enfournait la nourriture comme une pelleteuse. Était-ce un boulimique ? L'homme gros et jeune à ma gauche m'a dit qu'il s'appelait Davy.

« Hello, Davy. »

J'ai souri avec dignité. Inutile de jouer les saintes nitouches. Je garderais mes distances tout en étant parfaitement agréable et polie. Leur existence était déjà assez misérable, ce n'était pas la peine de la leur pourrir davantage.

« T'es là pour quoi ? a-t-il demandé.

— La drogue, ai-je répondu avec un petit rire de dérision.

— Rien d'autre ?

— Non », ai-je dit, perplexe.

Visiblement déçu, il a baissé le nez sur son assiette. Laquelle croulait sous une montagne de côtelettes, de patates et de navets.

« Et toi, tu es ici pour quoi ? » ai-je questionné.

Par simple courtoisie.

« Le jeu, a-t-il grommelé.

— L'alcool, a dit l'homme à côté de lui, bien que je ne lui aie rien demandé.

— L'alcool », a déclaré en écho son voisin.

Apparemment, j'avais déclenché une sorte de réaction en chaîne. Il suffisait d'en interroger un pour que, comme dans un jeu de dominos, toute la salle se sente obligée de vous informer sur la nature de son problème de dépendance.

« L'alcool », a fait quelqu'un, un peu plus loin.

Plus loin encore : « L'alcool. »

Une toute petite voix en bout de table : « L'alcool. »

Ça se rapprochait, à présent : « L'alcool. »

Un peu plus fort : « L'alcool.

— L'alcool, a dit l'homme en face de moi.

— Et la drogue, a rajouté quelqu'un. N'oublie pas, Vincent : t'as découvert en groupe que t'avais un problème de drogue aussi.

— Lâche-moi, espèce de pédophile, a rétorqué avec colère l'homme en face de moi. T'es bien placé pour me faire la morale, Frederick – sale tantouze, va ! »

Personne n'a bronché pendant cet échange d'amabilités. Je me serais crue à la maison.

Frederick était-il réellement pédophile ?

« L'alcool, a continué son voisin de table.
— L'alcool.
— L'alcool.
— La drogue. »

C'était une voix de femme. Je me suis contorsionnée pour mieux la voir. Elle devait avoir une cinquantaine d'années. Probablement une femme au foyer accro aux tranquillisants. Dommage, un instant j'avais pensé avoir trouvé une camarade de jeux.

« La drogue. »

J'ai regardé l'homme qui venait de parler, et mon cœur a manqué un battement. Il était jeune ; jusque-là, je n'avais vu personne de mon âge. Et il était beau. En tout cas, comparé aux individus chauves, ventripotents et peu ragoûtants – remarquez, je ne dis pas qu'ils n'étaient pas gentils – qui composaient la tablée.

« La drogue. »

À en juger par ses yeux exorbités, celui-là, avec ses cheveux peignés en arrière, avait dû forcer sur l'acide.

« L'alcool.
— La nourriture.
— La nourriture. »

Et voilà, les présentations étaient terminées. Du moins, je savais pourquoi ils étaient là. Les alcooliques dépassaient en nombre les toxicomanes dans une proportion de quatre à un, et il y avait deux ou trois boulimiques. Mais un seul joueur, Davy. Pas étonnant qu'il ait été déçu.

Une grosse bonne femme en blouse orange a posé d'un coup sec une assiette de côtelettes, de patates et de navets devant moi.

« Merci… »

J'ai souri gracieusement.

« … mais il se trouve que je suis végétarienne.
— Et alors ?

Elle m'a toisée en avançant une lippe façon Elvis.

« Je ne mange pas de viande, ai-je expliqué, troublée par son agressivité.

— Ça, c'est la meilleure ! Eh bien, vous avez qu'à vous y mettre.

— P-pardon ?

— Vous mangerez ce qu'il y a dans votre assiette. J'ai pas le temps, moi, pour ces bêtises : je mange pas ci, je mange pas ça, ou alors je mange trop et après je me fais vomir… Jamais entendu une chose pareille ! Et si je vous attrape à fouiner dans ma cuisine pour savoir où j'ai caché le dessert, ce sera la porte direct.

— Sadie, laisse-la tranquille », s'est interposé l'homme assis en diagonale par rapport à moi.

Je l'ai aussitôt trouvé sympathique, malgré sa carrure de lutteur et surtout ses cheveux frisés qui lui donnaient une tête d'empereur romain.

« Elle est là pour la drogue, pas pour la nourriture. Alors, lâche-la.

— Oh, je vous demande pardon, mademoiselle. »

Sadie s'est aussitôt confondue en excuses.

« Comme vous êtes très maigre, j'ai cru que vous étiez de la bande des crève-la-faim, et ceux-là, je peux pas les voir. S'ils savaient ce que c'est, la vraie faim, ils arrêteraient vite de jouer à ce petit jeu-là. »

Ravie d'avoir été prise pour une anorexique, j'en ai momentanément oublié mes angoisses.

« Sadie, elle aimerait bien être thérapeute – hein, Sadie ? a plaisanté l'homme. Seulement, t'es trop bête, pas vrai ?

— Oh, tais-toi, Mike. »

Sadie m'avait l'air de rester étonnamment enjouée pour une femme qui venait de se faire insulter par (si je me souvenais bien) un alcoolique.

« Mais tu sais même pas lire et écrire, n'est-ce pas, Sadie ? a insisté l'homme (Mike ?).

— Mais si, je sais. »

Elle a souri. (Souri ! Moi, je lui aurais flanqué une gifle.)

« Tout ce qu'elle sait faire, c'est la cuisine ; et encore, elle se débrouille comme un manche », a déclaré Mike.

Ses compagnons de table ont acquiescé avec enthousiasme.

« T'es nulle, Sadie ! a crié quelqu'un du fond de la salle.

— Complètement à la masse », a confirmé un jeune garçon qui semblait n'avoir guère plus de quatorze ans.

Était-ce possible qu'il soit alcoolique ?

Après nous avoir promis qu'on pouvait tous courir pour avoir du thé dans l'après-midi, Sadie est retournée dans la cuisine et, à ma surprise, je me suis aperçue que j'avais envie de pleurer. Les insultes bon enfant, même si pour une fois ce n'était pas moi qui étais visée, ont failli me faire fondre en larmes.

« Parles-en à Billings après le déjeuner, m'a conseillé Mike qui avait dû remarquer ma lèvre tremblotante. En attendant, t'as qu'à manger les patates et les navets, et laisser les côtelettes.

— Je peux les avoir ? »

Un homme au visage lunaire a émergé derrière mon voisin de droite.

« Prenez tout. »

Je ne voulais ni de patates ni de navets. Je n'en mangeais déjà pas à la maison, alors vous pensez, dans un luxueux centre de cure ! Où était le buffet avec salades composées à volonté ? Où étaient les délicieux menus diététiques ? Les jus de fruits fraîchement pressés ?

J'ai poussé mon assiette en direction du gros bonhomme, ce qui a causé un tollé général.

« Lui donne pas ça, Rachel.

— Arrêtez-la, quelqu'un !

— Eamonn n'a pas le droit.

— C'est un boulimique.

— Prière de ne pas nourrir l'éléphant. »

« Il n'est pas dans nos habitudes de préparer des plats à part pour quiconque, m'a dit le Dr Billings.

— Mais, ai-je protesté, abasourdie, je suis végétarienne !

— La plupart des gens qui viennent chez nous souffrent de troubles alimentaires, et il est très important pour eux d'apprendre à manger ce qu'on leur donne.

— Je comprends tout à fait, ai-je répondu, aimable. Vous vous inquiétez pour les anorexiques, les boulimiques, les gros mangeurs et compagnie. Ça risque de les perturber, s'ils voient que j'ai un régime spécial.

— Non, Rachel, a-t-il répliqué d'un ton ferme. C'est pour vous que je m'inquiète. »

Pour moi ? Voilà autre chose. Mais pourquoi ?

« Pourquoi ? »

Je m'efforçais de rester polie.

« Parce que, outre votre dépendance première vis-à-vis de la drogue, vous pouvez très bien entretenir des rapports malsains avec d'autres substances, comme la nourriture ou l'alcool. Et vous courez le risque de basculer dans une contre-dépendance. »

Je n'étais pas dépendante, moi. Mais je ne pouvais pas le lui dire car il m'aurait mise dehors. Et qu'était-ce, une contre-dépendance ?

« Ça arrive parfois quand on s'attaque à la dépendance d'origine. Celle-là, vous réussissez à la maîtriser, mais vous vous rattrapez sur autre chose. Ou alors vous ajoutez simplement la seconde dépendance à la première, et vous cumulez les deux.

— Je vois. Je suis venue ici pour être guérie de la drogue, et j'en repars boulimique et alcoolique. Un peu comme quand on va en prison parce qu'on n'a pas payé une amende, et qu'on en sort capable de cambrioler une banque et de fabriquer un engin explosif.

— Pas tout à fait, a-t-il répondu avec un petit sourire énigmatique.

— Et donc, que suis-je censée manger ?

— Ce qu'on vous donne.

— J'ai l'impression d'entendre ma mère.

— Ah oui ? »

Sourire impersonnel, cette fois.

« De toute façon, je n'ai jamais mangé ce qu'elle me donnait non plus. »

Ça, c'était parce que ma mère était une piètre cuisinière. Ses histoires de dindes et de papier alu, c'était de la science-fiction. Elle pouvait en utiliser des kilomètres, de papier alu, toutes ses dindes n'en étaient pas moins rabougries et sèches comme un coup de trique.

Le Dr Billings s'est contenté de hausser les épaules.

« Et pour mon apport en protéines, je fais comment ?

— Il y a des œufs, du lait, du fromage. Vous mangez du poisson ?

— Non. »

Ce qui était faux.

J'étais choquée par son indifférence. Mais le Dr Billings a ignoré mon désarroi.

« Il n'y aura pas de problème, a-t-il affirmé en souriant. Venez, que je vous présente Jackie. »

Qui était Jackie ?

« La femme qui partage votre chambre. »

Qui partage ma chambre ? J'allais de surprise en surprise. Au prix où on les payait, n'avais-je pas droit à une chambre particulière ? Mais avant que j'aie pu lui poser la question, il avait ouvert la porte de son bureau pour m'escorter en direction d'une blonde élégantissime qui, de mauvaise grâce, passait l'aspirateur dans le hall de réception. J'ai donc plaqué sur ma figure le sourire « Je suis gentille, vous allez m'aimer ».

J'attendrais qu'elle soit partie pour me plaindre. Gentiment, bien sûr.

Elle m'a tendu une main lisse et bronzée.

« Enchantée. Je suis Jackie. »

Cette femme-là devait avoir dans les quarante-cinq ans, mais, à deux pas de distance, on lui en donnait facilement dix de moins.

« Et ça s'écrit C-H-A-Q-U-I-E, a-t-elle précisé. C'est si banal, Jackie, quand ça s'écrit J-A-C-K-I-E, hein ? »

Ne sachant que répondre à ça, j'ai souri de nouveau.

« Moi, c'est Rachel, ai-je dit poliment.

— Salut, Rachel. “Rachel” avec un Y et deux L ? »

J'allais partager la chambre avec cette toquée ?

Et pourquoi l'aspirateur ? Elle était pensionnaire comme moi, non ? J'étais sûre de l'avoir aperçue à table, à l'heure du déjeuner. Mon moral est tombé dans mes chaussettes. Ils n'appliquaient tout de même pas ce malheureux système Betty Ford à la lettre ?

« Vous avez oublié ce coin, là, près de la porte, Chaquie. »

Sur ce, le Dr Billings s'est dirigé vers l'escalier.

Le regard qu'elle lui a lancé derrière son dos aurait dû le foudroyer sur place.

« N'oubliez pas votre bagage, Rachel. »

Le Dr Billings montait déjà, me laissant le soin de porter mon sac. Qui pesait une tonne. Car, pour le cas où il y aurait plein de gens connus au Prieuré, j'avais emporté toute ma garde-robe, plus les affaires d'Helen qui m'allaient. Je lui aurais bien emprunté tous ses vêtements, mais Helen était petite, frêle et menue, et moi, je mesurais un mètre soixante-dix-sept ; ça ne m'aurait donc servi à rien de lui prendre autre chose que les habits étiquetés « taille unique ». Sauf peut-être à m'imaginer sa tête quand, en ouvrant son armoire, elle aurait découvert que toutes ses fringues avaient disparu.

Pendant que je tanguais et titubais sur les marches couvertes de lino, le long des murs à la peinture écaillée, je me disais : Quelle malchance d'être arrivée au Prieuré alors qu'ils sont en pleins travaux !

« Ils seront finis quand, les travaux de décoration ? » ai-je crié à l'adresse de Billings dans l'espoir qu'il répondrait : « Bientôt. »

Mais il a juste rigolé. Quel salaud ; vraiment il est taré, ce mec ! ai-je pensé dans un soudain accès de rage.

À chaque respiration saccadée, à chaque pas chancelant, mon cœur se serrait davantage. Une fois les murs repeints et la moquette changée, j'étais certaine que ça ressemblerait à la résidence de luxe à laquelle je m'étais attendue. Mais, entre-temps, on aurait plutôt dit un orphelinat dickensien.

La vue de ma chambre a encore ajouté à ma déception. M'a plongée dans la perplexité. Pourquoi fallait-il qu'elle soit aussi petite ? À peine de quoi caser deux lits à une place. En dehors de la surface, ou de l'absence d'icelle, la ressemblance avec une cellule monacale s'arrêtait là. Sauf si les moines affectionnaient les couvre-lits en nylon rose, pareils à ceux que j'avais connus enfant, dans les années 70. Et moi qui croyais trouver du lin irlandais, blanc et empesé !

En passant devant le lit, j'ai perçu un léger grésillement, et les poils de mes jambes se sont hérissés.

Une commode blanche et bancale croulait sous les produits Clinique, Clarins, Lancôme et Estée Lauder. Tout ça devait être à Chaquie. Il n'y avait pas de place pour mes deux misérables Pond's.

« Je vous laisse vous installer, a dit le Dr Billings. Le groupe commence à deux heures, et vous êtes dans celui de Josephine. Tâchez de ne pas être en retard. »

Le groupe ? Josephine ? Et que se passerait-il si j'arrivais en retard ? Lequel des deux lits était le mien ? Où allais-je trouver des cintres ?

« Mais que…

— Demandez aux autres. Ils se feront un plaisir de vous renseigner. »

Et il est parti !

Non mais, quel culot ! fulminais-je. Feignasse, pauvre type, va ! Me refuser ma nourriture végétarienne. Refuser de porter mon sac. Il n'est même pas resté pour m'aider à défaire mes bagages. J'aurais pu être sérieusement perturbée, figurez-vous. Il n'était pas censé savoir que je n'étais pas réellement toxicomane. « Demandez aux autres », tu parles. En sortant d'ici, j'écrirais aux journaux et je le citerais nommément. Ce glandeur de mes deux. En plus, il devait gagner une fortune, grâce à *mon* argent.

J'ai jeté un coup d'œil sur la pièce exiguë. Quel taudis ! Déprimée, je me suis jetée sur le lit, et la fiole de valium oubliée a failli m'éventrer. Une fois la douleur lancinante passée, je l'ai repêchée et j'ai décidé de la cacher dans ma table de chevet. Mais, quand j'ai voulu me relever, le couvre-lit en nylon rose m'a suivie. J'en détachais un bout, et il revenait immédiatement se coller contre moi.

J'étais frustrée, déçue et en pétard.

# 9

Bon, allez, me suis-je exhortée, voyons le côté positif des choses. Pense au jacuzzi, aux massages, au traitement à base d'algues, aux enveloppements de boue.

D'accord, ai-je bougonné. Mais j'aurais bien continué encore un peu à m'apitoyer sur moi-même.

Sans grand enthousiasme, j'ai sorti deux ou trois affaires, pour découvrir que la minuscule penderie débordait déjà de vêtements de Chaquie. J'ai donc retouché mon maquillage, au cas où je rencontrerais une ou deux célébrités dans le groupe de Josephine, et je suis redescendue à contrecœur.

Il avait fallu que je me fasse violence pour quitter la chambre. Je me sentais gauche, timide, et je soupçonnais les autres d'être en train de parler de moi. Quand je suis entrée dans la salle à manger (rasant le mur et suçant mon pouce en un geste puéril et tout sauf attendrissant), elle était tellement remplie de fumée qu'on n'y voyait plus clair. D'après ce que j'ai pu entendre, tout le monde était là à boire du thé, à rire et à bavarder… et, à l'évidence, on ne parlait *pas* de moi.

Je me suis avancée discrètement dans la pièce. C'était comme arriver dans une soirée où l'on ne connaît personne. Une soirée sans alcool.

Soulagée, j'ai aperçu Mike : même si dans le monde extérieur je l'aurais évité comme la peste de peur qu'on me suspecte d'être avec lui, en cet instant j'étais trop terrifiée pour m'en soucier. Tant pis s'il ressemblait à un taureau affublé d'une perruque frisée ; il m'avait défendue contre Sadie, la femme à la blouse orange.

« C'est où, le groupe de Josephine ? ai-je demandé.

— Viens, je vais te montrer comment ça marche. »

Il m'a pilotée vers le tableau d'affichage accroché au mur et a désigné un horaire.

À première vue, ça m'avait l'air très chargé. Thérapie de groupe matin et après-midi, conférences, causeries, films, réunions AA, réunions NA, réunions BA...

« AA, comme les Alcooliques anonymes ? me suis-je exclamée, incrédule.

— Exact.

— Et NA ?

— Narcotiques anonymes.

— C'est quoi, ça ?

— Pareil que AA, mais pour la drogue.

— Arrête ton char ! ai-je répondu, hilare. Tu parles sérieusement ?

— Oui. »

Il m'a lancé un regard bizarre, que je n'ai pas réussi à décrypter.

« Et BA ?

— Boulimiques anonymes.

— Et JA ? »

Je me retenais à grand-peine de rire.

« Attends, laisse-moi deviner... Journaux anonymes, pour ceux qui ne peuvent pas s'empêcher d'acheter le journal !

— C'est Joueurs anonymes. »

Mike n'avait pas l'air de trouver ça drôle. Son visage patibulaire ressemblait à un bloc de granit.

« Je vois. »

J'ai essayé de me calmer, gênée de m'être moquée des AA, des NA, des JA et compagnie. C'était peut-être hilarant pour moi, mais pour ces pauvres types ça devait être une question de vie ou de mort.

« Et là, c'est les lieux qui correspondent à chaque activité. »

Il a indiqué une autre colonne, et j'ai fait mine d'écouter avec intérêt.

« Regarde : aujourd'hui vendredi, à quatorze heures, le groupe de Josephine se réunit au Presbytère. »

Tous ces lieux portaient des noms à faire rêver : Jardin d'hiver, salle du Silence, étang aux Reflets.

« La voilà, la demoiselle qui vient d'arriver ! »

Je me suis retournée. J'aurais pu m'abstenir. Ce n'était qu'un bonhomme bedonnant de plus, parmi tous ceux qui peuplaient le Prieuré. Combien de pulls en acrylique marron un seul bâtiment pouvait-il contenir ?

« Comment ça se passe ? a-t-il demandé.

— Bien, ai-je répondu poliment.

— Mon premier jour a été atroce aussi. Après, ça s'arrange.

— C'est vrai ? » ai-je balbutié d'un air piteux.

Sa soudaine gentillesse m'avait émue aux larmes.

« Oui. Mais ensuite, ça empire. »

Il a dit ça comme s'il s'agissait d'une bonne blague et, rejetant la tête en arrière, il a ri aux éclats. Une fois calmé, il m'a tendu la main.

« Mon nom, c'est Peter.

— Rachel. »

J'ai réussi à sourire alors que je lui aurais bien flanqué une taloche.

« Fais pas attention à moi, a-t-il dit, le regard pétillant. Je suis raide dingue. »

J'ai rapidement découvert que Peter avait beaucoup d'humour et riait de tout, même des choses horribles. Surtout des choses horribles.

J'en arriverais vite à le détester.

« Viens prendre un thé avant le début du groupe », m'a-t-il proposé.

Maladroitement, je me suis versé une tasse, la première sur plusieurs milliers (bien que j'aie horreur du thé), et je me suis installée à table. Aussitôt, j'ai été entourée d'hommes – hélas, ni jeunes ni beaux – qui voulaient tout savoir sur moi.

« T'en as des jolis cheveux », a dit l'un d'eux, vêtu…

Non, ce n'était pas possible !… d'une veste de pyjama… si, si, c'était bien une veste de pyjama ! Avec un gilet moutarde. Celui-là n'en avait presque plus, des cheveux : les rares mèches étaient plaquées en travers de son crâne d'une oreille à l'autre, comme s'il les avait collées avec de la superglu. Il m'a décoché un sourire répugnant et s'est rapproché imperceptiblement.

« C'est leur couleur naturelle ?

— Euh… oui », ai-je répondu, inquiète, tandis qu'il se mettait à les caresser.

J'ai reculé sur ma chaise, mais il a continué de me tripoter les cheveux jusqu'au moment où Mike qui fumait, l'air renfrogné et absent, a émergé de sa torpeur et crié :

« Couché, Clarence, couché ! Fiche-lui la paix. »

Clarence m'a lâchée à contrecœur.

« Il n'est pas méchant, a expliqué Mike pendant que je ravalais mes larmes pour la quinzième fois de la journée. T'as qu'à l'envoyer sur les roses, c'est tout.

— Évidemment que je ne suis pas méchant ! s'est exclamé Clarence, outré. Elle a de beaux cheveux. Où est le mal ? Où est le mal ? a-t-il répété, son visage à deux centimètres du mien.

— Il… il n'y a pas de mal, ai-je bredouillé, horrifiée.

— T'es dans quel groupe ? »

Un individu au teint rouge comme je n'en avais jamais vu a maladroitement changé de sujet.

« C'est quoi, cette histoire de groupes ? »

Clarence s'est écarté, et j'ai pu respirer librement.

« Tu as dû remarquer qu'on fait beaucoup de thérapie de groupe ici », a dit Mike.

Tout le monde a ri et, bien que je n'aie pas compris pourquoi, j'ai souri également afin de ne pas passer pour une gourde.

« Et nous sommes divisés en groupes de six ou sept. Il y a trois groupes : celui de Josephine, celui de Choucroute et celui de Barry Grant.

— Choucroute ? ai-je demandé, interloquée.

— Son vrai nom, c'est Heidi, a dit Face d'Écrevisse.

— Helga, a interrompu Peter.

— Helga, Heidi, qu'importe. De toute façon, elle est allemande. Et on la hait.

— Pourquoi vous la haïssez ? »

Ma question a provoqué un nouvel éclat de rire.

« Parce qu'elle est notre conseillère, a expliqué quelqu'un. Ne t'inquiète pas, toi aussi tu vas haïr la tienne. »

Ça m'étonnerait, ai-je pensé. Mais je ne l'ai pas dit tout haut.

« Et Barry Grant ?

— Elle est de Liverpool.

— Je vois. Moi, je suis dans le groupe de Josephine. »

J'étais déçue de n'avoir pas affaire à une conseillère avec un nom marrant.

Il y a eu tout un chœur de récriminations :

« Oh non, pas sœur Josephine !

— Cré nom de nom !

— Elle est pas tendre, celle-là.

— Elle est capable de vous faire pleurer un homme.

— Elle *a* fait pleurer un homme. »

Cette dernière remarque a déclenché une dispute entre – si j'ai bien retenu les noms, car pour moi ces types-là se ressemblaient tous – Vincent et Clarence, l'amateur de beaux cheveux.

« Je n'ai pas pleuré, protestait Clarence. J'étais enrhumé.

— Si, tu as pleuré », insistait Vincent, doté manifestement d'un tempérament querelleur.

La polémique a été interrompue par quelqu'un qui a dit :

« Tiens, voilà Misty. »

L'annonce a causé une certaine agitation dans l'assemblée. Misty devait être la jolie fille qui, la tête haute, traversait la pièce d'une démarche alanguie. Vêtue simplement d'un jean et d'un pull vert, elle était renversante. Je me suis immédiatement sentie trop habillée. Sa chevelure rousse était si longue qu'elle pouvait s'asseoir dessus. Si l'idée lui en venait, bien sûr. Frêle et délicate, elle semblait maîtriser à la perfection l'art de garder ses distances.

Elle s'est assise à l'autre bout de la table, le plus loin possible du reste de la troupe, sans un regard pour nous. Les hommes massés autour de moi retenaient leur souffle. Sous leurs yeux enamourés, Misty a sorti un journal et s'est plongée dans les mots croisés.

« Elle se la joue, a persiflé Mike. Tout ça parce qu'elle a écrit un bouquin quand elle avait dix-sept ans.

— Ah bon ? »

J'étais captivée, mais j'essayais de ne pas le montrer. Ce n'était vraiment pas *cool* de béer d'admiration devant quelqu'un.

« T'as sûrement entendu parler de Misty. »

J'ai cru déceler une pointe d'ironie dans la voix de Mike, mais je n'en étais pas sûre.

« Comment elle était accro à la bouteille ? »

J'ai secoué la tête.

« Comment l'an dernier elle a décroché et a écrit le bouquin ? »

J'ai secoué la tête une fois de plus.

« Alors qu'elle n'avait que dix-sept ans ? »

Ce coup-ci, le ton était indéniablement sarcastique.

« Non ? Ben, dès qu'on allumait la télé, elle était là, en train de raconter comment elle avait arrêté la boisson et s'était mise à écrire, tout ça à dix-sept ans. »

L'histoire de Misty me disait vaguement quelque chose.

« Et puis, paf ! elle se remet à picoler, et atterrit ici pour se faire "soigner". »

Mike ironisait ouvertement, à présent.

« Seulement, cette fois, elle n'a plus dix-sept ans. »

Mais oui, bien sûr, j'avais entendu parler d'elle. Le journal que j'avais lu de bout en bout dans l'avion pour ne pas mourir d'ennui avait publié tout un article sur sa chute. Le journaliste y voyait surtout un stratagème à des fins publicitaires. Était-ce vraiment une coïncidence, se demandait-il, si toutes les librairies étaient bourrées de photos et d'exemplaires du nouveau bouquin de Misty ?

« Son nom, c'est Misty O'Malley ? ai-je questionné à voix basse.

— Tu la connais ? »

Mike avait l'air presque effrayé.

J'ai hoché la tête.

On aurait dit qu'il allait fondre en larmes. Mais il s'est consolé en affirmant :

« Ce livre qu'elle a écrit, il n'a ni queue ni tête.

— Il a remporté un prix, non ?

— Justement.

— Éclaire notre lanterne, Misty ! a crié Clarence.

— Va te faire foutre, Clarence, espèce de grosse loche », a-t-elle répondu, venimeuse, sans lever les yeux.

Clarence, l'image même de l'adoration muette, a poussé un soupir.

« Je pensais qu'un écrivain, ça pouvait trouver une meilleure insulte que “grosse loche” », a lancé Mike, méprisant.

Misty s'est redressée avec un sourire charmeur.

« Oh, Mike », a-t-elle soufflé en secouant la tête.

Ses cheveux roux, dans la lumière, s'étaient transformés en or filé. Elle était belle, vulnérable, émouvante. Je l'avais mal jugée. Mike, visiblement, était de mon avis. Il s'était figé, et moi-même je n'osais pas bouger pendant qu'ils se regardaient, comme reliés par un long fil invisible.

Mais attendez ! Elle a ouvert la bouche pour parler :

« Quand vas-tu demander qu'on mette du bromure dans ton thé, Mike ? Tu es incapable de me laisser tranquille, hein ? »

Elle a eu un petit sourire féroce, et Mike est devenu livide. Satisfaite, elle a pris son journal, et est sortie d'un pas sinueux. Tous les yeux suivaient le mouvement rythmé de ses hanches maigres. Personne n'a pipé tant qu'elle n'eut pas disparu. Alors seulement, l'air quelque peu hagard, les hommes se sont à nouveau tournés vers moi.

« Elle a échaudé nos cœurs, a déclaré Clarence avec ce qui ressemblait désagréablement à de l'admiration. Dieu merci, tu es là maintenant. On pourra te draguer, et tu ne nous enverras pas promener, hein ? »

Prétentieuse petite garce, pensais-je. Aucun risque que je me comporte comme elle, ah ça, sûrement pas. Je serais *tellement* gentille que tout le monde m'aimerait. Même si, bien entendu, je n'avais pas l'intention de me lier avec quiconque ici. Malgré moi, j'étais obligée de reconnaître qu'elle m'impressionnait énormément…

Quelqu'un s'est exclamé soudain :

« Deux heures moins cinq !

— Nom de Dieu ! »

Chacun a écrasé sa cigarette, vidé sa tasse de thé, bondi de sa chaise.

Les commentaires fusaient, bon enfant :

« En route pour la curée.

— Cet après-midi, c'est mon tour de passer à la casserole.

— J'aurais préféré qu'on me traîne dans la cour et qu'on me fouette avec un chat à neuf queues.

— On y va ? » m'a dit Mike.

# 10

M'agrippant par le poignet, Mike m'a catapultée dans le couloir, puis dans une salle.

« C'est ça, le Presbytère ? »

J'ai jeté un coup d'œil dubitatif sur la pièce où, hormis les courants d'air, il n'y avait que quelques chaises délabrées disposées en cercle.

« Oui. »

Il semblait paniqué.

« Assieds-toi là. Vite, Rachel, vite ! »

J'ai obéi, et il s'est assis également.

« Écoute-moi, a-t-il dit sur un ton pressant. Je vais te donner un conseil – le plus important probablement de tout ton séjour ici. »

Je me suis rapprochée, nerveuse et excitée.

« Jamais ! a-t-il déclaré en inspirant profondément. Jamais ! »

Nouvelle inspiration. Je me suis approchée encore davantage.

« Jamais, ne t'assois jamais sur *cette* chaise, ni sur *celle-là*, ni sur *celle-là*, ni sur *celle-là* ! Le groupe dure au moins deux heures, et tu auras les fesses en compote si tu as le malheur de te retrouver sur une de ces chaises. Regarde bien, je vais te les montrer encore une fois… »

La porte s'est ouverte à la volée, et d'autres pensionnaires ont fait irruption dans la salle. Voyant que les deux bonnes chaises étaient occupées, ils se sont lamentés en chœur. Et j'ai été prise de remords : étant donné la gravité de leur situation, ils avaient bien le droit de profiter d'un certain confort pendant qu'ils tentaient de s'en sortir.

Ils étaient six en tout ; la plupart, je les avais déjà vus dans la salle à manger. Malheureusement, le beau garçon qui avait un problème de drogue n'était pas parmi eux. Il y avait Mike, Misty l'écrivain, Clarence, Chaquie ma camarade de chambrée, et Vincent le furieux. J'ai eu un pincement au cœur quand je l'ai aperçu, tant il respirait l'agressivité. Je craignais qu'il ne s'en prenne à moi, sans se rendre compte que je n'étais pas des leurs. La sixième personne était un vieil homme que je ne me rappelais pas avoir croisé dans la salle à manger. Une chose était sûre : il ne venait pas de l'univers du showbiz. Soit les stars avaient leur propre groupe, ce qui était le plus vraisemblable, soit elles étaient chez Choucroute ou chez Barry Grant.

« C'est bien d'avoir une femme de plus, a remarqué Chaquie. Ça égalise le score. »

J'ai compris qu'elle parlait de moi. Oui, d'accord, mais comme je n'allais pas participer, au fond ça n'égalisait rien du tout.

Josephine est entrée. Je l'ai examinée avec le plus grand intérêt. Franchement, je ne voyais pas pourquoi ils avaient tous peur d'elle : elle m'avait l'air inoffensive. Elle était bonne sœur, mais une bonne sœur moderne, branchée… du moins, c'est ce qu'elle croyait. Pour moi, il n'y avait rien de branché dans le fait de porter une jupe de flanelle grise qui s'arrêtait en dessous du genou et des cheveux gris coupés court, avec une pince marron sur le côté. Néanmoins, elle paraissait gentille, douce même. Avec ses yeux ronds d'un bleu vif, elle me faisait penser à Mickey Rooney.

Dès qu'elle a eu pris place, chacun s'est absorbé dans la contemplation de ses pieds. Finis, les rires et les conversations de table. Le silence se prolongeait. Mon regard amusé allait d'un visage à l'autre. Pourquoi cette angoisse soudaine ?

Finalement, elle a déclaré :

« Ma foi, j'ai l'impression que ça vous met mal à l'aise, ce silence. O.K., John Joe, si vous nous lisiez l'histoire de votre vie ? »

Il y a eu un soupir de soulagement collectif.

John Joe, c'était le vieux. Un vieux de la vieille, avec d'énormes sourcils et un costume noir poli par l'usure. Plus tard, j'ai appris que c'était son costume des grands jours. Réservé aux mariages, aux enterrements, aux bonnes affaires réalisées à la foire aux bestiaux et aux centres de cure où il se faisait enfermer par sa nièce.

« Euh… bon, d'accord », a dit John Joe.

C'était pour quand, les cris et les récriminations ? La thérapie de groupe, je voyais ça beaucoup plus animé et plus musclé.

Le récit de la vie de John Joe a duré environ cinq secondes. Il avait grandi dans une ferme, ne s'était jamais marié et vivait maintenant toujours à la même ferme avec son frère. Tout ça, il l'avait écrit sur une page de cahier d'écolier, et il l'a lu lentement, à mi-voix. Ce n'était pas très passionnant.

« Voilà », a-t-il conclu.

Et, avec un sourire timide, il a baissé les yeux sur ses gros godillots noirs.

Il y a eu un nouveau silence.

Finalement, Mike a observé :

« Tu n'as pas… euh, donné beaucoup de détails. »

John Joe lui a jeté un coup d'œil de sous ses sourcils, a haussé imperceptiblement les épaules et souri avec bonhomie.

« Oui, a renchéri Chaquie. Tu n'as même pas parlé de la boisson. »

Autre sourire, autre haussement d'épaules. Et toujours ce regard circonspect. John Joe devait être du genre à se cacher dans les buissons quand il croisait une voiture. Un homme des bois. Une créature des marais.

« Tu… pourrais peut-être expliciter un peu ? » a suggéré Clarence nerveusement.

Pour finir, Josephine a repris la parole. Elle s'est révélée bien plus redoutable que son physique inoffensif ne le laissait croire.

« C'est donc ça, l'histoire de votre vie, hein, John Joe ? »

Un petit signe de la tête de l'intéressé.

« Et que faites-vous des deux bouteilles de brandy que vous vidiez tous les jours depuis dix ans ? Que faites-vous du bétail que vous avez vendu en cachette de votre frère ? Que faites-vous de la seconde hypothèque que vous avez prise sur vos terres ? »

Pas possible, me disais-je, excitée. Qui l'aurait cru ? Un brave papy comme lui ?

John Joe n'a pas réagi. À le voir figé telle une statue, j'en ai déduit que c'était vrai. Autrement, il aurait déjà bondi de sa chaise pour se défendre avec véhémence, non ?

« Et vous autres ? »

Josephine a balayé du regard la pièce.

« N'avez-vous rien à ajouter, à part… »

Sur ce, elle a scandé d'une voix enfantine :

« C'est un peu court, John Joe ? »

Tout le monde s'est ratatiné sur son siège. Même moi, un court instant.

« Bien, John Joe, on va faire un nouvel essai. Racontez au groupe comment vous buviez. Et, d'abord, ce qui vous a poussé à boire. »

John Joe n'a pas bronché. Moi, à sa place, j'aurais été folle de rage. D'ailleurs, j'*étais* folle de rage. Il avait fait de son mieux, le pauvre homme. J'ai failli dire à Josephine de le lâcher, puis j'ai décidé d'attendre deux ou trois jours avant de leur montrer comment il fallait s'y prendre.

« Ben… »

John Joe a haussé les épaules.

« Vous savez ce que c'est.

— Eh non, a répondu Josephine d'un ton sec. Je ne sais pas. Ce n'est pas moi qui me fais traiter pour un problème d'alcoolisme chronique, ne l'oubliez pas. »

Dieu qu'elle était mauvaise !

« Euh, c'est-à-dire que, s'est lancé John Joe vaillamment. Y a des soirs où on se sent seul, alors on boit un coup…

— Qui ça, on ? » a sifflé Josephine.

Il s'est contenté de lui adresser son sourire débonnaire.

« *Qui* boit un coup ?

— Moi. »

Visiblement, il avait du mal à parler. À en juger par la description de sa vie, c'était un exercice auquel il ne devait pas se livrer souvent.

« Je ne vous entends pas, John Joe, a décrété Josephine. Plus fort. Dites-moi qui buvait un coup.

— Moi.

— Plus fort.

— Moi.

— Plus fort.

— MOI ! »

Désemparé, John Joe tremblait d'avoir fait subir un tel effort à ses cordes vocales.

« Assumez vos actes, John Joe, a aboyé Josephine. Puisque c'est vous qui avez agi, *dites-le* ! »

Voyez ça, comment elle essaie de les casser, ai-je pensé avec intérêt. Quelle cruauté ! Force m'était d'admettre que j'avais sous-estimé Josephine. Elle tenait moins de Mickey Rooney que de Dennis Hopper.

Elle a harcelé John Joe, le bombardant de questions sur son enfance, ses rapports avec sa mère, les trucs habituels, quoi. Mais arriver à lui arracher une réponse, c'était comme tenter de tirer du sang d'un navet. Entre les haussements d'épaules et les « ben oui », il n'y avait pas grand-chose à se mettre sous la dent.

« Pourquoi ne vous êtes-vous jamais marié, John Joe ? »

Haussement d'épaules, sourire bonasse.

« Ben, parce que ça s'est pas présenté.

— Avez-vous déjà eu une petite amie ?

— Ben oui, j'ai dû en avoir une ou deux.

— C'était sérieux ?

— Ben, oui et non. »

John Joe a haussé les épaules. (Encore !) Il commençait à m'énerver. Ne pouvait-il pas expliquer à Josephine pourquoi il ne s'était pas marié ? Il devait bien y avoir une bonne raison économique à ça. Peut-être que la ferme n'aurait pas été viable si on l'avait divisée entre son frère et lui, ou peut-être qu'il avait préféré attendre la mort de sa mère pour ne pas se retrouver avec deux rouquines sous le même toit (de chaume). C'était un problème courant dans l'arrière-pays irlandais ; je le connaissais pour avoir passé un été à Galway.

Josephine continuait de ramer, et ses questions devenaient de plus en plus impudiques.

« Avez-vous déjà été amoureux ? »

Et, finalement :

« Avez-vous jamais perdu votre pucelage ? »

L'assistance retenait son souffle. Comment pouvait-on demander une chose pareille ?

Et y avait-il réellement une possibilité que non ?

Un homme de son âge ?

Les yeux rivés sur ses chaussures, John Joe se taisait.

« Je vais formuler ça autrement, a persisté Josephine. Avez-vous jamais été dépucelé par une femme ? »

Que sous-entendait-elle par là ? Que John Joe avait été dépucelé par une chèvre ?

John Joe était pétrifié.

Le reste d'entre nous aussi. Je n'osais pas respirer.

Ce n'était plus du voyeurisme, c'était la violation de ce qu'on pouvait avoir de plus intime. Le silence s'est éternisé. Jusqu'au moment où Josephine a déclaré :

« Bien, c'est l'heure. »

La déception a été immense. Le suspense, insoutenable. Comme dans un feuilleton de télé, mais en pire, puisque c'était réel.

Mes pensées se bousculaient pendant que nous sortions en file indienne. J'ai rattrapé Mike.

« C'était quoi, tout ce micmac ?

— Dieu seul le sait.

— Et nous, on le saura quand ?

— La prochaine séance de groupe, c'est lundi.

— Oh non ! Je n'aurai jamais la patience d'attendre.

— Écoute… »

Il avait l'air ennuyé.

« Ça ne veut pas dire grand-chose. C'est juste une tactique. Josephine pose toutes sortes de questions dans l'espoir de toucher une corde sensible. Elle ratisse large. »

Toutefois, je n'ai pas marché. J'avais l'habitude des dénouements feuilletonesques.

« Allez, à d'autres… », ai-je rétorqué, méprisante.

Mais je parlais dans le vide. À mon grand dam, Mike était parti rejoindre John Joe qui semblait passablement secoué.

# 11

Et maintenant ? me demandais-je avec impatience. Serait-ce l'heure des massages ? J'observais les autres en trépignant pour voir ce qu'ils allaient faire. Ils ont suivi le couloir, tourné et… oh non !… se sont engouffrés dans la salle à manger. Tout le groupe de Josephine plus les autres groupes se retrouvaient là autour d'une tasse de thé et d'une cigarette. Peut-être qu'ils faisaient un break de quelques minutes avant de foncer au sauna ? Peut-être.

Perchée au bord d'une chaise, j'ai refusé le thé. Je n'avais pas envie de me précipiter aux toilettes en pleine séance d'aromathérapie. Mes yeux passaient anxieusement d'une tasse de thé à l'autre. *Allez*, les pressais-je en silence, dépêchez-vous de boire ! Sinon ça va être l'heure du dîner, et on n'aura pas assez de temps pour un massage digne de ce nom. Mais ils sirotaient leur thé avec une lenteur insoutenable. J'étais à deux doigts de leur arracher les tasses pour le boire à leur place.

Pendant qu'ils finissaient sans hâte, je les ai vus, consternée, s'emparer de la théière et se resservir une deuxième tasse qu'ils ont savourée avec indolence.

Bon, ai-je raisonné nerveusement, peut-être après la seconde tasse ?

Mais les minutes s'écoulaient. On a rallumé des cigarettes et quand, comme je l'appréhendais, on a servi la troisième tournée, j'ai dû admettre à contrecœur qu'ils semblaient prendre leur temps. Tout compte fait, les soins devaient être programmés après le goûter.

« Tu ne fumes pas ? »

Je me suis aperçue avec inquiétude que c'était Vincent le furieux.

« Non », ai-je bredouillé.

Du moins, pas les cigarettes.

« Tu as arrêté, hein ? »

Il s'est rapproché de moi.

« Je n'ai jamais commencé. »

Je me suis rencognée sur ma chaise. Si seulement il pouvait s'en aller ! Je n'avais pas envie d'être amie avec lui. Il me faisait peur, avec sa barbe noire et ses grandes dents. Des dents de loup.

« Quand tu sortiras d'ici, t'en seras à soixante par jour », m'a-t-il promis avec un sourire mauvais et un relent de BO.

(Dis, Vincent, pourquoi sens-tu si fort ?)

J'ai cherché des yeux Mike pour qu'il vienne à ma rescousse, mais il n'était pas en vue.

Tournant le dos à Vincent autant que faire se pouvait sans le vexer, je me suis trouvée nez à nez avec Clarence le timbré. De Charybde en Scylla. Malgré ma crainte qu'il se remette à me caresser les cheveux, je me suis forcée à lui parler.

Soudain, je me suis rendu compte que pas une seconde de tout l'après-midi je n'avais pensé à la drogue. L'idée ne m'en avait même pas effleurée ! J'en ai tiré une satisfaction qui ne m'a pas quittée pendant que j'avais une discussion quasi identique avec presque tous les hommes présents dans la salle. Tout le monde voulait en savoir le plus possible sur ma personne. Tout le monde, sauf le beau gosse entrevu à la table du déjeuner. J'aurais bien aimé lui parler, mais il n'avait que faire de moi.

Enfin, pour être tout à fait honnête, il n'était pas dans la pièce.

J'ai récité mon histoire à l'infini en l'espace de deux heures. J'ai répété encore et encore :

« Je m'appelle Rachel. J'ai vingt-sept ans. Non, je ne suis pas anorexique, mais merci quand même, naturellement je suis flattée. Je n'ai pas toujours été aussi grande, pas le jour où je suis née en tout cas. Ces deux dernières années, j'ai vécu à New York, et avant, j'étais à Prague… »

Je n'aurais pas dû mentionner Prague. Les gens, ça les excite, et ceux du Prieuré n'étaient pas une exception. Il suffit de dire « J'ai habité Prague » pour avoir droit aux questions. Trois questions. Toujours les mêmes. *Toujours*. C'était insupportable. Chaque fois que je rentrais de Prague pour les vacances, je me blindais pour affronter les Trois Questions. À la fin, j'étais prête à faire circuler une feuille photocopiée qui dirait : « 1. Oui, vous avez raison, Prague est une belle ville. 2. Non, les magasins sont mieux approvisionnés maintenant, on y trouve pratiquement la même chose qu'ici. 3. Oui, vous devriez y aller avant que les Amerloques n'envahissent tout. »

Tandis qu'Eddie, l'homme au teint coquelicot, m'interrogeait sur les prix pratiqués là-bas, le beau garçon est entré dans la salle à manger.

« Tiens, voilà Christy ! » s'est écrié un type pourvu d'une abondante tignasse brune et d'une moustache à la Staline, curieusement grise.

À sa façon d'étirer indéfiniment le « i », j'ai compris que j'avais affaire à un Dublinois pur beurre. Christy a pris place à deux ou trois chaises de moi. Troublée, j'ai perdu le fil de la conversation, et affirmé à Eddie que la bière était beaucoup plus chère à Prague qu'en Irlande.

Ce qui était faux, bien sûr. Surpris, il a resserré son interrogatoire.

Trop occupée à examiner Christy du coin de l'œil, je répondais par des onomatopées. Ma première impression se confirmait. Il était beau. Il l'aurait été même en dehors du Prieuré. Il avait des yeux bleu pâle qui brillaient comme s'il avait nagé dans une eau trop javellisée.

Une petite voix a protesté que Luke était mieux, mais je l'ai fait taire. J'avais décidé que Christy me plaisait et je n'en démordrais pas. Luke m'avait fait mal ; or, ne disait-on pas qu'un clou chasse l'autre ? C'était un simple coup de chance, si Christy était tellement séduisant que je n'arrivais pas à détacher l'œil de lui. (Un seul, car Eddie continuait de réclamer mon attention.)

Ce serait génial, pensais-je, laissant vagabonder mon esprit, qu'il se passe quelque chose entre Christy et moi. Qu'on tombe amoureux l'un de l'autre. Qu'il retourne à New York avec moi et qu'on rencontre Luke. Luke, ravagé, s'apercevant qu'il m'aimait toujours, me supplierait de quitter Christy. Et moi, je lui répondrais, hautaine : « Désolée, Luke, mais j'ai découvert à quel point tu peux être vain. Et entre Christy et moi, c'est du sérieux… »

J'en étais au moment où Luke essayait de frapper Christy, qui lui attrapait le bras et lui disait avec commisération : « Écoute, mec, elle ne veut pas de toi. C'est clair, non ? », quand deux ou trois personnes ont brusquement jeté des couteaux et des fourchettes sur la table avec grand fracas. Christy était du nombre, et ça m'a déroutée car dans ma tête il en était encore à humilier Luke.

« Le goûter ! » a scandé gaiement le rondouillard Eamonn.

Quoi… ? Que diable… ? Nom d'un chien, que fabriquaient-ils ? À ma stupéfaction, les pensionnaires étaient en train de mettre la table. J'avais cru qu'ils faisaient tinter leurs couverts pour prévenir le personnel de service qu'ils attendaient leur goûter. Mais non. Le bruit n'avait été qu'un prélude à la distribution de pots à lait, de pain en tranches, de beurre et de confiture sur toute la longueur de la table. (« Tiens, fais passer et débrouille-toi pour qu'Eamonn ne le boulotte pas. »)

« Pourquoi vous mettez la table ? » ai-je demandé à Mike nerveusement.

Surtout qu'ils ne comptent pas sur moi pour les aider. Je ne le faisais déjà pas en temps ordinaire, alors vous pensez, en vacances !

« Parce qu'on est gentils, a-t-il répondu en souriant. Pour faire économiser des sous au Prieuré, vu qu'on ne les paie pas assez. »

Pourquoi pas, me suis-je dit, du moment qu'ils n'y étaient pas *obligés* ? Mais je n'étais pas vraiment convaincue. À cause peut-être du grand éclat de rire qui a salué la déclaration de Mike.

# 12

Le dîner, ç'a été le bouquet. Il y avait des frites, des croquettes de poisson, des beignets d'oignons, des fayots et des petits pois. À volonté, dixit Clarence.

« Tu peux en avoir autant que tu veux, m'a-t-il chuchoté sur un ton de conspirateur. Va dans la cuisine et demande à Sadie la sadique. Maintenant qu'elle sait que tu es toxico, tu auras le droit de manger comme tu en as envie. »

Le « tu es toxico » m'a fait tiquer, mais ma passion pour les frites l'a emporté, et je me suis jetée sur la nourriture.

« J'ai pris six kilos depuis que je suis ici », a-t-il ajouté.

Une main de glace m'a étreint le cœur, et la fourchette pleine a pilé net à quelques millimètres de ma bouche. Je ne voulais pas prendre six kilos. J'étais déjà assez grosse comme ça.

Pendant que je tentais de me convaincre qu'un seul repas riche en matières grasses ne me ferait pas de mal et qu'à partir du lendemain j'allais m'alimenter correctement, j'ai perçu un bruit fort peu ragoûtant sur ma gauche. John Joe était en train de manger !

C'était vraiment très sonore. Et ça le devenait de plus en plus. Comment se faisait-il que les autres ne le remarquaient pas ? J'ai tenté de me concentrer sur mes frites, mais je n'entendais que John Joe mastiquant, reniflant et soufflant comme un rhinocéros. Mes épaules se raidissaient jusqu'à m'arriver pratiquement aux oreilles. Le bruit des mandibules m'assourdissait. C'était dégoûtant. Je bouillais intérieurement, en proie à une furie meurtrière.

Pas étonnant qu'il ne se soit pas marié, ai-je pensé avec rage. Bien fait pour lui s'il est resté puceau. Qui voudrait coucher avec un individu capable de se transformer en goret trois fois par jour ?

L'écho d'une bouchée particulièrement savoureuse m'a fait craquer. C'était intolérable ! Bruyamment, j'ai jeté ma fourchette et mon couteau sur mon assiette. Je n'allais pas manger un morceau de plus dans ces conditions.

Pour ajouter à mon exaspération, personne ne s'est aperçu que j'avais cessé de manger. Je m'étais attendue à des réactions pleines de sollicitude : « Rachel, pourquoi tu ne manges plus ? » Mais aucun d'eux n'a bronché. Et surtout pas ce vieux sagouin de John Joe.

Je ne comprenais pas pourquoi j'étais aussi en colère. Toute la journée, j'avais oscillé entre des accès de fureur noire et d'autres de profonde mélancolie. L'une comme l'autre ne me ressemblaient guère. J'étais quelqu'un de foncièrement gai et insouciant. J'aurais dû être heureuse, puisque j'avais voulu venir au Prieuré. Heureuse, je l'étais. Bien sûr, je le serais encore davantage si j'avais l'occasion de croiser une ou deux stars et de tailler une bavette avec elles.

Après les frites, on a eu un cake. John Joe a apprécié. On a probablement dû l'entendre au Pérou.

Pendant que, tétanisée de rage, je lui inventais toutes sortes de supplices, le pull marron assis à ma droite s'est levé, et Christy a pris sa place. Paniquée, je l'ai entendu interpeller mon voisin :

« Pull Marron » – ou quel que soit son nom – « tu as terminé ? Ça ne t'ennuie pas si je m'assois ici un petit moment ? Je n'ai pas encore eu l'occasion de parler à Rachel. »

Et il s'est installé le plus naturellement du monde à côté de moi. J'ai aussitôt chassé de mon esprit John Joe et ses bruitages masticatoires, et je me suis fendue d'un large sourire.

« Salut, je suis Chris », a-t-il dit.

Ses yeux bleu javel étaient si clairs qu'on se demandait si la lumière ne l'incommodait pas.

« Je croyais que tu t'appelais Christy. »

Mon sourire se voulait chaleureux et complice. *Aime-moi, aime-moi !*

« Non, ça, c'est la faute à Oliver. »

Staline, sans doute.

« Il a la manie des diminutifs. »

Fascinée, je ne quittais pas des yeux sa bouche mobile et bien dessinée tandis qu'il me posait toutes les questions d'usage. Auxquelles j'ai répondu avec infiniment plus d'entrain que d'habitude.

Son sourire en coin était totalement craquant. Dieu qu'il est cool, pensais-je, admirative. Beaucoup plus cool que Luke. Luke, il se croyait seulement dangereux, marginal et tout le bataclan. Mais ce n'était rien comparé à Chris. Chris, il *était* toxicomane. Ça t'en bouche un coin, hein, Luke Costello ?

Cool et toxico peut-être, mais, compte tenu de mes origines bourgeoises, j'ai néanmoins été soulagée de constater que Chris s'exprimait bien et avec aisance. Il est apparu qu'il habitait à dix minutes de la maison de mon enfance.

« Ça doit être formidable, New York, a-t-il remarqué. Tellement de choses à faire. Le théâtre surtout, tous ces spectacles d'avant-garde. »

Moi, je pensais exactement l'inverse, mais j'étais prête à tout pour lui plaire.

« Formidable », ai-je acquiescé, faussement enthousiaste.

Par chance, deux mois plus tôt, j'étais allée avec Luke et Brigit à cette horrible « installation interactive ». Une sorte d'événement théâtral qui avait eu lieu dans un garage désaffecté de TriBeCa. Avec tatouage et piercing de mamelons en direct sur scène – si on peut appeler scène la parcelle du sol plein de cambouis sur laquelle le public n'avait pas le droit d'empiéter.

J'en étais à décrire la chose en termes élogieux, avec des mots tels que « époustouflant » et « renversant » (ce qui était vrai, après tout), quand Chris s'est levé.

« Il faut que je retourne débarrasser. Je ne peux pas laisser tomber les copains. »

Légèrement ahurie, j'ai regardé autour de moi. Les pensionnaires étaient en train de vider les assiettes et de les empiler sur un chariot. L'un d'eux chatouillait le lino avec un balai. Mais pourquoi faisaient-ils tout ça ? me suis-je demandé, désemparée. Où était le personnel censé assurer le service et l'entretien ? Les pensionnaires s'en chargeaient-ils réellement par pure gentillesse ?

« Puis-je vous aider ? » ai-je proposé poliment.

Bien entendu, je n'en avais pas la moindre intention. J'aurais été fort embêtée s'ils avaient dit oui. Mais, naturellement, ils ont dit non. À l'unanimité. Et ça m'a fait plaisir : ils avaient dû sentir que je n'étais pas des leurs.

J'ai donc foncé dans ma chambre pour me refaire une beauté en prévision des événements de la soirée. En passant devant la cuisine, j'ai aperçu à ma grande surprise Misty O'Malley occupée à laver une énorme casserole. Tellement énorme qu'elle a été obligée de grimper sur une chaise. Sauf qu'à mon sens ce n'était pas vraiment nécessaire ; elle faisait ça pour avoir l'air frêle et mignonne.

J'ai immédiatement regretté de n'avoir pas insisté pour me rendre utile. Une fois de plus, j'avais tout faux. Si moi j'avais aidé, et Misty non, je me serais sentie au poil. Mais le contraire, Misty qui participait et moi qui tirais au flanc, m'a donné l'impression d'être une feignasse et une bonne à rien.

De retour dans la salle à manger, j'ai erré sans but avec un beurrier à la main jusqu'à ce qu'un pull marron m'intercepte.

« Allez, laisse ça. »

Avec douceur, il m'a retiré le beurrier. J'ai été trop heureuse de le lui céder.

Prends-toi ça dans les dents, Misty O'Malley !

« On t'a mise dans l'équipe de Don », a-t-il ajouté.

L'équipe de Don ? Ça devait être un peu du même genre que le groupe de Josephine.

« Tu es du petit déjeuner demain. J'espère que tu es matinale : il faut être sur le pont à sept heures. »

Il me faisait marcher, c'était évident.

« Ha-ha ! ai-je répondu avec un clin d'œil complice. Elle est bien bonne, celle-là. »

# 13

Je tournais en rond dans la salle à manger. Quand je n'étais pas activement occupée à faire quelque chose, je me remettais à penser à Luke. La douleur de la rupture qui était toujours là, en sourdine, devenait alors lancinante, un véritable supplice. Il me fallait une distraction, et vite. La salle de gym, le massage, n'importe quoi. Je ne pouvais pas rester là à siroter tranquillement mon thé en sachant que Luke m'avait jetée, non, ce n'était pas possible !

Du creux de mon estomac, l'angoisse m'est montée à la gorge. La sueur au front, je me suis soudain retrouvée debout, en train de chercher Mike. Oubliant ma réticence à son égard, je me suis plantée devant lui et lui ai demandé d'un ton belliqueux :

« Et maintenant ? »

C'est tout juste si je ne l'ai pas empoigné par le pull pour lui hurler dans la figure :

« Pas la peine de me proposer du thé, je ne boirai pas une tasse de plus ! »

D'abord décontenancé par mon agressivité, il s'est ressaisi rapidement et m'a souri avec naturel.

« On a quartier libre. Il n'y a pas de réunions le vendredi soir, chacun fait ce qu'il veut.

— Comme quoi, par exemple ? »

Ma crise de rage m'avait laissée à bout de souffle.

« Viens, je vais te faire visiter la maison », a-t-il suggéré.

J'étais partagée entre la curiosité et la répugnance à passer du temps en sa compagnie. Mais déjà il fonçait vers la porte ; pantelante, je lui ai donc emboîté le pas.

La première halte, ç'a été le salon. Comme le reste de l'établissement, il était en plein réaménagement. À part deux canapés élimés, on l'avait vidé de tous ses meubles, et il y avait sur la moquette des morceaux de plâtre qui avaient dû tomber du plafond. Les fenêtres étaient en passe d'être changées, mais entre-temps un courant d'air glacial traversait la pièce. Il n'y avait qu'une personne là-dedans. J'étais même étonnée qu'il y ait quelqu'un, vu le froid sibérien. De près, je me suis aperçue que c'était Davy, le joueur solitaire. Je ne l'avais pas reconnu parce qu'il portait un manteau et un bonnet à rabats. Perché sur le bord du canapé, il suivait avec passion « La vie est un pari » à la télévision.

« Mets le tout, marmonnait-il. Allez, tente le coup !

— Ça va, Davy ? » a demandé Mike d'une voix curieusement chantante.

Davy a sauté en l'air, littéralement *sauté*, et s'est précipité pour éteindre le poste.

« N'en parle à personne, promis ? a-t-il supplié.

— Va pour cette fois, a dit Mike. Mais bon sang, fais gaffe, espèce de grand con. »

Je n'avais pas la moindre idée de ce dont il était question.

Arrêt suivant, la salle de lecture.

En travaux aussi, bien sûr. Sauf qu'ici il y avait plus de monde. Malgré son nom, salle de lecture, ils étaient tous occupés à écrire. Qu'écrivaient-ils ? Des lettres ? Mais pourquoi alors, s'ils rédigeaient leur courrier, tapaient-ils sur la table en s'écriant avec découragement : « J'y arrive pas » ? Car ça, ils le faisaient tous :

j'étais là depuis trois secondes à peine qu'au moins cinq d'entre eux avaient déjà tapé sur la table. D'autres froissaient leur feuille de papier et la lançaient contre le mur. L'air était chargé de fumée et de désespoir. J'ai été contente de partir.

« J'ai gardé le meilleur pour la fin », m'a annoncé Mike.

Mon cœur a bondi, j'en ai totalement oublié mon ressentiment. Qu'allait-il me montrer ? La salle de musculation ? L'aile des célébrités ? La piscine ?

En fait, il s'agissait de sa chambre.

Il m'a traînée en haut de l'escalier, a poussé une porte.

« Et voilà, le clou de la visite. »

Maintenant que ma colère était retombée, j'étais rongée par la honte et le désir de me racheter. Le schéma habituel, quoi. J'étais donc prête à m'extasier sur sa chambre à l'instant même où je la verrais.

J'ai vu, et je n'en ai pas cru mes yeux ! On aurait dit un pari, à qui entasserait le plus de lits dans une seule pièce. Elle était bourrée de lits. Bourrée à craquer. Ils se touchaient presque.

« Charmant et intime, hein ? » a ironisé Mike.

J'ai ri. Je le trouvais drôle. Mais j'aurais ri de toute façon, même si tel n'avait pas été le cas.

« Allez, viens, on redescend, a-t-il proposé après que j'ai eu épuisé tout mon stock de compliments.

— Non, je veux voir le reste, ai-je protesté.

— Ah non, il fait trop noir et froid dehors. Je te le montrerai demain. »

La piscine et la salle de musculation devaient se trouver dans un bâtiment à part. Nous sommes retournés à la salle à manger, où il restait une dizaine de pensionnaires. Qui buvaient toujours du thé, rajoutaient des cuillerées de sucre dans leur tasse, allumaient cigarette sur cigarette.

Décidément, ils l'aimaient, leur salle à manger, c'était comme une sorte de sanctuaire pour eux. Le cœur serré, j'ai dû finalement m'avouer que ces gens-là n'allaient pas à la musculation. Ils ne quittaient peut-être jamais la salle à manger. Si ça se trouvait, ils dormaient ici. Ils s'en fichaient, de leur forme physique, ça sautait aux yeux.

Juste au moment où je me disais, affolée, qu'il y avait probablement *deux* Prieuré et que je n'étais pas tombée dans le bon, Clarence a fait son entrée. Son visage était écarlate, ses cheveux clairsemés, humides, et il arborait un sourire jusqu'aux oreilles.

« Où t'étais ? a demandé Peter avec un gloussement qui m'a donné envie de lui jeter une tasse de thé bouillant à la figure.

— Là-bas, au sauna. »

À ces mots, mon cœur a tressailli de joie. Et, je le reconnais, de soulagement. Maintenant que j'avais des preuves, mes craintes me semblaient ridicules.

« Comment c'était ? a dit Mike.

— Super ! Vraiment super.

— C'était la première fois, non ? a voulu savoir quelqu'un.

— Oui. Et ça m'a fait un bien fou.

— Tu m'étonnes.

— C'est agréable, hein, de se sentir débarrassé de toutes les impuretés ? ai-je renchéri avec enthousiasme.

— Ne m'en parle pas, a répliqué Clarence en riant. Ce qui est sûr, c'est que j'avais plus un seul slip propre. »

Quelle horreur ! Atterrée, j'ai eu un mouvement de recul. Beurk ! J'étais écœurée. Pourquoi fallait-il qu'il ramène ses slips sur le tapis ? Et moi qui commençais à le trouver sympathique !

Clarence s'est assis, et la conversation a repris son cours. Tout à coup, j'ai eu très, très sommeil. Les voix n'étaient plus qu'un murmure, un vague bruit de fond qui enflait et retombait au fil de la discussion. Ça m'a rappelé les vacances chez mémé Walsh, quand j'étais petite. Le soir au cottage, il y avait toujours des visiteurs qui allaient et venaient, s'installaient devant le feu de tourbe, buvaient du thé et bavardaient jusque tard dans la nuit. Mes sœurs et moi, on dormait juste à côté, et je me laissais bercer par les voix des voisins qui passaient voir mémé.

C'est pourquoi ces voix masculines, avec leur accent rustique, me faisaient le même effet.

# 14

Allez hop, au lit. Signes avant-coureurs : on bâille, on s'étire, on se frotte les yeux, on fait des petits bruits avec la bouche, on enfile une chemise de nuit ouatée Care Bears, et on se glisse sous la couette pour savourer avec délices douze heures d'un sommeil paisible et réparateur.

Tu parles, Charles !

Ou, si vous préférez : mon cul !

Une surprise m'attendait quand je me suis traînée jusqu'à ma chambre, prête à m'écrouler sur le lit sans prendre le temps de me démaquiller. (Traitement de faveur, dormir sans se démaquiller, réservé aux soirs de grande fatigue. Ou de cuite, évidemment.) À ma consternation, je suis tombée sur Chaquie. Je l'avais complètement oubliée, celle-là.

Assise sur son lit, les chevilles élégamment croisées, elle était occupée, m'a-t-il semblé, à se faire les ongles. Moi, je n'ai jamais eu besoin de manucure. Ma manie de me ronger les ongles m'en tenait lieu avec succès.

« Oh, bonsoir », ai-je bredouillé nerveusement.

Allais-je être obligée de lui faire la conversation ?

« Bon*soir*, Rachel. »

Apparemment, oui.

« Allez, viens t'asseoir. »

Elle a tapoté son lit en manière d'invitation.

« J'en étais malade pour toi au dîner, de te voir à côté de cet animal dégoûtant, John Joe. Le bruit qu'il fait à table ! Là-bas, chez lui, il doit manger avec les cochons. »

Le soulagement ! Comme si on avait délié un nœud très, très serré dans ma poitrine.

« Oui, ai-je soufflé, ravie d'avoir découvert quelqu'un qui me comprenne. J'y croyais pas. Jamais je n'ai entendu quel… »

Les lèvres pincées, elle a ponctué mes paroles de hochements de tête tout en maniant sa lime à ongles. Quand soudain elle m'a demandé de but en blanc :

« Tu es mariée, Rachel ?

— Non. »

Depuis deux secondes, j'avais réussi à ne plus penser à Luke, mais sa question m'a fait replonger. Mon cerveau refusait tout simplement d'imprimer que c'était fini avec lui.

« Et toi, tu es mariée ? ai-je articulé.

— Oh, mon Dieu, oui ! »

Et elle a levé les yeux au ciel pour me signifier le calvaire qu'elle endurait.

Je me suis rendu compte que je ne l'intéressais absolument pas. Elle avait juste engagé la conversation pour pouvoir la ramener sur elle.

« J'ai dû beaucoup pécher ! »

Elle m'a gratifiée d'un sourire éblouissant.

« Mon mari s'appelle Dermot. »

Elle prononçait « Deurm't » pour bien montrer qu'elle était quelqu'un de très classe.

J'ai souri faiblement.

« Vingt-cinq années de bonheur… Je me suis mariée tout de suite après l'école », s'est-elle empressée d'ajouter.

J'ai esquissé un nouveau sourire.

Soudain, elle a jeté sa lime avec force.

« Je n'arrive pas à croire que Deurm't m'ait enfermée ici ! » s'est-elle exclamée.

Elle s'est rapprochée ; j'ai vu, inquiète, qu'elle avait les larmes aux yeux.

« Non, je n'arrive pas à le croire. J'ai été une épouse dévouée, pendant toutes ces années, et voilà comment il me remercie !

— Tu es là pour... euh, l'alcoolisme ? » ai-je demandé discrètement.

Je ne voulais surtout pas avoir l'air de l'accuser de quoi que ce soit.

« Oh, je t'en prie, a-t-elle répondu avec un geste de dérision. Alcoolique, moi ? »

Elle a ouvert tout grands ses yeux bien maquillés.

« Quelques Bacardi coca avec les filles de temps à autre. Histoire de me détendre un peu. Dieu sait que je le mérite, vu que je m'use la santé à trimer pour cet homme.

— Mais alors, pourquoi Deurm't t'a enfermée ici ? »

Quelques Bacardi coca, ça ne me semblait pas bien méchant.

Je n'aurais pas dû prononcer « Deurm't ». C'était terrible, ce tic que j'avais de prendre l'accent de mes interlocuteurs.

« Ne me le demande pas, Rachel. Est-ce que j'ai l'air d'une alcoolique ?

— Seigneur, non. »

J'ai ri, chaleureusement complice.

« Est-ce que j'ai l'air d'une toxicomane ?

— Je n'en sais rien, Rachel », a répondu Chaquie.

Malgré elle, une note de dégoût perçait dans sa voix.

« Je ne fréquente pas ces milieux-là. »

Pauvre conne, ai-je pensé, vexée. Et dire que j'avais pris des gants pour éviter de la froisser.

« Ta famille, elle est d'où ? a-t-elle questionné, sautant une fois de plus du coq à l'âne.

— Blackrock, ai-je marmonné de mauvaise grâce.

— Quelle rue ? »

Je le lui ai dit. Visiblement, ça lui a plu.

« Ah oui, je connais. J'ai une amie qui a habité là-bas. Ils ont vendu et racheté une très belle maison à Killiney, avec vue sur la baie et cinq salles de bains. »

Là-dessus, elle a embrayé sur sa propre maison. Elle nourrissait un intérêt malsain pour les salles de bains individuelles.

« Notre maison est superbe, une vraie maison modèle. C'est à Monkstown, a-t-elle déclaré avec fierté. Tu ne le sais peut-être pas, vu que tu es partie depuis longtemps, mais la cote de Monkstown n'arrête pas de grimper. On a des chanteurs vedettes à la pelle. Chris de Burgh, tiens, habite à deux pas de chez nous. »

Je n'ai pas pu m'empêcher de frémir.

« Le sourcil chantant ? Tu parles d'un voisinage ! »

Elle ne s'en vantait quand même pas sérieusement ?

« J'espère que vous ne l'entendez pas faire ses gammes, ai-je enchaîné. Ce serait la tota... »

Son expression m'a coupé le sifflet.

Oh, mon Dieu. C'était mal parti, nous deux. Pourvu qu'elle sorte bientôt !

« Euh... ça fait longtemps que tu es ici, Chaquie ?

— Une semaine. »

*Merde !*

Soudain, à ma grande angoisse, elle s'est mise à parler. À parler pour de bon. J'avais cru que mes commentaires sur Chris de Burgh auraient mis fin à notre dialogue, ce qui m'aurait arrangée plus que je ne saurais le dire. Or, voilà que sous mes yeux fatigués elle s'était transformée en une espèce de lapin Duracell du babil. Les histoires de salles de bains et de maris, c'était juste pour passer le temps en attendant que la piste soit libre. Et tout à coup, obéissant à un signal connu d'elle seule, elle a mis les gaz et décollé à fond les manettes.

L'idée maîtresse de son monologue amer, c'était qu'on ne pouvait avoir confiance en personne. Depuis les gynécologues jusqu'aux laitiers et aux maris.

Surtout les maris.

Ses paroles me parvenaient comme à travers un brouillard.

« … Je lui ai dit que deux demi-litres de lait, ce n'était pas possible, vu que Deurm't et moi, on n'était pas là mardi… » Son laitier figurait sur la liste des suspects.

« … Et jusqu'à quel point suis-je censée lui faire confiance, la prochaine fois qu'il mettra la main sous ma jupe ? » Son gynéco s'était tapé une de ses amies.

« … Je n'arrive toujours pas à croire qu'il m'a enfermée ici ! Comment a-t-il pu me faire ça ? » Deurm't n'a pas été gentil avec elle.

« … Je frémis en pensant à toutes les fois où je me suis déshabillée devant lui… » À mon avis, c'était le gynéco aux mains baladeuses. Quoique, d'après ce que j'ai appris par la suite sur Chaquie, ç'aurait aussi bien pu être le laitier.

Au bord du malaise, je perdais sans cesse le fil de son discours. J'espérais que j'allais m'évanouir ou avoir une attaque, mais chaque fois que je réémergeais elle en était au même point.

« … De toute façon, c'était du lait entier, alors que Deurm't et moi, on ne boit que du lait écrémé. C'est une question d'hygiène de vie… » Encore le laitier.

« … Dès que je suis avec lui, j'ai l'impression qu'il me regarde d'un air *lubrique*… » Soit le gynéco, soit Deurm't. Réflexion faite, probablement pas Deurm't.

« … Qu'ai-je fait pour atterrir ici ? Comment a-t-il pu… ? » Deurm't, assurément.

« … Il a dit qu'il n'y pouvait rien, que les factures étaient émises par ordinateur. Et moi, je lui ai répondu :

“Ne me parlez pas sur ce ton, jeune homme…” » Sans doute le laitier.

« … Et ils étaient de quinze centimètres trop courts pour la baie vitrée. Du coup, j'ai refusé de payer… » Aucune idée, désolée.

Et patati, et patata, pendant que j'étais affalée sur le lit, comme écrasée par une force centrifuge. Je me suis demandé si ma détresse se lisait sur mon visage.

C'était peut-être parce que j'avais eu une longue et étrange journée, mais je sentais que je la haïssais du fond du cœur. Ça ne m'étonnait pas que Deurm't l'ait enfermée au Prieuré. Si j'avais été mariée à Chaquie, j'aurais été heureuse de la placer dans une institution. Mieux que ça, je l'aurais éliminée. Et je n'aurais pas payé un tueur à gages, non : je me serais fait un plaisir de la descendre moi-même.

Luttant contre la déferlante de son flot verbal, je me suis levée péniblement pour aller dormir. Je n'avais pas très envie de me déshabiller devant elle. Pendant que je me contorsionnais pour enfiler la chemise de nuit de maman sans dévoiler un atome de ma chair honteuse, Chaquie m'a réprimandée d'une voix de maîtresse d'école :

« Tu devrais surveiller cette cellulite, Rachel. À ton âge, tu ne peux pas te permettre de te négliger… »

Les joues en feu, j'ai grimpé dans le lit étroit.

« … parles-en à Deurm't. Il t'arrangera ça.

— Pardon ? »

J'étais choquée ! Quel genre de femme fallait-il être, pour proposer son mari à une étrangère afin qu'il lui « arrange » sa cellulite ?

« Deurm't dirige un institut de beauté. »

Ceci expliquait cela. Je comprenais maintenant d'où lui venait cette apparence soignée.

« Plus exactement, l'institut lui appartient, tintinnabulait-elle. *Nous* appartient. Comme dit Deurm't, “la cellulite, c'est un vrai pactole”. »

Soudain, son visage s'est assombri, et elle a sifflé :

« L'ordure ! »

Chaquie n'avait absolument aucun complexe à se déshabiller. Elle s'est littéralement exhibée devant moi. Je m'efforçais de ne pas regarder, mais c'était difficile : elle s'est pavanée en culotte et soutien-gorge beaucoup plus longtemps que de raison. Et j'ai dû admettre à mon corps défendant qu'elle était drôlement bien conservée. À peine si ça se relâchait un peu ici ou là. Elle frime, ai-je pensé en serrant les dents. Et j'ai appelé mort et destruction sur sa tête et sur ses cuisses bronzées.

J'avais désespérément besoin de sommeil. J'avais eu ma dose pour aujourd'hui : S'il vous plaît, n'en jetez plus, la coupe est pleine. Mais Chaquie ne l'entendait pas de cette oreille. Elle a continué de parler, même lorsque je me suis cachée derrière mon livre de Raymond Carver. Que j'avais emporté uniquement parce que c'était un cadeau de Luke, mais enfin, j'aurais pu vouloir le lire.

Et même quand j'ai remonté la couverture (rugueuse et qui avait une odeur bizarre) sur ma tête, feignant de m'endormir, elle jacassait toujours. J'ai essayé de respirer profondément, régulièrement, mais elle a dit :

« Rachel, Rachel, tu dors ? »

Comme je ne répondais pas, elle m'a secouée par l'épaule.

« Rachel ! TU DORS ? »

C'était un cauchemar, j'en aurais pleuré de frustration et d'épuisement. J'avais l'impression d'être une fine plaque de verre, prête à exploser sous une pression intolérable. Si seulement elle *la fermait* ! pensais-je, ivre de rage.

J'étais tellement en colère que j'aurais dû émettre un rayonnement dans le noir. Si, bien sûr, elle avait accepté d'éteindre cette putain de lumière !

J'aurais beaucoup aimé prendre une drogue. Une vingtaine de drogues. J'aurais même donné n'importe quoi pour deux poignées de valium. Ou de somnifères. Ou d'héroïne. Ou de ce que vous voulez – toutes les contributions étant les bienvenues.

Chercher un remède dans ces conditions extrêmes ne faisait pas de moi une droguée pour autant. Car je rêvais également d'un fusil à canon scié. Et ça ne faisait pas de moi une criminelle. Pas dans des circonstances ordinaires, en tout cas.

Pour éviter de sombrer définitivement, j'ai essayé d'évoquer quelque chose d'agréable. Mais les pensées qui me venaient à l'esprit étaient toutes liées à Luke.

# 15

Ce premier matin où je me suis retrouvée au lit avec lui, j'ai cru mourir.

Il m'a fallu un moment, au réveil, pour réaliser que je n'étais pas chez moi. Mmmm, ai-je pensé avec contentement, sans ouvrir les yeux. Je me demande avec qui je suis au lit. Quelqu'un de sympa, j'espère.

Mais soudain, avec la brutalité d'une douche glacée, ça m'est revenu. Tout : Rickshaw Rooms, les Vrais Hommes, le batifolage dans le taxi, la nuit avec Luke et, horreur suprême, le fait de me trouver présentement dans son lit.

Mentalement, je me suis dressée d'un bond et, m'arrachant les cheveux, j'ai hurlé : *Non mais, qu'est-ce qui m'a pris ?* Dans la réalité, je n'osais pas bouger, pour ne pas réveiller Luke. Surtout ne pas réveiller Luke.

Prudemment, j'ai ouvert les yeux. J'étais couchée face au mur. À en juger par la chaleur et le bruit d'une respiration derrière moi, il y avait quelqu'un d'autre dans ce lit.

Quelqu'un qui me bloquait la sortie.

Tel un rat en cage, mon cerveau s'agitait fébrilement pour savoir ce que j'avais fait de mes vêtements. Ah, comme je regrettais de ne pas m'être réveillée à trois heures du matin !

Enfin, pour être honnête, le problème remontait à plus loin que ça. Maintenant, je me repentais profondément de m'être laissé embrasser par Luke Costello. En vérité, le mal avait été fait dès l'instant où j'avais mis les pieds à Rickshaw Rooms. Pourquoi le videur ne nous avait-il pas virées de là, comme ça nous arrivait si souvent ? Plus j'y réfléchissais, plus il devenait clair que les ennuis avaient commencé le jour où j'avais entendu parler de New York. Si seulement je m'étais mieux plu à Prague, je n'en aurais pas été là aujourd'hui. Si seulement il y avait eu davantage de boîtes de nuit là-bas !

Allongée, parfaitement immobile, je passais ma vie en revue. Si seulement on m'avait acceptée dans cette école hôtelière de Dublin ; si je n'avais pas rencontré Brigit, cette fille-là avait une mauvaise influence sur moi ; si seulement j'étais née garçon...

Alors que je venais de mettre le doigt sur la cause première de mes malheurs, à savoir la désastreuse idée qu'avait eue ma mère de me donner le jour, j'ai entendu une voix :

« Bonjour, mon lapin. »

C'était Luke... du moins, je l'espérais, sauf si les garçons avaient coutume de partager autre chose que le pantalon de cuir. Ainsi, il était réveillé. Plus moyen de m'éclipser en douce. Si je n'avais pas fait mine d'être muette et tétraplégique, je me serais caché le visage dans les mains pour pleurer.

À mon grand dam, j'ai senti un bras s'insinuer autour de moi pour m'attirer de l'autre côté du lit. Très macho comme attitude, vu que je n'étais pas franchement un poids plume.

« Hello », a-t-il chuchoté dans mon cou.

Je n'ai pas répondu. Aussi raide qu'un cadavre, je n'ai même pas changé de position. Lentement, il m'a caressé les cheveux pour les repousser de la zone sensible de ma nuque. Atterrée par tant d'impudence, j'osais à peine respirer. Surtout, qu'il n'aille pas s'imaginer que j'avais l'intention de me laisser faire. Si je persistais à ne pas bouger, il finirait bien par se lasser, et j'en profiterais pour filer.

Une main de Luke se promenait le long de ma hanche, pendant que l'autre me chatouillait la nuque. Soudain, une sensation très agréable s'est propagée tel un courant électrique à travers mon corps. Que se passait-il ? Après analyse, il s'est avéré que Luke était en train de me mordiller.

Cette fois, c'en était trop !

Il *fallait* que je parte. Mais comment ?

Je pourrais y aller au culot, pensais-je, désespérée. Sauter hors du lit et faire semblant de n'être absolument pas gênée de devoir tâtonner par terre à la recherche de mes habits.

Ou alors essayer l'humour. M'enrouler dans le drap à la manière d'une toge et… Minute, qu'est-ce qu'il faisait, là ?

J'ai dégluti avec effort. Ce salaud avait réussi à franchir la barrière rigide de mon bras, et m'effleurait les seins à petites touches légères comme des papillons. À ma surprise, je ne me sentais ni grosse ni moche, ainsi que ça m'arrivait souvent au lit avec un homme. La balance du pouvoir penchait en ma faveur : je savais que Luke était fou de désir pour moi.

Sa main a redessiné la courbe de mon ventre, puis est descendue plus bas. Je me suis aperçue que je retenais mon souffle.

Me frôlant à peine, il décrivait des cercles sur ma hanche, jusqu'à ma cuisse, avant de survoler mon pubis (le léger cri qui m'a échappé n'était pas sans rappeler un chien se coinçant la queue dans une porte), retour vers le ventre, la hanche, l'intérieur de la cuisse, en cercles concentriques décroissants.

Mais pas assez décroissants à mon goût.

Ma tête me disait de lui taper sur la main et de l'envoyer paître, mais tout le bas de mon corps geignait comme un petit enfant.

Pendant que je gisais recroquevillée sur le flanc, ne sachant que faire, tout a basculé ! Sans crier gare, Luke a glissé ses bras sous moi et m'a retournée. De ma position fœtale, je me suis retrouvée sur le dos, avec Luke accroupi au-dessus de moi.

« Qu'est-ce que tu fais ? » ai-je bredouillé.

J'étais contrariée. Perturbée. Il fallait reconnaître qu'il était drôlement craquant, avec sa barbe naissante et ses yeux d'un bleu sombre à la lumière du jour.

« J'ai envie de jouer », a-t-il dit simplement.

Mon Dieu, ce sourire ! J'ai senti ma détermination fondre comme neige au soleil.

« On va jouer ensemble. »

Depuis mon réveil, je gardais les jambes résolument serrées. Mais il a placé ses deux mains sur mes cuisses et les a écartées avec douceur. Le désir m'a électrisée. M'a convulsée.

Un gémissement est sorti de ma gorge sans que j'en aie conscience.

« À moins que tu n'aies pas envie de jouer ? » a-t-il demandé innocemment.

Se penchant, il m'a mordu un sein, et j'ai gémi à nouveau.

Il m'a regardée.

« Alors ? »

Et il m'a mordu l'autre sein.

Même si je l'avais voulu, j'aurais été incapable de me lever. Je me sentais lourde, grisée, *pâmée* de désir.

« Alors, a-t-il répété, tu as envie de jouer ? »

J'ai contemplé ses yeux bleus, ses dents blanches, ses longues cuisses musclées.

« Oui, ai-je acquiescé faiblement. Oui, j'ai envie de jouer. »

# 16

Après qu'on a eu fini, j'ai émergé en titubant dans le couloir à la recherche de la salle de bains. Et j'ai été méchamment déphasée quand la première personne sur laquelle je suis tombée, ç'a été Brigit.

« Mais..., ai-je bégayé. Mais on n'est pas à la maison, hein ?

— Non, a-t-elle répliqué brièvement. On est chez les Vrais Hommes.

— Et qu'est-ce que tu... »

Soudain, j'ai compris.

« Lequel ? me suis-je exclamée, ravie.

— Joey. »

Elle tirait une tête longue de six pieds.

« Que s'est-il passé ? »

J'en aurais dansé de joie. Je n'étais pas la seule !

« Plein de choses, a-t-elle marmonné.

— Il t'a sautée ou tu es juste rentrée avec lui ?

— Il m'a sautée. Deux fois », a-t-elle précisé.

Elle avait l'air accablée.

« Je n'aurais pas dû. Je m'en veux à mort. Vu comment il m'a battue...

— Il t'a *battue* ? »

Je n'en croyais pas mes oreilles.

« À Butlin's, banane, pas hier soir. »

Au moment où j'allais partir, Luke m'a demandé mon numéro de téléphone. Sans un mot, j'ai arraché une page de mon agenda, écrit soigneusement le numéro ; puis, sous ses yeux ébahis, j'ai froissé le papier et l'ai jeté à la poubelle.

« Là, ai-je dit avec un sourire éclatant. Comme ça, tu n'auras pas à te déranger. »

Il était assis dans le lit, le dos au mur. Joli poitrail, ai-je pensé vaguement. Pour un connard.

Il semblait sous le choc.

« Allez, bye. »

Avec un sourire tout aussi éblouissant, j'ai pivoté sur les talons de mes mules. Une douleur atroce m'a transpercé les chevilles.

« Attends », a-t-il lancé.

Quoi encore ? Il voulait peut-être un dernier baiser ? Eh bien, il pouvait toujours courir.

« Quoi ? ai-je rétorqué sans dissimuler mon impatience.

— Tu oublies tes boucles d'oreilles. »

Brigit et moi sommes rentrées chez nous en clopinant, vaseuses, les yeux gonflés, toujours affublées de nos robes du soir. À huit heures du matin, il faisait déjà chaud et lourd. Tout bon coup qu'il était, je n'avais aucune intention de revoir Luke. C'était au-dessus de mes forces. Avec Brigit, on a procédé à une autopsie. Pas comme les fois où on frissonnait de plaisir en disséquant dans les moindres détails une nuit inoubliable, avec parfois un dessin à l'appui.

Non, là il s'agissait plutôt de limiter les dégâts.

« Tu crois que quelqu'un m'a vue l'embrasser ?

— Plein de gens, a-t-elle répondu, stupéfaite. Moi la première.

— Non, quelqu'un qui… enfin, qui compte. »

Luke m'a téléphoné. Évidemment. Ceux dont il m'arrivait d'attendre le coup de fil ne m'appelaient jamais. Il avait dû repêcher mon numéro dans la poubelle après mon départ.

C'est Brigit qui a décroché.

« Qui est à l'appareil, je vous prie ? »

Elle avait une intonation si bizarre que j'ai levé les yeux. Elle m'adressait des gestes frénétiques.

« C'est pour toi », a-t-elle dit d'une voix étranglée.

La main sur le combiné, elle a grimacé et s'est pliée en deux, les genoux en dedans, comme font les hommes quand ils se prennent une balle de cricket dans les valseuses.

« Qui c'est ? » ai-je demandé.

Mais je le savais déjà.

« Luke », a-t-elle soufflé.

J'ai regardé autour de moi, cherchant une échappatoire.

« Dis-lui que je ne suis pas là, ai-je chuchoté, implorante. Que je suis rentrée à Dublin.

— Je ne peux pas : je vais éclater. Désolée.

— Pouffiasse, va ! ai-je sifflé en lui arrachant le téléphone. Je te revaudrai ça… Allô ?

— Rachel, poulette. »

Curieusement, sa voix était plus agréable que dans mon souvenir. Grave, avec un soupçon de rire.

« C'est Luke. Tu te souviens de moi ? »

En entendant ce « Tu te souviens de moi ? », j'ai eu un pincement au cœur. Combien de fois j'ai dit ça aux hommes que je n'intéressais visiblement pas, mais que je ne pouvais m'empêcher d'appeler ?

« Je me souviens de toi, Luke. »

C'était plus que ce qu'on m'avait parfois répondu.

« Alors, comment ça va ? a-t-il demandé. Ç'a été au boulot, mercredi ? Moi, toute la journée j'ai marché à côté de mes pompes. »

J'ai ri poliment, tout en jouant avec l'idée de lui raccrocher au nez puis de faire mine qu'on avait été coupés.

Il m'a parlé de sa semaine, et je suis sûre qu'il a senti mon impatience, à peine masquée par ma courtoisie forcée. Je réagissais de la même façon distante et ultra-urbaine que les hommes que je n'intéressais pas. À grand renfort de « ah bon ? » et de « vraiment ? » C'était surprenant de se voir de l'autre côté.

Finalement, il a craché le morceau : il avait envie de me revoir. Il m'invitait à dîner, si je voulais bien.

Pendant toute la conversation, Brigit, plantée devant moi, jouait d'une guitare imaginaire. Les jambes écartées, secouant ses cheveux telle une forcenée.

Lorsque, maladroitement, en bafouillant, j'ai décliné l'invitation de Luke, elle s'est déhanchée et m'a tiré une langue agitée de soubresauts. Je lui ai tourné le dos, mais elle m'a suivie.

« Euh… non, je ne crois pas, bredouillais-je. Je… tu comprends… je ne veux pas de petit ami… »

Mensonge éhonté. C'était de lui que je ne voulais pas comme petit ami.

Brigit, à genoux, s'acharnait sur sa guitare avec l'expression extatique que les musiciens arborent en cette circonstance.

Dieu merci, Luke n'a pas cherché à me convaincre qu'on pouvait se voir en tant que copains. Ça arrivait souvent dans ce genre de mauvais plans. Le garçon feignait de ne pas s'offusquer de mon rejet et affirmait qu'il serait trop heureux d'être simplement mon ami. Moi, je culpabilisais suffisamment pour accepter de le revoir. En général, ça se terminait par une cuite monumentale, et je me réveillais dans son lit.

« Je regrette. »

J'étais gênée, mal à l'aise, car je le trouvais réellement gentil.

« C'est pas grave, a-t-il dit d'un ton léger. On se reverra un de ces quatre. On aura l'occasion de bavarder.

— O.K. Salut. »

Et j'ai raccroché d'un coup sec.

« Espèce de salope ! ai-je hurlé à l'adresse de Brigit qui essayait de se déplacer à genoux sur le carrelage de la cuisine. Attends un peu que Joey t'appelle.

— Joey ne m'appellera pas, a-t-elle répondu d'un air matois. Il ne m'a pas demandé mon numéro de téléphone. »

Je me suis assise pour fouiller dans mon sac à la recherche du valium. J'en ai fait glisser trois dans ma main, puis, à la réflexion, j'en ai rajouté deux autres. Quelle purge ! J'en voulais à Luke d'avoir téléphoné, de m'avoir soumise à cette épreuve. Pourquoi ma vie n'était-elle qu'une succession de galères ? M'avait-on jeté un sort ou quoi ?

# 17

Au beau milieu d'un rêve, j'ai été réveillée par une inconnue qui me braquait sa lampe de poche sur le visage.

« Rachel, levez-vous. C'est l'heure. »

Il faisait nuit noire, un froid de canard, et je ne savais absolument pas qui elle était. J'ai décidé que j'avais des hallucinations. J'ai donc refermé les yeux et lui ai tourné le dos.

« Allez, Rachel, a-t-elle chuchoté bruyamment. Il ne faut pas réveiller Chaquie. »

La mention de Chaquie m'a brutalement ramenée à la réalité. Je n'étais pas dans mon lit à New York. J'étais au Prieuré, où une foldingue tentait de me faire lever en pleine nuit. Elle devait compter parmi les pensionnaires les plus atteints et s'était sûrement échappée de sa cellule au grenier.

« Hello, lui ai-je répondu. Retournez vous coucher. »

Amicale mais ferme. Maintenant, avec un peu de chance, j'allais pouvoir me rendormir.

« Je suis l'infirmière de nuit, a-t-elle déclaré.

— Et moi, Bozo le clown. »

Si elle voulait jouer à la plus timbrée des deux, moi je n'y voyais pas d'inconvénient.

« Allons, vous êtes du petit déjeuner.

— Pourquoi moi, pourquoi pas Chaquie ? »

J'avais entendu dire que les fous, il valait mieux les raisonner.

« Parce qu'elle n'est pas dans l'équipe de Don. »

L'équipe de Don. Ces mots ont éveillé un écho lointain et déplaisant dans ma mémoire.

« Je suis… je suis… dans l'équipe de Don ? ai-je bégayé.

— Oui. »

Un grand sentiment de perte s'est emparé de moi. Tout compte fait, je serais peut-être obligée de me lever.

« Eh bien, je viens juste de démissionner », ai-je hasardé avec espoir.

Elle a eu un rire qu'en d'autres circonstances j'aurais qualifié de bon enfant.

« On ne peut pas démissionner comme ça. Qui va préparer le petit déjeuner, si vous ne le faites pas ? Vous n'allez pas laisser tomber vos camarades, non ? »

J'étais trop fatiguée pour polémiquer. À vrai dire, j'étais trop fatiguée pour comprendre ce qu'on voulait de moi. Je n'avais retenu qu'une chose et une seule : si je ne me levais pas, les autres risquaient de me prendre en grippe. Mais j'avais bien l'intention de trouver ce fameux Don et de lui remettre ma démission séance tenante.

J'étais épuisée et j'avais si froid que j'ai eu peur de succomber à un choc si je m'aventurais sous la douche. Et comme je craignais, en allumant, de réveiller Chaquie et qu'elle ne veuille me parler, j'ai enfilé dans le noir les vêtements que j'avais jetés par terre avant de me mettre au lit.

Avec lassitude, je me suis traînée à la salle de bains pour me laver les dents, mais il y avait déjà quelqu'un. Pendant que je grelottais sur le palier en attendant que la pièce se libère, la foldingue à la lampe de poche est revenue.

« Vous êtes levée, bravo ! s'est-elle exclamée en me voyant. Excusez-moi de m'être présentée dans de telles conditions. Je suis Monica, l'une des infirmières de nuit. »

J'ai passé ma brosse à dents dans l'autre main pour échanger une poignée de main avec elle. Elle avait l'air gentille. Maternelle – quoique rien à voir avec ma mère.

La porte de la salle de bains a fini par s'ouvrir, et Oliver, le clone de Staline, en a émergé dans un nuage de Blue Stratos. Torse nu, il portait une serviette de toilette sur son épaule dodue. On aurait dit qu'il était enceint de neuf mois. Son énorme ventre parsemé de poils gris semblait animé d'une vie propre. Il m'a adressé un clin d'œil.

« Émail Diamant, hein ? Je te laisse la place. »

Après m'être débarbouillée de mauvaise grâce, je suis descendue, bien résolue à aller voir Don pour lui expliquer fermement que j'étais dans la triste obligation de lui remettre ma démission…

Mais à peine ai-je posé les pieds dans la cuisine, où régnait un froid polaire, qu'un petit bonhomme rondouillard s'est précipité vers moi.

« Tu es là, c'est bien, a-t-il lancé, à bout de souffle. J'ai mis les boudins blanc et noir en route, tu peux t'occuper des saucisses… ?

— C'est toi, Don ? ai-je demandé, surprise.

— Qui veux-tu que je sois ? »

Il avait l'air contrarié.

Moi, je nageais en pleine confusion. Don était un pensionnaire, je l'avais aperçu à plusieurs reprises parmi la masse des pulls marron. Comment se faisait-il qu'il était également chef d'équipe ? En bredouillant, je lui ai fait part de mes interrogations.

Et il m'a expliqué ce que je soupçonnais déjà : dans la tradition des cliniques Betty Ford, les pensionnaires du

Prieuré accomplissaient eux-mêmes le gros des tâches ménagères.

« C'est pour nous apprendre le sens des responsabilités et le travail d'équipe, a-t-il dit en sautillant d'un pied sur l'autre. Moi, je dirige cette équipe-ci parce que je suis là depuis presque six semaines.

— Et combien il y a d'équipes en tout ?

— Quatre. Petit déjeuner – c'est nous –, déjeuner, dîner et ménage. »

J'ai alors entrepris de lui exposer que je ne pouvais pas faire partie de son équipe. Ni de la sienne ni d'aucune autre. J'étais allergique aux tâches ménagères, et d'ailleurs je n'avais pas de problèmes particuliers, je savais tout ce qu'il y avait à savoir sur le sens des responsabilités et le travail d'équipe. Mais Don m'a interrompue.

« Il faudrait qu'on active. Ils vont descendre d'une minute à l'autre, affamés et réclamant à manger. Bon, je file chercher les œufs.

— Mais…

— Et surveille Eamonn, d'accord ? a-t-il ajouté anxieusement. Il serait capable de manger les lardons tout crus s'ils lui tombaient sous la main. »

Sur ce, il est parti en courant.

« Ce n'est pas juste pour le chef d'équipe de lui mettre un MC au petit déjeuner, a-t-il ajouté par-dessus son épaule.

— C'est quoi, un MC ?

— Un Mangeur compulsif », m'a répondu une voix étouffée.

Je me suis retournée. Eamonn était également dans la cuisine. Dieu sait pourquoi je ne l'avais pas remarqué plus tôt : à lui seul, il en occupait la moitié.

Et s'il parlait d'une voix étouffée, c'est parce qu'il avait une bonne part d'un pain de mie dans la bouche.

« Tu vas me dénoncer, hein ? a-t-il dit avec un air de chien battu en enfournant tranche sur tranche.

— Te dénoncer ? me suis-je écriée. Mais pourquoi te dénoncerais-je ?

— Et pourquoi pas ? a-t-il rétorqué, vexé. Tu es censée m'aider à vaincre mon problème de dépendance, et vice versa.

— Mais enfin, tu es adulte. Si tu as envie de manger un pain de mie entier… »

Je me suis interrompue pour toucher ledit pain.

« … un pain de mie entier *congelé* en moins d'une minute, c'est ton affaire.

— Très bien, a-t-il déclaré d'un ton belliqueux. C'est ce que je vais faire. »

J'avais tout faux. Simplement parce que j'essayais d'être gentille.

« Et d'un ! »

L'œil noir, il a fourré une nouvelle tranche dans sa bouche.

« Vé vais en manver un autre ! »

Inarticulé mais résolu, il s'est attaqué à un deuxième pain. Du moins un deuxième depuis mon arrivée. Dieu sait combien il en avait boulotté avant.

Il y a eu un bruit de pas dans le couloir, et Don a reparu avec Staline sur ses talons. Tous deux avaient les bras chargés de cartons d'œufs.

« Ah non, les gars ! »

Le regard accablé de Don a fait le tour du carnage. Puis s'est posé, accusateur, sur moi.

« Que se passe-t-il ici ? Non mais, regarde-moi ça, Rachel : il a bouffé presque tout le pain, il n'en restera pas pour les TOASTS ! »

Sa voix était montée jusqu'à culminer sur le « TOASTS » final, émis d'un soprano à faire exploser le verre.

Je me sentais malade. Je me sentais malheureuse. Je souffrais du décalage horaire, nom d'un chien ! Vous parlez de vacances ! Et je déplorais qu'Eamonn ait mangé tout le pain. Si j'avais su qu'il n'y en avait plus, j'aurais tenté de l'arrêter. Maintenant, tout le monde allait me haïr…

« Je suis désolée, ai-je dit, au bord des larmes.

— C'est pas grave, va, a répondu Don avec une gentillesse bourrue. Le diable lui-même l'aurait pas arrêté.

— Désolée », ai-je murmuré de nouveau.

J'ai regardé Don avec des yeux humides et, d'un seul battement de cils, j'ai clos le débat.

« T'inquiète pas, m'a-t-il rassurée. Il fait ça chaque matin depuis une semaine. Les autres, ils ont l'habitude de se passer de toasts. »

Sur ce, il a commencé à casser les œufs dans un saladier. Il était trop tôt pour affronter le spectacle de trente-six œufs crus. J'ai eu un haut-le-cœur.

« Ça va ? s'est enquis Staline, alarmé.

— Elle se sent pas bien ! a déclaré Don, paniqué. Espèce de grand con ! La petite se sent pas bien. Laisse-la s'asseoir, nom de Dieu ! »

Dérapant sur un lardon, ce qui a eu pour effet de nous éparpiller tous, il m'a conduite vers une chaise.

« Tu veux l'infirmière ? Allez chercher l'infirmière ! a-t-il ordonné à Eamonn et Staline. Mets ta tête entre tes oreilles… je veux dire tes genoux.

— Non, ai-je répondu faiblement. Ça va bien, c'est juste les œufs et le fait que je n'ai pas assez dormi…

— T'es pas en train de disjoncter, hein ? a demandé Staline.

— Quelle question ! »

Don était outré.

« Bien sûr qu'elle n'est pas en train de disjoncter. »

Il a rapproché son visage rond et anxieux du mien.

« C'est vrai, dis ? »

J'ai hoché la tête.

« Tu vois », a-t-il lancé triomphalement à Staline.

J'ai su par la suite que Don avait quarante-sept ans et vivait avec sa mère en « célibataire endurci ». Curieusement, ça ne m'a pas étonnée.

« Tu es sûre que tu n'es pas en cloque ? a recommencé Staline. Ma Rita, elle pouvait pas voir un œuf quand elle attendait notre premier.

— Non, je ne le suis pas.

— Comment le sais-tu ?

— Je le sais, c'est tout. »

S'il croyait que j'allais lui parler de mon cycle menstruel, il pouvait toujours courir !

Du coup, Don, Eamonn, Staline et le jeune Barry – celui à qui je donnais quatorze ans – ont préparé le petit déjeuner. Assise sur ma chaise, je sirotais de l'eau en m'efforçant de ne pas vomir.

Au dernier moment, je me suis rendu compte que Chris allait arriver et que je n'étais même pas maquillée. À travers la nausée, la fatigue et l'abattement a percé un instinct de survie. Mais, quand j'ai voulu remonter pour me mettre une touche de fond de teint et du mascara, la maternelle Monica s'est dressée sur mon chemin. C'était l'heure du petit déjeuner, et je ne pouvais pas m'absenter tant que ce n'était pas fini.

« Mais…, ai-je bredouillé.

— Dites-moi ce qu'il vous faut et je vous le rapporterai », m'a-t-elle proposé avec un sourire chaleureux, mais très, très ferme.

Pas question de le lui dire, évidemment ! Elle me prendrait pour une pétasse. Je suis donc retournée dans la salle à manger, la tête basse pour éviter que Chris me voie sans maquillage et découvre quel cageot j'étais. Pendant tout le repas, j'ai réussi à ne regarder personne.

Ils étaient tous si joviaux. Même l'absence de toasts n'a pas entamé leur bonne humeur.

« Quoi, pas de toasts ? ENCORE ! » s'est exclamé Peter en riant.

Mais enfin, il aurait ri même en apprenant que sa maison avait brûlé et sa famille péri dans un massacre.

« Encore pas de toasts, a dit un autre.

— Encore pas de toasts.

— Encore pas de toasts. »

Le message a fait le tour de la table.

« C'est ce gros lard d'Eamonn », a marmonné quelqu'un avec amertume.

À ma surprise, je me suis aperçue que c'était Chaquie.

Entre les œufs répugnants, les saucisses de viande et les lardons, je n'ai pratiquement rien mangé. Ce qui n'était pas plus mal.

Fatiguée et hébétée comme je l'étais, il a fallu que j'attende le soir pour me rendre compte qu'il n'y avait pas eu un seul fruit au petit déjeuner. Pas la moindre pomme tavelée ou banane noircie, sans parler du gargantuesque buffet de fruits exotiques frais dont j'avais rêvé.

# 18

Toute la journée, j'ai été à côté de mes pompes. J'avais la tête qui tournait, je me sentais barbouillée, je n'avais même pas réussi à me réveiller complètement.

La pensée de Luke ne me quittait pas. J'étais trop prostrée pour avoir clairement conscience de la douleur, mais elle était là, ne demandant qu'à refaire surface.

Tout me paraissait bizarre, incompréhensible, comme si j'avais atterri sur une autre planète.

Après le petit déjeuner cauchemardesque, j'ai dû récurer plusieurs grosses poêles pleines de graisse. Ensuite, j'ai foncé dans ma chambre où j'ai passé vingt minutes à me ravaler la façade. Ce qui n'était pas une mince affaire.

Dès que je manquais de sommeil, j'avais des plaques rouges et squameuses sur la figure. Elles étaient difficiles à masquer : j'avais beau me tartiner de fond de teint, la peau se desquamait, et les plaques rouges réapparaissaient en dessous comme au premier jour. J'ai fait de mon mieux, mais même maquillée j'avais l'air d'un cadavre.

En redescendant avec un sourire forcé aux lèvres, je suis tombée sur Misty O'Malley qui traînait là, la mine hargneuse et sans un gramme de maquillage. Avec mon visage brun et collant et mon sourire idiot, j'ai eu l'impression d'être un caramel mou et une conne finie.

Don qui arrivait au trot m'a saisie par la manche.

« Tu t'es lavé les mains ?

— Pour quoi faire ?

— Parce que c'est le cours de CUISINE ! a-t-il glapi, les yeux exorbités devant tant de stupidité. Le samedi matin est réservé aux LOISIRS ! »

Le mirage d'un massage par acupression a vacillé, puis s'est évanoui en douceur. Je n'étais pas vraiment ravie : un cours de cuisine, c'était à peine mieux que de tresser des paniers.

« On se fend la pipe, a déclaré quelqu'un, les yeux brillants, tandis qu'on nous parquait dans la cuisine et qu'on nous distribuait des tabliers.

— Tu vas adorer Betty », m'a promis un autre.

Betty, c'était la prof. Elle était blonde, elle sentait bon, et les pensionnaires avaient l'air de l'aimer.

L'empoignant, Staline s'est mis à virevolter avec elle à travers la pièce.

« Ah, ma petite chérie à moi ! » s'est-il exclamé.

Clarence m'a donné un coup de coude.

« Elle est mignonne, hein ? a chuchoté cette espèce de débile. Elle a de beaux cheveux.

— À vos postes, tout le monde ! »

Betty a frappé dans ses mains.

On allait commencer quand le Dr Billings est entré, a fait signe à Eamonn qui lorgnait avec convoitise du côté d'un paquet de raisins secs, et l'a emmené avec lui.

« Où il va ? ai-je demandé à Mike.

— Il n'a pas le droit de faire de la pâtisserie. La semaine dernière, il a pété les plombs et s'est tortoré un saladier entier de pâte – crue », a-t-il précisé.

Cet incident semblait l'avoir marqué.

« Ce n'était pas joli à voir. Et impossible de lui faire lâcher ce saladier…

— L'horreur, a renchéri Staline en frissonnant. On se serait cru à l'heure de la bouffetance au zoo. J'en ai pas dormi de la nuit.

— Et alors, où est-il maintenant ? »

Je n'avais pas aimé la manière péremptoire dont Eamonn avait été évacué de la cuisine.

« Aucune idée, a répondu Mike en haussant les épaules. Il doit faire une autre activité. »

Je n'avais qu'une envie : me coucher et dormir très, très longtemps. La dernière chose qui m'intéressait, c'était la pâtisserie. Pendant qu'ils riaient et bavardaient, je priais pour tomber raide morte. J'entendais ce qu'ils disaient, mais leurs voix me parvenaient de loin.

« Je vais faire ce... cette espèce de pain... que j'ai mangé à Islamabad, a marmonné Fergus, l'accro à l'acide.

— Tu as de l'herbe pour mettre dedans ? s'est enquis Vincent.

— Non.

— Alors, ce ne sera pas comme le pain que tu as mangé à Tombouctou. »

Fergus s'est détourné, et son regard éteint s'est vidé un peu plus.

« Si ma femme me voyait aujourd'hui... Hohoho ! a dit Staline en pesant du sucre en poudre. Elle m'a jamais aperçu en train de mettre une bouilloire sur le feu.

— C'est pour ça que tu as interdiction de t'approcher d'elle », a commenté Misty O'Malley.

Tout le monde s'est exclamé et a dit « Misty, voyons ! », mais avec bonhomie.

Cependant, Vincent le bagarreur a déclaré :

« Ce n'est pas pour ça, c'est parce qu'il passe son temps à lui briser les côtes. »

Un rugissement a retenti dans mes oreilles ; j'ai cru que j'allais tourner de l'œil.

Ce n'est pas possible, ai-je pensé, horrifiée. Staline est un brave type, il ne ferait pas ça. Vincent devait plaisanter. Mais personne n'a ri. Personne n'a pipé mot.

Il y a eu un long silence avant que les gens se remettent à parler et à blaguer. Staline, lui, ne desserrait pas les dents.

J'avais toujours le cœur au bord des lèvres. Comme si j'avais fait la bringue toute la nuit.

Heureusement, Betty était sympa. Elle m'a demandé ce que j'aimerais confectionner.

« Quelque chose de facile, ai-je marmonné.

— Que diriez-vous de biscuits à la noix de coco ? On peut les faire en dormant. »

Comme c'était précisément mon cas, j'ai accepté. Malgré mon état lamentable, j'ai trouvé qu'il y avait quelque chose de réconfortant dans le fait de mesurer la farine après l'avoir tamisée, le sucre et la noix de coco raptée (comme disait maman), de casser les œufs (avec une brève pause pour lutter contre la nausée), de touiller le tout dans un saladier, et de verser le mélange visqueux dans de petits moules en papier décorés d'une brindille de houx. Ça m'a rappelé quand j'étais petite et que j'aidais ma mère avant qu'elle ne renonce définitivement à la pâtisserie.

Je restais loin de Chris, pour qu'il ne voie pas mes plaques rouges et ma tête de déterrée. C'était dur, car l'intérêt qu'il m'avait manifesté la veille m'avait redonné un infime espoir. Si un autre homme s'intéressait à moi, c'est que je n'étais pas aussi nulle que Luke me l'avait fait croire. Du coin de l'œil, je l'épiais pendant qu'il pétrissait du pain bis. J'aurais volontiers pris la place de ce pain sur sa planche saupoudrée de farine.

À un moment, je l'ai vu parler à Misty O'Malley. Elle l'a même fait rire, et aussitôt je me suis sentie exclue.

J'ai de nouveau songé au rejet de Luke et replongé dans la dépression.

Le cours de cuisine a été suivi du déjeuner, puis d'un film sur les gros buveurs, après quoi on a pris le thé. J'avais l'impression de vivre un mauvais rêve.

C'était un peu comme quand on porte des chaussures aux semelles glissantes. Je me disais sans cesse que, dès que j'aurais fini l'activité en cours, j'allais me ressaisir et me trouver une occupation agréable. Mais, à la minute où ça se terminait, autre chose commençait. Je n'avais pas l'énergie de me battre, c'était plus facile de suivre le troupeau.

Une pensée aussi me tracassait. Une pensée floue, qui ne cessait de se dérober chaque fois que j'essayais de mettre la main dessus.

# 19

Dans l'après-midi, un type gentil que je voyais pour la première fois est venu me parler.

« Bonjour, bonjour ! Ma pomme, c'est Neil, et je suis aussi dans le groupe de Josephine. On ne s'est pas rencontrés hier parce que j'étais chez le dentiste. »

Normalement, je n'adresse pas la parole à quelqu'un qui se présente en disant « Ma pomme, c'est Neil » ; mais lui, il m'a plu tout de suite.

Il était fringant, souriant et relativement jeune. Je me suis redressée, désireuse d'apparaître sous mon meilleur jour. Quoique, même avant d'avoir vu son alliance, j'aie su qu'il était marié. À l'aspect soigné de son chandail, à son pantalon sans le moindre pli. J'en ai même éprouvé une pointe de dépit.

« Comment ça va, avec cette bande d'allumés ? »

Il a désigné de la tête les pulls marron massés dans la pièce.

Une bouffée de chaleur m'a envahie. Enfin, quelqu'un de normal !

« Ils sont O.K., ai-je répliqué en pouffant. Pour une bande d'allumés.

— Et Josephine, tu la trouves comment ?

— Elle m'effraie un peu.

— Elle non plus n'est pas nette. Elle te met des idées en tête, te force à avouer des choses qui ne sont pas vraies.

— Ah bon ? Maintenant que tu le dis, elle m'a effectivement paru bizarre.

— Attends, et tu verras par toi-même, a-t-il répondu, énigmatique. Au fait, tu es là pour quoi ?

— La drogue. »

J'ai esquissé une moue désabusée pour lui faire comprendre que je n'avais pas de réel problème.

Il a ri d'un air complice.

« Je vois ce que tu veux dire. Moi, c'est l'alcool. Ma pauvre nigaude de femme, qui ne boit pas, s'imagine que, si je m'offre quatre demis le samedi soir, ça fait de moi un alcoolique. Je suis venu ici pour qu'elle me lâche la grappe. Au moins, ainsi, elle sera convaincue que je ne suis pas malade. »

Et nous avons rigolé de la bêtise ambiante comme deux conspirateurs.

À deux ou trois occasions pendant la journée, j'ai surpris Choucroute et Celine, l'infirmière de jour, en train de parler de moi. À l'heure du thé, juste avant l'orgie de frites, Celine a fait son apparition et demandé :

« Puis-je vous voir une minute, Rachel ? »

J'ai senti venir la catastrophe. Accompagnée des cris « Ça va barder, Rachel » et « Je peux avoir tes frites ? », j'ai suivi Celine, tête baissée, à l'infirmerie.

C'était un peu comme être convoquée chez le proviseur, au lycée. Sauf qu'à ma surprise Celine ne semblait pas fâchée contre moi.

« Vous ne semblez guère en forme, a-t-elle remarqué. Depuis ce matin, vous avez une petite mine.

— Je n'ai pas beaucoup dormi la nuit dernière, ai-je soufflé, ivre de soulagement. Et je crois que je souffre toujours du décalage horaire.

— Pourquoi n'avez-vous rien dit ?

— Je ne sais pas, ai-je avoué avec un grand sourire. Peut-être parce que j'ai l'habitude d'en baver. La plupart du temps, au boulot, je suis dans un état… »

Voyant son expression, je me suis arrêtée net. Ce n'était pas à *elle* que j'allais décrire mes folles nuits de bringue.

« Pourquoi vous sentez-vous mal dans votre travail ? »

Un instant, j'ai failli me laisser berner par son ton désinvolte. Failli seulement.

« Je ne suis pas du matin », ai-je rétorqué, laconique.

Elle a souri. Et j'ai lu son jugement dans son regard. Mon euphorie s'est dissipée. Elle sait, ai-je pensé, mal à l'aise. Elle sait tout sur moi.

« Je propose que vous alliez vous coucher après le thé, a-t-elle déclaré. On en a discuté, la conseillère de service et moi, et on a décidé que vous pouviez rater les jeux de ce soir.

— Quels jeux ?

— Tous les samedis soir, il y a des jeux : chaises musicales, portraits, pigeon vole, des choses comme ça. »

J'hallucinais ! C'était le truc le plus tordant que j'aie jamais entendu.

« C'est extraordinairement amusant », a-t-elle ajouté en souriant.

Pauvre vieille ! Si c'est ça, ta façon de t'amuser…

« Tout le monde en profite pour décompresser. Et puis, c'est le seul moment de la semaine où aucune conseillère ni infirmière n'est présente, ainsi vous pouvez nous imiter à votre guise… »

Là, j'ai compris ce qui m'avait tracassée, entre autres, tout au long de la journée : les pensionnaires étaient rarement seuls. Même à l'heure des repas, un membre du personnel prenait discrètement place parmi eux.

« Donc, après le thé, au lit », a-t-elle ordonné.

Je pourrais peut-être avoir un massage ou bien une séance d'UV d'abord ?

« Juste avant, me serait-il possible… ?

— Au lit, m'a-t-elle interrompue fermement. Le thé, et ensuite au lit. Vous êtes fatiguée, et nous ne voulons pas que vous tombiez malade. »

C'était tout à fait aberrant de se retrouver au lit un samedi à sept heures du soir. Ça m'arrivait uniquement lorsque je ne m'étais pas levée depuis la nuit de la veille. (Ce qui n'était pas si rare, d'ailleurs. Surtout si j'avais fait la fête et pris beaucoup de cocaïne.)

L'impression d'isolement et d'aliénation qui m'avait hantée durant la journée s'est accrue tandis que, assise dans le lit, je feuilletais distraitement les magazines de Chaquie. La pluie tambourinait au carreau. Je me sentais seule et j'avais peur. J'avais tout raté. On était samedi soir ; j'aurais dû être en train de m'habiller pour sortir m'éclater en ville. Au lieu de quoi, j'étais au lit.

J'entendais des bruits sourds, des cris et des rires pendant qu'au-dessous les autres jouaient aux chaises musicales.

Quand Chaquie est montée se coucher, elle avait du rouge aux joues et une mine radieuse.

Pas pour longtemps.

« Je ne t'ai pas vue à la messe », a-t-elle laissé tomber, les lèvres pincées.

Tous les samedis, un prêtre venait dire la messe pour ceux que ça intéressait.

« C'est vrai, tu as raison », ai-je acquiescé joyeusement.

Elle m'a fusillée du regard. J'ai répondu par un sourire impudent.

Du coup, elle a enfourché un autre de ses dadas. Cette fois-ci, c'étaient les mères qui travaillaient. J'ai ostensiblement tiré la couverture sur ma tête en disant :

« Bonne nuit. »

Rien à faire. Chaquie avait besoin de vider son sac, et l'auditoire lui importait peu.

« … Le mari rentre après une longue journée au bureau… ou à l'institut de beauté… »

Là-dessus, elle a eu un petit rire argentin.

« … La maison est sens dessus dessous, les gosses hurlent…

— Le dîner n'est pas servi, l'ai-je interrompue de sous la couverture, décidée à lui damer le pion.

— Tout à fait, Rachel. »

L'air agréablement surprise, elle a ajouté :

« Le dîner n'est pas servi.

— Ses chemises ne sont pas repassées.

— Tout à f…

— Les enfants sont revenus de l'école dans une maison vide et froide…

— Tout à f…

— Ils se bourrent de chips et de gâteaux secs au lieu de manger un repas chaud et équilibré…

— Exac…

— Ils regardent des films porno à la télé, ils se livrent à l'inceste, la maison brûle alors que leur mère n'est pas là, et ils meurent tous ! »

Dans le silence qui a suivi, j'ai risqué un coup d'œil hors de la couverture.

Chaquie me dévisageait avec perplexité. Elle soupçonnait fortement que je me payais sa tête, mais elle n'en était pas sûre.

J'avais cru la haïr, auparavant, mais là j'ai su que je la haïssais *pour de bon*.

Espèce de facho, ai-je pensé. J'en connaissais, des gens comme elle. Elle devait faire partie des Mères Catholiques d'Extrême Droite contre le Plaisir, ou d'un truc dans ce style.

Peu de temps après, dans un silence morose, Chaquie a éteint la lumière et s'est mise au lit.

Par bonheur, j'étais tellement épuisée que je me suis endormie.

# 20

Dimanche. Jour des visites… sauf pour moi.

J'aurais aimé avoir un contact avec le monde extérieur. Même ma mère, ça m'aurait fait plaisir de la voir. Mais la semaine réglementaire ne s'était pas encore écoulée, malgré l'impression que j'avais d'être là depuis des lustres.

La première chose qui m'est venue à l'esprit quand j'ai été réveillée par la torche de Monica, ç'a été Luke. J'étais obsédée par ce qu'il avait pu fabriquer la nuit précédente. Ce qu'il fabriquait peut-être encore. Après tout, il n'était que trois heures du matin dans sa partie du monde. La nuit du samedi battait son plein.

J'ai eu envie de lui téléphoner. Une envie irrépressible. Mais il n'était probablement pas rentré. Ou alors il était au lit, en cet instant précis, avec une autre fille. En train de prendre son pied. C'est comme ça, ai-je compris, qu'on finit par devenir fou. Si je continuais, je serais bonne pour l'asile.

Il fallait que je lui parle. J'ai fait un rapide calcul ; j'étais obligée d'attendre au moins trois heures de l'après-midi, quand il serait dix heures du matin à New York. *Et pourquoi pas tout de suite ? Putain de décalage horaire !* Amèrement, j'ai maudit la courbure de la Terre.

Après le petit déjeuner, Chaquie s'est lancée dans des préparatifs fébriles pour l'arrivée de Dermot. À ma surprise, elle m'a demandé de l'aider à choisir sa tenue. Ça m'a tellement touchée que j'en ai oublié la haine que je lui vouais.

Sa vaste garde-robe était répandue à travers la chambre exiguë. Ça m'a rappelé qu'il fallait vraiment que je me décide à la prier de faire de la place pour mes affaires, qui étaient toujours dans mon sac par terre.

« Qu'en penses-tu, Rachel ? Le tailleur Jaeger avec ce foulard Hermès ?

— Euh… quelque chose de plus décontracté peut-être. Tu n'aurais pas un jean ?

— Un JEAN ? »

Elle a explosé de rire.

« Seigneur Jésus, non ! Deurm't mourrait s'il me voyait avec un jean. »

Les genoux fléchis, elle s'est examinée dans la petite glace noircie et, de la main, a lissé sa coiffure impeccable.

« Jésus, Marie, Joseph ! s'est-elle exclamée en roulant les yeux, j'ai l'air de l'épave du *Titanic* ! »

Évidemment, il n'en était rien. Elle était parfaite.

« C'est très important de soigner son apparence pour son mari », m'a-t-elle confié en enfilant une jupe et un cardigan avec des perles et des trucs sur le devant, une horreur.

Avec des gestes saccadés, elle a coiffé ses cheveux en arrière. La visite de Dermot la rendait très, *très* nerveuse.

« Tu es superbe », ai-je dit.

Je n'en pensais pas un mot.

J'ai regardé ma montre… Midi. Plus que trois heures, et je serais en train de parler à Luke !

« Lorsque Dermot sera là, veux-tu que je… enfin… t'as compris ? ai-je proposé, magnanime, en esquissant le geste de décamper.

— Comment ?

— Veux-tu que je vous laisse la chambre pour que vous puissiez… ahmm… tu sais… »

Elle a pris un air dégoûté.

« Quoi ? Avoir un rapport ?

— On peut dire ça comme ça. »

Ah, romantisme, quand tu nous tiens !

« Seigneur Jésus, non ! Le seul avantage d'être ici, c'est qu'il ne m'emmerde pas avec son vermicelle quand j'ai envie de lire au lit. Et de toute façon, les visiteurs ne sont pas admis dans les chambres.

— Pas admis dans les chambres ? »

C'était à mon tour de faire la grimace.

« Mais enfin, même en prison on a le droit de recevoir son conjoint ! »

Chaquie allait sans arrêt à la fenêtre ; finalement, à une heure et demie, elle a annoncé :

« Le voilà. »

Le ton de sa voix était indescriptible : admiration, soulagement et haine à parts égales.

« Où ça ? »

Je me suis précipitée vers la fenêtre.

« Là, en train de descendre de sa nouvelle Volvo. »

J'ouvrais de grands yeux, dans l'espoir de voir un monstre. Mais de loin, il avait l'air pas trop mal. Avec son hâle profond et sa chevelure si noire que c'en était louche, il pouvait se décrire comme un homme qui « prend soin de lui ». Il portait une chemise en jean, un blouson de cuir et un pantalon qui lui arrivait pratiquement à mi-torse, l'astuce qu'utilisent les hommes bedonnants pour tenter en vain de cacher leur gros ventre. Apparemment, Chaquie n'était pas la seule à se taper un Bacardi coca de temps en temps.

À la hâte, elle a vidé sur elle une bouteille presque entière de White Linen et, rajustant sa jupe et ses cheveux, elle est partie à sa rencontre.

Je ne savais pas quoi faire. Comme je n'avais pas envie de rester seule, j'ai décidé d'aller jeter un coup d'œil en bas. Sur le palier, je suis tombée sur Mike. L'air maussade, il regardait par la fenêtre, exactement comme Chaquie quelques minutes plus tôt.

« Hello, ai-je lancé avec empressement. Qu'est-ce que tu fais ?

— Viens voir. »

Il a désigné la fenêtre.

Une femme et trois enfants remontaient péniblement l'allée sous la pluie. Ils semblaient transis et épuisés.

« Ma femme et mes gosses. »

Il avait une drôle de voix. D'abord Chaquie, maintenant Mike, il n'y en avait pas un pour racheter l'autre.

La femme de Mike portait un cabas sur son épaule.

« T'as vu le sac ? » a-t-il marmonné en me le montrant.

J'ai hoché la tête.

« C'est pour moi. »

J'ai acquiescé à nouveau.

« Plein de petits gâteaux », a-t-il dit avec amertume.

Et il est parti.

« Qu'est-ce que j'en ai à foutre, des petits gâteaux ? a-t-il rugi en descendant.

— Je ne sais pas », ai-je bredouillé nerveusement.

Un peu plus tard, je me suis dirigée vers la salle à manger. Le couloir grouillait d'enfants heureux qui se tapaient dessus et cassaient des choses.

À ma consternation, trébuchant sur un Mon Petit Poney, je me suis étalée. Cependant, comme sur la vidéo d'une tour dynamitée qu'on rembobine, je me suis remise sur mes pieds avant même que mes genoux n'aient touché le sol. Furtivement, j'ai regardé autour de moi pour m'assurer que ni Chris ni Misty O'Malley n'étaient dans les parages. Deux abominables garnements couverts de taches de rousseur m'ont montrée du doigt et se sont bidonnés jusqu'à en pleurer.

J'allais entrer dans la salle à manger quand Misty O'Malley en a émergé et m'a bousculée en sortant. Pas accidentellement, non, elle m'a carrément repoussée. Sans un mot d'excuse. Je l'ai suivie du regard ; même si je ne voyais pas son visage, je savais qu'elle ricanait. Qu'elle s'en payait une tranche à mes dépens.

Mes yeux se sont remplis de larmes. Mais que lui avais-je fait ?

La salle à manger était bondée de pensionnaires et de leurs visiteurs. Apparemment, lorsqu'il faisait beau, ils pouvaient sortir dans le parc. Mais par temps de pluie, comme aujourd'hui, ils s'entassaient dans cette pièce et regardaient les vitres se couvrir de buée.

J'ai repéré Chaquie et Dermot, et, effrontément, je me suis assise à côté d'eux, si bien que Chaquie a été obligée de nous présenter. Son mari m'a fixée dans les yeux, et inspectée machinalement de la tête aux pieds. Pas parce que je lui plaisais, mais parce qu'il se demandait comment *moi* je le trouvais. De près, on apercevait des milliers de capillaires éclatés sous son bronzage artificiel. Je comprenais maintenant pourquoi Chaquie tenait à échapper aux attentions de Dermot et de son vermicelle. Il était abject. Et le soin manifeste qu'il apportait à sa personne le rendait plus abject encore. Il n'arrêtait pas de se toucher les cheveux, qui, en plus d'être teints jusqu'à la racine, avaient été séchés à la brosse et abondamment aspergés de laque.

Je le contemplais d'un œil ouvertement goguenard. Des gugusses de son espèce, j'en connaissais des tas. Piliers de bar, ils vous offraient un verre et, les présentations à peine terminées, demandaient :

« Vous me donnez quel âge ? Non, sérieusement, dites-le-moi… Un autre verre ? »

Me tournant le dos, Chaquie s'est lancée dans une conversation à voix basse avec son homme. Ça ne signifiait pas qu'ils se disputaient, non. Tout le monde parlait à voix basse dans la pièce. Ils n'avaient pas le choix. La prochaine fois, quand papa et maman viendraient me rendre visite, nous aussi nous parlerions à voix basse, assis autour d'une table. Toutes ces messes basses autour de moi ont fini par m'assoupir. La seule chose qui m'a permis de garder les yeux ouverts, c'est le bruit des gens qui trébuchaient dans le couloir, et Mike qui hurlait de temps à autre :

« Willy, petit con, t'as fini de vouloir tuer quelqu'un avec l'attelage Petit Poney de Michelle ! »

De savoir le mari de Chaquie aussi immonde m'a remonté le moral. Jusqu'au moment où j'ai aperçu Misty O'Malley, adossée contre un radiateur et discutant à voix basse avec un grand blond beau comme un dieu. Je me suis aussitôt sentie seule. Et jalouse. C'était injuste, à la fin. Tous ces millions d'hommes qui tournaient autour de Misty, alors que c'était une vraie teigne et pas si jolie que ça, à y regarder de près. Tandis que moi, qui étais si gentille, je n'avais personne.

Je traînais pour tuer le temps en attendant trois heures et j'essayais d'avoir le look orpheline. J'espérais croiser un regard pour pouvoir sourire bravement. Je voulais qu'ils se demandent tous pourquoi je n'avais pas de visites, qu'ils se poussent du coude en disant : « Qui est cette pauvre enfant ? Donnez-lui donc du chocolat. » Mais personne ne me prêtait attention. Neil était assis avec une femme d'aspect banal et deux petites filles. Il m'a regardée, m'a adressé un beau sourire chaleureux, puis est retourné à sa conversation avec sa femme. On aurait dit qu'ils parlaient de renforcer l'étanchéité du garage.

Au bout de la troisième conversation surprise en passant – « Cette fois, ce sera différent, je te le promets… » –, il a fallu que je sorte de là.

J'ai gagné la porte d'entrée et me suis arrêtée, indécise, sur le perron, face aux arbres mornes et ruisselants. J'avais eu l'intention d'explorer le parc, de trouver la salle de gym et de faire une petite heure de muscu, mais je n'en avais pas le courage. Allons, allons, me suis-je exhortée, ce n'est pas comme ça que tu vas maigrir des cuisses.

J'ai donc bandé ma volonté et ma détermination, redressé les épaules, levé le menton, et je me suis promis, juré, craché – j'entendais presque les trompettes célestes et voyais le soleil percer à travers les nuages : je commence demain !

De retour dans la salle à manger, je répétais mentalement ce que j'allais dire à Luke. (« Sa-a-lut ! Super ! Comment ça va-a-a ? »)

J'ai aperçu Chris avec deux personnes qui avaient l'air d'être ses parents. Ils avaient le même âge que les miens, et de les voir tous les trois recroquevillés, s'efforçant gauchement de converser à voix basse, m'a remplie d'une étrange tristesse. Je n'ai pas pu m'empêcher de constater l'absence d'un personnage féminin dans les parages.

Tant mieux.

Staline m'a attrapée pour me présenter à sa Rita, qui avait la voix rauque et fumait comme un pompier. Elle ressemblait à un travelo et avait plus de chances de fracturer les côtes à Staline que l'inverse. Ça m'a réconfortée.

À trois heures moins dix, n'y tenant plus, je suis allée trouver la conseillère de garde – Choucroute – et lui ai demandé si je pouvais donner un coup de fil. Elle m'a dévisagée comme si je voulais qu'elle me prête mille livres puis, sans un mot, m'a escortée vers le bureau.

Nous sommes passées devant Boucles d'Or à la réception. Quelle purge que d'être obligée de bosser un dimanche. À en juger par sa mine bougonne, Boucles d'Or devait être de mon avis.

« Tonnez-moi le numéro, a dit Choucroute.

— Hmm... c'est un numéro à New York, ai-je bégayé. Ça ne fait rien ? »

Elle m'a toisée à travers ses lunettes à la John Lennon, mais n'a pas objecté.

« Ça sonne », a-t-elle déclaré, me tendant le combiné.

Le cœur battant, la sueur au front, je l'ai pris.

J'avais répété mon discours toute la journée. J'avais opté pour un ton léger et badin plutôt que pour des jérémiades. Mais mes lèvres tremblaient si fort que je n'étais pas sûre de pouvoir articuler un son, le moment venu.

J'ai entendu un déclic, et mon cœur s'est serré : le répondeur. Néanmoins, j'ai décidé de laisser un message. Peut-être qu'en reconnaissant ma voix quelqu'un allait décrocher. Patiemment, j'ai attendu les premiers accords de *Smoke on the Water*.

Sauf que ce n'était pas *Smoke on the Water* !

Ils l'avaient remplacé par un morceau de Led Zeppelin.

La peur m'a saisie ; j'étais convaincue que ce changement était symbolique. Que Luke tentait de me dire : On fait table rase du passé, et on repart de zéro. Abasourdie, je me suis rendu compte que la vie à New York continuait sans moi. Qu'était-il arrivé *d'autre* sans que je le sache ?

Tandis que le frénétique solo de guitare tirait à sa fin, j'ai fait mon possible pour cesser de trembler et je me suis préparée à parler. Mais non ! Il y avait un second couplet. Et Robert Plant de s'égosiller de plus belle, promettant de l'amour à droite, à gauche et au centre.

De nouveau, la guitare s'est déchaînée. Finalement, la voix de Shake a dit :

« Laissez votre message, bon Dieu ! »

Et là, je me suis dégonflée. Je me suis rappelé la colère de Luke, les paroles dures qu'il m'avait jetées au visage. Il ne voudrait sûrement pas me parler. Me penchant, j'ai raccroché.

« Il y avait le répondeur, ai-je marmonné à l'adresse de Choucroute, qui pendant tout ce temps n'avait pas bougé d'un pouce.

— Vous avez utilisé un zur vos deux coups de fil, même zi vous n'avez pas parlé. »

À cinq heures, les visiteurs étant partis, tout le monde était silencieux et morose. Sauf moi.

J'étais au bord du suicide.

Après le thé, j'ai ouvert le placard de la salle à manger, à la recherche du chocolat que j'avais repéré plus tôt dans la journée, et j'ai failli être ensevelie sous une avalanche de biscuits, de gâteaux, de madeleines et de barres chocolatées.

« Nom de Dieu ! ai-je gémi quand un paquet de mini-Mars m'a quasiment éborgnée. C'est quoi, tout ça ?

— Le prix de la culpabilité, a répondu Mike. Ils viennent toujours avec des tonnes de friandises. Sauf le plouc à Chaquie. Il lui a juste apporté un filet de mandarines. T'as pas vu sa moumoute ?

— Dermot ? ai-je dit, éberluée. Il porte une perruque ?

— Comment, t'as pas remarqué ? s'est écrié Mike en riant. On dirait qu'un blaireau dort sur son crâne.

— Mais qu'entends-tu par le prix de la culpabilité ? ai-je demandé, angoissée.

— Nos familles culpabilisent de nous avoir envoyés ici.

— Mais enfin, pourquoi ? C'est pour votre bien, non ?

— Tu le crois vraiment ? a répliqué Mike, les yeux étrécis.

— Bien sûr, ai-je acquiescé nerveusement. Pour un drogué ou un alcoolique, c'est la meilleure solution.

— Et pour toi ? »

Que pouvais-je répondre à ça ? J'ai décidé de jouer cartes sur table.

« Vois-tu, ai-je expliqué sur le ton de la confidence, en fait je ne devrais pas être là. Mon père s'est affolé, c'est tout. Je suis venue ici uniquement pour faire plaisir à mes parents. »

Le visage de Mike s'est plissé, et il a ri à gorge déployée.

« Qu'y a-t-il de si drôle ? »

J'étais agacée.

« Eh bien, j'ai dit exactement la même chose, a-t-il répliqué avec un grand sourire. Je suis ici pour faire plaisir à ma femme, Chaquie pour que son mari lui fiche la paix, Don à cause de sa mère, Davy pour ne pas perdre son job, Eamonn à cause de sa sœur, John Joe à cause de sa nièce. Nous sommes tous là pour faire plaisir à quelqu'un. »

Cette fois-ci, je me suis trouvée à court d'arguments. Je n'y pouvais rien s'ils en étaient tous au stade du déni.

# 21

Lundi matin.

J'avais horriblement mal dormi, rêvant de Luke, puis me réveillant cassée et en sueur. Nous étions sur le point de nous réunir en groupe ; on attendait la venue du PAC de Neil, sans que je sache trop ce que cela signifiait.

« Ça veut dire le Principal Autre Concerné, m'a expliqué Mike. Genre ta femme, tes amis ou tes parents. Ils viennent raconter au groupe les conneries que tu faisais quand tu étais saoul, défoncé ou que tu bouffais comme un chancre.

— Ah oui ? »

J'ai ressenti un frisson d'anticipation voyeuriste.

C'était « Oprah » en direct, version irish. Il faudrait que j'invite maman et Helen à une séance, ça leur plairait.

« Et toi, qui sont tes PAC ? a demandé Mike, ironique.

— Je n'en ai pas, ai-je répondu, surprise.

— Personne ne t'a vue te droguer ? »

J'étais désespérée. Comment faire comprendre à cette bande d'abrutis que prendre des drogues relaxantes n'avait rien d'anormal ? Que si un PAC à moi participait à la séance de groupe, tout ce qu'il pourrait dire, ce serait : « Elle s'est payé du bon temps ? »

« Ça fait huit ans que je vis loin de chez moi, ai-je répondu. Et je doute que ma colocataire saute dans le premier avion de New York. »

Mike a eu un rire entendu.

« Le PAC de Neil, c'est sa femme. En général, les PAC sont les femmes.

— Je ne vois vraiment pas pourquoi elle est ici. Neil n'est pas un alcoolique.

— Ah bon ? a lâché Mike avec dédain. Et comment le sais-tu ?

— Parce qu'il me l'a dit.

— Ça alors ! »

Neil et sa femme étaient déjà au Presbytère, ainsi que tous les autres : Misty, John Joe, Vincent, Chaquie et Clarence.

Neil avait l'air sage et bien mis du garçonnet qui vient de faire sa confirmation. Je lui ai adressé un sourire rassurant, même s'il n'en avait guère besoin. Il m'a répondu par un sourire de clown triste. La séance s'annonçait mortelle, à ma grande déception. J'aurais de loin préféré découvrir si, oui ou non, John Joe s'était tapé une chèvre.

Emer, la femme de Neil, m'a paru encore plus terne et quelconque que la veille. Spontanément, je l'ai méprisée pour avoir fait tant d'histoires autour de l'alcoolisme – imaginaire – de son mari. Je ne supporte pas les rabat-joie. Elle avait beaucoup de chance que Neil ne l'ait pas envoyée se faire pendre ailleurs.

Josephine est entrée et nous a demandé de nous présenter. Puis elle a remercié Emer d'être là et s'est mise à lui poser des questions.

« Voulez-vous nous parler du problème de Neil avec l'alcool ? »

J'ai poussé un soupir : quatre demis le samedi soir, il n'y avait pas de quoi fouetter un chat. Josephine m'a lancé un regard. J'ai eu peur.

« Ma foi, a dit Emer d'une voix tremblante, ce n'était pas si terrible que ça. »

Elle contemplait sa jupe en parlant.

Évidemment, connasse ! Je l'ai regardée d'un sale œil.

« Était-il souvent ivre ? » a interrogé Josephine.

Emer l'a fixée comme un lapin pris dans un faisceau de phares.

« Non, a-t-elle bredouillé. En fait, ça arrivait très rarement. »

Elle a risqué un coup d'œil en direction de Neil avant de se replonger dans la contemplation de sa jupe.

« Se comportait-il mal envers vous et vos enfants ?

— Non, jamais.

— Disparaissait-il parfois pendant plusieurs jours d'affilée ?

— Non.

— Avez-vous déjà manqué d'argent par sa faute ?

— Non.

— Vous a-t-il jamais insultée ?

— Non.

— Vous a-t-il frappée ?

— Non !

— Vous a-t-il trompée ?

— Non. »

J'allais soupirer pour manifester mon ennui quand, me souvenant de Josephine, je me suis ravisée.

« Il a tout de même dû mal se conduire quelquefois, autrement il ne serait pas ici. »

Sans lever les yeux, Emer a haussé ses maigres épaules.

« Avez-vous peur de votre mari ?

— Non.

— Je vais juste lire quelque chose à l'intention du groupe, a déclaré Josephine. Le questionnaire que vous avez rempli à l'arrivée de Neil au centre.

— Ne faites pas ça ! s'est exclamée Emer.
— Pourquoi ? a répliqué Josephine avec douceur.
— Parce que… parce que ce n'est pas vrai !
— Il n'est donc pas vrai que Neil… »

Josephine a pris une feuille de papier.

« … vous a cassé le nez à trois reprises, vous a fracturé la mâchoire, puis le bras, vous a brûlée avec des cigarettes, a mis vos doigts dans le joint d'une porte avant de la claquer, a jeté votre plus jeune fille dans l'escalier, si bien qu'elle a traversé le panneau vitré de la porte d'entrée et a eu quarante-huit points de suture…
— NON ! » a-t-elle hurlé, les mains sur les yeux.

Je n'en croyais pas mes oreilles. Mentir sur la quantité d'alcool, c'était une chose, mais j'étais sidérée par toutes ces horreurs dont elle l'accusait.

Neil regardait d'un œil noir sa femme, qui s'était écroulée en sanglots.

Tout le monde avait l'air aussi choqué que moi.

Je me suis trémoussée sur ma chaise… pas seulement parce que j'étais tombée sur une chaise merdique, mais parce que je ne trouvais plus ça drôle du tout, ces séances de thérapie de groupe.

« Qu'avez-vous à répondre à cela, Neil ? » a lancé Josephine calmement.

J'ai repris mon souffle. Dieu merci, Neil avait enfin l'occasion de se défendre.

« Elle ment, cette salope », a-t-il déclaré lentement, d'une voix sourde.

Cette façon de parler n'avait plus rien de gentil.

Josephine s'est tournée vers Emer.

« Est-ce exact ? » a-t-elle dit d'un ton neutre.

Le silence tendu s'éternisait. J'entendais le bruit de ma propre respiration saccadée.

« Est-ce exact ?
— Oui », a répondu Emer.

Sa voix tremblait tellement qu'elle avait du mal à articuler.

« Rien de ce que j'ai écrit là-dessus n'est vrai.

— Vous le protégez toujours, hein ? Quoi qu'il arrive, il passe avant vous… »

Mais qu'elle la ferme, à la fin ! Emer avait avoué que ce n'était pas vrai, et j'aurais voulu qu'on en reste là.

J'avais hâte que le groupe se termine pour qu'on aille faire quelque chose de normal et de sympa, comme boire une tasse de thé.

« … et avant vos enfants ? » a ajouté Josephine d'une voix douce.

Emer s'était recroquevillée sur sa chaise.

Nouveau silence interminable. J'étais si tendue que mes épaules me remontaient pratiquement entre les oreilles.

Puis est finalement venue une réponse étouffée :

« Non. »

Mon cœur s'est serré.

« Alors, Emer ? » a insisté Josephine avec bonté.

Emer s'est redressée. Son visage était rouge et humide.

« Non, a-t-elle répété, en larmes. Pas avant mes enfants. Il peut me cogner, mais je ne veux pas qu'il touche aux gosses. »

J'ai regardé Neil. Les traits déformés par la fureur, il ne ressemblait en rien au garçon charmant et sympathique que j'avais vu vingt minutes plus tôt.

« Tout ceci est donc vrai, n'est-ce pas ? a demandé Josephine avec une compassion infinie. Neil a fait toutes ces choses que vous avez mentionnées dans le questionnaire ?

— Oui. »

C'est sorti dans un gémissement.

« Entièrement d'accord, a acquiescé Josephine. D'ailleurs, j'ai les rapports de la police et de l'hôpital qui le confirment. »

Elle s'est tournée vers Neil.

« Vous désirez peut-être y jeter un coup d'œil, Neil ? a-t-elle proposé, affable. Pour vous rafraîchir la mémoire sur ce que vous avez fait subir à votre femme et à vos enfants. »

Mon regard allait de l'un à l'autre pour essayer de savoir qui avait raison. Je n'étais plus du tout sûre que ce soit Neil. Si Josephine avait les rapports de police, alors ça devait être vrai.

Neil a bondi sur ses pieds, vacillant comme s'il avait attrapé la maladie de la vache folle.

« Regardez-la, a-t-il hoqueté. Vous aussi, vous la taperiez, si vous étiez mariés à une conne pareille !

— Asseyez… vous… Neil ! »

La voix de Josephine avait le tranchant de l'acier.

« Comment osez-vous employer un tel langage en ma présence ? »

Neil a hésité, mais s'est rassis lourdement.

« Pourquoi avez-vous battu votre femme ?

— Ce n'est pas ma faute, a-t-il crié. J'avais bu ! »

En entendant ses propres paroles, il a été comme frappé de stupeur.

« Quand on vous a admis au centre… »

Elle a sorti un autre papier.

« … vous avez dit au Dr Billings que vous buviez en moyenne quatre demis par semaine. »

Emer a émis un son qui nous a tous fait sursauter. Une sorte de reniflement incrédule.

« Aujourd'hui, il est clair que vous buviez beaucoup plus que ça. Si vous en parliez au groupe ?

— C'était tout, a-t-il plastronné. Quatre demis, point. »

Josephine ne le quittait pas des yeux, l'air de dire : Il ne faudrait pas pousser le bouchon trop loin.

« Peut-être un peu plus », a-t-il marmonné.

Elle a gardé le silence.

« Bon, bon, d'accord… »

D'une voix pâteuse, entrecoupée, il nous a raconté qu'il buvait quatre demis tous les soirs. Face à la moue dédaigneuse de Josephine, il a ajouté une bouteille de vodka par semaine, puis a fini par reconnaître que c'était une demi-bouteille de vodka par jour.

« Une bouteille entière, l'a interrompu Emer qui s'était considérablement enhardie. Bouteille d'un litre. Plus le vin, la bière, et toute la cocaïne qu'il pouvait se procurer. »

La cocaïne ! À le voir, on aurait cru qu'il ne savait même pas ce que c'était. Il faudrait que je lui demande où on pouvait en acheter à Dublin.

« O.K., Neil, a déclaré Josephine avec la patience de quelqu'un qui connaissait la chanson par cœur. Reprenons depuis le début. Dites au groupe ce que vous buviez réellement. »

Il s'est exécuté de mauvaise grâce, répétant l'inventaire dressé par sa femme.

« Merci, Neil. Et maintenant, si vous voulez bien dire au groupe ce que vous buviez *réellement* ?

— Mais je…

— Certainement pas. »

Josephine a souri.

« Vous avez mentionné uniquement les choses dont Emer était au courant. Et les bouteilles que vous gardiez dans votre voiture, l'alcool que vous consommiez au bureau ? »

Les yeux enfoncés dans les orbites, Neil avait l'air à bout de forces.

« Car votre associé viendra nous en parler vendredi, a-t-elle ajouté gentiment. Et votre petite amie sera là plus tard dans la semaine. »

Peu après, la séance a pris fin. Énigmatique, Josephine a conseillé à Neil :

« Restez avec les émotions. »

Ensuite, une infirmière et elle ont escorté Emer hors de la pièce. Les pensionnaires et moi sommes restés au Presbytère, échangeant des coups d'œil gênés. Après avoir marmonné qu'il fallait mettre la table, Chaquie et Clarence se sont éclipsés.

Neil, la tête dans les mains, m'a regardée droit dans les yeux, avec une expression implorante. Écœurée, je lui ai tourné le dos.

« Ça va, Neil ? » lui a demandé Vincent, à ma stupéfaction.

*Qu'il aille se faire foutre*, me disais-je, furieuse. Ivrogne, menteur, tortionnaire. Dire qu'il m'avait bourré le mou en essayant de faire passer sa femme pour une folle, Josephine pour une manipulatrice et lui-même pour un brave type !

La question de Vincent a déclenché un véritable déluge. Neil s'est mis à taper sur sa chaise en bramant. Il pleurait de rage, pas de honte.

« J'y crois pas à ce qu'elle a fait, cette salope de bonne femme ! Non mais, j'y crois pas ! glapissait-il, les larmes ruisselant sur son visage convulsé. Pourquoi a-t-elle été raconter tout ça, nom de Dieu ? Pourquoi ? Bon sang, POURQUOI ?

— Allez, viens boire une tasse de thé, a suggéré Mike doucement.

— Elle a tout inventé, la garce ! Quand on la voit assise là… »

Il a désigné d'un geste fébrile la chaise qu'Emer venait de libérer.

« … on lui donnerait le bon Dieu sans confession. Moi, je vous dis que, depuis quatorze ans, elle a transformé ma vie en enfer. Mais c'est toujours ma faute : Neil a fait ci, Neil a fait ça… »

Il devenait de plus en plus incohérent. J'ai levé les yeux au ciel pendant que Mike, Vincent et *Misty* – non mais, on croyait rêver ! – se pressaient autour de lui pour le consoler. Même John Joe se dandinait gauchement à côté, comme s'il avait voulu dire un mot gentil, sans savoir comment le formuler.

« Qu'est-ce qui m'arrive ? s'exclamait Neil. Pourquoi toute ma vie se barre en eau de boudin ? Et comment elle a été au courant, pour Mandy ? Vous vous imaginez qu'elle a eu le culot de la rencontrer ? Je parie qu'elles ont déblatéré sur moi, les salopes !

— Viens dans la salle à manger », lui a de nouveau proposé Mike.

Je ne comprenais vraiment pas pourquoi ils étaient tous aux petits soins pour lui.

« Je ne peux pas, a marmonné Neil. Je ne peux pas regarder les autres en face.

— Mais si, tu peux, a insisté Mike avec chaleur. Tu es entouré d'amis.

— Eh oui, on est tous passés par là, a dit Vincent d'un ton étrangement paisible. Et ça nous a fait mal aussi.

— Ouais, a renchéri Misty avec un rire charmant. Ça va de pair avec leur putain de méthode. »

Très peu pour moi, ai-je bougonné en mon for intérieur.

« Et ça a marché, ça nous a fait du bien. Regarde comme on est à l'aise et normaux maintenant. »

Misty a esquissé un geste pour englober tout le monde ; mais, arrivée à John Joe, elle a hésité et laissé retomber son bras. Ils ont tous éclaté de rire – même Neil, entre deux reniflements.

J'étais sans voix.

« Sérieusement, a repris Mike, tu ne vas pas le regretter. C'est ce qu'on m'a dit le jour où ma femme m'a traîné dans la boue ici même. Que le fait d'affronter la réalité, c'est le début de la guérison.

— Mais ce n'est pas la réalité, a protesté Neil. Elle ment, cette salope ! »

J'avais envie de lui mettre mon poing dans la figure. Mais personne n'a cherché à le contredire.

Mike, Vincent, Misty et John Joe l'ont aidé à se relever, et l'ont conduit en douceur hors de la pièce.

# 22

Je m'étais promis qu'à partir du lundi j'allais m'organiser un programme de remise en forme. Ainsi, le fait de me voir mince et belle me redonnerait l'espoir de reconquérir Luke.

J'ai décidé de demander à Chris de me montrer la salle de gym. Il y a des femmes qui, quand elles ont un chagrin d'amour, ne s'intéressent pas aux autres hommes. Je n'étais pas de celles-là ; au contraire, pour récupérer, j'avais besoin d'un regard masculin. Appelez-moi futile, appelez-moi nympho, appelez-moi comme vous voudrez, du moment que vous m'appelez.

Après le déjeuner, pour une fois, Chris n'était pas plongé dans une discussion avec un pull marron. Il lisait, une jambe sur l'autre, délibérément séduisant juste pour m'intimider.

J'avais peur que les autres ne me soupçonnent de lui courir après. Par chance, leur attention était ailleurs car Neil tenait salon au milieu d'un cercle d'auditeurs compatissants.

Cependant, je ne me résolvais toujours pas à décoller mes fesses de la chaise pour approcher Chris.

Fais comme s'il était hideux, me suis-je dit. T'as qu'à l'imaginer borgne et sans dents.

Légèrement flageolante, je me suis retrouvée debout.

« Euh… Chris ! »

J'ai été surprise d'entendre le son de ma propre voix. Elle paraissait normale, pas du tout le soprano d'un jeune garçon en train de muer.

« Rachel. »

Il a posé son livre, et levé ses beaux yeux bleus sur moi. Sa bouche sensuelle s'est incurvée dans un sourire.

« Comment ça va ? Assieds-toi. »

J'étais si contente qu'il n'ait pas jeté son bouquin sur la table et rugi « Quoi ? » que je lui ai souri béatement.

« Tu veux bien me montrer quelque chose ?

— Chouette ! s'est-il exclamé avec un petit rire. C'est mon jour de chance. »

Rougissante, ne trouvant pas de repartie suffisamment spirituelle, j'ai bredouillé :

« Non, je… je ne… enfin… veux-tu me montrer le sauna ? »

J'avais opté pour le sauna, car au moins j'étais sûre qu'il y en avait un.

« Pas de problème, a-t-il répondu. Tu vas chercher tes affaires ?

— Pas tout de suite, j'avais juste envie de le voir.

— O.K. Allons-y ! »

Dehors, il faisait un froid de canard. Les arbres oscillaient sous les rafales du vent, mes cheveux me cinglaient le visage. Tandis qu'on contournait le carré de pelouse détrempée, je me suis demandé si je ne pouvais pas faire mine de glisser. Ainsi, lorsque Chris se pencherait pour me relever, je l'attirerais contre moi… Trop tard, nous étions arrivés.

J'ai fait irruption la première dans la petite bâtisse, Chris sur mes talons. Il a claqué la porte pour empêcher la pluie et le vent de rentrer.

La pièce, minuscule et bien chauffée, contenait un lave-linge et un séchoir qui tournaient tous les deux, chargés à bloc. Le bruit était amplifié par les murs et le sol en pierre. Je me suis retournée vers Chris, m'attendant qu'il me conduise plus loin.

« Quand tu veux. »

J'ai souri, mais avec une pointe d'anxiété car il n'y avait pas d'autres portes en dehors de celle d'entrée.

« Il ne faut pas dire des choses comme ça à un homme dans ma situation. »

En riant, il a posé ses mains froides sur le plateau vibrant de la machine à laver, avant de se passer les doigts dans ses cheveux blonds.

« Ouf ! Tu comprends maintenant pourquoi on appelle ça le sauna.

— C'est ça, le sauna ? ai-je chevroté.

— Oui. »

J'ai regardé autour de moi. Où étaient les murs en pin de Suède, les bancs en pin de Suède, les serviettes moelleuses, les pores qui s'ouvraient pour libérer les toxines ? Il n'y avait que ce petit local nu, avec des murs en parpaing et le sol en ciment, ainsi que deux corbeilles à linge en plastique rouge.

« Ça n'a pas l'air d'un sauna.

— C'est juste un surnom, a répondu Chris, me surveillant d'un œil attentif. À cause de la chaleur qu'il fait ici quand on vient laver son linge. Tu piges ?

— Mais y a-t-il un *vrai* sauna ? » ai-je questionné, retenant mon souffle.

Le silence de Chris m'a paru interminable.

« Non », a-t-il dit finalement.

Tout mon monde s'écroulait. Cependant, c'était plus une sorte de désespoir sourd qu'un sentiment de révolte. Je le savais. Quelque part au fond de moi, je le savais déjà : il n'y avait pas de sauna. Peut-être pas de salle de gym non plus. Ni de massages.

À cette idée, j'ai été prise de panique.

« On peut retourner dans la salle à manger ? ai-je demandé d'une voix tremblante et haut perchée. J'ai une ou deux questions à te poser concernant notre emploi du temps.

— Bien sûr. »

L'empoignant par le sweat-shirt, j'ai couru en le traînant derrière moi à travers la bourrasque. Cette fois-ci, je n'avais plus la tête à fantasmer. Je me suis plantée devant l'horaire affiché sur le mur.

« Bien, ai-je haleté, l'estomac noué. Tu vois tout ça : thérapie de groupe, encore thérapie de groupe, réunion des AA, re-thérapie de groupe… Y a-t-il des activités qui ne sont pas mentionnées sur cette liste ? »

J'ai remarqué que l'auditoire de Neil nous regardait avec intérêt.

« Quel genre d'activités ? »

Ne voulant pas mettre les pieds dans le plat, j'ai rusé.

« Quelqu'un ici fait-il de l'exercice ?

— Moi, il m'arrive de faire quelques pompes. Les autres, je ne sais pas… Ça m'étonnerait, a-t-il ajouté, sceptique.

— Et où ça ? ai-je soufflé. Où fais-tu tes pompes ?

— Par terre, dans ma chambre. »

J'ai descendu la barre d'un cran supplémentaire, mais il me restait encore une petite lueur d'espoir. Je sentais la compassion qui irradiait de Chris, l'envie de me faire plaisir, même s'il ne comprenait pas trop ce que je lui voulais.

Je me suis jetée à l'eau.

« Y a-t-il… ? »

Allez, vas-y, dis-le !

« Y a-t-il des cabines de bronzage ? »

Tout d'abord, j'ai cru qu'il allait éclater de rire. Puis il a changé d'expression et, avec une pitié et une sagesse infinies, il a secoué la tête.

« Non, Rachel, il n'y a pas de cabines de bronzage.

— Pas de massages ? ai-je chuchoté.

— Pas de massages. »

Inutile de lui soumettre la longue liste que j'avais établie dans ma tête. S'il n'y avait pas de massages – ce qui était un minimum –, je pouvais certainement dire adieu aux traitements à base d'algues et autres enveloppements de boue.

« Pas de… pas de piscine ? » ai-je hasardé.

Sa bouche a tressailli imperceptiblement.

« Pas de piscine.

— Mais alors, que faites-vous ?

— Tout est affiché là-dessus. »

J'avais encore une autre question.

« Dis-moi, Chris… tu connais tous les gens qui sont ici ?

— Oui.

— Et ils sont *tous* là ? Il n'y a pas un autre bâtiment quelque part ? »

Ç'a eu l'air de l'interloquer.

« Non. Absolument pas. »

Au temps pour les rock stars. Bon, eh bien, je savais ce qu'il me restait à faire.

« Allez, viens, Rachel, c'est l'heure de ton groupe », a-t-il ajouté gentiment.

Je me suis éloignée sans un mot.

« Où tu vas ? s'est-il exclamé.

— Je rentre chez moi. »

C'était le pire jour de ma vie.

J'ai décidé de partir sur-le-champ. J'irais à Dublin, me défoncerais à mort, prendrais le premier avion pour New York et me réconcilierais avec Luke.

Je ne passerais pas une minute de plus dans cette sordide, cette minable maison de fous. J'avais réussi à supporter le lieu et ses occupants uniquement parce qu'ils étaient censés faire partie d'une formule conjuguant luxe et repos. Sauf qu'il n'y avait ni luxe ni repos.

J'allais de ce pas annoncer mon départ au Dr Billings. Mais, arrivée au bout du couloir qui donnait sur la réception, j'ai découvert que la porte était fermée à clé. À clé !

Mon sang s'est glacé dans mes veines. J'étais prisonnière. Je finirais mes jours ici, devant la sempiternelle tasse de thé.

J'ai secoué la poignée comme dans les films en noir et blanc de série B.

« Vous avez un problème, Rachel ? »

C'était la voix de Choucroute.

« J'aimerais voir le Dr Billings, mais la porte est fermée à clé, ai-je répondu, au bord de la crise de nerfs.

— Vous tournez la poignée dans le mauvais zens, m'a-t-elle fait remarquer froidement.

— Ah… oh, merci. »

Soulagée, j'ai pénétré en titubant dans le hall central.

Boucles d'Or, la réceptionniste, a essayé de m'arrêter en s'écriant que je ne pouvais pas voir le Dr Billings sans rendez-vous.

« Ben voyons », ai-je rétorqué en ricanant.

Et j'ai poussé d'une main vigoureuse la porte de son bureau.

# 23

« Malheureusement, vous ne pouvez pas partir, a déclaré le Dr Billings.

— C'est écrit où ?

— Ici, a-t-il répondu sans sourciller, brandissant une feuille de papier. Ceci est le contrat signé de votre main, dans lequel vous vous engagez pour un séjour de trois semaines.

— Alors, vous n'avez qu'à me poursuivre en justice ! »

Je n'avais pas vécu à New York pour rien.

« Je vous ferai adresser une injonction, vous obligeant à rester ici jusqu'à ce que les trois semaines soient écoulées. *Et* je vous poursuivrai pour vous réclamer jusqu'au dernier penny que vous n'avez pas. »

Il a exhumé un autre papier.

« Votre relevé de banque. Pas brillante, votre situation financière, hein ?

— Comment avez-vous eu ça ? ai-je suffoqué.

— C'est vous qui m'en avez donné l'autorisation. Tenez, c'est marqué dans le contrat. Suis-je suffisamment clair ? Je me ferai un plaisir d'obtenir cette injonction pour vous empêcher de partir d'ici.

— Vous ne feriez pas ça ! »

Je fulminais, en proie à une rage impuissante.

« Bien sûr que si. Sinon, je manquerais à mon devoir.

— Je m'enfuirai ! ai-je bégayé, éperdue. Rien ne me retient de prendre la porte, là tout de suite…

— Il y a des tas de choses qui vous retiennent. De hauts murs et un portail verrouillé, entre autres.

— Écoutez, espèce de sal… de tyran, ai-je imploré, partagée entre la fureur et le désespoir. Je ne suis pas malade, moi ! Je suis venue uniquement pour le sauna et les massages. En réalité, je n'ai rien à faire ici.

— C'est ce qu'ils disent tous. »

Menteur ! Il voulait me faire croire qu'un seul de ses pensionnaires pourrait ne pas reconnaître qu'il était alcoolique. C'était gros comme leur pif rouge au milieu de leur figure injectée de sang. Mais quelque chose me disait que, si je ne me calmais pas et ne faisais pas en sorte de parler de manière cohérente, je n'arriverais à rien.

« Je vous en prie, écoutez-moi, ai-je repris sur un ton beaucoup moins hystérique. On ne va pas s'engueuler pour ça. Si j'ai accepté de me rendre ici, c'est parce que je pensais qu'il s'agissait d'un centre de remise en forme. »

Il a hoché la tête. Encouragée, j'ai continué :

« Alors que ça n'a rien à voir. Quand j'ai signé ce contrat où je m'engageais à rester pendant trois semaines, je l'ai fait sous un prétexte fallacieux, vous comprenez ? J'aurais dû vous dire que je n'étais pas une toxicomane. J'ai eu tort de venir pour la piscine et le reste, mais tout le monde peut se tromper, non ? »

Il n'a pas répondu. Je le dévisageais avec espoir.

Finalement, il a dit :

« Rachel, contrairement à ce que vous croyez, il est de mon avis, comme de l'avis d'autres personnes, que vous êtes bel et bien toxicomane. »

J'ai brièvement songé aux Six de Birmingham. Au *Procès* de Kafka. Ma vie était en train de tourner au cauchemar. J'étais condamnée sans autre forme de procès pour un crime que je n'avais pas commis.

« Quelles autres personnes ? » ai-je demandé.

Le Dr Billings a sorti un nouveau papier.

« C'est un fax que nous avons reçu de New York il y a une demi-heure. Il nous a été envoyé par… »

Il a fait une pause pour lire le nom sur la feuille.

« … par M. Luke Costello, que vous connaissez, je présume ? »

Ma première réaction a été d'exulter. Luke m'avait écrit ! Ça voulait dire qu'il m'aimait toujours, qu'il était revenu à de meilleurs sentiments à mon égard.

« Je peux voir ? »

Les yeux brillants, j'ai tendu la main.

« Pas encore.

— Mais c'est pour moi ! Donnez-moi ma lettre.

— Ce n'est pas pour vous, a répliqué le Dr Billings. C'est pour votre conseillère, Josephine.

— Qu'est-ce que vous racontez, bordel ? Pourquoi Luke aurait-il écrit à Josephine ?

— M. Costello répond à un questionnaire que nous lui avons faxé vendredi.

— Quelle sorte de questionnaire ? »

Mon cœur battait à tout rompre.

« Un questionnaire qui vous concerne, vous et votre usage de la drogue.

— *Mon* usage de la drogue ? ai-je explosé. Et le sien, d'usage, il en parle ? Vous le lui avez demandé, hein ?

— Asseyez-vous, Rachel, a dit le Dr Billings d'une voix monocorde.

— Il se shoote jour et nuit ! ai-je glapi, même si ce n'était pas vrai.

— Le problème, Rachel… Non, asseyez-vous, je vous prie… Le problème, Rachel, c'est que M. Costello n'est pas en cure de désintoxication. »

Il a marqué une pause.

« Alors que vous, si.

— Mais, putain, je n'ai rien à faire ici ! »

J'étais désespérée.

« Tout ça est un putain de malentendu !

— Certainement pas. Avez-vous réfléchi au fait que vous avez failli mourir d'une overdose ?

— Je n'ai pas failli mourir ! ai-je rétorqué en m'esclaffant.

— Si. »

Ah bon ?

« Se retrouver à l'hôpital pour un lavage d'estomac parce qu'on a absorbé une dose létale de stupéfiants, ce… n'est… pas… un… comportement… normal, a-t-il articulé en détachant chaque mot.

— C'était un accident. »

Dieu, que cet homme était obtus !

« Où est votre vie là-dedans ? a-t-il demandé. Où est votre respect de vous-même ? Comment vous êtes-vous retrouvée dans une telle situation ? Car c'est vous qui l'avez fait, Rachel, rappelez-vous : c'est vous qui avez avalé ces cachets, personne ne vous a forcée. »

J'ai soupiré. Ce n'était même pas la peine de discuter.

« Les réponses de M. Costello confirment ce que nous savions déjà : que vous avez un problème de dépendance à l'égard de la drogue.

— Oh, bon, il n'y a pas de quoi faire cette tête !

— Selon lui, vous aviez l'habitude de prendre de la cocaïne avant d'aller travailler le matin. Est-ce exact ? »

J'ai senti que je me ratatinais ; j'étais dans une colère noire contre Luke. Le fumier ! Comment avait-il pu me trahir ainsi ? me faire du mal ? Il m'avait aimée, pourquoi tout s'est-il écroulé d'un seul coup ? Mon nez s'est mis à frémir à l'approche des larmes.

« Je ne répondrai pas à cette question, ai-je bredouillé. Vous ne savez rien de ma vie, vous ne savez pas à quel point mon travail était dur.

— Rachel, a-t-il dit avec douceur. Personne n'est *obligé* de se droguer ; aucun travail n'est dur à ce point-là. »

J'aurais dû taper sur la table, protester, mais je n'en avais pas la force. La trahison de Luke m'avait terrassée. La colère reviendrait plus tard, et je me jurerais encore et encore de me venger. Je mettrais son édition limitée de *Houses of the Holy* de Led Zeppelin dans le micro-ondes. Je déchirerais la serviette signée par Dave Gilmour du Pink Floyd. Je jetterais ses bottes de moto dans l'Hudson. Avec lui dedans.

Mais, pour le moment, je n'étais qu'une loque.

Dans un mouvement de bonté, Billings a envoyé chercher Celine, l'infirmière. Elle m'a emmenée à l'infirmerie, et m'a préparé une tasse de thé chaud et sucré que je ne lui ai pas lancé à la figure. Non, à ma surprise, je l'ai bu, et ça m'a fait du bien.

# 24

« Vous comprenez, Luke n'est pas quelqu'un de gentil. Il a toujours été superficiel, déloyal. Il porte le mal en lui. »

C'était plus tard, le jour de la double catastrophe Questionnaire/Pas de remise en forme. Je trônais dans la salle à manger, entourée d'une cour de pensionnaires qui buvaient mes paroles. Amèrement satisfaite d'avoir l'occasion d'éreinter Luke, je m'en suis donné à cœur joie.

Non contente de suggérer qu'il était un voleur, je l'ai carrément clamé haut et fort. Quelle importance ? Aucun d'eux n'allait le rencontrer, de toute façon. Bien sûr, Luke n'avait pas pris l'argent dans la tirelire de sa nièce âgée de six ans. L'argent qu'elle mettait de côté pour s'acheter un chiot. D'ailleurs, il n'avait pas de nièce. Ni de neveu. Mais qui s'en souciait ?

Toutefois, je suis allée trop loin en racontant qu'il avait volé le violon d'un aveugle. L'air soupçonneux, les gars ont échangé des regards obliques.

« Le violon d'un aveugle ? a demandé Mike. T'en es sûre ? C'est pas un saint irlandais qui a fait ça... Comment s'appelait-il, déjà ?

— Matt Talbot, lui a soufflé quelqu'un.

— Exact. Matt Talbot. Il a volé le violon d'un aveugle pour avoir de quoi se payer à boire, à l'époque où il picolait encore.

— Euh… oui, c'est ça. »

Je me suis empressée de faire machine arrière.

« J'ai voulu dire que Luke a volé au Violon de l'Aveugle, un bar dans la 60e Ouest où il bossait.

— A-a-ah, ont-ils exhalé. Au Violon de l'Aveugle ! »

Je l'avais échappé belle. Se tournant les uns vers les autres, ils hochaient la tête, rassurés :

« Au Violon de l'Aveugle. »

J'avais passé l'après-midi dans l'accueillante salle des infirmières. Mais malgré l'ambiance cosy, la présence bienveillante, maternelle de Celine et l'époustouflant assortiment de biscuits au chocolat, j'étais sur des charbons ardents. Je me demandais ce que Luke avait mis d'autre dans ce questionnaire. Il savait beaucoup trop de choses sur moi.

« Vous l'avez vu ? ai-je dit à Celine, mon cœur cognant dans ma poitrine.

— Non. »

Elle a souri.

Je ne savais pas s'il fallait la croire.

« Si vous l'avez vu, dites-moi, je vous en *supplie*, ce qu'il a écrit dedans. C'est important… C'est ma vie qui est en jeu !

— Je ne l'ai pas vu », a-t-elle répondu, placide.

Elle ne comprend pas, ai-je pensé, dépitée. Elle ne se doute pas à quel point c'est vital pour moi.

« Qu'est-ce qu'on y met en général ? ai-je hasardé d'une voix tremblotante. Des horreurs, hein ?

— Ça arrive. Si le client a commis des horreurs. »

J'ai été submergée par la nausée et le désespoir.

« Allons, pas d'affolement, m'a-t-elle dit. Ça ne peut pas être si grave que ça. Vous avez tué quelqu'un ?

— Non !

— Alors… »

Nouveau sourire.

« Quand pourrai-je le voir ?

— C'est Josephine qui décidera. Si elle le juge utile pour votre guérison, elle le lira peut-être en groupe…

— Elle le lira en groupe ? me suis-je écriée. Devant les autres ?

— Ça ne serait pas vraiment un groupe si vous étiez toute seule », a répliqué Celine avec son sourire chaleureux et cependant neutre.

La panique m'est montée à la gorge.

Il était hors de question que je me soumette à un traitement pareil !

J'aurais tué pour un anxiolytique. N'importe lequel. Pas forcément le valium. Une bouteille de brandy aurait fait l'affaire.

Follement agitée, je me suis levée pour aller trouver le Dr Billings et *exiger* qu'il me lise ce papier.

« Asseyez-vous, a ordonné Celine, soudain très ferme.

— Com… ment ?

— Asseyez-vous, cette fois-ci vous ne réussirez pas à obtenir ce que vous voulez par la tyrannie. »

Tyrannique, moi ? J'en suis restée comme deux ronds de flan.

« Vous vous êtes trop habituée à une gratification immédiate, a-t-elle ajouté. Ça vous fera du bien d'attendre.

— Vous l'avez donc vu, ce questionnaire ?

— Non, je ne l'ai pas vu.

— Alors, pourquoi vous parlez de moi et de gratification immédiate ?

— Tous ceux qui viennent ici ont passé la plus grande partie de leur vie d'adulte à rechercher une gratification immédiate. »

Elle était redevenue placide et maternelle.

« C'est une composante majeure de la personnalité du toxicomane. Et vous n'êtes pas différente des autres. Même si vous vous plaisez à croire le contraire. »

Salope, faux jeton, ai-je pensé dans un accès de haine. Elle me le paierait. Avant que je parte d'ici, elle me demanderait pardon à genoux pour avoir été aussi méchante avec moi.

« Mais le jour où vous partirez, vous aurez changé d'avis », a-t-elle affirmé avec un sourire.

Je fixais mes pieds dans un silence maussade.

« Encore une tasse de thé ? a-t-elle proposé. Avec des biscuits ? »

J'ai accepté sans mot dire. J'aurais voulu lui signifier ma révolte par un refus, mais un biscuit au chocolat, ça ne se refuse pas.

« Comment ça va ? a demandé Celine au bout d'un moment.

— J'ai froid.

— C'est le choc. »

Ça m'a fait plaisir de l'entendre. Autrement dit, c'était normal que je sois au trente-sixième dessous.

« J'ai sommeil, ai-je dit un peu plus tard.

— C'est le choc », a répété Celine.

À nouveau, j'ai hoché la tête avec satisfaction. Bonne réponse.

« C'est votre corps qui s'efforce de gérer le stress. En temps ordinaire, vous auriez pris de la drogue pour vous sortir de ce mauvais pas. »

Désolée, ai-je décidé, ça vous fera des points en moins.

Mais je n'ai pas réagi, car c'était son boulot de dire ces choses-là. Pendant quelques minutes, j'ai mangé mes HobNobs et bu mon thé, pensant avoir atteint un plateau de calme. Sauf que, le dernier biscuit liquidé, l'angoisse est revenue, plus violente que jamais.

Et, avec elle, ma colère contre Luke.

« Luke Costello n'est qu'un sale menteur ! » ai-je sifflé, partagée entre la fureur et les larmes.

Celine a ri.

Quoique gentiment.

Juste pour m'embrouiller.

« Vous trouvez ça drôle ?

— Rachel, je sais par expérience que ce qu'on écrit dans ces formulaires, c'est la vérité. Depuis dix-sept ans que je travaille ici, je n'ai encore vu personne mentir dans un questionnaire.

— Il y a toujours une première fois.

— Avez-vous songé à ce qu'il a dû en coûter à Luke d'écrire tout ça ?

— Pourquoi ? ai-je demandé, surprise.

— Parce que, s'il vous connaît suffisamment pour pouvoir nous renseigner sur votre dépendance par rapport à la drogue, ça signifie que vous comptez pour lui. Il s'est bien douté que ses révélations allaient vous blesser. Or, il n'est jamais agréable de faire souffrir quelqu'un qu'on aime.

— Vous ne le connaissez pas. »

Je recommençais à monter sur mes grands chevaux.

« C'est un taré ! Je ne parle pas du questionnaire. Mentir est dans sa nature. »

Ah bon ? s'est étonnée une petite voix quelque part au fond de moi.

Qu'importe ? lui a rétorqué une autre voix. Puisque c'est le cas aujourd'hui.

« Vous n'avez pas été très avisée dans le choix de votre petit ami… », a observé Celine, toujours avec son sourire de brave mère de famille.

Ça m'a laissée coite. Un instant, je n'ai pas su quoi dire. Puis je me suis ressaisie. Dans le doute, opinons.

« Tout à fait, ai-je acquiescé avec ferveur. Vous avez entièrement raison, Celine. Je m'en rends compte, à présent.

— … ou peut-être qu'il n'est pas si mauvais que ça, a-t-elle conclu tranquillement. Peut-être que ça vous arrange de croire ça, pour discréditer toute information qu'il peut nous fournir sur vous. »

Non mais, pour qui elle se prenait, celle-là ? Une simple infirmière. Tout juste bonne à planter le thermomètre là où je pense, tiens !

# 25

Au moment où je terminais le dernier Club Milk de Celine, les autres sortaient du groupe. Il était temps de regagner ma propre planète.

En arrivant dans la salle à manger, somnolente après le choc et tout le sucre que j'avais absorbé, j'ai eu l'impression d'en être partie pendant très longtemps.

Ce connard de Neil était toujours le centre de l'attention. Entouré d'un cercle de gens qui hochaient la tête et murmuraient leur assentiment. Tous des ivrognes, des bourreaux, des menteurs. Même les femmes. J'entendais Neil pleurnicher :

« Je me sens trahi, j'y crois pas à ce qu'elle m'a fait ! Elle est malade, vous savez ; c'est elle qu'on aurait dû enfermer chez les dingues, pas moi… »

J'ai momentanément cessé de haïr Luke pour haïr Neil à sa place. De toute manière, son temps était compté. *Moi*, j'avais eu une catastrophe, une vraie. La sienne, à côté, c'était du pipi de chat.

Auréolée de beauté et de tragédie, je me suis arrêtée sur le pas de la porte.

Comme s'il avait senti ma présence, Chris a levé les yeux.

« Je croyais que tu rentrais chez toi », a-t-il remarqué avec un clin d'œil et un sourire en coin.

Ma contenance d'héroïne mélancolique en a pris un coup. Il avait été gentil avec moi jusque-là, pourquoi ne l'était-il plus ?

« Courage, a-t-il ajouté en riant. Il y en a là-dedans qui seraient ravis de te proposer leurs services pour un massage intégral, genre corps à corps, tu sais. Ils pourraient demander de l'huile de friture à Sadie.

— Ils pourraient, mais ils l'auraient pas », a lancé Sadie qui traversait pesamment la pièce.

Mortifiée, j'aurais bien voulu savoir s'ils ricanaient tous derrière mon dos parce que j'avais confondu le Prieuré avec un centre de remise en forme.

« Ça n'a rien à voir, ai-je répondu lugubrement. C'est quelque chose qui m'est arrivé.

— Un questionnaire, hein ? » s'est enquis Chris, haussant un sourcil.

Immédiatement sur la défensive, j'ai pointé le menton vers lui.

« Comment le sais-tu ?

— En général, ils les reçoivent au bout de deux ou trois jours. »

À mon grand soulagement, il ne cherchait visiblement plus à se moquer de moi.

« Et c'est là que ça chie des bulles. Au début, du moins. Qui l'a renvoyé ?

— Mon petit ami. »

Mes yeux ont débordé.

« Enfin, mon ex-petit ami. Tu n'imagines pas ce qu'il raconte sur moi ! »

J'ai accueilli avec satisfaction les grosses larmes qui roulaient sur mes joues ; je comptais sur elles pour susciter la sympathie et beaucoup de réconfort rapproché de la part de Chris.

Comme je m'y attendais, il m'a guidée avec douceur vers une chaise et en a placé une autre tout près, si bien que nos genoux se touchaient presque.

*Et voilà !*

« J'imagine très bien, au contraire. »

Il m'a caressé le bras d'un geste intime qui m'a embarrassée et ravie à la fois.

« Depuis quinze jours que je suis ici, j'en ai entendu, des questionnaires. Tu n'es pas sûrement pire que le reste d'entre nous. »

Hypnotisée par sa proximité, par la chaleur de cette main d'homme le long de ma manche, j'ai réussi à sortir de ma transe pour protester, en larmes :

« Tu ne comprends pas ! Je suis là uniquement parce que je croyais que ce trou était un centre de remise en forme. Je n'ai rien, moi ! »

J'étais pratiquement certaine qu'il allait me contredire, mais il m'a répondu par des monosyllabes apaisants, de ceux qu'un véto dirait à une vache en train de vêler.

Ça m'a rassurée.

Et impressionnée. Il y a tant d'hommes qui se décomposent devant une femme en pleurs. D'accord, ce n'est pas plus mal. Parfois, même, ça peut être utile. Mais Chris, lui, gardait la tête froide.

« Alors, que dit-il, ton petit copain ?

— Ex-petit copain », ai-je rectifié précipitamment pour éviter toute confusion.

En repensant à Luke, je me suis rappelé soudain ses mots, ses gestes tendres d'autrefois, et un nouveau geyser a jailli de sous mes paupières.

« On m'a dit seulement une chose qu'il avait marquée, ai-je sangloté. Et qui était *fausse* ! »

Ce n'était pas faux à proprement parler. Mais ça donnait une mauvaise image de moi, comme si je n'étais pas quelqu'un de bien. Donc, en un sens, c'était un mensonge. Et qu'il valait mieux ne pas répéter à Chris.

« C'est terrible, a-t-il murmuré. Que ton petit ami raconte des salades sur toi. »

Au ton de sa voix, j'ai eu l'impression qu'il se payait ma tête. Mais, quand je l'ai regardé, son visage était lisse et neutre. Et me voilà repartie à pleurer.

« Luke Costello est un vrai salaud, hoquetais-je. Je me demande ce qui m'a pris de sortir avec lui. »

J'ai pivoté sur ma chaise pour poser ma tête sur la table. Mes cuisses gainées de lycra ont frôlé le jean de Chris.

À quelque chose malheur est bon.

Chris m'a frotté le dos pendant que j'étais couchée sur la table. Je n'étais pas pressée de me relever ; j'aimais bien sentir sa main sur l'agrafe de mon soutien-gorge. Lorsque finalement je me suis redressée, nos cuisses se sont rencontrées à nouveau. Quelle bonne idée j'avais eue de mettre une jupe aussi courte !

À l'autre bout de la table, on nous examinait avec intérêt. S'il n'y prenait pas garde, Neil risquait de perdre l'attention de son public. Serrant les dents, j'ai envoyé des vibrations puissantes à tous les pulls marron. *Lâchez-moi. Si l'un de vous vient par ici, je le tue.*

Mais curieusement, à part Fergus, l'accro à l'acide, qui m'a passé une boîte de mouchoirs en papier, personne n'a bougé.

Brusquement, Chris a rapproché sa chaise de la mienne. J'ai sursauté, à la fois de surprise et parce que sa cuisse droite s'est retrouvée entre les deux miennes. Pratiquement sous ma jupe, ai-je remarqué avec inquiétude. Que faisait-il ?

Apeurée, j'ai suivi ses mouvements tandis que ses doigts épousaient le contour de ma mâchoire. *Allait-il me frapper… ?* – pendant une seconde qui a duré une éternité, mon visage a reposé au creux de sa main – *… ou allait-il m'embrasser ?* Quand il s'est penché vers moi, j'ai été saisie de panique : comment ferions-nous sans que toute la tablée nous voie ? Mais il ne m'a ni frappée ni embrassée. De son pouce, il a effacé une de mes larmes. Son geste a été efficace et étonnamment tendre.

« Pauvre Rachel. »

De son autre pouce, il a chassé l'autre larme. Sa voix était empreinte de compassion. Ou de passion ? Qui sait…

« Pauvre Rachel. »

Lentement, l'air pensif, il m'a dit :

« J'ai une suggestion à te faire. »

Avec, dans les rôles principaux, lui, moi et un préservatif ?

« Ça ne va peut-être pas te plaire. »

Il ne voulait pas mettre de préservatif ? Tant pis, on trouverait autre chose.

« Je sais que tu es très mal, a-t-il poursuivi avec précaution. Tu es blessée. Mais, par respect pour toi-même, tu devrais réfléchir à ce que ce Luke a dit, car tu risques de t'apercevoir qu'il n'a pas menti du tout… »

Je l'ai dévisagé, bouche bée. *Je croyais que tu étais mon ami !* Lui continuait de me regarder avec la plus profonde sympathie.

Que se passait-il ?

Juste à ce moment-là, Misty O'Malley a fait irruption dans la pièce en s'exclamant :

« J'ai besoin d'un homme grand et fort… »

Tous les gorets se sont précipités, comme à l'heure de la bouffe dans la porcherie ; mais elle a levé la main et décrété :

« En l'absence de celui-ci, tu pourras faire l'affaire. »

Et, avec un sourire sournois dont elle me réservait la primeur, elle a saisi Chris par la main.

Il y est allé ! Il s'est levé, m'a effleuré les genoux, me faisant frissonner, et m'a laissée en disant :

« On en reparlera plus tard. »

J'ai failli fondre en larmes une nouvelle fois. Je détestais Misty O'Malley, qui me donnait l'impression d'être la débile de service. Je détestais Chris parce qu'il l'avait préférée à moi. Pis encore, j'étais atterrée qu'il m'ait percée à jour. Et je ne comprenais pas pourquoi il persistait à être si gentil avec moi.

Mais, lorsque les autres pensionnaires sont venus me parler, j'ai pensé qu'il valait mieux jouer cartes sur table. D'ailleurs, ce n'était pas si grave, ce que Luke avait écrit sur moi.

Le premier à me rejoindre a été Mike, qui, comme Chris, avait deviné avant que je le lui dise qu'un questionnaire était arrivé.

« C'est clair, a-t-il déclaré avec un grand sourire, bombant son torse de catcheur. Quand on est là depuis trois semaines, on sait reconnaître les signes. Alors, qu'est-ce qu'il a bavé, ce gars-là ?

— Il a écrit que je prenais de la cocaïne le matin avant d'aller travailler. »

En le disant tout haut pour la première fois, j'ai à nouveau été frappée par la noirceur de la trahison de Luke. Une rage amère est montée en moi.

« Et c'est vrai ? »

J'avais le mot « Non » sur le bout de la langue, mais je me suis forcée à le ravaler.

« Ça m'est arrivé, ai-je répondu avec impatience, agacée d'avoir à expliquer ces choses-là à ce fermier fruste. Il n'y a vraiment pas de quoi grimper aux rideaux. Plein de gens font ça à New York ; ce n'est pas comme ici, tu comprends. On vit en permanence sous pression. C'est pareil que boire une tasse de café le matin. »

Petit à petit, les pensionnaires désertaient Neil pour venir s'attrouper autour de moi. Et je profitais de chaque nouvelle arrivée pour réitérer mes griefs à l'égard de Luke.

Contrairement à Celine, mes camarades ne voyaient aucune objection à lui tailler un short. Tout le monde avait une histoire de questionnaire à raconter. Nous évoquions avec délectation ces salopards de parents ou amis qui nous avaient fait un enfant dans le dos. J'y prenais presque plaisir. Trôner au milieu d'une tablée de gens n'ayant que leur sollicitude et des barres chocolatées à m'offrir me faisait du bien.

Plusieurs personnes m'ont proposé de casser la gueule à Luke. Ça m'a profondément touchée. Surtout que l'une d'entre elles était Chaquie.

Ils étaient tout prêts à croire les pires horreurs que je leur servais. Sauf, évidemment, le coup du violon de l'aveugle. Mais j'avais réussi à retomber sur mes pieds, et on a continué de traîner Luke dans la boue.

« Depuis combien de temps tu sortais avec lui ?

— Six mois.

— Et il te doit de l'argent ?

— Ne m'en parle pas.

— C'est dégueulasse.

— Je me sens tellement humiliée, ai-je lancé en reniflant, avec une pointe de véritable chagrin.

— Personne ne peut nous obliger à sentir quoi que ce soit, a interrompu Clarence. Nous sommes responsables de nos propres sentiments. »

Dans un silence général, tous les regards ébahis ont convergé sur lui.

« *Quoi ?* a demandé Eddie, plissant sa figure rouge jusqu'à en avoir l'air constipé.

— Nous sommes responsa…

— Espèce de connard ! a rugi Vincent. Tu débloques complètement. Tu voudrais obtenir un job ici ou quoi ?

— C'était juste pour causer ! a protesté Clarence. C'est ce qu'on m'a dit quand mes frères m'avaient rabaissé. Personne ne peut nous obliger à sentir ceci ou cela, sauf si on se laisse faire.

— On essaie de remonter le moral à Rachel, a glapi Don. La petite n'a pas la frite !

— Moi aussi, j'essaie de lui remonter le moral. Si elle arrive à se détacher de ce Luke…

— Oh, *la ferme* ! lui a-t-on intimé en chœur.

— Lorsque vous aurez passé cinq semaines ici, vous saurez de quoi je parle », a riposté Clarence, hautain.

## 26

Ce soir-là, en allant me coucher, je nageais en pleine confusion.

*Luke n'est pas si mauvais*, m'a fait remarquer une petite voix. *Tu l'as chargé exprès pour mettre tout le monde dans ta poche.*

*Il est mauvais*, a insisté une autre voix. *Regarde ce qu'il t'a fait : il t'a humiliée, il t'a attiré des tas d'ennuis, il s'est retourné contre toi. Il t'a jetée une fois avant ton départ de New York, et il a recommencé avec ce putain de questionnaire. Donc, il est mauvais. Peut-être pas exactement dans le sens où tu l'as décrit aux autres. Mais il est mauvais.*

Satisfaite, je me suis tournée sur le côté pour dormir. Mais je n'arrêtais pas de penser à lui.

C'est vrai qu'à la réflexion Luke n'avait jamais supporté que je prenne de la drogue.

Jamais je n'oublierais la façon dont il s'était conduit à ma fête. Il fallait avoir un sacré culot, vu qu'on ne l'avait même pas invité !

Brigit et moi avions organisé une fête deux semaines après le désastre de Rickshaw Rooms. J'en avais tellement marre de n'être jamais invitée aux soirées branchées dans SoHo ou dans l'East Village que j'avais décidé de donner une fête moi-même, et d'y convier tout ce qu'il y avait de plus beau, de plus tendance et de mieux introduit parmi mes relations. Ainsi, quand ils donneraient une fête à leur tour, ils seraient bien obligés de m'inviter.

Brigit et moi avions procédé à une sélection stratégique et rigoureuse.

« Que dis-tu de Nadia… ?

— Celle qui n'a pas de cul ? Pourquoi elle ?

— Elle bosse chez Donna Karan. Le mot "remise", ça te dit quelque chose ?

— On ne pourrait pas inviter que des filles grosses et moches ?

— Non. On n'a pas ça en magasin. Et Fineas ?

— Il n'est que barman.

— Oui, mais vois les choses à long terme : si on fait copain avec lui, il nous offrira un verre quand on sera fauchées. Ce qui, si je ne m'abuse, nous arrive tout le temps.

— O.K., va pour Fineas. Carvela ?

— Pas question ! Andrew, le mec de la pub, était à moi jusqu'à ce qu'elle entre en scène avec sa langue percée.

— Mais elle connaît Madonna…

— Faire une séance de manucure à quelqu'un une fois dans sa vie ne signifie pas qu'on le connaît. Je n'en veux pas ici. On a besoin de tous les hétéros disponibles, déjà qu'on n'en a pas beaucoup…

— Comme d'hab.

— Helenka et Jessica ?

— Évidemment. Si elles viennent. Les pétasses. »

Nous n'avions pas invité les Vrais Hommes. Ça ne nous avait même pas effleurées.

Le soir de la fête, nous avons scotché trois ballons sur notre porte, enveloppé de papier crépon rouge la lampe du salon et ouvert six paquets de chips. Bien que nous ayons déjà trois CD, nous en avions emprunté deux autres pour l'occasion. Maintenant, il ne restait plus qu'à attendre.

Pour réussir une fête, j'estimais qu'il fallait des tonnes de boisson et de drogue. En matière d'approvisionnement, nous nous étions adressées à Wayne, notre sympathique dealer de quartier. Quant à la boisson, nous avions stocké de quoi soutenir un siège dans notre kitchenette. Mais, malgré tout ça, notre appartement n'avait absolument pas l'air festif.

Assise dans mon salon vide et sonore, je me demandais, perplexe, où ça pouvait clocher.

« Ça va être génial lorsqu'il y aura plein de monde, m'a promis Brigit. »

Puis elle s'est mordu le doigt et a poussé une plainte étouffée.

« On est fichues, hein, Bridge ? »

J'entrevoyais à présent l'ampleur de ma folie. Comment avais-je pu me croire digne d'organiser une fête et d'inviter des gens qui travaillaient chez Calvin Klein ?

Sur les invitations, on avait spécifié dix heures. Mais, à minuit, l'appartement était toujours calme et silencieux comme un cimetière. Brigit et moi, on était au bord du suicide.

« Tout le monde nous déteste, ai-je décrété en lampant le vin à même le goulot.

— Qui a eu cette idée à la con ? s'est lamentée Brigit. Je pensais que Gina et sa bande au moins seraient venus. Ils ont *juré* qu'ils viendraient. Les New-Yorkais sont tous des faux jetons. »

Et nous avons continué d'incendier tous les gens que nous connaissions, y compris ceux que nous n'avions pas invités. Tout en buvant comme des trous.

« Et où est le Talon Cubain ? » s'est exclamée Brigit.

Avec son faible pour les Latinos, elle fréquentait de loin en loin un Cubain. Quand il était gentil avec elle,

elle l'appelait Notre Agent à La Havane. Quand il était infect, ce qui était généralement le cas, elle l'appelait le Talon Cubain. Son vrai prénom, c'était Carlos. Moi, je le surnommais le Tournicoteur. Il se prenait pour un dieu de la danse et ondoyait des hanches à vous faire vomir votre quatre-heures.

« Et où est Wayne ? S'il n'est pas là, les autres, ce n'est même pas la peine qu'ils se déplacent. »

C'était l'absence de Wayne qui me perturbait le plus.

« Mets un peu de musique.

— Non, parce qu'on n'entendra pas la porte.

— Mets de la musique ! Les gens vont croire qu'on veille un mort, ici.

— On s'amuserait mieux dans une veillée funèbre. Rappelle-moi encore qui a eu cette idée. »

La sonnerie a retenti, stridente, coupant court à notre chamaillerie.

Dieu soit loué, me suis-je dit avec ferveur. Mais ce n'était que le Talon Cubain avec quelques copains, tout aussi minuscules que lui. Dubitatifs, ils ont contemplé les ballons, les chips, et la pièce vide et silencieuse, baignée d'une lumière rosée.

Pendant que Carlos mettait un disque et que Brigit lui passait un savon, les petits camarades de Carlos me déshabillaient avec leurs yeux noirs et limpides.

La musique a jailli, incongrûment forte, noyant les « Pardon, *enamorada* » et autres « Je n'y suis pour rien, *querida* ».

« Tiens… »

J'ai fourré un bol à céréales dans les mains de Miguel.

« Prends une chips et arrête de me regarder comme ça. »

Carlos avait mis une musique sud-américaine, insupportablement entraînante, genre fanfare améliorée. Elle faisait penser au soleil, au sable, aux plages de Rio et aux filles d'Ipanema. Aux hommes avec un grand chapeau de paille et un lacet autour du cou, agitant des maracas. Le style de musique qu'on qualifie de « contagieuse ». Moi, en tout cas, elle me rendait malade.

Un nouveau coup de sonnette, cette fois c'était vraiment un invité.

On a resonné, et une dizaine de personnes ont débarqué avec des bouteilles sous le bras.

Miguel m'a coincée dans un coin. À ma surprise, je n'arrivais pas à m'en dépêtrer. Ce qu'il perdait en taille, il le gagnait en agilité. Ses yeux se trouvaient à peu près à la hauteur de mes seins, et ils n'en ont pas bougé pendant toute notre conversation.

« Rachel, roucoulait-il avec un sourire éclatant dans son visage olivâtre, il manque deux étoiles dans le ciel : elles sont dans tes yeux.

— Miguel…, ai-je commencé.

— Tomas, a-t-il rectifié, radieux.

— O.K., Tomas, peu importe… Il manque deux dents dans ta bouche : elles sont dans ma main – ou elles y seront si tu ne me fiches pas la paix ! »

Tout à coup, j'ai eu une idée de génie.

« Attends une minute… Tu es cubain, n'est-ce pas ? Tu n'as pas de coke sur toi ? »

Par chance, ce n'était pas la chose à dire. Il s'est révélé que l'oncle de Tomas, Paco, s'était fait choper par les gardes-côtes américains avec un yacht bourré à craquer de poudre blanche. Depuis, il croupissait dans une prison de Miami, si bien qu'en entendant ma question somme toute banale Tomas a grimpé au cocotier.

« Je n'ai pas dit que tu étais un criminel, ai-je protesté. Je te le demande juste au cas où, vu que Wayne n'est toujours pas là. »

Il a continué de délirer sur l'honneur de la famille et autres conneries avant de conclure, dardant sur moi son œil de velours :

« On ne va pas se disputer.

— Ça ne me dérange pas du tout ! »

Il m'a pris la main.

« Danse avec moi, Rachel.

— Tomas, ne m'oblige pas à te faire mal. »

Par chance, Wayne est arrivé à ce moment-là.

J'ai failli me faire piétiner dans la ruée, mais j'ai usé de mon privilège d'hôtesse pour être servie la première. J'adorais avoir de la cocaïne dans une soirée. Il n'y avait rien de tel pour me donner de l'assurance et le courage de parler aux hommes. Je me sentais invincible et j'aimais ça.

Brigit et moi, on a acheté un gramme à nous deux. Le plaisir commençait bien avant la prise. La simple transaction avec Wayne suffisait déjà à provoquer une montée d'adrénaline. Les dollars que je lui ai remis étaient plus verts et plus craquants que d'habitude. Je m'en suis séparée dans la joie. J'ai fait sauter le petit sachet au creux de ma paume, savourant la magie de son poids.

Le moins marrant quand on prenait de la coke, c'était de faire la queue aux toilettes du bar ou de la boîte pour trouver un endroit tranquille. L'avantage d'une fête à la maison, c'était qu'il n'y avait pas d'attente. On a été directement dans ma chambre, où j'ai fait de la place sur ma coiffeuse.

Brigit voulait discuter de la crise cubaine.

« J'en ai marre d'être traitée comme de la merde !

— Pourquoi tu ne le jettes pas ? Il n'a aucun respect pour toi. »

Qui plus est, ce n'était pas bon pour mon image de marque de vivre avec une fille qui fréquentait un tocard pareil.

« Je suis son esclave, a soupiré Brigit. Je suis incapable de lui résister. Et tu sais quoi ? Je ne le trouve même pas sympathique.

— Moi non plus. »

Erreur monumentale. N'abondez jamais dans le sens d'une copine qui traverse une mauvaise passe avec son jules. Car, le jour où ils se rabibochent, elle s'en prend à vous : « C'est vrai que tu n'aimes pas Padraig/Elliot/Miguel ? » Ensuite, elle s'empresse de le dire à l'intéressé, et tous les deux vous en veulent à mort sous prétexte que vous avez essayé de les séparer.

« Enfin si, il est super », ai-je enchaîné précipitamment.

Puis je n'y ai plus pensé, car on s'était confectionné deux belles et grosses lignes blanches.

J'y suis allée la première et, pendant que Brigit se faisait la sienne, j'ai senti dans tout le visage le picotement qui venait dissiper l'engourdissement initial. Me tournant vers le miroir, je me suis souri. Je tenais une forme incroyable, ce soir ! Je rayonnais. Regardez-moi ce teint clair. Regardez-moi ces cheveux éclatants. Ce sourire chaleureux. Espiègle, *sexy*. Et mes deux petites dents de devant, mes dents de lapin que je détestais en temps ordinaire, je m'apercevais tout d'un coup qu'elles me seyaient à merveille. En fait, elles ajoutaient à mon charme. Indolemment, j'ai souri à Brigit.

« Tu es belle.

— Toi aussi. »

Et nous avons conclu à l'unisson :

« Pas mal pour deux pouliches. »

Là-dessus, nous sommes parties rejoindre nos invités.

## 27

En un rien de temps, l'appartement était bondé. Il y avait une queue d'un kilomètre devant la salle de bains, de gens qui s'étaient approvisionnés chez Wayne et qui n'osaient pas sniffer de la coke en public. Ce genre de décorum ne durait jamais au-delà de la première ligne.

La musique avait complètement déraillé pendant ma brève absence. J'ai voulu mettre autre chose, mais Carlos avait planqué tous nos disques. Brigit ne m'a été d'aucun secours, tandis que je courais frénétiquement dans tous les sens pour tenter de les retrouver. Elle était trop occupée à suivre les ondulations de Carlos. J'ai eu peur pour nos quelques bibelots. Et un coup de reins particulièrement brusque m'a fait craindre pour notre installation électrique.

Les trois autres Cubains s'étaient joints à la danse, petits pieds agiles, hanches désarticulées, faisant de l'œil à toutes les filles. J'ai dû détourner la tête.

Les gens continuaient d'arriver. Hormis Brigit et les Cubains, je ne connaissais personne. La sonnette a retenti, et une nouvelle fournée a fait son apparition. Leur seul intérêt, c'est qu'ils étaient tous du sexe masculin.

« Salut, frangine, ça boume ? »

Ils étaient treize ou quatorze, avec des chapeaux, des chaussures de sport, des vêtements avachis, des skateboards et un vocabulaire de surfeurs. Moi qui me considérais plutôt comme quelqu'un de branché, je me suis soudain sentie dépassée. Ils ponctuaient leurs phrases de drôles de gestes : tous les doigts de la main cachés, à part le pouce et le petit doigt. Leur accent était du pur Harlem. Jusque-là, rien d'anormal. Sauf qu'ils étaient venus du New Jersey. Avec une limousine. Des ploucs de banlieue qui se la jouaient cool. À ma soirée. Ça ne me plaisait pas.

« Salut, Rachel. »

En entendant cette voix, j'ai failli tomber à genoux de gratitude. C'était Helenka. Elle m'impressionnait énormément. Je parlais d'elle comme d'une amie, mais ce n'était qu'un vœu pieux de ma part.

Irlandaise elle aussi, New York lui avait réussi infiniment mieux qu'à moi. Elle était belle, elle avait des fringues de déesse, elle connaissait Bono et Sinead O'Connor, et s'occupait de relations publiques pour le compte du ministère du Commerce irlandais. Elle avait été invitée sur le yacht des Kennedy et ne disait jamais du bien des autres. Sa présence m'honorait, elle conférait à ma soirée un cachet de prestige.

Le fait qu'elle portait un long manteau en mousseline de soie qui figurait dans le *Vogue* de ce mois-ci ajoutait encore au sentiment général de bien-être.

« Alors c'est ça, ton petit appartement ? a-t-elle demandé.

— À moi et à Brigit. »

J'ai souri gracieusement.

« Vous êtes *deux* à habiter ici ? »

Stupéfaite, elle m'a toisée d'un air condescendant avant de passer au salon. Voilà qui ne m'aidait pas beaucoup dans mon projet de devenir sa meilleure amie.

Tandis que je me tenais dans l'entrée, j'ai cru rêver en voyant un grand pied chaussé d'une lourde botte se poser sur le palier. Suivi de neuf autres.

Cinq géants arrivaient vers moi, tout en jean et en cheveux, les bras chargés de packs de bière… Les Vrais Hommes étaient là !

Qui les avait invités ? Comment avaient-ils su ? J'étais fichue.

Tétanisée, j'ai été à deux doigts de claquer la porte, mais mon regard avait déjà croisé celui de Joey.

« Ça va péter, ma poule ! » m'a-t-il saluée.

Oh, et puis zut. Je me sentais invincible. Forte, rayonnante, sûre de moi. Capable d'affronter tous les défis. Y compris cette note discordante de heavy metal dans ma soirée.

Pesamment, ils se sont engouffrés dans l'appartement, comme si on n'attendait qu'eux. Du coin de l'œil, j'ai aperçu le visage consterné de Brigit : son regard allait de Joey à Carlos et vice versa. On aurait dit qu'elle se retenait de hurler.

Pendant que j'accueillais poliment les garçons, Helenka m'a fixée avec son air de fée Carabosse. J'ai rougi, mais gardé la tête haute. Je n'avais pas peur.

Luke était le dernier.

« Salut, a-t-il lancé avec un grand sourire. Tu vas bien ? »

Nom de Dieu, ai-je pensé, les reins en feu, ce qu'il est craquant !

« Bonjour », ai-je susurré, soutenant son regard ce qui m'a semblé être une journée et demie.

Avait-il fait quelque chose avec son physique ? Car il n'avait jamais été aussi beau. Une transplantation de la tête, peut-être ? Ou bien avait-il emprunté le visage de Gabriel Byrne pour la soirée ?

Instinctivement, je m'étais redressée, le buste en avant telle une vamp séductrice.

« Excuse-moi de n'avoir pas voulu sortir avec toi », ai-je déclaré sans préambule.

Jamais je n'aurais abordé le sujet si je ne m'étais pas déjà tapé deux lignes. Mais, en l'état actuel des choses, je débordais de compassion et de générosité.

« Ce n'est pas grave. »

Il avait l'air amusé.

« Mais si.

— Mais non. »

Manifestement, ça l'amusait de plus en plus.

« Tu voudrais qu'on en parle ? » ai-je proposé, toute douceur et sollicitude.

Il y a eu un court silence, puis Luke s'est mis à rire.

« Quoi ? »

Mon assurance a été légèrement ébranlée.

« Rachel, a-t-il répondu, je t'ai trouvée très sympa. J'aurais aimé te revoir. Tu n'as pas voulu. Point, à la ligne.

— C'est tout l'effet que je te fais ? » ai-je demandé, boudeuse.

Déconcerté, il a haussé les épaules.

« Que veux-tu que je te dise d'autre ?

— Je ne te plais pas ?

— Bien sûr que tu me plais, a-t-il répondu en souriant. Le contraire serait étonnant. »

C'était davantage ce que j'avais envie d'entendre.

« Je te trouvais jolie. Et gentille. Mais je respecte ta décision. Sur ce, je te laisse, je vais rejoindre les autres.

— Tu me trouvais ? »

Je l'ai agrippé par sa veste.

Il s'est retourné, surpris.

« Tu me *trouvais* jolie. Au passé ? »

De nouveau, il a haussé les épaules, comme s'il ne comprenait pas.

« Rachel, tu n'as pas voulu sortir avec moi… Pourquoi tu me demandes ça ? »

En silence, j'ai fait un pas vers lui et, sous son regard éberlué, j'ai glissé mon index dans la ceinture de son jean. Sans le quitter des yeux, d'un mouvement fluide, je l'ai attiré à moi.

J'en ai presque ri de plaisir. J'étais toute-puissante… une femme en prise avec sa sensualité, qui savait ce qu'elle voulait et comment l'obtenir. La poitrine de Luke, ses cuisses étaient collées contre les miennes. Son souffle me caressait le visage. Pendant que j'attendais son baiser, je réfléchissais déjà à la meilleure façon de virer tout le monde de ma chambre. La porte ne fermait pas à clé, tant pis, je coincerais la poignée avec une chaise. C'était quand même curieux, non, que la veille justement j'aie pensé à me faire épiler les jambes ?

L'étincelle entre Luke et moi était indéniable. Pour la énième fois, j'ai regretté son côté ringard. Peut-être qu'avec des cheveux courts et habillé autrement…

Quand tu veux pour le baiser, Luke !

Mais il ne m'a pas embrassée.

J'attendais impatiemment. Ça ne se passait pas comme prévu, quelle mouche l'avait donc piqué ?

« Nom de Dieu ! »

Secouant la tête, il m'a repoussée gentiment. Où allait-il ? Il était fou de moi, et moi j'étais très sexy, très attirante. Alors, où était le problème ?

« Dis-moi, Rachel, a-t-il demandé sur le ton de la confidence, tu as sniffé quoi avant qu'on arrive ? »

Quel rapport avec la choucroute ?

« Je vois. Bon, allez, rendez-vous quand ton ego sera redescendu sur terre. »

Et il est parti !

Mon assurance en a pris un coup. Les lumières ont brièvement vacillé, ma soirée a perdu tout son éclat mondain. Ce n'était plus qu'un ramassis d'ivrognes et de fêtards entassés dans un appartement new-yorkais invraisemblablement exigu, avec trois ballons scotchés sur la porte d'entrée.

J'ai redressé mes épaules. Il était grand temps de se faire une autre ligne. Les beaux gosses, il y en avait une flopée dans mon salon. Avec un peu de chance, ils n'étaient pas tous gays.

Luke Costello n'avait plus qu'à aller se rhabiller !

# 28

Ce soir-là, la chance m'a souri. J'ai rencontré un type nommé Daryl qui occupait un poste important dans une maison d'édition. Il m'a dit qu'il connaissait Jay McInerney et qu'il était allé dans son ranch au Texas.

« Oh, ai-je soufflé, subjuguée. Il a *deux* ranchs ?

— Pardon ? a dit Daryl.

— Je savais qu'il avait un ranch dans le Connecticut, mais pas au Texas. »

Daryl a eu l'air déconcerté.

Et j'ai compris que je parlais trop.

Étant donné que ma chambre n'était pas accessible, nous nous sommes éclipsés de la soirée pour aller chez lui. Malheureusement, dès notre arrivée, les choses ont pris une drôle de tournure.

Nous avons terminé le reste de ma coke. Mais, au moment de grimper dans le lit pour le corps à corps final, il s'est roulé en boule et s'est mis à se balancer d'avant en arrière en répétant d'une voix de bébé :

« Maman. Ma-man. Ma. Ma-ma-man. Maman. »

Au début, croyant qu'il plaisantait, j'ai fait pareil. Puis je me suis rendu compte que ce n'était pas une blague et que j'étais vraiment une pauvre conne.

Je me suis relevée et, m'éclaircissant la voix, j'ai essayé de le rappeler à la raison. Mais il n'était pas en état de m'entendre.

Le soleil était déjà levé. Je me trouvais dans un superbe loft blanc et spacieux, dans la 9e Ouest, face à un homme qui se roulait comme un petit enfant sur son parquet en merisier verni. Et je me sentais seule avec une acuité qui me donnait l'impression d'être creuse à l'intérieur. Je regardais les grains de poussière danser dans la lumière du matin ; c'était comme si j'avais été branchée en direct sur le centre de l'univers et que, là aussi, il n'y ait eu que vide et solitude. J'avais le vide de la Création à la place de l'estomac.

Vide au-dehors. Vide au-dedans.

Je me suis retournée vers Daryl. Il s'était endormi en suçant son pouce.

Un instant, j'ai pensé m'allonger à côté de lui, mais je n'étais pas sûre qu'il serait très heureux de me découvrir là à son réveil.

Je m'attardais, incertaine, ne sachant trop que faire. Pour finir, j'ai arraché une page de mon calepin, et griffonné mon numéro de téléphone avec « Appelle-moi ! ». Signé « Rachel ». Peut-être aurais-je dû mettre « Bisou, Rachel ». « Rachel » seul était plus neutre, moins amical. Au bas de la page, j'ai écrit « On s'est connus à la soirée », au cas où il ne se souviendrait pas de moi. J'ai même envisagé de faire un dessin de moi, mais je me suis ressaisie à temps. Je me suis demandé ensuite si le point d'exclamation dans « Appelle-moi ! », ça n'était pas trop lourd. J'aurais peut-être mieux fait d'écrire « Passe-moi un coup de bigo… » ?

J'ai glissé le billet sous sa main avant d'aller jeter un œil dans son frigo. J'aimais bien regarder les frigos des gens chic. Il n'y avait rien là-dedans, excepté un morceau de pizza et une part de brie. J'ai mis le fromage dans mon sac et je suis partie.

J'avais décidé de rentrer à pied, car il n'y a rien de tel que l'exercice pour arriver à reprendre ses esprits.

Mais je n'ai pas pu. Les rues étaient menaçantes. Une ambiance de science-fiction. J'avais la sensation que les rares passants que je croisais à cette heure-là – six heures, un dimanche matin – se retournaient et me suivaient des yeux. Les regards de tout New York pesaient sur moi, chargés de haine et de malveillance.

Je marchais de plus en plus vite, je courais presque.

Aussi, quand j'ai aperçu un taxi, j'ai failli tomber à genoux de gratitude. J'ai grimpé dedans, les paumes moites de sueur, à peine capable de donner mon adresse au chauffeur.

Puis j'ai voulu descendre. Il ne m'inspirait pas confiance. Il me lorgnait sans cesse dans le rétroviseur.

Avec horreur, j'ai réalisé que personne ne savait où j'étais. À New York, c'est bien connu, tous les chauffeurs de taxi sont des malades mentaux. Ce type-là pouvait très bien me conduire dans un entrepôt abandonné et me tuer à l'insu de tout le monde.

Personne ne m'avait vue partir avec Darren, Daryl ou quel que soit son nom.

Sauf Luke Costello… D'ailleurs, il en avait profité pour faire une remarque caustique à mon sujet. C'était quoi, déjà ?

Glacée, je me suis rappelé soudain l'épisode de mon doigt dans la ceinture de son jean. J'en ai presque vomi de honte. Oh, mon Dieu, faites que ça ne soit pas arrivé ! J'aurais donné mon salaire mensuel pour pouvoir revenir en arrière.

Avec un sursaut, j'ai de nouveau croisé le regard du chauffeur dans le rétro. J'avais si peur que j'ai résolu de sauter de la voiture au premier feu rouge.

Mais où m'emmenait-il ?

Ce n'était pas le bon chemin !

Je suivais notre trajet, le cœur au bord des lèvres : on remontait vers le nord, alors qu'on était censés descendre.

Plus que jamais, j'avais envie de sauter. Mais tous les feux étaient verts. Nous roulions trop vite pour que je puisse adresser un signe à quiconque, et de toute façon les rues étaient vides.

Irrésistiblement attiré vers le rétroviseur, mon regard a rencontré le sien.

J'étais faite comme un rat.

Subrepticement, j'ai fourragé dans mon sac à la recherche du valium. J'ai réussi à dévisser le couvercle et à sortir deux cachets. Tout en feignant de me frotter le visage, je les ai mis dans ma bouche. Et j'ai attendu que ma panique retombe.

« C'est à quel numéro ? » a demandé mon assassin.

J'ai regardé autour de moi : nous étions presque arrivés. Ivre de soulagement, j'ai compris qu'il n'allait pas m'occire, tout compte fait !

« Juste là, ai-je dit.

— On a dû faire un détour à cause qu'ils creusent dans la 5e. Vous avez qu'à enlever deux ou trois dollars du compteur. »

Je l'ai payé plein pot, plus le pourboire. (Je n'avais quand même pas flippé à ce point-là.) Et je me suis empressée de descendre.

« Tiens, mais je vous connais ! » s'est-il exclamé.

Nous y voilà. Ça me faisait peur, qu'on dise ça. En général, les gens se souvenaient de moi parce que je m'étais donnée en spectacle. Et moi, je ne me souvenais pas d'eux pour la même raison.

« Vous travaillez à l'Old Shillayleagh Hotel, hein ? »

Nerveusement, j'ai hoché la tête.

« Ouais, j' me disais bien que j' vous avais déjà vue, lorsque vous êtes montée, mais j'arrivais pas à me rappeler où. J' vous vois quand je passe chercher un client à l'hôtel. »

Il était tout sourires.

« Vous êtes irlandaise ? On dirait bien, avec vos cheveux bruns et vos taches de son. Une vraie colleen.

— Oui. »

J'ai essayé de me décrisper pour prendre un air aimable.

« Moi aussi. Mon arrière-arrière-grand-père était de Cork. Bantry Bay. Vous connaissez ?

— Oui.

— Mon nom, c'est McCarthy. Harvey McCarthy.

— C'est bien un nom de Cork, McCarthy, ai-je acquiescé, surprise.

— Alors, comment ça va ? »

Visiblement, il se disposait à tailler une bavette.

« Bien, ai-je marmonné. Mais vous savez, on m'attend, il faut que je...

— Ouais, évidemment. Faites attention à vous, hein ? »

Notre appartement ressemblait à une scène d'un documentaire sur le rock. Partout il y avait des bouteilles, des cannettes, des cendriers qui débordaient. Deux parfaits inconnus dormaient sur le canapé. Un troisième gisait par terre. Personne n'a bougé quand je suis entrée.

J'ai ouvert le frigo pour y mettre le fromage, et une avalanche de cannettes de bière s'est déversée sur le sol carrelé dans un vacarme épouvantable. L'un des dormeurs a tressailli, et marmonné quelque chose comme « carottes sauvages sur Internet », puis tout est redevenu silencieux.

Le valium n'ayant pas calmé ma paranoïa, j'ai fait tomber plusieurs cachets dans ma main, et les ai avalés avec de la bière. Assise sur le carrelage de la cuisine, j'ai attendu le retour à la normale.

Finalement, j'ai décidé que j'avais la force d'aller me coucher. Lorsque je me sentais happée par le vide, j'avais horreur de me mettre au lit seule. J'ai ouvert une autre cannette, et poussé la porte de ma chambre. Où, à ma surprise, il y avait deux… non, attendez, trois… non, minute, *quatre* personnes dans mon lit. Quatre individus que je ne connaissais ni d'Ève ni d'Adam.

Bien qu'ils soient tous de sexe masculin, aucun d'eux ne me branchait suffisamment pour que je veuille partager mon lit avec lui. Tout d'un coup, je me suis rendu compte que c'était l'équipe des « Salut, frangine ! » Les petits salopards. Non mais, quel culot !

J'ai essayé de pousser, de secouer pour les virer de là. Rien à faire.

Je me suis donc dirigée à pas de loup vers la chambre de Brigit. Dedans, ça sentait la cigarette et l'alcool. Le soleil qui filtrait à travers les stores commençait déjà à réchauffer la pièce.

« Hello, ai-je chuchoté, me glissant à côté d'elle. J'ai piqué du fromage pour toi.

— Où t'étais-tu tirée avec la coke ? a-t-elle murmuré. Et tu n'aurais pas dû me laisser tout ce bazar sur les bras.

— J'ai rencontré quelqu'un, ai-je expliqué doucement.

— Ça ne marche pas, Rachel, a-t-elle répondu sans ouvrir les yeux. La moitié de ce gramme était à moi. Tu n'avais pas à l'embarquer. »

Une nouvelle vague de panique m'a submergée. Brigit était en colère contre moi. Ma paranoïa diffuse avait enfin trouvé un exutoire. Je regrettais amèrement d'être partie de la soirée. Surtout vu le résultat.

Maman.

Comme dirait l'autre.

Pauvre taré ! ai-je pensé, lapidaire.

J'espère qu'il va m'appeler.

Se retournant, Brigit s'est rendormie. Mais je la sentais toujours en colère. Je n'avais plus envie d'être dans son lit, seulement je n'avais pas d'autre endroit où aller.

## 29

J'étais malade de peur à l'idée que le questionnaire soit lu en groupe du matin. S'il vous plaît, mon Dieu, je ferai tout ce que vous voudrez, si vous éloignez ce calice de mes lèvres.

La seule chose, c'est que les pensionnaires semblaient être de mon côté, la majorité en tout cas. Quand je suis descendue préparer le petit déjeuner, Don a crié :

« Qu'est-ce qu'il nous faut ? »

Et Staline a répondu :

« Les valseuses de Luke Costello pour en faire des boucles d'oreilles. »

Don, les yeux exorbités :

« Et quand nous les faut-il ? »

Staline :

« Immédiatement. »

Ça a duré pendant tout le repas. Avec des variations, impliquant les rotules de Luke Costello en guise de cendriers, le cul de Luke Costello en guise de paillasson, et bien sûr ses bijoux de famille dans un coquetier, pour s'exercer au tir, jouer au golf, jongler avec, et enfin en guise de bonbons.

Ce soutien m'a profondément touchée. Naturellement, tout le monde ne participait pas : la physionomie patibulaire de Mike restait impénétrable ; et la plupart des anciens, ceux qui étaient là depuis plus d'un mois, nous lançaient des regards réprobateurs. Frederick, qui avait atteint le grand âge de six semaines, a déclaré :

« Plutôt que de rejeter la faute sur les autres, tu devrais examiner ta propre part dans tout ça. »

Alors, ceux qui étaient de mon côté – Fergus, Chaquie, Vincent, John Joe, Eddie, Staline, Peter, Davy le joueur, Eamonn et le jeune Barry – se sont tous écriés :

« La ferme ! »

Neil également, mais je me serais passée de son appui.

Moi, je guettais désespérément la réaction de Chris pour m'assurer qu'il était toujours mon ami. Il ne s'est pas joint au chœur des détracteurs de Luke. Mais, à mon soulagement, il ne s'est pas non plus rallié à la cause des anciens. Tandis que nous sortions pour nous rendre à la séance de groupe – moi avec le sentiment d'aller me présenter devant le peloton d'exécution –, il m'a empoignée.

« Salut ! Je peux te dire deux mots, vite fait ?

— Bien sûr. »

J'aurais donné n'importe quoi pour lui plaire, surtout maintenant qu'il savait que j'avais menti.

« Comment ça va aujourd'hui ? »

Sa chemise bleu clair faisait ressortir la couleur de ses yeux.

« Bien, ai-je répondu prudemment.

— Je peux faire une suggestion ?

— Vas-y, ai-je dit, redoublant de circonspection.

— Voilà. Je sais que toi, tu considères que ta place n'est pas ici, mais puisque tu es là de toute façon, pourquoi ne pas en profiter ?

— De quelle manière ?

— Tu sais, l'histoire de sa vie qu'on écrit quand on est là depuis un moment ?

— Oui, ai-je déclaré, repensant à ce que John Joe avait lu lors de ma première séance de groupe.

— Bon, eh bien, même si on n'est pas toxicomane, ça peut aider.

— Comment ?

— Vois-tu, m'a-t-il expliqué, avec un sourire désabusé qui m'a fait très bizarre à l'intérieur, on a tous besoin de psychothérapie.

— Quoi ? Même toi ? »

Il a ri, mais avec une pointe de tristesse qui m'a perturbée.

« Oui, a-t-il acquiescé, l'air lointain. Tout le monde a besoin d'un coup de pouce pour être heureux.

— Heureux ?

— Oui, heureux. Tu es heureuse, toi ?

— Mon Dieu, oui, ai-je affirmé avec conviction. Je m'amuse énormément.

— J'ai dit *heureuse*, a-t-il répété. Contente, sereine, en paix avec toi-même. »

Je ne savais pas trop de quoi il parlait. Je me voyais mal contente ou sereine. Qui plus est, je n'avais aucune envie de l'être. Ç'avait l'air mortel.

« Mais je suis bien, ai-je rétorqué lentement. Je me sens parfaitement heureuse, à part quelques petites choses qu'il faudrait changer dans ma vie... »

C'est-à-dire à peu près tout. Ça m'est venu presque malgré moi. Ma vie amoureuse, ma carrière, mon poids, mes finances, mon visage, mon corps, ma taille, mes dents. Mon passé. Mon présent. Mon futur. Mais à part ça...

« Réfléchis à l'histoire de ta vie, m'a suggéré Chris. Ça ne mange pas de pain.

— O.K., ai-je accepté à contrecœur.

— Avec le questionnaire de ton petit ami, ça te fait deux sujets de réflexion. »

Il m'a souri. Et il est parti.

Désemparée, je l'ai suivi du regard. C'était à ne rien y comprendre. Je lui plaisais, oui ou non ?

En m'asseyant – j'avais loupé les bonnes chaises –, j'ai scruté le visage de Josephine pour tenter de savoir si mon heure avait sonné. Mais, dans la foulée de la venue d'Emer, les projecteurs étaient braqués sur Neil. À mon intense satisfaction, le groupe s'est employé à relever les incohérences les plus flagrantes entre ce qu'Emer nous avait dit sur Neil et ce que Neil nous avait dit sur lui-même.

Lui continuait de répéter que, si l'on avait vécu avec sa femme, on l'aurait tapée également. Et, sans être aussi virulents que je l'aurais souhaité, les autres s'escrimaient à lui montrer qu'il avait tort. Toute la matinée, ils ont ramé : Mike, Misty, Vincent, Chaquie, Clarence. Même John Joe a réussi à sortir qu'il n'avait jamais levé la main sur un veau.

Mais Neil ne voulait rien entendre.

« Tu es dégoûtant, ai-je explosé finalement, incapable de me contenir plus longtemps. Espèce de grosse brute ! »

Je m'attendais que les autres m'approuvent, mais à mon étonnement il n'en a rien été. Ils m'ont juste regardée avec la même compassion que jusque-là ils avaient réservée à Neil.

« C'est vrai, Rachel ? » a demandé Josephine.

J'ai aussitôt regretté mon éclat.

« Vous n'aimez pas le côté brutal de Neil ? »

J'ai gardé le silence.

« Eh bien, Rachel… »

Je sentais que ça allait tourner au vinaigre.

« Les choses qui nous dérangent le plus chez les autres sont aussi celles qui nous déplaisent le plus chez nous-mêmes. Voilà une bonne occasion pour se pencher sur la brute qui est en vous. »

On ne pouvait pas *péter*, là-dedans, sans qu'on vous colle une interprétation risible, ai-je pensé, écœurée. Une brute, moi ? J'étais la personne la plus pacifique que je connaisse.

Par bonheur, Neil est resté sur la sellette l'après-midi aussi. C'était toujours ça de gagné.

Estimant que les pensionnaires avaient eu suffisamment de temps pour lui venir en aide, Josephine avait décidé de sortir l'artillerie lourde : elle-même.

C'était hallucinant. Elle a repris l'histoire de sa vie qu'il avait lue en groupe avant mon arrivée. Minutieusement, elle a déroulé le fil de son existence comme on défait un tricot.

« Vous n'avez presque pas parlé de votre père, a-t-elle fait remarquer d'un ton affable. Je trouve cette omission fort intéressante.

— Je n'ai pas envie d'en parler, a bredouillé Neil.

— C'est tout à fait clair. Et c'est justement la raison pour laquelle on *va* en parler.

— Je n'ai pas envie d'en parler, a répété Neil en haussant la voix.

— Pourquoi ? a demandé Josephine avec l'air d'un chien qui a flairé un os.

— Parce qu'il n'y a rien à dire.

— Il y a manifestement plein de choses à dire. Sinon, pourquoi seriez-vous aussi contrarié ? Racontez-moi : votre père buvait ? »

La mine méfiante, Neil a hoché la tête.

« Beaucoup ? »

Nouveau hochement de tête.

« N'est-ce pas un détail important, à ne pas omettre, dans la description de sa vie ? »

Neil a haussé nerveusement les épaules.

« Quand a-t-il commencé à boire ? »

Il y a eu une longue pause.

« Quand ? » a-t-elle aboyé.

Il a sursauté, et répondu :

« Je ne sais pas. Je l'ai toujours connu comme ça.

— Et votre mère ? Vous avez une grande affection pour elle, semble-t-il.

— Oui », a-t-il dit d'une voix rauque.

Son émotion m'a surprise. Je croyais que la seule personne que Neil aimait, c'était lui-même. Qu'il criait probablement son propre nom pendant l'amour.

« Elle buvait aussi ?

— Non.

— Même pas avec votre père ?

— Non. Elle essayait de l'en empêcher. »

Un silence de mort régnait dans la pièce.

« Et que se passait-il lorsqu'elle essayait de l'en empêcher ? »

On aurait entendu une mouche voler.

« Que se passait-il ? a répété Josephine.

— Il la battait », a-t-il répondu d'une voix entrecoupée.

Comment le sait-elle ? me demandais-je, sidérée. Comment Josephine sait-elle les questions qu'il faut poser ?

« Ça arrivait souvent ?

— Oui, a-t-il bégayé. Tout le temps. »

J'avais l'estomac barbouillé, exactement comme quand j'avais appris que Neil battait Emer.

« Vous êtes le fils aîné, a repris Josephine. Avez-vous tenté de protéger votre mère ? »

Neil avait le regard lointain, perdu dans le passé.

« Oui, mais j'étais trop petit à l'époque. On les entendait d'en haut… Les claques. Les craquements. Les bruits de chute. »

Il s'est interrompu, la bouche ouverte comme s'il allait vomir.

Sous nos regards horrifiés, il a plaqué sa main sur son visage.

« Elle se retenait de crier, a-t-il articulé avec un rictus. Pour ne pas nous effrayer, là-haut. »

J'ai frissonné.

« Moi, j'essayais de distraire les autres pour qu'ils ne se rendent pas compte de ce qui se passait, mais ça ne changeait rien. Même si on n'entendait pas, on sentait la peur. »

J'avais de la sueur au front.

« Ça arrivait tous les vendredis soir, alors plus le week-end approchait, plus on avait peur. Je m'étais juré que, lorsque je serais grand, je le tuerais, ce salaud ! Qu'il implorerait ma pitié comme elle l'avait imploré.

— Et vous l'avez fait ?

— Non. »

Neil avait du mal à parler.

« Il a eu une attaque, le fils de pute. Du coup, il est cloué dans un fauteuil, et ma mère est aux petits soins pour lui. Je n'arrête pas de lui dire de partir, mais elle ne veut pas, et ça me rend dingue.

— Quels sont vos sentiments vis-à-vis de votre père aujourd'hui ?

— Je le déteste autant.

— Et quel effet ça vous fait d'être devenu exactement comme lui ? »

Le ton placide de Josephine ne masquait pas la nature explosive de sa question.

Neil a ouvert de grands yeux avant d'esquisser un sourire tremblant.

« Que voulez-vous dire ?

— Je veux dire, Neil, a riposté Josephine avec emphase, que vous êtes la copie conforme de votre père.

— Pas du tout ! Je ne suis absolument pas comme lui. Je m'étais toujours juré d'être différent. »

Incroyable, cette façon de réécrire l'histoire !

« Mais vous *êtes* comme lui. Vous vous comportez exactement de la même manière. Vous buvez trop, vous terrorisez votre femme et vos enfants, et vous contribuez à créer une nouvelle génération d'alcooliques.

— NON ! a hurlé Neil. Ce n'est pas vrai ! Je suis tout le contraire de mon père.

— Vous battez votre femme comme votre père battait votre mère. »

Josephine ne désarmait pas.

« Et Gemma – c'est elle, l'aînée ? – doit probablement boucher les oreilles de Courtney comme vous le faisiez à vos frères et sœurs. »

Neil s'enfonçait sur sa chaise, aussi terrifié que s'il avait été collé au mur face à une meute de pit-bulls déchaînés.

« Non ! gémissait-il. C'est faux ! »

En voyant sa mine décomposée, je me suis rendu compte avec consternation qu'il le pensait sincèrement.

Et, pour la première fois de ma vie, j'ai compris le sens de ce mot à la mode, galvaudé, rebattu : déni. J'en ai eu froid dans le dos. Neil ne voyait pas, en toute honnêteté, il ne voyait pas, et ce n'était pas sa faute.

Une lueur de compassion a clignoté un bref instant au fond de moi. Tout le monde se taisait. Seuls les sanglots de Neil déchiraient le silence.

Finalement, Josephine a repris la parole.

« Neil, a-t-elle dit sur le ton de la conversation, j'ai conscience de la souffrance que vous éprouvez en ce moment. Restez avec ces sentiments. Par ailleurs, il y a deux ou trois choses que je vous demande de garder présentes à l'esprit. Nos schémas comportementaux nous viennent de nos parents – même si nous les haïssons, eux et leur façon d'être. De votre père, vous avez appris comment un homme doit se comporter, bien que dans un sens vous trouviez ça détestable.

— Je suis différent ! bramait Neil. Ça n'a rien à voir !

— Vous avez été un enfant maltraité. Quelque part, vous l'êtes encore. Ça n'excuse pas votre attitude à l'égard d'Emer, de vos filles et de Mandy, mais ça l'explique. Vous pouvez en tirer des leçons, vous pouvez réparer les dégâts causés à votre couple, à vos enfants, et par-dessus tout à vous-même. Il y a du pain sur la planche, surtout compte tenu de l'ampleur de votre déni ; mais, par chance, vous avez encore six semaines de cure devant vous. Quant au reste d'entre vous… »

Elle a balayé la pièce d'un regard perçant.

« Vous n'êtes pas tous enfants d'alcooliques, mais je vous déconseille de vous en servir comme excuse pour nier *votre* alcoolisme ou *votre* dépendance vis-à-vis de la drogue. »

# 30

Épuisés par toutes ces émotions, nous avons regagné la salle à manger en traînant la patte.

Chaque après-midi, quand nous sortions du groupe, deux pensionnaires parmi les plus anciens se rendaient à l'épicerie-tabac du village pour rapporter une cargaison de cigarettes et de friandises. Les commandes allaient donc bon train.

« J'ai envie de sucré, tiens », a déclaré Eddie à Frederick, qui notait tout sur un bloc de papier de format A4.

Frederick avait le nez le plus gros et le plus rouge que j'aie jamais vu.

« Qu'est-ce qu'il y a de bon, hein ?

— Des loukoums ?

— Trop petit : j'en fais qu'une bouchée.

— Aero ?

— Ah non, je paie pas pour manger des trous. »

À ce stade, on a entendu crier :

« Espèce de rat, va ! »

C'étaient Mike, Staline et Peter qui débattaient avec passion de la supériorité des barres glacées Mars sur les Mars ordinaires. (« Les glaces, c'est trois fois plus cher. – Oui, mais c'est bien meilleur. – Trois fois meilleur ? – Ça, j'en sais rien. »)

« Curly Wurly ? a suggéré Chris.

— Je l'ai déjà dit, je paie pas pour manger des trous.

— Et le chocolat, il se détache toujours, a ajouté Clarence.

— Crunch ? » a lancé Nancy.

Nancy était la femme au foyer quinquagénaire, accro aux tranquillisants. Je n'avais encore jamais entendu le son de sa voix. La mention du chocolat avait dû percer les brumes du monde crépusculaire dans lequel elle avait élu domicile.

Peter : « Milky Way ? »

Staline : « Bounty ? »

Misty : « Caramel ?

— Picnic, a dit Chaquie.

— Lion ? a proposé Eamonn.

— Je crois que Picnic et Lion, c'est la même chose, a observé Chaquie.

— Pas du tout ! a protesté Eamonn le patapouf. C'est tout à fait différent. Lion, c'est avec des cacahuètes, et Picnic avec des raisins. Ils se ressemblent simplement parce qu'ils sont tous les deux constitués de gaufrettes.

— Bon, d'accord. »

Eamonn a eu un sourire complaisant.

« C'est toi le spécialiste », a ajouté Chaquie.

Avec dédain, il a rejeté la tête en arrière, et ses bajoues ont trembloté comme un bol de gelée.

Les suggestions continuaient d'affluer.

« Un Fuse ?

— Un Galaxy ?

— Un Marathon ?

— Attendez ! s'est écrié Eddie. Minute, répétez-moi ça : un *quoi* ?

— Un Fuse ? a questionné Eamonn.

— Oui, a acquiescé Eddie, plus rouge que jamais de joie. Un Fuse. C'est nouveau ? »

Tout le monde a regardé Eamonn.

« C'est assez récent, a-t-il répondu, pensif. Ils ont été introduits sur le marché irlandais il y a un peu plus d'un an, et leur succès ne s'est pas démenti depuis. Ils s'adressent à un public qui recherche un produit relativement simple, mais sans le traditionnel format huit sur huit. C'est un mélange intéressant – une *fusion*, si vous voulez – entre raisins secs, céréales croustillantes, caramel et bien sûr… »

Il a gratifié la tablée d'un sourire engageant.

« … chocolat. »

Tout le monde a failli se lever pour applaudir.

« Extraordinaire, hein ? a murmuré Don. Il connaît son affaire.

— O.K., a déclaré Eddie. J'en veux sept.

— Moi aussi, a crié Mike.

— Cinq pour moi, a hurlé Staline.

— Moi aussi.

— Six.

— Huit.

— Trois », me suis-je entendue dire, bien que je n'aie pas eu l'intention de commander quoi que ce soit.

Tel était le pouvoir rhétorique d'Eamonn.

Puis les autres ont demandé une centaine de cigarettes chacun, quelques revues, et Don et Frederick sont partis au village dans le froid et l'obscurité.

Après le thé, tandis que nous musardions dans la salle à manger, Davy a levé les yeux de son journal et s'est exclamé :

« Venez voir ! Venez voir ! Il y a une photo de Snorter en train de faire la bringue. »

Tout le monde s'est précipité.

« On dirait qu'il s'est remis à picoler, a constaté Mike avec tristesse.

— Il n'a pas tenu longtemps, hein ? » a renchéri Oliver.

Et de secouer la tête, tous autant qu'ils étaient, l'air complètement désespéré.

« Il avait affirmé qu'il ferait tout pour ne pas replonger, a déclaré Misty.

— C'est sûrement son boulot qui veut ça… Les groupies, la coke, Jack Daniel's, a observé Fergus, mélancolique. Fallait s'y attendre. »

Une chape de plomb s'est abattue sur la tablée.

« Serait-ce Snorter de Killer ? » ai-je hasardé d'un ton prudent.

Killer était un groupe merdique de heavy metal qui, bizarrement, avait beaucoup de succès. Luke devait avoir tous leurs disques chez lui.

« Lui-même, a confirmé Mike.

— Et comment le connaissez-vous ? » ai-je demandé négligemment.

Je ne voulais pas me couvrir de ridicule en avançant une hypothèse trop osée.

« Mais parce qu'il était ici ! » a glapi Don.

Ses yeux de goitreux lui sortaient de la tête.

« Avec NOUS !

— C'est vrai ? »

Mon cœur a fait un petit bond dans ma poitrine.

« Et comment était-il ? »

Il y a eu un chœur de louanges à l'adresse de Snorter.

« Brave type, a dit Mike.

— Une force de la nature, a déclaré Staline.

— Superbe chevelure, a précisé Clarence.

— Avec un pantalon tellement serré qu'on voyait sa chair de poule, a commenté John Joe.

— Tellement serré que, s'il ne fait pas gaffe, adieu les petits enfants », a répliqué Peter en s'esclaffant.

Quoique, à en croire les tabloïds, Snorter n'avait pas de problèmes de ce côté-là, plusieurs femmes l'ayant déjà traîné en justice pour avoir bénéficié du trop-plein de ses gonades surchargées.

« Et où… euh… logeait-il ? »

J'essayais d'être diplomate. Mais je doutais fort que Snorter ait dormi dans une de ces chambres bondées. Lui qui était un habitué des palaces.

« Avec nous, évidemment, a répondu Mike. Il avait son lit entre moi et le jeune Christy. »

Tiens, tiens, tiens. Ainsi donc, on pouvait à l'occasion rencontrer une célébrité au Prieuré. Toutefois, comme je vivais dans l'ombre du questionnaire, cette découverte ne m'a été d'aucun réconfort.

En revanche, les trois Fuse, si.

# 31

Le lendemain matin en groupe, j'ai failli m'évanouir de soulagement quand il est apparu que c'était au tour de John Joe d'occuper le devant de la scène.

Josephine l'a entrepris d'entrée de jeu.

« Vendredi dernier, on a évoqué votre vie amoureuse et sexuelle. Vous avez peut-être eu le temps d'y réfléchir depuis. »

Il a haussé les épaules. Ça, j'aurais pu le parier.

« Vu de l'extérieur, vous avez mené une vie très solitaire. Vous êtes d'accord là-dessus ?

— Sûr, a-t-il marmonné obligeamment.

— Pourquoi ne vous êtes-vous jamais marié ? » a-t-elle demandé, comme elle l'avait déjà fait le vendredi.

Il a eu l'air déconcerté ; on aurait dit qu'il n'en avait pas la moindre idée.

« J'ai… euh, j'ai peut-être pas rencontré la femme qu'il fallait, s'est-il lancé avec courage.

— Vous le pensez réellement, John Joe ? » a-t-elle rétorqué en ricanant.

Il a laissé retomber ses mains en un geste d'impuissance.

« Ben oui.

— Moi, ce n'est pas mon avis. Voyons, vendredi, je vous ai demandé si vous aviez perdu votre pucelage. Êtes-vous prêt à me répondre ? »

Il s'est contenté de fixer ses pieds, sans même risquer un coup d'œil de sous la broussaille de ses sourcils.

Manifestement, Josephine était tombée sur un os. De toute façon, me suis-je dit, John Joe ne devait pas avoir grand-chose à raconter.

Erreur.

« Parlez-nous de votre enfance », a-t-elle suggéré avec entrain.

Dieu, quel cliché !

John Joe l'a regardée sans comprendre.

« Comment était votre père ?

— Ah, ça fait longtemps qu'il a cassé sa pipe…

— Vous avez bien quelques souvenirs, a-t-elle répliqué d'un ton ferme. Comment était-il sur le plan physique ?

— Bel homme, a-t-il dit lentement. Grand, une armoire à glace. Il vous transportait un bouvillon sous chaque bras.

— Si vous deviez décrire en un seul mot ce que vous éprouviez au contact de votre père… Vous vous sentiez heureux, triste, faible, intelligent, fort, stupide, que sais-je encore ? Réfléchissez-y pendant quelques minutes. »

John Joe a réfléchi longuement, soigneusement, respirant par la bouche, ce qui m'a beaucoup énervée.

« Protégé, a-t-il dit enfin.

— Vous en êtes sûr ? »

Il a hoché la tête.

Josephine avait l'air contente.

« En même temps, j'ai l'impression que vous n'avez pas une très haute opinion des femmes.

— C'est vrai. »

À la stupeur générale, John Joe a répondu sans une seconde d'hésitation.

« Elles sont tout le temps en train de pleurnicher, quoi, il faut toujours qu'on s'occupe d'elles.

— Hmmm. »

Un sourire entendu jouait sur les lèvres de Josephine.

« Et qui s'occupe d'elles ?

— Ben, les hommes.

— Pourquoi ça ?

— Parce qu'un homme, c'est fort. C'est à lui de s'occuper des autres.

— Vous voilà dans une position difficile, n'est-ce pas, John Joe ? a-t-elle demandé, une étrange lueur dans le regard. Car bien que vous soyez un homme, censé vous occuper des autres, vous préférez qu'on s'occupe de vous. Vous avez besoin qu'on vous *protège*. »

Il a hoché la tête, méfiant.

« Une femme, pensez-vous, ne peut pas faire ça. Pour vous sentir en sécurité, il vous faut un homme. »

Pendant quelques instants, elle a laissé toutes sortes de questions et de réponses en suspens.

Où voulait-elle en venir ? Elle n'imaginait tout de même pas que… ? Elle ne sous-entendait pas que… ? que John Joe était… ?

Gay – ou homosexuel, si ce terme vous est plus familier.

John Joe était devenu livide. Mais, contrairement à mon attente, il ne s'est pas récrié avec véhémence, ne s'est pas répandu en invectives.

Il semblait plutôt résigné.

« Vous le saviez, n'est-ce pas ? »

Josephine le scrutait d'un œil attentif.

Bouche bée, j'ai vu John Joe hausser les épaules avec lassitude.

« Oui et non. Ça m'aurait servi à quoi ? »

Tu aurais pu te faire prêtre, ai-je répondu ou presque. Tu aurais eu une flopée de garçons à ta disposition.

« Vous avez soixante-six ans, a dit Josephine. Comme vous avez dû vous sentir seul, jusqu'à maintenant ! »

Il avait l'air épuisé et vaincu.

« Il serait temps de commencer à vivre votre vie correctement et honnêtement.

— C'est trop tard, a-t-il répliqué d'une voix sourde.

— Pas du tout. »

J'ai eu une vision de John Joe troquant son vieux costume élimé contre un 501, un T-shirt blanc et un crâne rasé. Ou encore de John Joe avec une chemise écossaise, des jambières de cuir et une moustache en guidon de vélo, dansant sur une musique des Village People ou des Communards.

« John Joe, a déclaré Josephine, retrouvant ses intonations de maîtresse d'école. Comprenez bien une chose : vous êtes aussi malade que votre secret ; tant que vous vivrez dans le mensonge, vous continuerez de boire. Et si vous continuez de boire, vous mourrez. Bientôt. »

Ça m'a filé la chair de poule.

« Il y a beaucoup de travail à faire, John Joe, sur la vie que vous avez menée jusqu'à présent, mais un grand pas a été franchi aujourd'hui. Restez avec les sentiments... Quant au reste d'entre vous, je sais que tout le monde n'a pas un problème d'homosexualité latente. Mais ne croyez pas que ça vous empêche d'être alcooliques ou toxicomanes. »

Plus tard dans la journée, on a accueilli une nouvelle pensionnaire. Je l'ai su d'abord par Chaquie, qui a fait irruption dans la salle à manger après le déjeuner en criant :

« Il y a une fille qui vient d'arriver ! Je l'ai vue pendant que je passais l'aspirateur. »

Je n'étais pas très heureuse que ce soit une fille. J'avais déjà assez de mal à soutenir la compétition avec cette peste d'O'Malley pour m'attirer l'attention de Chris.

Par bonheur, la nouvelle arrivante était probablement la plus grosse femme que j'aie jamais vue de mes propres yeux. Je savais que ça existait, des obèses dans son genre, mais je n'y croyais pas vraiment. À notre retour du groupe, nous l'avons trouvée assise dans la salle à manger. Le Dr Billings nous l'a présentée sous le nom d'Angela, puis nous a laissés avec elle.

Chris s'est glissé à côté de moi.

Mon cœur a fait un bond.

« Rachel, si tu allais parler à Angela ?

— Pourquoi moi ?

— Pourquoi pas ? Vas-y donc, a-t-il insisté. Elle se sentira sûrement plus à l'aise avec une femme. Rappelle-toi dans quel état tu étais le jour de ton arrivée ici. »

Pour lui faire plaisir, j'ai plaqué un sourire sur mon visage et je me suis approchée de la table. Mike s'est joint à moi, et nous avons essayé d'engager la conversation.

Ni l'un ni l'autre, nous ne lui avons demandé pourquoi elle était là. On se doutait bien que ça avait un rapport avec la nourriture.

Elle avait l'air perdue et malheureuse. Je me suis entendue déclarer :

« Ne t'inquiète pas : moi aussi, le premier jour, ç'a été l'horreur, mais après ça s'arrange. »

Je n'en pensais évidemment pas un mot.

Don et Eddie étaient en train de s'engueuler parce que Don avait renversé un peu de thé sur le journal d'Eddie. Eddie exigeait qu'il le lui remplace, mais Don ne voulait rien savoir. Bien que purement anecdotique, leur dispute semblait tétaniser Angela. Du coup, Mike et moi, on s'est efforcés de la rassurer.

« Regardez-moi ça, ai-je dit en riant. Eddie nous fait une grosse... euh... colère. »

En disant « grosse », j'ai croisé par inadvertance le regard d'Angela, et ç'a duré une éternité. Incroyable, ce don que j'avais de mettre les pieds dans le plat. Je n'en ratais pas une !

« Oui, mais Don, c'est un petit Hitler, il y en a marre que tout le monde se dégonfle... »

Mike s'est figé un instant avant de terminer dans un murmure :

« ... devant lui.

— Ce n'est qu'un journal, après tout, ai-je renchéri avec une gaieté forcée. Et les dégâts ne sont pas énormes ; franchement, il y a de quoi exploser de rire. »

À ma consternation, « énormes » et « exploser » sont sortis beaucoup plus fort que je ne l'aurais voulu.

Je sentais la sueur perler sur ma lèvre supérieure.

Avais-je vu Angela se ratatiner sur sa chaise ?

Là-dessus, Fergus qui tentait d'arbitrer le débat s'est approché de nous.

« Comment ça va ? »

Il a salué Angela d'un signe de la tête et s'est assis.

« Bon Dieu, ce qu'ils sont lourds, ces deux-là ! »

Nous nous sommes trouvés au bord de l'apoplexie.

« Don et Eddie, tu veux dire ? ai-je demandé anxieusement pour rattraper la chose.

— Oui, a soupiré Fergus qui ne s'était rendu compte de rien. Eddie qui s'imagine soutirer de l'argent à Don ! Faut être *gonflé*, non ?

— Tu crois que Don n'est pas capable de se montrer... généreux ? »

Je suais à grosses gouttes.

« T'as un de ces culots ! » a crié Eddie.

Mais Mike et moi, on a entendu : « T'as un de ces culs ! »

« Oh, regardez ! s'est exclamé Staline. Regardez ce bide… »

Le reste de sa phrase n'a été qu'une suite de borborygmes.

En fait, il était plongé dans les pages sportives et parlait de la défaite infligée aux adversaires d'Arsenal ; mais ça, on ne l'a pas compris sur le coup.

Je n'étais plus qu'une petite flaque.

Ensuite, c'est Peter qui est venu s'asseoir avec nous. Et j'ai poussé un profond soupir de soulagement.

« Hello, a-t-il lancé à Angela. Je suis Peter.

— Angela. »

Elle a souri nerveusement.

« Ben dis donc, a-t-il aboyé, faussement hilare, inutile de te demander pourquoi tu es là ! »

J'ai failli m'évanouir.

« Peut-être qu'Angela et Eamonn vont tomber amoureux l'un de l'autre, a suggéré Don plus tard, les mains jointes, l'air rêveur. Ce serait merveilleux, non ? Ils auraient plein de beaux bébés tout ronds.

— Il ne faut pas dire ça, a protesté Vincent.

— Pourquoi pas ? Liz Taylor et Larry Foreskinsky se sont bien rencontrés dans un centre de cure. Les histoires d'amour, ça existe. Un rêve, ça se réalise des fois. »

Je me demandais si l'homosexualité de Don était toujours trop latente pour qu'il ait entendu parler de Judy Garland. Si oui, je devais absolument la lui faire découvrir.

Deux fois par jour pendant le reste de la semaine, j'ai piqué des suées à la pensée que Josephine allait lire le questionnaire en groupe. Mais elle ne l'a pas fait et, timidement, je me suis prise à espérer que peut-être je me rendais malade pour rien.

Les journées passaient.

Le mercredi, Chaquie a lu l'histoire de sa vie, qui était calme et relativement banale.

Le jeudi, on a eu un frère de Clarence, venu en sa qualité de Principal Autre Concerné ; mais, dans la mesure où Clarence ne niait plus son alcoolisme, on n'a pas eu de surprises. En fait, il en rajoutait même pour noircir le tableau dressé par son frère.

Le vendredi, on a eu la visite de Mandy, la maîtresse de Neil. Je m'attendais à voir une poupée en minijupe, l'œil dégoulinant de mascara. Or, Mandy aurait pu être la sœur aînée, en plus mal fagotée, d'Emer. Apparemment, Neil recherchait une relation de type mère-fils. Elle nous a confirmé ce qu'on savait déjà : que Neil buvait comme un trou et aimait cogner à l'occasion.

Le jeudi soir, c'était la réunion des Narcotiques anonymes.

En consultant le tableau d'affichage le jour de mon arrivée, j'avais eu l'impression qu'il y avait des milliers de réunions. En réalité, il n'y en avait qu'une par semaine. Comme c'était ma première, j'étais curieuse. Excitée, presque. Mais ce n'était que du pipeau.

Bref, moi, Vincent, Chris, Fergus, Nancy la ménagère, Neil et deux ou trois autres, nous nous sommes rendus en masse dans la Bibliothèque. Où une ravissante blonde avec l'accent de Cork a cherché à nous faire croire qu'elle avait été accro à l'héroïne il y avait à peine sept ans.

Elle s'appelait Nola, ou du moins c'est ce qu'elle nous a dit. Cependant, il suffisait de la regarder pour comprendre qu'elle n'avait jamais fait un faux pas de sa vie. Ça devait être une actrice engagée par le Prieuré pour convaincre les toxicos qu'ils pouvaient s'en sortir. Mais moi, je n'ai pas été dupe.

Deux bonnes choses me sont arrivées cette semaine-là. Premièrement, j'en ai fini avec les petits déjeuners et j'ai intégré l'équipe de Clarence, qui opérait le midi : terminé, les œufs et les réveils matinaux. Deuxièmement, j'ai été pesée par Margot, l'une des infirmières, et j'en étais à moins de cinquante-cinq kilos, ce dont j'avais rêvé pratiquement toute ma vie.

À ma stupéfaction, je l'ai entendue déclarer :

« C'est bien, vous avez pris un kilo.

— Depuis quand ?

— Depuis votre arrivée ici.

— Comment le savez-vous ?

— Mais voyons, on vous avait pesée. »

Intéressée, elle a pris la fiche blanche sur la table.

« Vous ne vous en souvenez plus ?

— Non, ai-je répondu, perplexe.

— Rassurez-vous, a-t-elle déclaré avec un sourire en écrivant sur la fiche. La plupart des gens sont dans un tel brouillard chimique lorsqu'ils arrivent qu'ils ne savent plus comment ils s'appellent. Il faut du temps pour émerger. »

Il n'y avait pas de grande glace pour vérifier les dires de Margot. Mais, en me tâtant les côtes et les hanches, je me suis aperçue que j'avais réellement dû maigrir : mes os iliaques n'avaient jamais été aussi saillants. Bien que transportée de joie, je comprenais mal comment c'était arrivé, après des années de gym sans résultat. Avec un peu de chance, j'avais attrapé le ver solitaire.

Une chose était sûre : maintenant que je les avais perdus, ces kilos, je n'avais pas l'intention de les reprendre. Plus de barres chocolatées, plus de biscuits, plus de grignotage entre les repas. Plus de repas tout court. Voilà qui devrait régler la question.

La semaine s'est écoulée sans que je m'en sois rendu compte. Le cours de cuisine, les jeux du samedi soir, et soudain on était à nouveau dimanche.

# 32

Ce dimanche-là, j'avais le droit de recevoir des visites. J'espérais surtout la venue d'Anna avec un sac plein de came. Ça ne me dérangeait plus qu'on me trouve des drogues dans le sang. Au contraire, j'aurais été ravie qu'on me mette à la porte.

Si, par malheur, Anna ne me rendait pas visite, j'avais déjà préparé pour elle une lettre que je donnerais à papa ou à quelqu'un de la famille, afin de la prier instamment de se transporter jusqu'à Wicklow avec un gros paquet de drogue sous le bras.

J'attendais donc mes visiteurs avec impatience, mais aussi avec une certaine appréhension. Tout d'abord, je redoutais le persiflage d'Helen lorsqu'elle découvrirait qu'il n'y avait ni piscine, ni salle de gym, ni massages. Et encore moins de célébrités parmi les pensionnaires.

Mais surtout, j'avais peur de ma mère. J'appréhendais de voir son regard déçu, son regard de martyre.

Peut-être qu'elle ne viendrait pas, me suis-je dit avec espoir. Avant de comprendre que, si c'était le cas, ce serait mille fois pire.

Finalement, les nerfs à fleur de peau, j'ai vu notre voiture s'engager dans l'allée. Sans en croire mes yeux :

maman était assise à l'avant, à côté de papa ! J'étais sûre qu'elle serait couchée sur la banquette arrière, avec une couverture sur la tête pour qu'on ne risque pas de la reconnaître. Mais non, elle était là, droite comme un piquet, sans lunettes noires ni chapeau à larges bords. Ragaillardie, je me suis soudain aperçue qu'il n'y avait qu'une seule personne à l'arrière. Pourvu que ce soit Anna !

Mais quand la portière s'est ouverte, à mon immense déception j'ai vu que c'était Helen. Vêtue d'un long pardessus et d'une toque à la Dr Jivago, elle était renversante.

Nous nous sommes embrassées gauchement, en souriant. Mes yeux se sont remplis de larmes.

Helen m'a saluée en déclarant :

« Nom de Dieu, je suis gelée. »

Maman m'a saluée en repoussant Helen :

« Surveille ton langage. »

Papa m'a saluée en disant :

« Bien le bonjour ! »

Sur le moment, je n'y ai pas prêté attention.

Pour dissiper le sentiment de malaise, maman m'a fourré un sac dans les mains.

« On t'a apporté quelques petites choses.

— Formidable, ai-je dit, inspectant son contenu. Shuttles, Shuttles… et encore Shuttles. Merci.

— Et des Bounty, a précisé maman. Il devrait y avoir un paquet de dix Bounty. »

J'ai regardé à nouveau.

« Non, ça n'y est pas.

— Mais si, a insisté maman. Je les ai mis ce matin, j'en suis certaine.

— Eh, maman, a dit Helen avec commisération, ta mémoire n'est plus ce qu'elle était.

— Helen ! a répondu maman d'un ton sec. Rends-les tout de suite. »

La mine boudeuse, Helen a ouvert son sac.

« Et pourquoi, moi, je n'y ai pas droit ?

— Tu sais pourquoi.

— Parce que je ne suis pas une junkie. »

Tout le monde a tiqué.

« Mais ça peut s'arranger, a-t-elle menacé.

— Prends-en un, ai-je proposé tandis qu'elle les restituait de mauvaise grâce.

— Trois ? »

Fière et timide, je leur ai fait visiter les lieux. Je n'ai eu honte que lorsqu'ils disaient :

« Cette pièce aurait besoin d'un bon coup de peinture. C'est presque pire que chez nous. »

J'ai évité à maman de trébucher sur Mon Petit Poney de Michelle.

« Il y a des stars dans les parages ? m'a glissé Helen.

— Pas en ce moment », ai-je répondu nonchalamment.

À mon grand soulagement, elle s'est contentée pour tout commentaire d'un :

« Pas de bol, hein ? »

Je les ai escortés tous les trois dans la salle à manger. Il y avait un peuple, là-dedans ! On se serait cru le jour du Jugement dernier. On a réussi à se trouver une petite place à l'extrémité d'un banc.

« Da-a-ame, a dit mon père d'une drôle de voix. C'est rien bœuf ici.

— C'est quoi, papa ?

— Rien bœuf. »

Je me suis tournée vers maman.

« Qu'est-ce qu'il dit ?

— Il dit que c'est très joli, a-t-elle expliqué.

— Mais pourquoi cette voix stupide ? Et de toute façon, ce n'est pas bœuf. Absolument pas bœuf.

— *Oklahoma*, a chuchoté maman. Il a eu un petit rôle dans la version montée par les Blackrock Players. Depuis, il s'entraîne à avoir le bon accent. N'est-ce pas, Jack ?

— Pour sou-our. »

Papa a soulevé le bord d'un chapeau imaginaire.

« M'da-a-ame, a-t-il ajouté.

— Il nous a toutes rendues chèvres, a avoué maman avec un soupir. Si j'entends encore une fois que le blé est aussi haut que l'œil de l'éléphant, je tire sur l'éléphant. »

Il m'est soudain venu à l'esprit que ce n'était pas un hasard si je m'étais retrouvée dans un centre de cure.

« Nom d'un chien ! s'est exclamée Helen. C'est qui, ce mec ? »

Nous avons suivi son regard. Elle était en train de lorgner Chris.

« Pas mal ! S'il grimpait dans mon lit, j'irais pas dormir ail... *Aïe !* Pourquoi m'as-tu frappée ?

— Je vais t'en donner, un lit, moi ! » l'a tancée maman.

Tout à coup, elle s'est aperçue qu'on la regardait, et elle a gratifié les gens autour d'elle d'un sourire éclatant qui n'a trompé personne.

À la joie des retrouvailles avait succédé un silence gêné. C'était consternant, nous n'étions même pas capables de mener comme les autres une conversation à voix basse.

De temps à autre, l'un de nous hasardait :

« Alors, on mange bien ici ? »

Ou :

« Février est un mois déplorable. »

Maman, pour sa part, louchait sur Chaquie, sur ses cheveux dorés, son maquillage impeccable, ses bijoux, ses habits coûteux. Finalement, elle m'a poussée du coude et, dans un murmure théâtral qu'on a dû entendre jusqu'en Norvège, elle a demandé :

« Et elle, pourquoi elle est là ?

— Un peu plus fort, et on pourra danser là-dessus », ai-je répliqué.

Elle m'a fusillée du regard.

Brusquement, elle est devenue toute blanche et a baissé le nez avec précipitation.

« Doux Jésus !

— Quoi ? »

Nous nous sommes dévissé la tête pour savoir ce qu'elle avait vu.

« Ne regardez pas, a-t-elle sifflé. Fixez le sol !

— Quoi ? Qui c'est ? »

Elle s'est tournée vers papa.

« C'est Philomena et Ted Hutchinson. Que font-ils ici ? Et s'ils nous voient ?

— C'est qui ? avons-nous clamé, Helen et moi.

— Des gens que vos parents connaissent, a répondu papa.

— Et comment les avez-vous connus ?

— Au club de golf, a dit maman. Oh, mon Dieu, ils viennent par ici ! »

Elle semblait au bord de l'évanouissement.

Je ne me sentais pas très bien. Si elle avait tellement honte que je sois pensionnaire au Prieuré, pourquoi m'y avait-elle envoyée ?

À voir son horrible sourire sacchariné, j'ai compris que leurs regards s'étaient rencontrés.

« Oh, bonjour, Philomena », a-t-elle minaudé.

Je me suis retournée. C'était la femme que j'avais vue avec Chris le dimanche précédent. Sa mère, très certainement. Elle a réagi avec infiniment plus d'aplomb que maman.

« Mary ! a-t-elle tonné. Je ne vous aurais jamais prise pour une alcoolique. »

Maman s'est forcée à rire.

« Et vous, Philomena, vous êtes là pour quoi ? Les chevaux ? »

Nouveaux gloussements forcés à vous filer une hernie, on se serait cru dans un cocktail. Davy, le joueur, était à l'autre bout de la table. J'ai remarqué sa mine éteinte, et cela a éveillé mon instinct protecteur.

« Notre fils est ici, a expliqué Philomena. Où est-il passé ? Christopher ! »

Elle était bel et bien la mère de Chris. Ce n'était pas plus mal que ses parents connaissent les miens. Ça pourrait même se révéler utile, au cas où il ne m'appellerait pas une fois qu'on serait dehors.

Maman s'est lancée dans les présentations.

« Mes filles… Claire, a-t-elle dit en me désignant.

— Rachel, ai-je rectifié.

— … et Anna – non, l'autre… Helen. »

Helen s'est poliment excusée en glissant à M. et Mme Hutchinson sur le ton de la confidence :

« Mince, j'ai une de ces envies de faire pipi ! »

Elle s'est éclipsée, et je l'ai suivie peu après. Ce n'était pas que je n'aie pas confiance en elle, c'est juste que je n'avais pas… confiance en elle.

Elle était assise sur les marches au milieu de tout un attroupement d'hommes. La salle à manger devait être pleine d'épouses et d'enfants délaissés. Parmi ces hommes, il y avait Chris. Ça ne m'a pas étonnée et ne m'a guère fait plaisir non plus.

Helen régalait son auditoire captivé par ses histoires de beuveries.

« Souvent, je me réveille et je suis incapable de me souvenir comment je suis rentrée chez moi », se vantait-elle.

Personne ne lui a cloué le bec en rétorquant :

« Ce n'est rien. Très souvent, je me réveille et je suis incapable de me souvenir si je suis vivant ou mort. »

Comme ils étaient tous en droit de le faire.

Non, ils la bombardaient à qui mieux mieux de suggestions enthousiastes. Qu'elle vienne au Prieuré, justement il y avait une place dans la chambre de Nancy et Misty...

« Vous pouvez toujours partager mon lit si vous êtes coincée », a dit Mike.

La moutarde m'est montée au nez. Sa pauvre femme harassée, chargée de petits gâteaux, n'était qu'à quelques mètres de là.

Clarence a essayé de caresser les cheveux d'Helen.

« Arrêtez ça, l'a-t-elle rabroué sèchement. Ou alors c'est dix livres. »

Clarence a fait mine de fouiller dans sa poche, mais Mike l'a retenu, la main sur son bras.

« Elle plaisante.

— Pas du tout », a répliqué Helen.

Pendant ce temps, je guettais jalousement la réaction de Chris. Ou plutôt, du moins je l'espérais, son *absence* de réaction.

Mais ces deux-là ont échangé quelques regards qui ne m'ont pas plu. Des regards lourds de sens.

Plantée parmi ces hommes, m'efforçant de participer à la gaieté générale, je me sentais à la fois éléphantesque et transparente.

J'étais tellement mal que, quand Helen est partie, j'ai oublié de lui remettre la lettre pour Anna. Plus tard, lorsque j'ai demandé un timbre à Celine, elle m'a répondu :

« Bien sûr. Donnez-moi votre lettre et, une fois que je l'aurai lue, je vous dirai si on vous autorise à la poster. »

Écœurée, je suis allée tout droit vers le placard à friandises et, ouvrant les portes à la volée, j'ai attendu d'être assommée par l'avalanche du dimanche soir. J'ai hésité un instant, tenté de faire appel à un semblant de volonté. Mais Chris s'est exclamé :

« Ta sœur, c'est un sacré numéro ! »

Et j'ai été submergée par le sempiternel regret d'être moi. Et pas Helen. Ou quelqu'un d'autre. N'importe qui d'autre que moi.

Le chocolat, ai-je pensé, malheureuse comme les pierres. À défaut de drogue, ça va me faire du bien.

« Elle est super, hein ? » ai-je réussi à articuler.

J'ai surpris Celine en train de ricaner sous cape, tandis qu'elle feignait de s'absorber dans la tapisserie qu'elle avait toujours à la main quand elle nous espionnait.

C'était plus fort que moi. J'ai pris une barre aux fruits et noisettes, tellement grosse qu'on pouvait traverser l'Atlantique dessus.

« C'est à qui ?

— À moi, a dit Mike. Mais vas-y, attaque. »

Je l'ai liquidée en une vingtaine de secondes.

« Des chips, ai-je crié à la cantonade. J'ai envie de salé. »

J'aurais pu manger les Shuttles que maman m'avait apportés, mais j'avais besoin d'être entourée et choyée autant que de satisfaire ma gourmandise.

Don s'est précipité avec un pack de six Monster Munch.

« J'ai des crackers au cheddar, a lancé Peter.

— Si c'est urgent, je peux te dépanner d'un paquet de Kettle Crisps », a offert le jeune Barry.

Mike a marmonné dans sa barbe, de sorte que je l'entende, et pas Celine :

« J'ai un truc salé dans mon futal que tu peux sucer, si tu veux. »

J'attendais que Chris me propose quelque chose, qu'il daigne s'apercevoir que j'existais toujours, mais il n'a pas pipé mot.

# 33

Le jeudi soir qui avait suivi notre fête, Brigit et moi, on était d'une humeur de dogue.

Je m'étais particulièrement défoncée la veille, et j'avais d'autant plus de mal à atterrir que j'étais à court de valium. Et à court d'argent aussi pour me réapprovisionner d'ici à la paie suivante. J'étais tellement déprimée que je n'étais pas allée travailler. Affalée sur le canapé, j'écoutais mon cœur battre au ralenti en regrettant de n'avoir pas la force de m'ouvrir les veines. C'était tout ce que je pouvais faire.

Carlos avait de nouveau disparu dans la nature. Brigit était mal, et moi guère mieux. Darren ou Daryl, le caïd de l'édition, ami intime de Jay McInerney, n'avait toujours pas téléphoné.

« Si seulement je savais où il est, se lamentait Brigit. Si au moins j'étais sûre qu'il n'est pas avec quelqu'un d'autre, j'arriverais peut-être à dormir. Ça fait trois nuits que je n'ai pas fermé l'œil.

— Et ce cochon de Daryl qui n'appelle pas, ai-je renchéri, ne voulant pas être en reste. Mon Dieu, faites qu'il m'appelle, et je donnerai tout mon argent aux pauvres. »

Je ne me mouillais pas trop : étant moi-même pauvre, je conservais ainsi mes quelques dollars tout en respectant ma promesse.

Et ç'a continué : nous avons décroché le téléphone pour nous assurer qu'il marchait. Nous avons téléphoné à Ed pour qu'il nous rappelle, histoire de vérifier qu'on pouvait nous joindre de l'extérieur. La routine, en somme.

Finalement, Brigit m'a dit, le doigt sur la bouche :

« Chut, écoute ça.

— Quoi ?

— Tu n'entends pas ?

— Quoi, qu'est-ce que je n'entends pas ?

— Le bruit du téléphone qui ne sonne pas. »

Et, à ma surprise, elle a éclaté de rire.

« Allez, j'en ai marre de monter la garde. Si on faisait un truc sympa ? »

J'ai entrevu une éclaircie entre les nuages noirs qui pesaient sur moi.

« On s'habille et on sort », ai-je proposé avec enthousiasme.

J'avais horreur de passer mes soirées à la maison, à cause de tout ce que je risquais de rater. Ça, c'était l'un des grands avantages de la coke. Il m'arrivait toujours des choses extraordinaires quand j'en prenais. Soit je rencontrais un homme, soit je me retrouvais dans une fête ou une autre. La coke était le moteur de ma vie. Et plus j'en consommais, plus le résultat était fabuleux.

« T'as pas un rond », m'a rappelé Brigit.

Malheureusement, c'était vrai. Je n'avais pas les moyens de m'offrir la moindre ligne. Un instant, j'ai envisagé de lui emprunter de l'argent, mais un instant seulement.

« J'ai de quoi me payer un verre.

— Quand vas-tu me rendre ce que tu me dois ?

— Bientôt », ai-je répondu, mal à l'aise.

Ces derniers temps, Brigit était devenue étrangement pingre.

« C'est toujours la même chose, a-t-elle marmonné.

— Oh, je t'en supplie, cesse de râler et sortons. Je n'en peux plus de jouer à "J'ai rencontré l'homme de ma vie". »

Souvent, quand on était fauchées et qu'on avait besoin de se distraire, Brigit m'inventait une histoire dans laquelle je rencontrais l'homme de mes rêves. Puis j'en faisais autant pour elle. C'était un jeu dont on ne se lassait pas.

« Comment suis-je habillée ? demandais-je.

— Tu portes la robe portefeuille Donna Karan qu'on a vue l'autre jour.

— Quelle couleur, noire ?

— Vert foncé.

— Encore mieux. Merci, Brigit. Je peux être vraiment maigre ?

— Oh oui. Cinquante-cinq kilos, ça te va ?

— Un peu moins.

— Cinquante ?

— Merci, disais-je. Et comment ? Liposuccion ?

— Non. Tu as attrapé une dysenterie amibienne et perdu toute la graisse sans avoir à lever le petit doigt.

— Mais comment j'ai fait pour attraper une dysenterie amibienne ? Ce n'est pas une maladie tropicale ? Ça ne se commande pas.

— O.K., tu as rencontré un type qui a passé des vacances en Inde… Écoute, peu importe comment tu l'as attrapée ! C'est une histoire *imaginaire*.

— Oui, bon, excuse-moi. Ai-je l'air fragile et mystérieuse, avec des yeux immenses ?

— Comme une gazelle ultrachic. »

Pour nous rehausser dans notre propre estime, nous avons mis nos plus belles robes. Brigit, la robe camisole Joseph dénichée au dépôt-vente de la 5e Avenue, où les gens riches et charitables déposaient leurs vieilles fringues au profit d'œuvres de bienfaisance. Et moi, ma robe noire Alaia achetée au même endroit. Avec mon faux sac Prada que j'avais payé dix dollars dans Canal Street.

Comme d'habitude, je me suis pris la tête pour savoir si j'allais mettre mes babies surélevés en peau de serpent, car j'avais peur de passer pour une grande saucisse.

« Mais non, voyons, m'a rassurée Brigit. À quoi bon les avoir achetés si tu ne les portes pas ? »

Et nous voilà parties, moi légèrement bancale sur mes hauts talons, direction Llama Lounge.

Le Llama Lounge était la fidèle réplique d'un bar à cocktails des années 60 : halogènes délirants, sièges métalliques bizarroïdes et tout un bric-à-brac spatial. Très, très classe.

Prudemment, Brigit s'est assise sur un canapé gonflable transparent.

« Je me demande si ce truc-là va supporter mon poids… », s'est-elle inquiétée.

J'ai essayé de m'asseoir à côté d'elle, mais elle n'a pas voulu.

« Non ! À nous deux, on le fera exploser, c'est sûr. »

Une fois installée, elle a dit :

« Oh, zut !

— Qu'est-ce qu'il y a ?

— Avec ce machin, on voit au travers, et tu sais comment tout s'étale quand on est assis. Les gens derrière moi vont croire que j'ai des hanches d'un mètre cinquante. Tu veux bien faire le tour pour vérifier ? a-t-elle ajouté d'une voix basse et désespérée. Mais l'air de rien, que ça ne se remarque pas trop. »

Comme une imbécile, j'ai décrit un cercle autour du canapé.

« Ça va. »

Et j'ai pris place dans un siège-baquet argenté, tellement bas que mes genoux m'arrivaient au menton. Ça me rappelait les visites chez le gynéco.

« E-excusez-moi, nous a interrompues une voix douce et nasillarde. Puis-je vous demander… ? »

J'ai levé les yeux sur le joli garçon qui se tenait devant nous. Dix-sept ans tout au plus. Trop jeune.

« C'est pas quelque chose de… *mystique* que vous venez de faire, là ?

— Qu'est-ce que j'ai fait ?

— Un cercle autour de votre siège. »

Il était ridiculement mignon. Heureusement que ce n'était pas une fille, la concurrence était déjà assez rude comme ça.

« Ah, le cercle ? »

Le démon de l'espièglerie s'est emparé de moi.

« Tout à fait. C'est une ancienne coutume irlandaise…

— Chinoise ! a dit Brigit en même temps.

— Elle a été observée à la fois dans la culture chinoise et celtique, ai-je enchaîné sans ciller. Ça porte…

— Chance ? s'est exclamé le chérubin.

— Exactement.

— Merci beaucoup.

— Mais je vous en prie.

— Tu crois qu'il nous aurait payé un pot ? » a remarqué Brigit amèrement.

Nous l'avons vu regagner son groupe d'amis, tous aussi juvéniles que lui, et leur expliquer quelque chose avec enthousiasme. Il a tracé avec son doigt des cercles sur la table. Puis il a fait une pause et recommencé dans l'autre sens. L'air soucieux, il s'est levé et a esquissé un pas dans notre direction.

« Dans le sens des aiguilles d'une montre », ai-je lancé.

Il s'est rassis avec un grand sourire et a poursuivi ses explications.

Quelques minutes plus tard, ils se sont levés tous les cinq et révérencieusement, en file indienne, ont fait le tour de leurs chaises. Arrivés à la case départ, ils se sont serré la main et embrassés avec effusion.

Il faisait très chaud. Assises sur nos sièges inconfortables, nous sirotions nos cocktails alambiqués. Jusqu'au moment où Brigit a décidé que c'était mon tour de tester le canapé translucide. Ce qui, dans le genre cuisses nues et en sueur sur du vinyle, était vraiment très bien…

… tant que je n'ai pas eu envie de me relever pour aller aux toilettes.

Car je n'ai pas pu.

« Je n'arrive pas à me lever, ai-je dit, affolée. Je suis collée à ce putain de canapé.

— Mais non, a répondu Brigit. T'as qu'à pousser sur tes pieds. »

Seulement, je ne parvenais pas à prendre appui sur le plastique moite. Et mes cuisses ne décollaient pas d'un pouce.

« Nom de Dieu ! »

Se redressant, Brigit m'a agrippée par le bras.

« Serait-ce trop te demander que de boire un coup tranquillement… »

Elle a tiré, mais je n'ai pas bougé.

Pliée en deux comme dans la lutte à la corde, elle a tiré plus fort.

Péniblement, laissant une couche de peau derrière moi – si j'avais su, je n'aurais pas claqué cinquante dollars pour une épilation –, j'ai commencé à me détacher du canapé. Avec un grand bruit de succion qui nous a valu des regards ahuris dans la salle, Brigit a réussi à me délivrer.

Juste au moment où je jaillissais avec un « slurp » final qui l'a envoyée valdinguer, sur qui je suis tombée ? Sur cet enfoiré de Luke Costello.

Haussant un sourcil en signe de mépris, il a lâché un « Salut, Rachel » lourd de sous-entendus.

Puis il a souri, avec dans l'œil une lueur qui ne présageait rien de bon.

# 34

« Enlève ta robe », a dit Luke doucement.

Prise de court, j'ai risqué un coup d'œil sur lui pour voir si j'avais bien entendu. Nous étions dans ma cuisine, moi devant l'évier et Luke en face, adossé au comptoir, les bras croisés. Théoriquement pour boire le café.

Au lieu de quoi, à moins que je ne sois victime d'hallucinations auditives, il m'avait dit d'enlever ma robe.

Normalement, j'aurais dû le mettre à la porte. Cependant, j'ai choisi l'humour dans l'espoir de m'en tirer par une pirouette.

« Mais nous n'avons même pas été présentés ! »

Il n'a pas paru trouver ça drôle.

« Allez, vas-y, m'a-t-il ordonné impérieusement. Enlève-la ! »

Mon cœur s'est arrêté de battre. Je n'étais pas défoncée ni assez saoule pour jouer à ce jeu-là. Et si Luke était chez moi, c'est uniquement parce que Brigit m'avait livrée à sa merci au Llama Lounge. Nadia lui avait signalé que le Talon Cubain avait été repéré au Z Bar et, du coup, elle était joyeusement partie à la chasse.

J'aurais voulu m'éclipser en même temps, mais elle m'en a empêchée.

« Reste là », a-t-elle déclaré, soudain toute guillerette.

Et, avec un clin d'œil et un signe de tête à l'adresse de Luke, elle a ajouté :

« Mais fais gaffe à lui, là-bas, garde la main sur ton bégonia. »

Sur ce, elle a filé, contente d'elle, sous mon regard chargé d'amertume.

Quelques minutes plus tard, j'ai fait une nouvelle tentative pour partir ; mais Luke, galant et ferme, a insisté pour m'offrir un verre et me raccompagner chez moi. Une fois à la maison, il s'est invité pour boire un café, et je n'ai pas réussi à dire non.

« La robe. Enlève-la ! »

J'ai posé la bouilloire que j'étais en train de remplir. Il était sérieux, ça s'entendait dans sa voix.

« Ouvre le premier bouton. »

C'est là que j'aurais dû lui montrer la porte. Ce n'était plus un jeu ; c'était une affaire d'adultes, et j'avais peur.

J'ai porté la main à mon encolure… hésité… et suspendu mon geste.

Non mais, et puis quoi encore ? Je n'allais pas me déshabiller dans ma cuisine devant Luke Costello !

« Ou je vais le faire à ta place », a-t-il menacé tout bas.

Fébrilement, apeurée, j'ai trituré le bouton. J'avais du mal à croire à ce qui m'arrivait.

« Le suivant. »

Il m'observait, les yeux mi-clos.

J'ai ressenti un début d'excitation au creux de l'estomac. Les doigts tremblants, j'ai défait le deuxième bouton.

« Continue », a-t-il poursuivi avec son sourire à vous donner la chair de poule.

Lentement, sous son regard brûlant, j'ai déboutonné ma robe et, mortifiée, l'ai serrée contre moi.

« Enlève-la. »

Je n'ai pas bougé.

« J'ai dit : enlève-la. »

La pause s'éternisait dans un silence chargé d'électricité. Finalement, gênée, défiante, mais incapable de m'arrêter, j'ai fait glisser la robe sur mes épaules et mes bras, et la lui ai tendue.

Pour une fois, je portais un soutien-gorge décent, un joli soutien-gorge en dentelle noire avec juste un petit trou. J'ai incliné la tête de sorte que mes cheveux me recouvrent au maximum les épaules et la poitrine. Trop tard, je me suis aperçue que le petit trou en question s'était agrandi et épousait parfaitement la pointe de mon sein. Un soutien-gorge spécial voyeur.

Luke a pris la robe sans me toucher et l'a jetée sur le comptoir derrière lui.

« Alors, qu'est-ce que je vais faire de toi ? »

Il m'a toisée de la tête aux pieds comme si j'étais une vache dans un concours agricole.

J'ai eu envie de me cacher, mais je me suis forcée à rester droite, le ventre rentré et la poitrine en avant. J'ai même failli mettre la main sur la hanche, mais ç'aurait été pousser la provocation trop loin.

« Je te fais enlever quoi, ce coup-ci ? »

Ridiculement, ma première pensée a été pour mes chaussures : comme elles étaient hautes, elles m'allongeaient et m'affinaient les jambes.

« O.K., retire ton soutien-gorge.

— Oh non !

— Oh si. »

Indolemment, il m'a gratifiée d'un sourire narquois.

Nous nous sommes dévisagés à travers la cuisine. Troublée, honteuse, j'avais le visage en feu. Presque malgré moi, mes mains ont trouvé l'agrafe de mon soutien-gorge.

Mais, une fois que je l'ai eu dégrafé, j'ai été frappée de paralysie, incapable d'esquisser un geste de plus.

« Allez ! m'a-t-il intimé, voyant que je m'étais arrêtée.

— Je ne peux pas.

— Ça ne fait rien, a-t-il dit avec une soudaine gentillesse. Tu n'as qu'à descendre une bretelle. »

Galvanisée par sa compréhension inespérée, je me suis exécutée.

« L'autre maintenant. »

De nouveau, j'ai obéi sans rechigner.

« Donne. »

Les seins ballottants, je lui ai remis mon soutien-gorge ; et c'est alors que, surprenant son regard, j'ai eu un bref aperçu de l'intensité de son désir.

Mais c'était reparti pour le mélange d'humiliation et d'excitation malsaine.

« Bon, viens ici, et fais ce que tu as fait le soir de ta fête. »

La honte m'a clouée au sol.

« Viens ici ! »

Comme un automate, je me suis approchée de lui, les paupières baissées.

« Vas-y, a-t-il dit, plaquant ma main sur son jean. Finis ce que tu as commencé samedi. »

J'ai tenté de me dégager. Luke a eu un rire déplaisant.

« Ah non. On ne joue plus ! Les hommes ont horreur des allumeuses. »

Lentement, sans le regarder, j'ai commencé à défaire sa ceinture. Sa grosse ceinture en cuir noir – même *elle* me faisait peur – s'est ouverte avec un sourd claquement.

Je l'entendais qui s'efforçait de respirer normalement, mais il avait du mal.

Ensuite, il fallait s'attaquer aux boutons de la braguette. *Je ne peux pas, je ne peux pas*, me suis-je dit, prise de panique.

« Rachel, a murmuré Luke d'une voix rauque. N'arrête pas… »

Retenant mon souffle, j'ai fait sauter le premier bouton. Puis le deuxième. Et le troisième.

Quand j'ai eu fini, j'ai attendu qu'il me dise ce que je devais faire après.

« Regarde-moi. »

J'ai levé la tête à contrecœur. Nos regards se sont rencontrés, et tout à coup quelque chose a cédé au fond de moi… J'en ai vu le reflet sur le visage de Luke.

Je l'ai fixé avec crainte et émerveillement. Je brûlais de le toucher, de l'embrasser, de sentir sa peau rugueuse contre ma joue. D'une main tremblante, j'ai effleuré ses cheveux soyeux.

Au même instant, le barrage a lâché. Cette fois-ci, on n'a pas résisté ; on s'est jetés l'un sur l'autre, arrachant ce qui nous restait de vêtements, mordant, griffant.

« Dieu, que tu es sexy ! » me suis-je écriée, pantelante.

Luke a marqué une pause, et son sourire inattendu a achevé de me faire craquer.

« Ça, Rachel Walsh, venant de toi, c'en est une bonne ! »

Je ne voulais pas qu'il parte. J'avais envie de dormir dans ses bras. Pourquoi lui, je n'en savais rien. Était-ce parce que je n'avais pas eu de petit ami depuis mon arrivée à New York ? Une femme aussi, ça avait des besoins.

« C'est gonflé de m'avoir fait me déshabiller devant toi, l'ai-je taquiné tandis que nous étions couchés sur mon lit. Je t'ai trouvé drôlement sûr de toi. Et si je sortais avec quelqu'un d'autre ?

— Qui ça ? a-t-il répondu en riant. Daryl, cette espèce de gros naze ?

— Ce n'est pas un gros naze, ai-je rétorqué avec hauteur. Il est très gentil et il a un boulot d'enfer.

— Mère Teresa aussi, a déclaré Luke en s'esclaffant, mais je ne l'aurais pas suivie chez elle pour autant. »

J'étais flattée qu'il soit jaloux de Daryl, mais comme tout l'épisode me faisait un peu honte, j'ai préféré changer de conversation.

« Je n'aurais pas cru que tu fréquentais le Llama Lounge.

— Je ne le fréquente pas.

— Mais alors, qu'est-ce que tu faisais là-bas ? »

Il s'est mis à rire.

« Je ne devrais pas te dire ça, mais j'avais envoyé des éclaireurs à ta recherche. »

J'ai ressenti simultanément une bouffée de satisfaction et un soupçon de mépris pour lui.

« Comment ça ?

— Tu connais Anya ?

— Nom de Dieu, oui. »

Anya était mannequin, et j'aurais voulu être elle.

« Je lui avais parlé de toi, et elle m'a téléphoné pour me prévenir que tu étais au Llama.

— Mais toi, d'où tu la connais ?

— Je travaille dans sa boîte.

— En tant que quoi ?

— Je jongle avec les chiffres, poulette.

— C'est quoi, ça ?

— Je m'occupe de comptabilité. Dans l'agence d'Anya.

— Tu es comptable ? ai-je demandé, stupéfaite.

— Non. Un simple employé.

— Dieu soit loué ! ai-je soufflé. Le mari de ma sœur Margaret est une sorte de comptable, mais en pire. Comment ça s'appelle, déjà ?

— Audit ?

— Oui, c'est ça. Et alors, raconte-moi : elle est sympa, Anya ? Aurait-elle de la place pour de nouveaux amis ?

— C'est une fille super. Le top du top. »

Ses yeux se sont fermés, son élocution s'est brouillée, et il s'est tourné sur le côté. Le nez dans son dos, je me suis blottie contre lui.

Au beau milieu de la nuit, je me suis réveillée, pliée en deux de douleur.

« Qu'est-ce qu'il y a, poulette ? » a murmuré Luke pendant que je me tordais, secouée de spasmes.

J'ai eu une hésitation. Comment lui formuler ça ?

« Je suis indisposée » ? Il n'allait peut-être pas comprendre.

« J'ai mes ragnagnas » ? Helen disait ça. Même aux hommes.

J'ai opté pour « J'ai mes règles ». Clair, simple et précis.

« Chouette ! s'est-il exclamé. Plus besoin de capote dans les cinq prochains jours.

— Tais-toi, ai-je gémi. Je suis cassée. Va me chercher des cachets, regarde dans le tiroir, là-bas.

— O.K. »

Il a sauté hors du lit et, tandis qu'il fouillait dans le tiroir, je l'ai admiré côté verso. Quel cul superbe il avait, ai-je pensé, assommée par la douleur. J'aurais bien aimé avoir des fossettes comme ça, moi aussi.

Il est revenu avec ma grosse boîte à pharmacie bourrée d'antalgiques.

« Dihydrocodéine ? a-t-il lu sur l'étiquette. C'est costaud, ça. On l'a uniquement sur ordonnance.

— Eh oui. »

Je n'allais pas lui dire que j'achetais mes ordonnances à Digby, le toubib héroïnomane.

« Bien, a-t-il déclaré en étudiant soigneusement l'étiquette. Deux maintenant et plus rien avant six heures…

— Tu peux aller me chercher de l'eau ? » l'ai-je interrompu.

Deux, mon œil. Plutôt dix, oui.

Pendant qu'il était dans la cuisine, j'ai enfourné une poignée de comprimés. Puis, quand il est revenu, j'ai pris les deux qu'il me tendait avec le verre d'eau.

« … rci », ai-je marmonné, à peine capable d'articuler tellement j'avais la bouche pleine.

Mais au moins, j'avais réussi mon coup.

# 35

Naturellement, le lendemain, je n'étais pas en état d'aller travailler. Exempte de culpabilité car, pour une fois, j'étais réellement malade, j'ai repris des cachets et me suis installée pour profiter de ma journée de repos.

Pour en profiter, j'en ai profité.

Agréablement étourdie par les antalgiques, j'ai regardé « Geraldo », puis j'ai regardé « Jerry Springer », puis j'ai regardé « Oprah », puis j'ai regardé « Sally Jessy Raphael ». J'ai mangé un litre de glace et un paquet familial de tortilla chips. Après quoi, ç'a été l'heure de faire un petit somme.

Lorsque Brigit est rentrée du travail, j'étais couchée sur le canapé en pantalon de survêtement et brassière, mangeant des Cinnamon Toast Flakes directement dans la boîte. Car il est bien connu que les céréales qu'on mange dans la boîte – tout comme n'importe quelle nourriture absorbée debout – ne font pas grossir.

« Tu as encore séché ? ont été ses premières paroles.

— J'étais malade, ai-je répondu, sur la défensive.

— Oh, Rachel !

— J'étais *vraiment* malade », ai-je insisté, agacée.

À quoi bon avoir une mère quand on a Brigit ?

« Si tu continues, tu vas perdre ton boulot. »

Dieu sait pourquoi, elle était en pétard contre moi. Combien de fois elle m'avait demandé de téléphoner à son bureau pour se faire porter pâle !

De toute façon, il faisait trop chaud pour se disputer.

« La ferme, ai-je dit maladroitement. Raconte-moi plutôt comment ça s'est passé hier soir avec Notre Agent à La Havane.

— *Madre de Dios !* » s'est-elle écriée.

C'était tout ce qui lui restait de ses cours d'espagnol, qu'elle avait suivis dans l'espoir de conquérir le volage Carlos.

« On est en pleine tragédie. Éteins cette télé et allume le ventilateur, pendant que je t'explique.

— Le ventilateur est déjà en marche.

— Bon sang, et on n'est qu'en juin, a-t-elle soupiré. Bon, écoute-moi ça. »

La mine orageuse, elle m'a décrit comment elle avait débarqué au Z Bar, pour apprendre que Carlos était parti. Elle était donc allée chez lui, mais Miguel qui gardait la porte ne l'avait pas laissée entrer. Elle avait néanmoins réussi à forcer le passage, pour tomber nez à nez avec une petite minette hispano haute comme trois pommes qui l'avait envoyée sur les roses, après avoir copieusement engueulé Carlos.

« Elle m'a traitée de *gringa*. Non mais, tu imagines !

— Attends une minute. *Gringa* n'est pas franchement une insulte.

— Ah bon, se faire traiter de prostituée n'est pas une insulte. Merci beaucoup, Rach…

— *Gringa* ne veut pas dire prostituée », ai-je répliqué en haussant la voix.

Quand Brigit était dans cet état-là, il fallait parler fort pour se faire entendre.

« Ça signifie simplement "femme blanche". »

Il y a eu un silence de stupeur.

« Et c'est comment, "prostituée", en cubain ?

— Je ne sais pas, c'est toi qui as pris des cours d'espagnol.

— Ce soir, on se bourre la gueule.

— Très bien. Ou alors, j'appelle Wayne et…

— Non ! a-t-elle crié. J'en ai marre de tes…

— Quoi ? ai-je balbutié, affolée.

— Rien. J'ai juste envie de me pinter pour pouvoir pleurer sur mon sort. Et on ne peut pas être malheureux avec la coke. Enfin, pas quand c'est toi qui la sniffes, a-t-elle ajouté, sibylline. Bon, je vais me changer. »

L'instant d'après, je l'ai entendue hurler de sa chambre :

« *Prostituta !*

— Tu n'es pas exactement une sainte toi-même ! ai-je répliqué en suffoquant.

— Mais non, a-t-elle lancé avec un rire dans la voix. J'ai regardé, c'est comme ça qu'on dit "prostituée" en espagnol. »

Le téléphone a sonné. On a plongé toutes les deux sur le combiné, moi au salon, Brigit dans sa chambre. Elle a été la plus rapide.

« C'est pour moi ! »

Environ sept secondes plus tard, elle est arrivée en courant, hors d'haleine :

« Devine qui c'était.

— Carlos.

— Comment tu sais ? En tout cas, il veut me présenter ses excuses. Du coup, euh… il va passer ce soir. »

Je n'ai rien dit. Qui étais-je pour juger ?

« Allez, hop, on range, il sera là dans une demi-heure. »

Mollement, j'ai froissé mes paquets de chips vides et traîné ma couette dans ma chambre.

Une demi-heure plus tard, Carlos n'était toujours pas là. Une heure plus tard non plus.

Brigit se décomposait à vue d'œil.

Au bout d'une heure et demie, elle a craqué, et m'a suppliée d'appeler chez lui. Ça ne répondait pas. Rassurée, elle en a conclu qu'il était en route.

Finalement, au terme de trois heures d'attente, elle s'est levée et a annoncé :

« J'y vais.

— Non, Brigit, ai-je imploré. S'il te plaît... ton amour-propre... ta dignité... un porc... ne vaut même pas qu'on lui pisse dessus... à quoi bon... assieds-toi... »

Juste à ce moment-là, on a sonné à la porte. On aurait dit que l'appartement tout entier poussait un soupir de soulagement.

« À la onzième heure », a murmuré Brigit.

Je me suis retenue de préciser que depuis belle lurette on n'en était plus à la onzième heure, mais plutôt à la seizième ou la dix-septième.

Une étrange lueur a brillé dans les yeux de Brigit.

« Tu vas voir », a-t-elle dit entre ses dents.

Nonchalamment, elle s'est approchée de l'interphone, l'a décroché, a pris une profonde inspiration. Et, d'une voix tonitruante, elle a beuglé :

« VA TE FAIRE FOUTRE ! »

Se tournant vers moi, elle s'est pliée de rire.

« Ça lui apprendra, à ce gougnafier !

— Je peux essayer ? ai-je demandé en trépignant.

— Je t'en prie, fais comme chez toi. »

Elle était en forme.

« Ahm... »

Je me suis raclé la gorge.

« O.K., allons-y : OUAIS, VA TE FAIRE FOUTRE ! »

Nous étions dans les bras l'une de l'autre, pleurant de rire.

Une nouvelle sonnerie, longue et stridente, nous a coupé momentanément le sifflet.

« Ne t'en occupe pas, ai-je hoqueté.

— Je ne peux pas. »

Ça nous a valu une autre crise de fou rire.

Elle a attendu de se calmer avant de décrocher.

« Allez, entre, espèce de gros porc immonde. »

Et elle a pressé le bouton d'ouverture.

Il avait l'air méfiant et vexé. Et il y avait de quoi.

Car c'était Daryl, et pas Carlos. Daryl !

Je n'en croyais pas mes yeux. Honnêtement, j'avais fait une croix sur lui. Il avait dû perdre mon numéro de téléphone, mais il se rappelait l'adresse depuis la fête à la maison. J'étais tellement heureuse que j'ai failli m'étouffer.

« Salut, Rebecca, a-t-il dit d'un ton vague.

— Rachel, ai-je rectifié, embarrassée.

— Non, *Daryl*, a-t-il répliqué. Mon nom est Daryl. »

Il n'était pas aussi beau que dans mon souvenir, mais ça m'était égal. Il s'habillait hypertendance, il connaissait Jay McInerney, et mon cœur battait pour lui.

« Voilà, Rebecca, a-t-il déclaré sans me regarder vraiment, je suis dans le ca…

— Excuse-moi, mais je m'appelle Rachel. »

J'ai aussitôt culpabilisé : je ne voulais pas qu'il prenne ça comme une critique.

« Ça n'a pas d'importance… »

Et j'ai presque ajouté : « … tu peux m'appeler Rebecca si tu préfères. »

« Pourquoi vous m'avez dit d'aller me faire foutre ? »

Et il a reniflé avec force, ce qui expliquait son regard flou et fuyant.

Brigit étant restée sans voix de déception, j'ai été obligée de répondre :

« Parce qu'on t'avait pris pour quelqu'un d'autre… »

Là-dessus, on a sonné de nouveau, et Brigit a instantanément émergé de sa torpeur. Elle a foncé sur l'interphone et s'est lancée dans une tirade incohérente dont un mot sur dix seulement était audible.

« SALAUDFILSDEPUTETROPTARDSALECONMIEUXÀFAIRESALAUDVAAUDIABLE. »

Elle a terminé sur :

« Entre, connard. »

Et elle a pressé le bouton.

Tout à coup, elle a semblé prendre conscience de la présence de Daryl.

« *Mamma mia*, a-t-elle dit avec un drôle de petit rire. *Mamma. Mamma mia. Mamma mamma mia.* Ha ha. »

J'avais eu tort de lui raconter ma nuit avec Daryl. Maintenant qu'elle avait pété les boulons, Dieu sait de quoi elle était capable.

Le pouce dans la bouche, elle s'est rapprochée tout près – trop près – de Daryl pour répéter sur un ton éloquent :

« *Mamma.* »

Après quoi, avec un rire mauvais, elle est allée se poster devant la porte pour mieux faire la peau à Carlos dès son arrivée.

Du coup, quand Luke est apparu, les bras chargés de glaces Ben & Jerry's, j'ai cru qu'elle allait mourir sur place.

« Alors, Brigit, a-t-il demandé, imperturbable, c'est la chaleur qui te tape sur le système ? »

Elle l'a fixé avec des yeux éteints.

« C'est toi, Luke, qui as sonné… ?

— Eh oui. Que se passe-t-il ? Le Cubain a encore frappé ? »

Elle a hoché la tête en silence.

« Pourquoi tu ne laisses pas tomber ? Trouve-toi plutôt un gentil Irlandais. »

Elle continuait à le fixer d'un regard mort.

« Un peu de glace, ça te ferait du bien ? » a-t-il proposé avec douceur.

Voilà un homme qui sait parler aux femmes, me suis-je dit, bien que son apparition inopinée m'ait également causé un choc. Surtout avec Daryl dans les parages.

Nouveau hochement de tête saccadé, Brigit a tendu la main. Lorsque Luke a voulu lui donner une boîte, elle a hésité, puis la lui a arrachée comme un enfant craignant qu'on ne la retire au dernier moment.

« Tout ça… pour m-moi ? » a-t-elle articulé avec effort.

Je l'avais déjà vue catatonique, mais jamais à ce point-là.

Luke a acquiescé.

« Tout pour Brigit », a-t-elle ajouté d'une voix pâteuse, serrant la boîte contre elle.

Nous l'observions avec anxiété.

« C'est bien, marmonnait-elle. Tout pour la pauvre Brigit. »

Silencieux, nous assistions à ses tentatives pour marcher.

« Cuillère, a-t-elle bafouillé, titubant en direction de la cuisine. Manger. Ça ira mieux. »

Elle s'est arrêtée brusquement.

« Non, pas la peine. Manger de toute façon. Sans cuillère. »

Tous les regards ont suivi sa progression jusqu'à sa chambre. Quand elle a eu claqué la porte, Luke s'est tourné vers moi.

« Rachel », a-t-il dit d'une voix très différente de celle avec laquelle il avait consolé Brigit.

En entendant cette voix-là, j'ai eu l'impression d'avoir déjà mangé une partie de la glace qu'il m'avait apportée. Mais je n'ai pas pu savourer cette sensation, gênée par la présence de Daryl qui traînait là en reniflant.

« Ah, salut, Luke, ai-je répondu, mal à l'aise. Nous ne t'attendions pas. »

J'ai immédiatement regretté ces paroles : ce n'était pas très accueillant. J'ai donc enchaîné à la hâte :

« Mais je suis ravie de te voir. »

Ce qui n'était guère mieux, car ça sonnait faux et ç'avait comme un relent de condescendance.

Mon visage me brûlait. Pourquoi fallait-il que Luke débarque au moment où Daryl était là ? Et pourquoi fallait-il que Daryl soit là pour l'arrivée de Luke ?

Luke a regardé Daryl, et son expression a changé.

« Darren, a-t-il dit, la mine sombre.

— Daryl, a corrigé Daryl.

— Je sais, a répliqué Luke.

— Quelqu'un a soif ? » me suis-je exclamée d'une voix suraiguë avant qu'ils n'en viennent aux mains.

Luke m'a suivie dans la cuisine.

« Rachel, a-t-il murmuré, son grand corps tout contre le mien. Tu ne te rappelles plus, hein ?

— Quoi ? »

J'ai capté son odeur, et ça m'a donné envie de le mordre.

« Tu m'as demandé de passer ce soir.

— Moi ? Quand ça ?

— Ce matin, avant que je parte. »

Mon sang s'est glacé dans mes veines. Je n'en avais pas le moindre souvenir. Et ce n'était pas la première fois que ça m'arrivait.

« Oh, mon Dieu, ai-je gloussé nerveusement, je ne devais pas être réveillée. »

Je l'avais été suffisamment, en tout cas, pour le faire téléphoner à mon travail.

« Dis que tu es mon frère », lui avais-je recommandé.

« Dans ce cas, a déclaré Luke, le visage de marbre, en posant l'autre boîte de glace sur le comptoir, je vais te laisser. »

Accablée, consciente d'avoir tout gâché, je l'ai regardé s'en aller.

J'aurais voulu le retenir, mais tout en moi, excepté mon cerveau, était paralysé, comme au sortir d'une anesthésie générale.

Reviens ! criais-je dans ma tête, mais ma voix refusait de coopérer.

Rattrape-le ! m'enjoignait ma tête, mais mes membres étaient hors circuit.

Lorsque la porte a claqué, j'ai entendu Daryl marmonner dans un reniflement :

« Dis donc, il est pas net, ce type. »

Avec lassitude, je suis retournée auprès de lui pour essayer de sauver les meubles.

# 36

« Bon Dieu, il est presque neuf heures ! » s'est écrié Chris.

Et ç'a été la ruée du lundi matin : le groupe de Choucroute, avec Chris en tête, direction la Bibliothèque ; le groupe de Barry Grant, la Chapelle ; et celui de Josephine, le Presbytère.

Dans la bousculade générale, nous nous sommes engouffrés à l'intérieur de la pièce, chahutant joyeusement pour avoir les meilleures places. Chaquie et moi nous sommes disputé le même siège. D'une poussée vigoureuse, elle m'a fait tomber par terre et s'est carrée, triomphante, sur la chaise. Toutes les deux, nous nous tordions de rire. L'autre bonne chaise a été occupée par Mike. Mais Misty s'est assise sur lui en disant :

« Je la veux. Donne-la-moi. »

Le sous-entendu était gros comme une maison. Mike a blêmi, et est allé se percher sur la plus mauvaise chaise dont les ressorts, à la longue, vous rentraient dans les fesses.

Josephine a attaqué en déclarant :

« Rachel, on vous a un peu négligée la semaine dernière, n'est-ce pas ? »

J'ai senti que je me liquéfiais de l'intérieur.

L'heure du questionnaire avait sonné. Comment avais-je pu imaginer passer au travers ? Ça m'apprendrait à rigoler avec Chaquie. De par ma bonne humeur, j'avais tenté le sort.

« N'est-ce pas ? a répété Josephine.

— Ça ne me dérange pas, ai-je marmonné.

— Je sais bien que ça ne vous dérange pas, a-t-elle répondu, joviale. C'est précisément pourquoi nous allons parler de vous. »

Mon cœur battait la chamade ; je suffoquais de rage impuissante. J'avais envie de renverser les chaises, de cogner sur cette garce de Josephine, de partir en courant et de courir jusqu'à New York pour tuer Luke.

Mais quelle folie que d'être là pour endurer tant de souffrance et d'humiliation !

Sous mon regard angoissé, Josephine a feuilleté les papiers qu'elle avait à la main. Non, s'il vous plaît, ne faites pas ça !

« J'aimerais que vous écriviez l'histoire de votre vie, a-t-elle dit en me tendant une feuille. Voici les questions auxquelles vous devrez répondre au moment de la rédiger. »

J'ai mis un certain temps à comprendre que j'étais sauvée, qu'on n'allait pas me traîner publiquement dans la boue suite à la trahison de Luke. Elle voulait juste que je lui raconte ma vie par écrit. *No problem !*

« Inutile de prendre cet air affolé », a-t-elle ajouté avec un sourire entendu.

Subrepticement, j'ai jeté un œil sur le papier qu'elle m'avait donné. C'était bien ça, une liste de questions pour me guider dans la rédaction de mon récit. « Quel est votre premier souvenir ? » « Vers qui allait votre préférence quand vous aviez trois ans ? » « Que vous évoquent vos cinq ans ? » « Vos dix ans ? » « Vos quinze ans ? » « Vos vingt ans ? »

J'aurais cru qu'il s'agissait d'un exercice difficile, créatif. Or, ça se révélait aussi simple que de remplir un imprimé administratif. Tant mieux.

La séance de la matinée était consacrée à Clarence qui, à l'issue de six semaines de séjour, allait sortir prochainement.

« Vous êtes bien conscient, si vous voulez garder vos distances vis-à-vis de la boisson, lui a déclaré Josephine, que vous devrez changer d'existence, une fois que vous serez dehors ?

— Mais j'ai déjà changé, a annoncé Clarence avec empressement. J'ai vu des choses que je n'avais jamais soupçonnées chez moi en cinquante et un ans de vie. J'ai eu le courage d'écouter mes proches parler de mon alcoolisme. Et je me rends compte que j'ai été égoïste et irresponsable. »

C'était étrange d'entendre quelqu'un d'aussi bizarre que Clarence tenir des propos cohérents et sensés.

« Je vous l'accorde, a répondu Josephine en souriant, pour une fois sans aucune ironie. Vous revenez de loin. Mais je pense aux changements d'ordre pratique.

— Je n'ai pratiquement pas songé à l'alcool pendant que j'étais ici. Sauf quand c'était trop dur.

— Justement. Dehors aussi, ça risque parfois d'être dur, car ça fait partie de la vie. Et vous aurez la possibilité de mettre la main sur la boisson… Quelles sont vos suggestions ? a-t-elle lancé à la cantonade.

— La psychothérapie ? a hasardé Vincent. En deux mois, on n'en apprend sûrement pas assez sur nous-mêmes pour que ça nous dure jusqu'à la fin de nos jours.

— Très bien, Vincent, a approuvé Josephine. Bonne remarque. Chacun de vous aura à changer un comportement de toute une vie, après avoir regagné le monde extérieur. Une thérapie suivie, individuelle ou en groupe, est absolument vitale.

— Ne t'approche pas des pubs ! s'est exclamée Misty avec passion. Et coupe les ponts avec les gens qui avaient l'habitude de boire avec toi car vous n'avez plus rien en commun. C'est ça qui m'a fait rechuter.

— Écoutez Misty, a confirmé Josephine. À moins que vous ne vouliez nous revenir dans six mois.

— Va aux réunions des AA, a suggéré Mike.

— Merci, Mike. »

Josephine s'est redressée.

« Vous découvrirez tous que les AA ou les NA vous seront d'un grand soutien à votre sortie.

— Trouve-toi de nouveaux passe-temps », a recommandé Chaquie.

Je prenais énormément de plaisir à cette séance. C'était excitant d'aider quelqu'un à reconstruire sa vie.

« Merci, Chaquie. Réfléchissez à ce que vous auriez envie de faire, Clarence.

— Ma foi..., a-t-il répondu timidement. J'ai toujours...

— Allez-y, continuez.

— J'ai toujours voulu... apprendre à conduire. Je me disais tout le temps que j'allais m'y mettre, mais ça n'aboutissait pas, parce qu'en fin de compte je préférais boire plutôt que de me lancer. »

Clarence a été le premier surpris par cet aveu qui lui avait échappé.

« Ça, a exulté Josephine, c'est la chose la plus pertinente que vous ayez dite depuis que vous êtes ici ! Vous avez mis le doigt sur le trait fondamental du comportement d'une personne dépendante. L'alcool ou la drogue occupe une place telle dans sa vie que tout le reste n'a plus vraiment d'intérêt. »

Juste comme je me félicitais d'avoir un si grand nombre de centres d'intérêt – sortir, faire la fête, acheter des fringues, m'éclater –, elle a ajouté :

« Je vous rappelle que les soirées et la fréquentation des pubs et boîtes de nuit ne sont pas des activités en soi. Ce n'est qu'un épiphénomène servant à alimenter votre dépendance. »

Ce disant, elle m'a regardée bien en face ; ses yeux bleus perçants pétillaient de gaieté. Et je l'ai haïe comme je n'avais jamais haï personne. Et pourtant, croyez-moi, la haine, ça me connaissait.

D'ordinaire, la philosophie du Prieuré censée me concerner directement glissait sur moi sans laisser de traces. Mais là, j'ai eu peur. Prudence, me suis-je dit, ne te dévoile pas ou ils vont te casser.

Ce soir-là, installée dans la salle à manger pour écrire l'histoire de ma vie, je n'ai pas pu m'empêcher d'observer Chris du coin de l'œil. Était-ce ma parano, ou l'attention qu'il me témoignait avait-elle imperceptiblement baissé d'un cran depuis la visite d'Helen ? Il était en train de jouer au Trivial Pursuit avec d'autres pensionnaires. Une partie ponctuée de disputes, car Vincent soupçonnait Staline d'avoir appris toutes les réponses par cœur.

Davy les suppliait de jouer pour de l'argent. Ou ne serait-ce que pour des allumettes.

L'ambiance autour de la table me faisait penser à ma famille. En moins féroce, bien sûr.

Il s'était mis à neiger. Nous avions laissé les rideaux ouverts pour voir les flocons tourbillonner doucement derrière les vitres.

Le jeune Barry évoluait à travers la salle en faisant du tai chi ; ses mouvements lents et gracieux apaisaient le regard. Il était beau comme un ange brun. Et il semblait toujours en pleine forme, à l'aise dans son petit monde virtuel. Je me suis demandé quel âge il pouvait avoir.

En entrant, Eamonn a failli se cogner à lui.

« Qu'est-ce que tu fabriques ? C'est dangereux, tu devrais arrêter.

— Laisse-le faire son chow-chow », a protesté Mike.

Ensuite, Chaquie est arrivée en pestant contre l'article qu'elle avait lu sur les mères célibataires auxquelles on distribuait des préservatifs pour leur éviter de récidiver.

« C'est honteux, fulminait-elle. Dépenser l'argent des contribuables pour leur offrir des capotes ! Savez-vous quel est le meilleur des contraceptifs ? »

Barry a fait mine de réfléchir.

« Ta tronche ? »

Chaquie l'a ignoré.

« Le mot "non" ! C'est aussi simple que ça, juste deux petits *n* et un *o*. Si elles avaient le moindre sens moral, elles…

— Oh, la ferme ! » a rugi tout le monde en chœur.

Ça s'est calmé un peu, jusqu'à ce que John Joe demande à Barry de lui montrer les rudiments du tai chi. Gentil comme il l'était, Barry a accepté.

« Regarde, tu fais glisser ton pied sur le sol. Non, *glisser*. »

Au lieu de quoi, John Joe a simplement levé son lourd godillot, et l'a planté gauchement un peu plus loin.

« Non. Tu glisses, regarde…

— Fais voir. »

John Joe s'est rapproché de Barry.

Nous tous qui étions dans son groupe nous sommes figés, pensant la même chose : Oh, mon Dieu, il est en train de draguer Barry !

« Lève le bras, doucement. »

Barry a esquissé le geste, aussi gracieux qu'une danseuse. John Joe a brandi le poing ; on aurait dit qu'il cherchait à assommer quelqu'un.

« Et maintenant, déhanche-toi. »

John Joe s'est exécuté avec enthousiasme.

Il y a eu de nouveaux éclats de voix, tout ça parce que Staline connaissait la capitale de la Papouasie-Nouvelle-Guinée.

« *Comment* tu peux savoir ça ? trépignait Vincent.

— Parce que je ne suis pas un abruti comme certains.

— Tu parles, a ricané Vincent. C'est parce que tu as potassé les réponses. Papouasie-Nouvelle-Guinée, mon cul ! Tu es à peine capable de citer la capitale de l'Irlande, bien que tu y habites.

— Chut, un peu de silence, j'essaie d'écrire l'histoire de ma vie, ai-je lancé avec bonne humeur.

— Pourquoi tu ne vas pas dans la salle de lecture ? m'a conseillé Chris. C'est plus calme là-bas. »

D'accord, message reçu.

Mais sitôt que j'ai voulu m'y mettre, m'y mettre pour de bon au lieu de contempler ma feuille, j'ai compris pourquoi, le premier soir, j'avais vu des gens taper sur la table, froisser le papier, et le jeter contre le mur en s'écriant avec désespoir :

« Je n'y arrive pas ! »

Face à toutes ces questions, je découvrais dans mon for intérieur que je n'avais absolument pas envie d'y répondre.

# 37

Quel était mon premier souvenir ? me demandais-je devant la feuille blanche. Un parmi tant d'autres... La fois où Claire et Margaret m'avaient trimballée à toute vitesse dans un landau de poupée ? Je me revoyais tassée dans ce landau trop petit, avec le soleil dans les yeux et les visages rieurs de mes sœurs sous leur coupe au bol. Nous étions toutes coiffées de la même façon ; je détestais mes cheveux et j'enviais mortellement à Angela Kilfeather ses longues boucles dorées.

Ou alors était-ce lorsque je courais derrière Claire et Margaret sur mes jambes courtes et potelées, tout ça pour m'entendre dire : « Rentre à la maison, t'es trop petite pour venir avec nous » ?

Ou bien encore quand je guignais les sandales de Claire en cuir verni bleu ciel, avec une lanière autour du gros orteil, une autre autour de la cheville et – le fin du fin – une fleur blanche au-dessus de l'orteil ?

Non, mon premier souvenir ne datait-il pas plutôt du jour où j'avais mangé l'œuf de Pâques de Margaret et où nous nous étions retrouvées à la porte de notre maison ?

Sitôt évoqué, j'ai eu l'impression que les lumières baissaient dans la salle de lecture. Bon sang, ça me faisait tout bizarre, vingt-trois ans après, de repenser à cette fameuse journée. Vingt-trois ans... comme si c'était hier.

Margaret avait gardé son œuf depuis le mois d'avril, et nous étions en septembre. Voilà le genre de sœur que j'avais. Ça me tuait, cette faculté qu'elle avait de stocker.

Pendant des mois, l'œuf avait trôné sur l'armoire, affriolant mirage dans son emballage rouge et brillant. Je le convoitais de toutes les fibres de mon petit corps dodu. C'en était devenu une obsession.

« Tu vas le manger quand ? demandais-je en m'efforçant de prendre un air nonchalant.

— Je n'en sais rien, répondait-elle négligemment, en monstre de self-control qu'elle était.

— Ah bon. »

Il ne fallait surtout pas qu'on sache que je le voulais. Car c'était le meilleur moyen de se retrouver le bec dans l'eau. Demandez, et vous n'obtiendrez pas : telle était mon expérience.

Le jour où j'ai fini par craquer, je n'avais pas l'intention de le manger.

Du moins, pas tout entier.

Je pensais seulement chiper le petit sachet de chocolats qui était à l'intérieur. Le plan consistait à remettre l'œuf de Pâques dans sa boîte et à replacer celle-ci sur l'armoire, ni vu ni connu. Et si un jour Margaret s'apercevait de la disparition de ses chocolats, elle pourrait toujours croire à une erreur du fabricant. Je dirais même que, dans mon œuf non plus, il n'y avait pas de chocolats, avais-je décidé, contente de ma trouvaille.

L'idée du vol avait germé lentement, nourrie de rancœur. J'attendais le moment propice.

Claire et Margaret étaient à l'école ; l'institutrice de Margaret disait qu'en trente-huit ans de carrière elle n'avait jamais vu une petite fille aussi bien élevée. La malodorante Anna dormait dans son lit de bébé. Et maman était en train d'étendre la lessive, ce qui signifiait normalement une absence de plusieurs heures, le temps de tailler une bavette avec Mme Kilfeather, la mère d'Angela l'angélique aux bouclettes d'or.

J'ai traîné le fauteuil en osier jaune vers la massive armoire, et je me suis hissée dessus sur la pointe des pieds pour essayer d'attraper l'œuf. À force de me répéter que Margaret n'en voulait pas, je m'étais presque convaincue que je lui faisais une fleur. Finalement, j'ai réussi à accrocher la boîte, qui m'a dégringolé sur la tête.

Je l'ai posée par terre entre mon lit et le mur ; ainsi, si maman entrait à l'improviste, elle n'y verrait que du feu.

Il y a eu un moment de panique avant que je m'attaque au carton. Mais je n'étais plus en état de lutter. Je salivais, mon cœur battait à tout rompre. J'avais envie de chocolat et je n'allais pas m'en priver.

Ouvrir la boîte n'a pas été chose facile. Margaret n'avait même pas retiré le scotch. Autrement dit, ai-je pensé, écœurée, elle n'y avait pas seulement *goûté*.

Avec précaution, mes petites mains grassouillettes moites de sueur, j'ai décollé le scotch. Le carton est venu avec. Mais, dans mon excitation, j'ai décidé que je m'en inquiéterais plus tard.

Révérencieusement, j'ai sorti l'objet oblong et brillant, et aussitôt l'odeur m'est montée au nez. Malgré mon impatience, je me suis obligée à ouvrir avec soin le papier d'argent. Les deux moitiés se sont séparées, révélant le petit sachet de billes de chocolat à l'intérieur. Comme le bébé Jésus dans la crèche, me suis-je dit avec ravissement.

J'étais sincèrement résolue à en rester là, mais une fois les chocolats liquidés j'ai eu envie d'en manger encore. *Encore*. Et ENCORE !

Je ne peux pas, me suis-je exhortée. Elle va me tuer.

Mais si, tu peux. Elle ne s'en apercevra même pas.

J'ai eu vite fait de trouver un compromis. Je mangerais une moitié, recouvrirais l'autre avec son papier rouge et remettrais la boîte sur l'armoire, tournée du bon côté.

Heureuse, fière de mon ingéniosité, j'ai pris l'œuf et, pantelante de crainte et d'anticipation, j'ai cassé en deux l'une des moitiés. Fébrilement – j'ai eu à peine le temps de sentir le goût du chocolat –, j'ai enfourné les morceaux dans ma bouche.

L'extase a été de courte durée.

Avec la dernière bouchée, le plaisir a fait place à la honte. Rapidement, j'ai recouvert le reste de l'œuf ; je ne voulais plus le voir. Mais j'avais beau m'escrimer, le papier d'argent était tout froissé et, en m'efforçant de le lisser, je l'ai transpercé avec un ongle !

Aidez-moi, mon Dieu ! Je serai sage, je ne recommencerai plus. Je lui donnerai mon œuf de Pâques de l'année prochaine. Je lui donnerai tous mes Cadbury's du dimanche, pourvu qu'on ne sache pas que c'est moi.

Finalement, j'ai réussi à fourrer l'œuf dans sa boîte, que j'ai refermée et placée sur l'armoire.

Rassurée, je suis allée voir où en était maman. Je l'ai trouvée dans le jardin, discutant avec Mme Nagle pardessus le muret. Que pouvaient-elles bien se raconter pendant tout ce temps ?

Je me suis accrochée à ses jupes et, pour accélérer les choses et avoir un peu d'attention, je me suis mise à geindre :

« Maman, j'ai envie de faire popo.

— C'est pas vrai ! s'est-elle exclamée à l'adresse de Mme Nagle. Je n'ai pas une seconde à moi dans cette maison. Allez, viens ! »

Mais, une fois à l'intérieur, elle s'est occupée d'Anna, et je me suis de nouveau retrouvée livrée à moi-même.

Avec qui pourrais-je bien jouer ? Sournoise, la pensée qu'il restait l'autre moitié de l'œuf de Margaret s'est insinuée dans ma tête. Il était là, à portée de main. Il suffisait de grimper les marches. Ce serait si facile…

Non ! me suis-je rappelé. Je n'avais pas le droit.

Et pourquoi pas ? Vas-y, m'a encouragée une petite voix, elle ne dira rien.

Je suis donc retournée sur le lieu du crime. Le fauteuil, l'armoire, et l'œuf de Pâques était entre mes mains.

Ce coup-ci, j'ai tout mangé ; il n'y avait plus rien à mettre dans la boîte en guise de camouflage. La honte et la terreur sont revenues, bien, *bien* pires que la première fois.

Trop tard, j'ai compris que j'étais fichue.

Le cœur battant, consciente que je ne pouvais pas laisser la boîte vide sur l'armoire, j'ai regardé autour de moi à la recherche d'une cachette. Je regrettais jusqu'à l'heure de ma venue au monde. Sous le lit ? Non, c'était notre terrain de jeux préféré. Derrière le canapé, dans la grande pièce ? Pas moyen, lorsque j'y avais caché la poupée Sindy de Claire après l'avoir tondue, on l'avait découverte avec une rapidité alarmante. J'ai finalement opté pour le trou à charbon, car on ne s'en servait plus. (J'étais encore trop jeune pour faire le rapprochement entre l'été et l'absence de feux.)

Puis je me suis tourmentée en pensant à ce que j'allais dire quand Margaret constaterait l'absence de son trophée en chocolat.

Naturellement, je n'avais pas l'intention d'avouer. Au contraire. Je n'aurais pas hésité à rejeter la faute sur quelqu'un d'autre. Mais ça non plus, ce n'était pas un bon plan. Lorsque j'avais tenté d'accuser Jennifer Nagle d'avoir arraché la tête du baigneur de Margaret, ça s'était très mal terminé.

Je dirais qu'il avait été volé par un inconnu. Un homme effrayant vêtu d'une cape noire qui s'introduisait dans les maisons pour voler les œufs de Pâques.

« Qu'est-ce que tu fabriques là-haut ? »

La voix de maman m'a fait sursauter, et mon cœur affolé a frôlé le surrégime.

« Descends, Anna est dans sa poussette ; si tu ne te dépêches pas, on sera en retard pour aller les chercher à l'école. »

J'ai prié – sans trop y croire – pour qu'à l'entrée de l'école on nous annonce que Margaret s'était cassé une jambe. Ou qu'elle était morte.

Cela aurait été trop beau.

Sur le chemin du retour, j'ai donc prié pour *me* casser une jambe ou bien mourir. Ça m'arrivait souvent, de rêver que je me cassais une jambe. On était submergé de friandises, et tout le monde était gentil avec vous.

Mais j'ai atteint la maison saine et sauve, en hoquetant presque de terreur.

Il y a eu un bref moment de répit... Maman ne parvenait pas à ouvrir la porte de derrière. Elle avait beau tourner la clé dans tous les sens, secouer la poignée, rien n'y faisait : la porte restait close.

Une frayeur insidieuse me glaçait le sang.

Les marmonnements sourds de maman ressemblaient de plus en plus à des imprécations.

« Qu'est-ce qu'il y a ? ai-je demandé, anxieuse.

— Cette putain de serrure, elle m'a l'air bloquée. »

Là, j'ai eu vraiment peur ! Ma mère ne disait jamais « putain » et engueulait papa quand il s'avisait de le faire. Ça devait être très grave, ce qui nous arrivait.

Avec une certitude profonde, absolue, j'ai su que c'était ma faute. J'avais commis un péché, peut-être même un péché mortel, et le bon Dieu m'avait punie. Moi et toute ma famille.

« C'est terrible, hein, Rachel ? m'a glissé Claire, perfide. On n'entrera plus jamais dans notre jolie maison. »

Sur ce, j'ai éclaté bruyamment en sanglots.

« Arrête ! a sifflé maman. Elle est assez pénible comme ça. On va faire venir quelqu'un pour réparer la serrure, m'a-t-elle expliqué avec impatience. Restez là et surveillez Anna pendant que je fais un saut chez Mme Evans pour téléphoner. »

Dès qu'elle a eu le dos tourné, Claire et Margaret ont entrepris de me raconter des horreurs sur les filles de leur classe qui s'étaient retrouvées enfermées dehors.

« Elle a été obligée d'aller vivre dans une décharge, a déclaré Claire. Et de porter des vêtements déchirés.

— Et elle dormait sur une boîte de corn flakes à la place de l'oreiller, a renchéri Margaret.

— Son seul jouet, c'était un bout de papier, alors qu'elle avait des tas de poupées et de peluches à la maison. »

Atterrée d'avoir causé tant de destruction, je pleurais toutes les larmes de mon corps. J'étais personnellement responsable du fait que ma famille n'avait plus de foyer. Tout ça pour m'être conduite comme un petit cochon.

« On ne pourrait pas avoir une autre maison ? implorais-je.

— Oh non, ont-elles répondu en chœur. Ça coûte très cher, une maison.

— Mais j'ai de l'argent dans ma tirelire. »

J'aurais donné ma vie, sans parler de la pièce toute neuve de cinquante pence que tatie Julia m'avait offerte.

« Sauf que la tirelire est enfermée à l'intérieur », a observé Claire.

Et toutes les deux se sont écroulées de rire.

Maman est revenue en disant qu'on devait aller s'asseoir devant pour que le serrurier nous trouve facilement. Des voisines ont offert de nous héberger, mais elle a refusé. Du coup, Mme Evans nous a fait porter un plateau de sandwiches à la banane que Claire et Margaret ont dévorés avec appétit, assises dans l'herbe. Moi, j'étais incapable d'avaler quoi que ce soit. Je ne mangerais plus rien jusqu'à la fin de mes jours. Surtout pas un œuf de Pâques.

« Si le monsieur vient, on va vraiment pouvoir rentrer dans la maison ? demandais-je à maman encore et encore.

— Ouiiii ! Pour l'amour du ciel, Rachel, ouiiii !

— Et on n'ira pas vivre dans une décharge ?

— Pourquoi dans une décharge, où tu as trouvé ça ?

— Et il viendra, le monsieur ?

— Bien sûr. »

Mais le monsieur n'est pas venu. L'après-midi tirait à sa fin. Les ombres s'allongeaient, l'air commençait à fraîchir. Je savais ce qui me restait à faire.

Je devais avouer.

Papa est arrivé avant le serrurier. Et il s'est avéré que la serrure n'y était pour rien. Simplement, maman s'était trompée de clé. Mais, bien entendu, il était déjà trop tard : j'avais lâché le morceau pour tenter de réparer les dégâts occasionnés par ma faute dans l'ordre universel.

# 38

J'ai décidé de passer sous silence l'épisode peu flatteur de l'œuf de Pâques. Aussi, le lendemain matin, lorsque ç'a été l'heure du groupe, je n'avais pratiquement rien écrit. Josephine n'était pas contente.

« Je suis désolée. »

J'avais l'impression d'être de retour à l'école et de n'avoir pas fait mes devoirs.

« Je trouve que ce n'est pas facile. »

Grosse erreur. Grosse énorme erreur avec un double menton, des cuisses d'éléphant et des poignées d'amour.

Les yeux de Josephine brillaient comme ceux d'un tigre prêt à bondir sur sa proie.

« À cause du bruit dans la salle à manger, ai-je crié. C'est *ça* qui n'est pas facile. Je le ferai ce soir. »

Mais elle n'a rien voulu entendre.

« On va voir ça maintenant. Dites-nous simplement les choses comme elles viennent. »

*Merde.*

« Je préfère y réfléchir », ai-je protesté.

Je savais que je m'enfonçais, mais c'était plus fort que moi. Si j'avais eu un peu de bon sens, j'aurais fait mine de sauter sur sa suggestion. Là, elle m'aurait sûrement lâchée.

« Le plus tôt sera le mieux. »

Elle m'a souri, les yeux en forme de poignard.

« Bien. Votre sœur est venue vous voir dimanche, n'est-ce pas ? »

J'ai hoché la tête et je me suis redressée précipitamment. Car, à la mention d'Helen, je m'étais tassée sur moi-même, bras et jambes repliés. Connaissant Josephine, elle ne manquerait pas de tirer des tas de conclusions imaginaires de ma façon de me tenir.

« Elle n'est pas passée inaperçue, paraît-il.

— Comme d'habitude », ai-je laissé tomber négligemment.

Je n'aurais pas dû. Josephine trépignait presque d'excitation.

« Ah oui ? Elle est très jolie, à ce qu'on m'a dit. »

Ça m'a fait tiquer. Non pas qu'Helen ou mes autres sœurs soient mille fois mieux que moi... ça ne me gênait pas. C'était la pitié des gens qui m'insupportait.

« Quelle est la différence d'âge entre vous deux ?

— Six ans, elle aura bientôt vingt et un ans. »

Je m'efforçais de parler sur un ton le plus neutre possible, pour couper court à toute tentative d'interprétation.

« Ça n'a pas l'air de vous enchanter. Vous lui en voulez, de sa jeunesse ? »

J'ai esquissé un sourire désabusé. Quoi que je fasse, on me prêtait toujours des intentions inavouables.

« J'essaie de faire avec, ai-je plaisanté.

— Je sais, a-t-elle répondu avec le plus grand sérieux.

— Non ! Écoutez, ce n'est qu'une plaisanterie...

— Vous avez dû être très jalouse, quand Helen est née, m'a interrompue Josephine.

— Pas du tout », ai-je dit, surprise.

Surprise parce qu'elle était à côté de la plaque. Parce qu'elle n'avait pas réussi à me réduire à l'état d'épave tremblante et en larmes comme elle l'avait fait avec Neil.

*Na-a-an. J'espère qu'elle sait assumer un échec.*

« Je me souviens à peine de sa naissance, ai-je ajouté en toute sincérité.

— Eh bien, parlez-nous de la naissance d'Anna. Quel âge aviez-vous alors ? »

Tout d'un coup, je n'étais plus aussi sûre de moi. Je n'avais pas envie de parler d'Anna.

« Quel âge aviez-vous ? »

J'étais ennuyée : mon silence avait trahi mes sentiments.

« Trois ans et demi.

— C'est vous qui étiez la plus jeune jusqu'à l'arrivée d'Anna ?

— Mouais.

— Avez-vous été jalouse lorsqu'elle est née ?

— Non ! »

Comment a-t-elle su ? J'avais oublié qu'elle m'avait posé la même question à propos d'Helen, la méthode consistant à tirer tous azimuts.

« Il ne vous est jamais arrivé de pincer Anna ? Ou de la faire pleurer ? »

Je l'ai dévisagée, consternée. Comment diable avait-elle appris tout ça ? Et pourquoi fallait-il qu'elle aille le crier sur les toits ?

Tout le monde dans la pièce a dressé l'oreille.

« Vous avez dû détester Anna, puisqu'elle vous a privée de l'attention des vôtres.

— Non.

— Si. »

J'avais chaud, je transpirais de colère et d'embarras. Je ne voulais pas retourner dans ce monde terrifiant où tous mes actes se soldaient par une catastrophe. J'aurais presque préféré qu'on lise le questionnaire, c'est vous dire.

Je n'avais pas envie de me souvenir.

« Rachel, vous aviez trois ans, un âge auquel, tous les pédopsychiatres s'accordent là-dessus, il est très difficile d'accepter l'arrivée d'un nouveau membre dans la famille. Votre jalousie était on ne peut plus normale. »

La voilà qui était soudain toute gentille avec moi.

« Que ressentez-vous ? »

Au lieu de l'envoyer paître, je me suis entendue bredouiller :

« J'ai honte.

— Pourquoi ne pas avoir fait part de vos sentiments à votre mère ?

— Je ne pouvais pas », ai-je répliqué, décontenancée.

L'arrivée d'une petite sœur, on était censé s'en réjouir plutôt que de faire la tête.

« De toute façon, maman avait un peu déjanté. »

Mon auditoire a redoublé d'attention.

« Elle passait son temps au lit à pleurer.

— Et pourquoi ça ?

— Parce que j'étais méchante avec Anna », ai-je dit lentement.

Six mois, pendant six mois ma mère avait pleuré dans son lit à cause de ma rosserie.

« Que lui avez-vous donc fait de si monstrueux ? »

Je me taisais. Comment leur avouer que j'avais pincé un minuscule bébé sans défense, et toutes mes prières pour qu'elle meure, et les envies de la jeter à la poubelle ?

« Voyons, a repris Josephine, devant mon mutisme. Avez-vous essayé de la tuer ?

— No-o-on ! »

Ça m'a presque fait rire.

« Bien sûr que non.

— Alors, ce ne devait pas être si grave que ça.

— Je vous dis que si. À cause de moi, papa est parti de la maison.

— Pour aller où ?

— À Manchester.

— Et pourquoi Manchester ? »

Pourquoi, pourquoi ? C'était évident, non ? Pour être le plus loin possible de moi.

« Tout ça est ma faute, ai-je balbutié. Si je n'avais pas haï Anna, maman ne se serait pas alitée, et papa ne serait pas parti parce qu'il en avait plein le dos. »

Sur ce et pour couronner le tout, j'ai fondu en larmes. Mais je me suis vite ressaisie.

« Excusez-moi.

— Ne vous est-il jamais venu à l'esprit que votre mère souffrait peut-être de dépression postnatale ?

— Oh non, je ne le pense pas. Ça n'a rien à voir, c'était à cause de moi.

— Je vous trouve bien présomptueuse. Vous n'étiez qu'une enfant, on ne vous aurait pas accordé une telle importance.

— Comment osez-vous ? J'étais importante, moi !

— Tiens, tiens, a-t-elle murmuré. Vous vous croyez donc importante ?

— Mais non ! » me suis-je exclamée, furieuse.

Ce n'était absolument pas ce que j'avais voulu dire.

« Je ne me suis jamais sentie supérieure aux autres.

— Ce n'est pas l'impression que vous avez donnée en arrivant au Prieuré, a-t-elle observé placidement.

— Mais c'est parce qu'il n'y a que des paysans et des alcoolos, ici ! » ai-je explosé sans réfléchir.

Je me serais coupé les cordes vocales avec un épluche-légumes.

« Je pense que vous serez d'accord avec moi sur un point… »

Josephine a souri gracieusement.

« … comme beaucoup de personnes dépendantes, vous avez un sens hypertrophié de votre propre importance, *plus* un complexe d'infériorité généralisé.

— C'est idiot, ai-je marmonné. Ça ne tient pas debout.

— Mais c'est comme ça. Il est prouvé que les individus qui développent une dépendance ont en commun un certain type de personnalité.

— Je vois : on naît alcoolique ou toxicomane, ai-je lâché, méprisante. Alors, quelle chance a-t-on de s'en sortir ?

— Ça, c'est une école de pensée. Ici, au Prieuré, nous fonctionnons un peu différemment. Nous prenons en compte la personnalité de base et le vécu de chacun. Dans votre cas, par exemple, vous étiez, disons, moins… *solide* émotionnellement que les autres. Vous n'y êtes pour rien : certains naissent myopes, d'autres avec une sensibilité au-dessus de la norme. Et vous avez été traumatisée par la naissance d'une petite sœur à un âge où l'on est particulièrement vulnérable…

— Ainsi, tous ceux qui ont une petite sœur deviennent forcément cocaïnomanes ? ai-je riposté avec colère. Et alors, dites, moi qui en ai deux, je devrais aussi me shooter à l'héroïne, peut-être ? Encore heureux que je n'aie pas *trois* plus jeunes sœurs !

— Vous tournez mes propos en dérision, Rachel. Mais ce n'est qu'un mécanisme de défense… »

Elle s'est interrompue : je venais de pousser un hurlement de cochon qu'on égorge.

« J'en ai marre ! Je n'en peux plus, arrêtez avec vos… VOS CONNERIES !

— On touche là à un abîme de souffrance, a-t-elle expliqué calmement pendant que j'écumais de rage. Tâchez de rester avec ces sentiments, au lieu de les fuir comme vous l'avez toujours fait par le passé. On a beaucoup de travail en perspective pour que vous arriviez à pardonner à la petite Rachel de trois ans. »

J'ai gémi de désespoir. Mais au moins, elle m'avait épargné cette expression crispante, insupportable : l'« enfant intérieur ».

« Quant au reste d'entre vous, a-t-elle conclu, ce n'est pas parce que *vous* ne portez pas le lourd fardeau d'une secrète douleur enfantine que vous n'êtes pas pour autant alcooliques ou toxicomanes. »

Pendant tout le déjeuner, je n'ai cessé de verser des larmes. De vraies larmes qui m'ont rendue rouge et bouffie, pas les larmes bidon auxquelles j'avais eu recours pour attendrir Chris, le jour où Luke m'avait balancée. Des sanglots convulsifs, incoercibles. La tête me tournait, je n'arrivais plus à reprendre mon souffle. Je n'avais pas pleuré comme ça depuis mon adolescence.

Tout le monde a été gentil avec moi, m'offrant qui un mouchoir, qui une épaule pour m'épancher. Mais je les voyais, je les entendais à peine. Même Chris. Les vannes de la désolation s'étaient ouvertes et, malgré le trop-plein, il semblait que je sois vouée à en contenir toujours plus.

« Qu'est-ce qui ne va pas ? »

Ça pouvait être Mike. Ça pouvait même être Chris.

« Je ne sais pas », hoquetais-je.

Je n'ai pas cherché à m'excuser, comme le veut la politesse quand on craque en public. J'éprouvais une sensation de détresse, de gâchis, de perte irréparable. Oui, j'avais perdu quelque chose, et même si j'ignorais quoi, ça me brisait le cœur.

Une tasse de thé a surgi sur la table devant moi ; cette touchante attention a décuplé mon chagrin. J'ai sangloté de plus belle, au point d'en avoir des haut-le-cœur.

« HobNOB ? quelqu'un, qui était à coup sûr Don, m'a glapi à l'oreille.

— Non.

— Mince, elle est vraiment mal », a murmuré un autre.

Et, tout à coup, je me suis surprise à sourire.

« Qui a dit ça ? » ai-je demandé, pantelante, à travers mes larmes.

C'était le jeune Barry. J'ai ri et pleuré, pleuré et ri, pendant qu'on me caressait les cheveux (Clarence sans doute, qui ne pouvait laisser passer une telle aubaine) et qu'on me tapotait le dos comme à un bébé pour lui faire faire son rot.

« C'est presque l'heure du groupe. Tu te sens d'y aller ? »

J'ai hoché la tête, car j'avais peur de demeurer seule.

« Dans ce cas... », a décrété Chaquie.

Et elle m'a embarquée dans notre chambre, où elle a sorti un tas de trucs délirants genre Beauty Flash et Three Minute Repair, pour réparer ma façade ravagée. Le résultat a été nul ou presque : sitôt que j'ai senti ses doigts légers sur mon visage, un nouveau flot de larmes a balayé toutes les crèmes coûteuses qu'elle m'appliquait.

Après le groupe, dans la salle à manger, Chris s'est frayé un passage à travers la foule compatissante qui m'entourait. J'étais contente que Chaquie et les autres s'écartent sans un mot. Ça prouvait qu'ils étaient conscients du lien nous unissant. À en juger par l'inquiétude qui se lisait dans ses yeux pâles, j'avais dû rêver le relâchement de son intérêt à mon égard.

Il s'est assis, sa cuisse contre la mienne. Timidement, nerveusement, il a glissé son bras autour de mes épaules. Les petits cheveux dans ma nuque se sont hérissés. Nous n'avions pas connu pareille intimité depuis qu'il m'avait essuyé les larmes avec ses pouces.

Ça m'a rappelé mon jeune âge, le temps de l'innocence où un garçon se contentait de vous enlacer et – dans le meilleur des cas – de vous embrasser. Le strict protocole en vigueur au Prieuré était d'un romantisme attendrissant.

Je sentais son cœur battre, plus vite que d'habitude. Tout comme le mien.

« Raconte-moi, qu'est-ce qui t'est arrivé tout à l'heure ?

— Josephine m'a posé des questions sur mon enfance, ai-je répondu avec un haussement d'épaules. Je ne sais pas pourquoi ça m'a perturbée. J'espère que je ne suis pas en train de devenir folle.

— Pas du tout. C'est parfaitement normal. Réfléchis deux minutes. Pendant des années, tu as réprimé tes émotions à coups de stupéfiants. Maintenant que tu n'as plus de drogue sous la main, tu vas voir resurgir des décennies de colère et de souffrance. Voilà tout. »

J'ai levé les yeux au plafond. Ç'a été plus fort que moi. Chris m'a vue.

« Oh, j'avais oublié, a-t-il ajouté en riant. Tu n'as pas de problèmes avec la drogue. »

Il s'est mis debout pour partir. *S'il te plaît, reste*, ai-je failli supplier.

« C'est drôle, m'a-t-il lancé en s'éloignant, mais tu te comportes exactement comme si tu en avais. »

## 39

Ce soir-là, après le thé, on a eu une causerie. On en avait souvent, des causeries, avec le Dr Billings ou l'une de nos conseillères. Mais je n'écoutais jamais. Sauf cette fois où, trop heureuse de penser à autre chose, j'ai enfin prêté l'oreille à ce qui se disait.

Le thème, c'étaient les dents, et l'intervenante, Barry Grant – le petit bout de femme avec l'accent de Liverpool, vive et jolie, qui avait tendance à traiter les gens d'andouilles.

« C'est bong, a-t-elle proclamé d'une voix de stentor qui ne collait pas avec son physique. On se caaalme, on se caaalme ! »

Et elle a entamé sa conférence, que j'ai trouvée très intéressante. Au début, du moins.

Apparemment, les personnes ayant des problèmes de drogue ou d'alimentation avaient les dents dans un état déplorable. Ça s'expliquait en partie par leur vie dissolue : les consommateurs d'ecstasy, à force de grincer des dents, les réduisaient en bouillie ; les boulimiques, qui les arrosaient d'acide chlorhydrique chaque fois qu'ils se faisaient vomir, avaient bien de la chance s'il leur en restait encore une ou deux ; de même que les alcooliques, qui eux aussi passaient leur temps à gerber.

Outre leur vie de débauche, a dit Barry Grant, ils évitaient d'aller chez le dentiste. Pour des tas de raisons.

Primo, parce qu'ils pensaient qu'ils n'en valaient pas la peine.

Secundo, parce qu'ils gardaient leur argent pour s'acheter de la drogue, de la nourriture ou ce à quoi ils étaient accros.

Et enfin, a-t-elle souligné, la raison principale, c'était la peur. Tout le monde avait peur du dentiste, mais chez ces gens-là elle prenait des proportions insurmontables. Car ils avaient l'habitude de fuir ce qui les effrayait. À la moindre angoisse, ils se sifflaient une bouteille de whisky, se tapaient dix parts de tarte ou misaient un mois de salaire sur le numéro gagnant.

Exposé passionnant, que j'ai ponctué de hochements de tête et de petits bruits approbateurs. Si j'avais eu des lunettes, je les aurais ôtées pour les secouer par une branche en signe d'assentiment. Quand soudain, il m'est venu à l'idée que je n'avais pas mis les pieds chez le dentiste depuis au moins quinze ans.

Voire plus.

Neuf secondes plus tard, j'ai ressenti un élancement à l'une des molaires.

À l'heure du coucher, je ne tenais plus de douleur.

Dire que j'avais mal aux dents était très en deçà du supplice infernal infligé par les décharges brûlantes, métalliques, qui me transperçaient le crâne et irradiaient dans ma mâchoire. C'était atroce.

À plusieurs reprises, j'ai bondi pour me précipiter sur ma précieuse boîte de dihydrocodéine et me bourrer de pilules miraculeuses. Seulement, elle n'était pas là. Elle était à New York, dans le tiroir de ma coiffeuse. Si coiffeuse il y avait. Peut-être que Brigit avait trouvé une autre colocataire et jeté toutes mes affaires dehors.

J'ai donc essayé de faire face. J'ai tenu cinq bonnes minutes avant de hurler à la cantonade :

« Personne n'a des cachets antidouleur ? »

Je n'ai pas compris immédiatement pourquoi toute la salle a éclaté de rire.

Je me suis traînée presque à genoux à l'infirmerie : cette nuit-là, c'était Celine qui était de garde.

« J'ai une rage de dents épouvantable, ai-je pleurniché, la main sur la joue. Vous pouvez me donner quelque chose contre la douleur ? »

Et j'ai ajouté :

« De l'héroïne, ça irait très bien.

— Non. »

Je suis restée sans voix.

« L'héroïne, c'était pour plaisanter.

— Je sais. Mais de toute façon, vous n'aurez aucune drogue.

— Qui vous parle de drogue, il s'agit de médicaments, bon sang !

— Vous vous êtes écoutée ? »

Je n'y comprenais rien.

« Mais j'ai mal.

— Apprenez à vivre avec.

— Voyons, c'est… c'est barbare !

— On peut dire que la vie est barbare, Rachel. Considérez ça comme une opportunité pour coexister avec la douleur.

— Nom de Dieu…, ai-je bredouillé. On n'est pas en groupe, là.

— Peu importe. Quand vous partirez d'ici, vous ne serez plus en groupe, mais la douleur subsistera. Et vous découvrirez que vous n'en mourrez pas.

— Évidemment que je n'en mourrai pas, mais ça fait mal ! »

Elle a haussé les épaules.

« Vivre fait mal, mais vous ne prenez pas de médicaments contre ça. Oh, j'oubliais… vous l'avez toujours fait, hein ? »

Je souffrais tellement que j'ai cru devenir folle. Je n'arrivais pas à fermer l'œil et, pour la première fois de ma vie, j'ai pleuré de douleur. De douleur *physique*, j'entends.

Au milieu de la nuit, Chaquie, qui n'en pouvait plus de m'entendre me tourner et me retourner dans mon lit, m'a escortée manu militari à l'infirmerie.

« Faites quelque chose, a-t-elle exigé avec force. Elle souffre le martyre et m'empêche de dormir. Déjà que j'ai du mal, vu que Dermot vient demain comme mon Principal Autre Concerné… »

À contrecœur, Celine m'a donné deux cachets au paracétamol, qui n'ont eu pratiquement aucun effet, en disant :

« Il faudrait peut-être que vous voyiez le dentiste demain matin. »

La peur a failli l'emporter sur la douleur.

« Je ne veux pas aller chez le dentiste, ai-je bégayé.

— Je pense bien, a-t-elle répliqué en ricanant. Vous étiez à la conférence, ce soir ?

— Non, ai-je rétorqué, maussade. J'ai décidé de la sécher pour boire un coup au village. »

Celine a ouvert de grands yeux. Elle n'était pas contente.

« Évidemment que j'y étais ! Où voulez-vous que je sois allée ?

— Si vous considériez cette visite chez le dentiste comme votre premier acte d'adulte ? La première épreuve que vous aurez réussi à surmonter sans l'aide de la drogue.

— Non mais, j'y crois pas ! » ai-je marmonné dans ma barbe.

C'est Margot, une autre infirmière, qui m'a accompagnée.

« Vous allez me passer les menottes ? » ai-je demandé en montant dans la voiture.

Elle m'a toisée avec dédain, et j'ai eu un mouvement de recul. Pauvre coincée, va.

À ma consternation, sitôt que nous avons franchi le portail, j'ai été prise d'un tremblement. Le monde réel m'apparaissait étrange, inquiétant. J'avais l'impression d'avoir été absente très longtemps. Ça m'a contrariée : quinze jours de Prieuré, et déjà j'étais institutionnalisée.

Nous nous rendions dans la petite ville voisine, chez le Dr O'Dowd, le dentiste attitré des pensionnaires du Prieuré. Et, d'après Margot, il ne chômait pas.

À l'excitation contenue qui régnait au cabinet, j'ai compris que nous étions attendues. La petite réceptionniste me dévorait des yeux. Je savais bien ce qu'elle pensait : que j'étais une toquée, une inadaptée, une marginale.

Moi aussi, j'avais été comme elle. Jeune et stupide. Je m'étais crue invulnérable aux drames de l'existence. Je m'étais crue suffisamment futée pour passer au travers.

Par chance, le Dr O'Dowd était un bonhomme replet et jovial, rien à voir avec le sinistre personnage à tête de fossoyeur que je m'étais imaginé.

« Allez, grimpez, m'a-t-il invitée. On va regarder ça. »

J'ai grimpé. Il a regardé.

Tout en fourrageant dans ma bouche avec une espèce de pic en acier et une glace, il m'a parlé, sans doute pour me mettre à l'aise.

« Comme ça, vous êtes au Prieuré ?

— Aaarr. »

J'ai essayé de hocher la tête.

« Alcoolisme ?

— Gon. »

J'ai esquissé un geste de dénégation en remuant mes sourcils.

« Grogue.

— Ah oui, la drogue, d'accord. »

À mon soulagement, il n'avait pas l'air choqué.

« Bien, cette dent ne tient plus que par la peinture. Avec une bonne obturation radiculaire, on peut arriver à la sauver. Le plus tôt sera le mieux. Je vais vous faire une petite piqûre – ça ne vous changera pas beaucoup, hein ? a-t-il ajouté en gloussant. J'adore soigner les toxicomanes : ils sont les seuls à ne pas avoir peur des seringues. Ha, ha, ha ! »

Je suais à grosses gouttes, car il avait tout faux : j'avais une peur panique des seringues. Et j'étais terrifiée à l'idée des horreurs qui m'attendaient.

Tout mon corps s'est raidi lorsqu'il m'a retroussé la lèvre pour piquer la pointe de l'aiguille dans la tendre chair de ma gencive. Plus il l'enfonçait, plus ça faisait mal. J'ai cru que ça ne finirait jamais.

Encore cinq secondes, ai-je décidé. S'il n'a pas arrêté d'ici là, je m'en chargerai.

Mais juste au moment où le supplice devenait intolérable, il a retiré l'aiguille. Cependant, je m'étais dit que je n'aurais pas le courage de supporter qu'on me trifouille davantage. L'un dans l'autre, je préférais encore avoir mal aux dents.

Je m'apprêtais à me lever pour me ruer vers la sortie quand une délicieuse sensation d'engourdissement s'est propagée à travers ma lèvre vers tout un côté de mon visage, telle une caresse apaisante. Enchantée, je me suis calée dans le fauteuil. Dieu que c'était agréable. Si seulement ça pouvait s'étendre à tout mon corps. Et à mes émotions.

« Bien, l'anesthésie a dû prendre, a déclaré le Dr O'Dowd. On y va ?

— C'est q-quoi exactement, une obturation ? »

Autant savoir ce qui allait m'arriver.

« Pour commencer, on va évider la dent. Le nerf, la pulpe, tout le tralala ! » a-t-il annoncé joyeusement.

Sur ce, il s'est mis à forer avec l'enthousiasme du bricoleur en train de poser des étagères.

Ça devait faire atrocement mal, ai-je pensé, tétanisée. Et il allait me percer un trou dans le cerveau !

Bientôt, les nerfs de toutes mes autres dents ont commencé à danser la gigue. Je me suis efforcée d'attendre aussi longtemps que j'ai pu – quatre secondes environ – avant de lever la main pour l'interrompre.

« Mes autres dents me font mal, ai-je réussi à articuler.

— Déjà ? C'est fou à quelle vitesse vous autres, toxicomanes, vous métabolisez les analgésiques. »

Il m'a refait une injection, plus douloureuse encore que la première, car la gencive était meurtrie et tuméfiée. Puis il a fait vrombir sa roulette comme si c'était une tronçonneuse et s'est remis au travail.

Ç'a duré des heures.

Deux fois, j'ai dû lui demander d'arrêter car la douleur était insoutenable. Mais, deux fois, j'ai redressé les épaules et je l'ai regardé dans les yeux.

« C'est bon, vous pouvez continuer. »

Quand finalement j'ai rejoint en titubant Margot dans la salle d'attente, j'avais l'impression que ma bouche était passée sous un camion, mais je n'avais plus mal, et j'exultais.

J'y étais arrivée, j'avais survécu et je me trouvais formidable.

« C'est drôle que ma dent se soit réveillée maintenant », ai-je marmonné, pensive, sur le chemin du retour.

Margot m'a jeté un coup d'œil circonspect.

« Je suis sûre que ce n'est pas un hasard.

— Ah bon ?

— Réfléchissez un peu. Je crois que vous avez franchi une étape hier, en groupe… »

Tiens donc !

« … mais votre corps cherche à vous empêcher de faire face à votre souffrance morale en lui substituant une souffrance physique. Qui, bien sûr, est beaucoup plus facile à gérer.

— Vous voulez dire que je simule ? me suis-je emportée. Retournez chez le dentiste, et il vous racontera…

— Je ne dis pas que vous simulez.

— Mais alors, que… ?

— Je dis que votre refus de vous regarder en face et de regarder votre passé est si prégnant que votre corps conspire avec vous en vous offrant une diversion. »

Doux Jésus !

« J'en ai *marre* d'être disséquée de partout ! ai-je sifflé. J'ai eu mal aux dents, et alors ? Il n'y a pas de quoi en faire tout un plat.

— C'est vous qui avez soulevé la question de la coïncidence dans le temps », m'a rappelé Margot calmement.

Le reste du trajet s'est effectué en silence.

À mon retour au Prieuré, j'ai été accueillie comme après une absence de plusieurs années. Les pensionnaires, qui étaient à table, ont presque tous bondi de leur chaise – sauf Eamonn et Angela, évidemment – en criant :

« Elle est rentrée ! »

Ou encore :

« Bravo, Rachel. Tu nous as manqué ! »

En raison de mon invalidité, Clarence m'a dispensée de la corvée de vaisselle. Mais ce n'était rien, comparé au bonheur que j'ai ressenti quand Chris m'a serrée dans ses bras.

« Bienvenue à la maison ! On te croyait morte. »

Une petite bulle de joie a éclaté dans mon estomac. Visiblement, il m'avait pardonné d'avoir levé les yeux au ciel à sa remarque de la veille.

J'ai été bombardée de questions.

« Comment c'est, dehors ? a demandé Staline.

— Richard Nixon est toujours président ?

— Richard Nixon, président ? a répété Mike. Ce jeune freluquet ? Quand je suis arrivé ici, il n'était qu'un simple sénateur.

— De quoi vous parlez ? a dit Chaquie avec une grimace de dégoût. Nixon, ça fait longtemps qu'il est parti. Il n'est plus là depuis… »

Elle s'est interrompue. Le jeune Barry lui adressait de grands gestes.

« C'est une blague. Tu sais ce que c'est, une *blague* ? Ha, ha. Regarde dans le dictionnaire, espèce de nunuche !

— Oh, a répondu Chaquie, hagarde. Nixon ! Où avais-je la tête ? Mais, avec Dermot qui vient cet après-midi, je ne suis pas dans mon assiette… »

Inquiets, nous nous sommes rendu compte qu'elle était au bord des larmes.

« Relax, ma p'tite dame, a déclaré Barry en s'écartant précipitamment. Tu n'es pas vraiment une nunuche. »

La salle tout entière a retenu son souffle jusqu'à ce que Chaquie retrouve le sourire.

L'orage dissipé, j'ai régalé la tablée avec le récit de mes aventures.

« Une obturation ? ai-je lancé en pouffant. C'est rien.

— Mais ça ne fait pas MAL ? a interrogé Don.

— Pas du tout, ai-je plastronné, omettant de mentionner les larmes de sang que j'avais versées dans le fauteuil du dentiste.

— Tu n'avais pas peur ? a demandé John Joe.

— Je ne pouvais pas me permettre d'avoir peur, ai-je répliqué d'un ton docte. Il fallait le faire, un point, c'est tout. »

Ce qui était presque vrai, ai-je constaté avec surprise.

Eddie a posé la question qui lui tenait le plus à cœur :

« Combien ça t'a coûté ?

— Mon Dieu, je n'en sais rien. À mon avis, pas trop cher. »

Il a ri lugubrement.

« Mais de quelle pluie es-tu tombée ? Un dentiste ou un médecin ne t'accordera pas une minute de son temps sans te faire cracher au bassinet.

— Eddie… »

J'ai décidé de prendre un risque.

« … tu sais quoi ? Tu as un rapport très légèrement névrotique avec l'argent. »

# 40

Et en route pour le groupe.

On s'est rués dans le couloir, pendant qu'Eddie criait derrière moi :

« Ce n'est pas parce que je connais la valeur de l'argent... ! »

Dermot et sa moumoute étaient déjà là. Maintenant que je savais qu'il en avait une, je n'arrivais plus à en détacher mes yeux. C'était tellement *flagrant*. Et, vu sa taille, elle aurait mérité une chaise à part.

Il s'était habillé pour la circonstance, mais son veston croisé ne parvenait pas à cacher son énorme bide. De profil, il ressemblait à un gros D majuscule.

Chaquie était parfumée plus encore que d'ordinaire, et toujours aussi impeccablement maquillée.

J'étais curieuse d'entendre la version de Dermot. Chaquie n'était pas Neil ; j'étais sûre qu'elle ne m'avait pas menti sur sa consommation d'alcool. Réac comme elle l'était, je la soupçonnais en fait d'avoir mené une existence exemplaire.

À mon étonnement, mon attitude avait changé depuis notre rencontre. J'éprouvais à présent une sorte d'affection bourrue pour elle.

Josephine est entrée ; tout le monde s'est calmé et s'est assis bien droit sur sa chaise. Après avoir remercié Dermot d'être venu, elle lui a dit :

« Peut-être voudriez-vous nous parler des rapports de Chaquie avec la boisson ? »

Négligemment, j'ai tâté ma dent du bout de ma langue. C'était devenu un tic. J'étais très fière de moi et de mon obturation.

« Elle a toujours picolé », a annoncé Dermot qui n'avait pas les scrupules d'Emer.

Chaquie a eu l'air atterrée.

« Elle me racontait qu'il lui fallait un whisky pour son rhume, du porto pour son estomac barbouillé…

— Est-ce ma faute si je suis souvent souffrante ? » l'a interrompu Chaquie, plus BCBG que jamais.

Josephine l'a foudroyée du regard.

« Comme je l'ai dit, a déclaré Dermot avec un soupir, elle a toujours été portée sur la bouteille, mais l'ampleur des dégâts, je m'en suis rendu compte seulement une fois qu'elle a eu la bague au doigt. C'est là qu'elle a commencé à me faire tourner en bourrique. »

Chaquie s'est récriée. Josephine l'a fait taire d'un froncement de sourcils.

« De quelle manière ?

— Je travaille dur, a dit Dermot. Très dur. Je me suis fait tout seul. Mon affaire, je l'ai créée à partir de rien…

— Et personne ne t'a aidé, hein ? s'est exclamée Chaquie d'une voix de crécelle. Les appareils UV verticaux, c'était mon idée.

— Pas du tout ! a rétorqué Dermot, agacé. J'avais lu ça dans un catalogue bien avant que tu en aies vu dans ce salon londonien.

— Tu mens ! Tu ne savais même pas comment ça fonctionnait.

— Je te le répète… »

Dermot ponctuait chaque mot d'un geste tranchant de la main.

« … je l'avais lu.

— On y reviendra tout à l'heure, a murmuré Josephine. Nous sommes ici pour parler de Chaquie et de son problème d'alcool.

— Dans ce cas, on en a pour la semaine, a répliqué avec aigreur Dermot, avant de renifler.

— C'est possible. Continuez. »

Il ne s'est pas fait prier.

« Longtemps, je n'ai pas su à quel point c'était grave parce qu'elle buvait en cachette. Elle planquait les bouteilles, et quand elle partait se coucher avec, elle disait qu'elle avait la migraine. »

Chaquie était rouge pivoine.

« Elle me racontait des bobards. J'ai trouvé une vingtaine de bouteilles de Bacardi au fond du jardin, et elle a prétendu qu'elle n'était pas au courant, que ça devait être les gens de la voirie.

« Un soir, on a eu le directeur de la banque et sa femme à dîner. Je voulais lui demander un prêt pour m'agrandir, et voilà que Chaquie se met à chanter *Happy birthday, Mr President* comme si elle était Marilyn Monroe, en tortillant du derrière, avec une vue plongeante sur son décolleté… »

J'ai risqué un coup d'œil en direction de Chaquie. Sa mine horrifiée m'a inspiré un mélange honteux de jubilation et de pitié.

« … elle avait bu pendant tout l'après-midi. Mais quand je l'ai interrogée là-dessus, elle m'a juré que non. Alors qu'un enfant aurait pu voir qu'elle était saoule. Puis elle est allée dans la cuisine chercher la roulade de saumon fumé, et elle n'est jamais revenue. On a attendu des heures. J'étais horriblement gêné, j'essayais de meubler la conversation avec M. O'Higgins. Et lorsque je suis parti à sa recherche, je l'ai trouvée au lit, raide morte…

— Je n'étais pas bien, a marmonné Chaquie.

— Inutile de dire, a déclaré Dermot avec satisfaction, que je n'ai pas eu mon prêt. Après, ç'a tellement empiré qu'elle était bourrée tous les soirs de la semaine, et souvent dans la journée aussi. Je ne pouvais absolument plus compter sur elle.

— Tu me la ressortiras toujours, cette histoire du prêt, hein ? Sauf que ça n'a rien à voir avec moi. C'est ton dossier qui ne tenait pas debout, je te l'avais dit même avant que tu ailles chez O'Higgins avec ton projet à la noix. »

Dermot a choisi de l'ignorer.

« Pendant tout ce temps, je travaillais nuit et jour pour faire tourner le salon.

— Moi aussi, je travaillais nuit et jour. J'étais la boîte à idées. Les offres spéciales, c'était moi.

— Tu parles, mon… ! »

Dermot s'est interrompu un instant, puis a repris :

« Nous avons des offres spéciales, voyez-vous… »

Il s'adressait à Misty et à moi.

« … une journée entière de soins, à se faire pomponner. Séance d'aromathérapie, enveloppement de boue, sauna, pédicure ou manucure, plus une pâtisserie au beurre, le tout pour cinquante livres. Une économie de quinze livres si on se fait faire les mains, et de dix-huit livres si vous optez pour la pédicure. »

Josephine a ouvert la bouche, mais trop tard.

« On a des clients hommes également. »

Dermot était lancé.

« Nous avons constaté que les Irlandais s'attachent beaucoup plus à leur apparence et, alors qu'autrefois un homme qui prenait soin de sa peau pouvait passer pour quelqu'un d'efféminé, aujourd'hui ce n'est plus le cas. Moi-même… »

Il a porté une petite main grassouillette à sa joue couperosée.

« … j'utilise des produits de soin et je ne peux que m'en féliciter. »

Clarence, Mike, Vincent et Neil le dévisageaient d'un œil bovin. John Joe en revanche avait l'air intéressé.

« Dermot, l'a interrompu Josephine sèchement, nous sommes là pour discuter du problème de Chaquie.

— C'est toujours pareil, a lancé Chaquie en toisant Dermot avec haine. Je ne sais pas où me mettre. Une fois, à la messe, au moment d'offrir la paix de Jésus à sa voisine, il a regardé ses ongles et lui a dit qu'elle aurait intérêt à voir une manucure. Dans la maison de Dieu ! Vous pouvez imaginer ça ?

— Il faut bien que je gagne ma vie, a protesté Dermot. Si on devait compter sur toi, ça fait longtemps qu'on aurait déposé le bilan.

— Et pourquoi ça ? a demandé Josephine, ramenant la conversation sur les défaillances de Chaquie.

— J'ai été obligé de mettre fin à son travail dans le salon car elle était bourrée, et ça perturbait les clients. Et puis, elle faisait n'importe quoi : elle inscrivait des gens pour une séance d'UV juste après une épilation… Tout le monde sait que ce n'est pas possible, après on risque des poursuites, et une fois que votre réputation est fichue, vous coulez…

— Est-ce vrai ? a interrompu Josephine. Vous étiez ivre sur votre lieu de travail, Chaquie ?

— Absolument pas. »

Elle a rentré la tête dans le cou, ce qui lui a donné un double menton de vertu outragée.

« Demandez à n'importe laquelle de nos esthéticiennes, s'est écrié Dermot avec véhémence.

— Demandez à n'importe laquelle de nos esthéticiennes, l'a singé Chaquie méchamment. Surtout une en particulier… »

L'assistance a dressé l'oreille.

« … je sais très bien où tu veux en venir, Dermot Hopkins. Me faire passer pour une alcoolique, nier toute ma participation dans l'affaire, te mettre de mèche avec ta maîtresse et me laisser sur la paille. Voilà ce que tu cherches ! »

Elle s'est tournée vers les autres pour les prendre à témoin.

« Nous n'étions pas mariés depuis un an qu'il a commencé à aller voir ailleurs. Il embauchait les filles non d'après leurs capacités, mais d'après… »

Dermot s'efforçait de la faire taire, mais elle s'égosillait encore plus fort que lui.

« … mais d'après leur *tour de poitrine* ! Et si elles refusaient de coucher avec lui, il les virait.

— Espèce de sale menteuse ! »

Il hurlait en même temps qu'elle.

« Dernièrement, il a décidé qu'il était amoureux d'une gamine de dix-neuf ans, une dénommée Sharon, qui aimerait bien décrocher le jackpot. »

Cramoisie, les yeux brillants de colère et de désespoir, Chaquie a repris sa respiration avant de glapir :

« Ne va surtout pas imaginer qu'elle est amoureuse de toi, Dermot Hopkins. Tout ce qu'elle veut, c'est le fric. Elle te mènera par le bout du nez, tu verras. »

Son accent avait changé ; la banlieue chic s'était effacée au profit des bas quartiers de Dublin.

« Et tes propres coucheries, hein ? »

De rage, la voix de Dermot était montée dans les aigus.

« Quelles coucheries ? »

Josephine s'efforçait de calmer les esprits, mais la partie était perdue d'avance.

« Je suis au courant, pour toi et le type qui est venu poser la moquette. »

Là-dessus, il y a eu du remue-ménage, car Chaquie a bondi de sa chaise et a essayé de claquer Dermot. D'après ce qu'il disait, elle avait étrenné sa nouvelle moquette avec le poseur. Mais Chaquie contestait avec virulence sa version des faits, si bien qu'il était impossible de savoir lequel des deux disait vrai.

La séance s'est achevée dans la confusion.

Et la première personne à s'approcher de Chaquie pour la prendre dans ses bras et l'emmener boire le thé, ç'a été moi.

# 41

Au cours des deux séances qui ont suivi, selon un scénario que je commençais à connaître, Josephine a fouillé dans le psychisme de Chaquie, et sorti du chapeau toutes sortes de lapins.

À l'évidence, Dermot, aussi antipathique soit-il, n'avait pas menti.

Josephine a harcelé Chaquie jusqu'à ce qu'elle se mette à table. Quand elle a fini par avouer qu'elle buvait une bouteille de Bacardi par jour, Josephine a poursuivi son interrogatoire pour découvrir qu'elle complétait le Bacardi avec du brandy et du valium.

Ensuite, elle s'est attaquée aux causes.

Deux choses la préoccupaient chez Chaquie : qu'elle soit à ce point obsédée par son apparence, et qu'elle insiste sur son appartenance à un milieu respectable et aisé.

Tout est remonté à la surface. Son enfance misérable dans un quartier pourri de Dublin. Son absence d'éducation, le fait qu'elle avait coupé les ponts avec sa famille par crainte d'être mal vue de ses nouvelles relations, et sa peur panique d'être obligée de retourner dans le ruisseau. Il s'est avéré qu'elle n'avait personne d'autre que Dermot.

Elle dépendait entièrement de lui et lui en voulait amèrement.

Chaquie a reconnu qu'elle ne s'était jamais sentie à l'aise avec ses amies, qu'elle redoutait d'être percée à jour.

J'ai contemplé sa jolie peau, ses cheveux dorés, ses ongles impeccables… Quelle belle réussite dans l'imposture ! Je n'aurais pas cru que cette façade lisse, élégante, puisse masquer tant de souffrance et d'insécurité.

Ensuite, Josephine l'a questionnée sur le poseur de moquette. Et finalement, après une séance de questions-réponses que j'ai trouvée extrêmement pénible, Chaquie a admis qu'elle avait baptisé sa nouvelle moquette en s'envoyant en l'air avec le poseur.

Les détails n'étaient ni salaces ni croustillants, ils étaient simplement sordides. Elle avait fait ça, a-t-elle expliqué, parce qu'elle avait bu et par manque désespéré d'affection.

Mon cœur saignait pour elle. Ça pouvait arriver à des gens de ma génération. Mais à son âge et dans son état, c'était choquant, pathétique. Une pensée m'a frappée soudain, avec force : je n'avais pas envie de finir comme Chaquie.

*Ça pourrait être toi*, m'a soufflé une petite voix.

*Comment ?*

*Je n'en sais rien*, a dit la petite voix, désemparée. *Mais ça pourrait.*

« Quand j'ai dessaoulé, j'avais tellement honte que j'aurais voulu mourir », hoquetait Chaquie.

Insatiable, Josephine l'a titillée jusqu'à ce qu'elle avoue avoir couché avec des tas d'inconnus, des hommes de passage et des représentants en particulier.

Pour quelqu'un qui se posait en fervente adepte de la morale catholique, c'était proprement stupéfiant. Ou peut-être pas tant que ça. Je commençais à comprendre comment ça fonctionnait ici. Chaquie camouflait désespérément sa honte et sa détresse en se faisant passer pour la personne respectable et bien élevée qu'elle aurait voulu être.

Tout ça m'a laissée pantoise.

Le vendredi soir, je me suis aperçue que mon terrible chagrin de quelques jours auparavant s'était dissipé entre-temps. Car il est revenu.

« Cette dent ne vous a pas duré longtemps, hein ? » a lancé Margot au dîner, avec un sourire, pendant que je pleurais à chaudes larmes.

J'aurais dû lui envoyer mon chou farci à la figure. Au lieu de ça, j'ai bramé de plus belle.

Je n'étais pas la seule.

Neil sanglotait bruyamment. Cet après-midi, en groupe, Josephine avait enfin réussi à faire tomber la barrière de son déni. Tout à coup, il voyait ce qui sautait aux yeux du monde entier : il était un alcoolique qui, en matière de brutalité, n'avait rien à envier à son monstre de père.

« Je me déteste, gémissait-il dans ses mains. Je me déteste. »

Vincent versait des larmes suite à l'examen de son enfance auquel Josephine l'avait soumis en groupe du matin. Et Staline chialait parce qu'il avait reçu une lettre de Rita dans laquelle elle lui disait de ne pas revenir à la maison à sa sortie du Prieuré. Elle avait demandé le divorce.

Avec tous ces gens en pleurs, la salle à manger ressemblait à une pouponnière.

« Elle a rencontré quelqu'un, braillait Staline. Quelqu'un d'autre pour…

— Pour lui briser les côtes », l'a coupé Angela, pinçant sa petite bouche en arc de Cupidon.

Mon Dieu. Elle avait attrapé le virus de la TNJ : la Tendance des Nouveaux à Juger. Mais attendez un peu que son Principal Autre Concerné raconte en groupe comment elle a cassé d'un coup de karaté le bras de sa mère pour l'empêcher de s'emparer de la dernière tranche de Viennetta. Là, elle songera moins à se draper dans sa vertu.

J'ai eu pitié d'elle.

Comme chaque vendredi soir, la liste de la nouvelle répartition par équipes a été affichée au tableau. À la minute même où Frederick la punaisait sur le liège, nous nous sommes précipités pour connaître notre sort ; on aurait dit une liste de soldats morts à la guerre. En voyant que j'étais dans l'équipe de Vincent et que, pis encore, ça signifiait retour au petit déjeuner, j'ai eu un gros coup de déprime. Bon, d'accord, j'étais déjà déprimée, mais là, ç'a été la totale. À tel point que je n'avais même plus envie de m'engueuler avec qui que ce soit. Je voulais juste aller me coucher et ne plus me réveiller.

Chris s'est approché de moi avec une boîte de mouchoirs.

« Raconte-moi quelque chose, ai-je dit avec un sourire tremblant. Distrais-moi.

— Je ne devrais pas, tu sais. Il faudrait que tu *restes avec la souffrance* et… »

J'ai levé ma tasse de thé d'un geste menaçant.

« Relax, a-t-il déclaré en souriant. Je plaisante. Alors, quoi de neuf ?

— Je suis dans l'équipe de Vincent. »

C'était le seul grief concret qui me venait à l'esprit.

« Et j'ai peur de lui, il est tellement agressif !

— Ah bon ? »

Chris a jeté un coup d'œil sur Vincent qui pleurait toutes les larmes de son corps à l'autre bout de la table.

« Je ne le trouve pas agressif, moi.

— Il l'était… avant. Le jour de mon arrivée…

— C'était il y a deux semaines. Et une semaine, c'est long en psychothérapie.

— A-ah, ai-je répondu lentement, tu veux dire qu'il est différent maintenant ?

— Les gens changent, ici. C'est le rôle du Prieuré. »

Ça m'a énervée.

« Et toi, comment as-tu atterri dans cette maison de fous ? »

J'avais toujours été curieuse de son passé et je regrettais de n'être pas dans son groupe pour en savoir plus. Mais jusqu'à présent, je n'avais pas eu le courage de lui poser la question directement.

« Ce n'est pas la première fois que je viens ici, tu sais. »

Il a rapproché une chaise pour s'asseoir à côté de moi.

« C'est vrai ? »

J'étais choquée : ça signifiait que sa toxicomanie ne datait pas d'hier.

« Ouais, j'étais venu il y a quatre ans déjà et je n'ai rien écouté. Mais ce coup-ci, je fais tout comme il faut et j'ai bien l'intention de recoller les morceaux.

— C'était grave ? » ai-je hasardé nerveusement.

Il me plaisait trop pour que je veuille entendre comment il s'était roulé dans son vomi avec une aiguille dans le bras.

« Tout dépend de ce que tu appelles “grave”, a-t-il dit avec un petit sourire en coin. Ma vie, ça n'était pas tout à fait *Trainspotting*, habiter dans un squat et me shooter à l'héro, mais ce n'était pas très brillant non plus.

— Quelles… euh, drogues prenais-tu ?

— Je fumais surtout du hasch. »

J'attendais qu'il poursuive son inventaire : crack, PCP, héroïne, gélules de témazépam… Mais non.

« Juste du hasch ?

— Crois-moi, a-t-il répliqué dans un grand sourire, c'était suffisant.

— Mais… »

J'étais perplexe.

« Tu ne m'as pas franchement l'air d'un toxicomane.

— Je passais presque toutes mes soirées seul, dans les vapes. Le jour, au boulot, je n'arrivais pas à fournir. Est-ce assez grave pour toi ?

— Non. »

J'étais toujours aussi déconcertée.

« O.K. »

Il a pris une profonde inspiration.

« Je devais de l'argent à tout le monde. Je n'avais pas d'amis. Je fréquentais les gens qu'il ne fallait pas. À mon arrivée ici, on m'a dit que j'avais douze ans d'âge mental.

— Et comment l'ont-ils su ? »

Sur quoi se basaient-ils pour mesurer ces choses-là ?

« C'est l'âge auquel j'ai commencé à me droguer. On grandit seulement à coups de claques que la vie vous envoie dans la tronche. Mais moi, dès qu'il y avait un problème, je me défilais. J'ai donc gardé la mentalité d'un môme de douze ans.

— Je ne vois aucun mal dans le fait d'avoir douze ans », ai-je observé avec un petit rire pour montrer que je plaisantais.

Il n'a pas trouvé ça drôle.

« Ça veut dire que je n'ai jamais eu le sens des responsabilités. Il y a des gens que j'ai lâchés, sans parler de tous les lapins que je posais… »

Il m'était presque antipathique, avec sa morale et son manque d'humour.

« J'ai menti des milliers et des milliers de fois pour sauver ma propre peau, pour être bien vu des autres. »

Là, ça m'a vraiment refroidie. Quelle pusillanimité !

« Et toi, tu as commencé à te droguer à quel âge ? » a-t-il questionné à mon étonnement.

Moi ?

« J'avais une quinzaine d'années, ai-je bredouillé. Mais c'était occasionnel, juste dans des soirées. Je n'ai jamais fait tout ce que tu viens de décrire : me défoncer seule dans mon coin, devoir de l'argent, me conduire d'une manière irresponsable…

— Tu m'en diras tant !

— Pourquoi tu ricanes ? ai-je demandé, agacée.

— Pour rien. »

J'ai préféré changer de sujet.

« Que vas-tu faire quand tu sortiras d'ici ?

— On verra. Me trouver un job, me ranger. Qui sait ? Je pourrais même aller à New York, a-t-il ajouté avec un clin d'œil. Et tant que j'y suis, régler son compte à Luke. »

Les étoiles dans les yeux, je me suis prise à rêver. Je rentrais à New York au bras de Chris. Raides amoureux, nous poussions la porte du Cute Hoor. Chris n'avait plus douze ans d'âge mental, nous étions là pour nous éclater comme des fous. Un beau couple bien assorti.

Naturellement, nous mentirions sur les circonstances de notre rencontre.

D'autres visions ont surgi dans mon imagination. Luke malade de chagrin. Me suppliant de me remettre avec lui. Luke vert de jalousie, se précipitant sur Chris pour le frapper… j'en revenais toujours à cette scène-là. L'une de mes préférées.

# 42

Le soir où Luke était parti de chez moi en claquant la porte, ce n'était certes pas Daryl qui aurait pu me réconforter.

Il n'était même pas venu pour me voir. Sa visite inopinée s'expliquait par le fait que son dealer habituel s'était fait coffrer. Il effectuait donc la tournée de tous ceux qu'il connaissait dans l'île de Manhattan, à la recherche d'une nouvelle source d'approvisionnement. Autrefois, entre amis, on se recommandait un coiffeur. Ou un plombier. Voire un professeur particulier. Maintenant, c'était un dealer. En d'autres circonstances, j'aurais trouvé ça charmant.

Bien entendu, je n'avais pas l'ombre d'une drogue à proposer à Daryl.

Mais je connaissais quelqu'un qui pouvait y remédier.

Dans l'état d'abattement où m'avait plongée le départ de Luke, j'étais moi-même pressée de voir Wayne. Du coup, je me suis cyniquement servie de la détresse de Daryl à mes propres fins. Daryl avait de l'argent pour s'acheter de la drogue, mais il ne savait comment s'en procurer. Moi, j'avais l'adresse, mais pas les moyens.

Nous étions faits pour nous entendre.

J'ai téléphoné à Wayne, puis on s'est rassis et on a attendu. J'avais meilleur moral. D'accord, Luke m'en voulait à mort, mais Daryl était super bien fringué. Ce pantalon à pinces en velours côtelé mauve était du dernier chic en matière de mode masculine.

Ce n'était pas sa faute s'il transpirait dedans.

Et puis, il avait un job génial.

« À part Jay McInerney, tu connais d'autres auteurs ? »

Je me suis penchée en avant dans l'espoir qu'il aimait les décolletés plongeants, car c'était tout ce que j'avais à lui offrir.

« Hmm… ouais, a-t-il répondu en reniflant et en fuyant mon regard. J'en connais plein.

— Comment ça marche ? Il y en a dont tu t'occupes en particulier ?

— Ouais, a-t-il dit avec un petit coup d'œil furtif qui m'a filé le torticolis dans ma tentative de l'intercepter. Ça m'arrive.

— Qui ça, par exemple ? »

Je désespérais de capter son regard. *Mais quelle mouche l'avait piqué ?*

« Tu as déjà publié des best-sellers ?

— Voyons… », a-t-il répondu, pensif.

Je m'en pourléchais déjà les babines. C'était un bonheur de causer avec quelqu'un qui fréquentait des gens célèbres.

Il ne m'a pas déçue.

« Tu as entendu parler de l'écrivain Lois Fitzgerald-Schmidt ? »

À en juger par son ton, il ne pouvait en être autrement.

« Oui ! » ai-je acquiescé avec enthousiasme.

*Qui ça ?*

« C'est vrai ? a dit Daryl, tout aussi enthousiaste.

— Évidemment. »

J'étais contente d'avoir enfin réussi à le tirer de sa torpeur.

« C'est moi qui ai assuré, côté marketing, la promo de son livre, *Jardinage pour danseuses classiques*, qui a paru sur la liste du *New York Times* au printemps dernier.

— Oh oui, je vois très bien. »

Je croyais me souvenir maintenant qu'elle avait gagné le prix du meilleur roman ou quelque chose comme ça. Fière de côtoyer un homme qui exerçait un métier aussi passionnant, j'ai souri à Daryl.

Tout en réfléchissant rapidement. Fallait-il faire semblant d'avoir lu le livre ? Je pourrais laisser échapper un ou deux vagues commentaires, du style « un emploi merveilleusement lyrique du langage » ou bien « une imagerie d'une force saisissante ». Mais je n'étais vraiment pas sûre d'être capable de soutenir toute une conversation là-dessus.

Néanmoins, à New York, il était très important d'avoir lu les derniers livres à succès. Ou, à défaut, de faire comme si. J'avais même entendu parler de gens qui se proposaient pour lire le livre à votre place et de vous remettre un résumé. Pour un petit supplément, ils vous fournissaient des phrases à glisser au cours d'un dîner chic (« plagiat dérivatif » ou « oui, mais est-ce de l'art ? » ou encore « j'ai adoré la scène du concombre »).

J'ai donc déclaré à Daryl sur un ton d'excuse :

« Je n'ai pas encore eu le temps de le lire. Je l'ai acheté, il est dans la pile à côté de mon lit, mais avec tout le travail que j'ai… »

J'ai souri coquettement.

« Alors, raconte-moi, est-ce que *Jardinage pour danseuses classiques* va changer ma vie ? Ça parle de quoi ?

— Euh, a-t-il marmonné d'un air gauche. C'est-à-dire… »

Je me suis rapprochée, interloquée par sa réticence. Visiblement, c'était un livre controversé… sur quoi ? Inceste ? Satanisme ? Cannibalisme ?

« C'est sur… enfin… sur le jardinage. Pour… ahem… danseuses classiques. Mais pas seulement, a-t-il ajouté avec empressement. Les flexions et les accroupissements s'adressent aux danseuses en général. Nous ne sommes pas une maison élitiste. »

Muette, j'esquissais avec la bouche les voyelles A, puis O, puis de nouveau A, et ainsi de suite.

« Tu veux dire que ce n'est pas un roman ?

— Non.

— C'est un livre de jardinage ?

— Oui.

— Et quelle place il a occupée sur la liste des best-sellers du *New York Times* ?

— La soixante-neuvième.

— Et ton travail de marketing, ça a consisté en quoi ?

— J'emballais les livres pour les envoyer aux libraires.

— Au revoir, Daryl. »

# 43

Pas tel quel, bien sûr. Je n'ai pas dit à voix haute « Au revoir, Daryl ». Pas à *lui*. Mais je l'ai formulé dans ma tête. Surtout quand j'ai appris incidemment que le superbe loft où il m'avait emmenée le soir de la fête n'était même pas à lui.

Du coup, bien que nous ayons passé la nuit et une bonne partie de la matinée ensemble, il y avait fort peu de chances pour que Daryl et moi envisagions de signer un bail en commun dans un avenir proche. Je ne l'ai supporté, lui et ses conneries, que pour avoir ma part de came.

Évidemment, il n'a pas été très content, le rat, lorsqu'il s'est aperçu qu'il ne m'échapperait pas avec ses deux grammes intacts.

Mais j'ai pensé : tant pis, tu me dois bien ça.

Dans les jours qui ont suivi, je n'ai eu strictement aucune nouvelle de Luke. J'avais beau me dire pour me rassurer : il appellera. Il n'appelait pas.

La pauvre Brigit a été obligée de m'accompagner tous les soirs dans mes recherches à travers la ville. Partout où nous allions, y compris à l'épicerie du coin pour acheter dix tubes de Smarties, j'étais en état d'alerte maximum, ultramaquillée et tout.

Je n'aurais pas dû le laisser partir, me répétais-je comme une litanie. J'ai commis une terrible erreur.

Il n'était nulle part. Ce qui était injuste car, à l'époque où je n'avais eu que faire de lui, je pouvais difficilement mettre le nez dehors sans tomber sur lui ou sur l'un de ses potes chevelus.

J'ai fini par le croiser le jour que j'aurais tendance à appeler le Mardi noir. Ce jour-là, j'ai été virée, et Brigit a obtenu une promotion.

Je savais depuis longtemps que mon temps à l'Old Shillayleagh était compté, mais ça ne me faisait ni chaud ni froid. Je haïssais ce boulot plus que la vie même. Et depuis que j'avais scotché un article sur les remèdes contre l'impuissance sur le tiroir de mon boss, la perspective du chômage s'était rapprochée d'un cran.

Tout de même, se faire virer n'était pas agréable.

D'autant moins qu'à mon retour j'ai trouvé Brigit en train de danser de joie dans l'appartement, étant donné qu'on lui avait doublé son salaire, avec nouveau bureau et nouveau poste à la clé. Première adjointe sous-chef de service.

« Avant, je n'étais que *deuxième* adjointe, tu te rends compte de la différence ! exultait-elle.

— Magnifique, ai-je rétorqué avec aigreur. Tu vas devenir la New-Yorkaise type : tu iras au bureau à quatre heures du matin, tu rentreras à minuit avec des dossiers sous le bras, tu n'auras plus de vacances, et bonjour la grosse tête.

— Merci, Rachel, de te réjouir pour moi », a-t-elle dit d'une voix douce.

Sur ce, elle est allée dans sa chambre et a claqué la porte si violemment que le mur de l'immeuble a failli tomber en pièces. Mais qu'est-ce qui lui prend ? ai-je pensé, drapée dans ma dignité. Ce n'est pas elle qui s'est fait virer. Vous parlez de remuer le couteau dans la plaie !

J'ai fourragé dans tous les placards, à la recherche de la bouteille de rhum que j'étais sûre d'avoir vue quelque part. Soudain, je me suis rappelé que je l'avais bue la veille.

*Et merde*, me suis-je dit, savourant mon infortune.

En l'absence de remontant, j'ai tenté de me consoler en songeant que Brigit ne vivrait plus, qu'ils allaient la presser comme un citron, qu'une réussite professionnelle avait un prix. Tout à coup, une terrible angoisse s'est emparée de moi. Et si elle me quittait ? Si elle déménageait dans un appartement cossu, avec air conditionné et salle de gym réservée aux résidants ? Que ferais-je alors ? Où irais-je ? Cette sorte de loyer n'était pas dans mes moyens.

En cet instant, j'ai eu la révélation de saint Paul sur la route de Damas. J'ai subitement compris de quel côté était beurrée ma tartine.

M'extirpant du canapé, j'ai ravalé mon appréhension et tambouriné légèrement à la porte de Brigit.

« Excuse-moi, je suis un monstre d'égoïsme. Je suis désolée. »

Un mur de silence.

« Je suis désolée. C'est juste que j'ai été virée moi-même cet après-midi et je me suis sentie un peu, tu sais... »

Toujours pas de réponse.

« Allez, Brigit, sors, ai-je supplié. Je suis vraiment désolée. Vraiment ! »

La porte s'est ouverte à la volée. Brigit était là, sur le seuil, le visage rougi par les larmes.

« Oh, Rachel », a-t-elle soupiré.

Je n'ai pas réussi à déchiffrer son intonation. Était-ce le pardon ? l'exaspération ? la pitié ? la lassitude ? Ça pouvait être tout et n'importe quoi. J'espérais seulement qu'elle m'avait pardonné.

« Viens, on sort et je t'offre du champagne pour fêter ça », ai-je proposé.

Tête baissée, elle dessinait des figures sur le sol avec son gros orteil.

« Je ne sais pas…

— Oh, allez !

— O.K.

— Il n'y a qu'un blème, ai-je dit, parlant à toute vitesse. Jesuisraideencemoment,maissitum'avances del'argentjeteremourseraidèsquejepourrai. »

Résignée – un peu trop à mon goût –, elle a accepté avec un nouveau soupir.

J'ai tenu absolument à ce qu'on aille au Llama Lounge.

« Ce n'est pas tous les jours qu'une de nous décroche une promotion. Surtout en ce qui me concerne, ha ha ha ! »

Au Llama Lounge, la direction avait posé un écriteau à côté du canapé gonflable : « Si vous avez les jambes nues, vous vous asseyez ici à vos risques et périls. » Brigit et moi avons jeté un œil sur le canapé, et une même exclamation nous a échappé :

« Nous, on ne s'assoit pas ici ! »

Ce bel unisson signifiait, espérais-je, que Brigit m'avait pardonné. Néanmoins, notre conversation demeurait guindée. Je ramais comme une malade pour lui faire comprendre à quel point j'étais heureuse pour elle, mais le courant ne m'était guère favorable.

Au milieu de ma tirade, elle a regardé la porte et murmuré :

« Tiens, voilà ton jules. »

Et j'ai prié, tremblante : mon Dieu, faites que ce soit Luke ! Dieu a exaucé ma prière, mais avec un avenant. C'était Luke, en effet.

Flanqué toutefois de la délicieuse Anya, la bronzée et filiforme Anya aux yeux en amande.

Mon premier réflexe, ç'a été : s'il est assez bien pour Anya, alors il est assez bien pour moi.

Sauf qu'on ne m'avait pas demandé mon avis. Luke nous a saluées d'un bref hochement de tête et a continué son chemin.

Mon univers s'effondrait tandis que Brigit s'étonnait tout haut :

« Mais qu'est-ce qu'il a, notre baba de service ? »

Luke et Anya avaient l'air très intimes. Comme s'ils sortaient à l'instant du lit. Leurs visages se touchaient presque. Leurs cuisses étaient collées l'une contre l'autre. Éperdue, j'ai vu Luke s'accouder au dossier de la chaise d'Anya, frôlant ses épaules maigres et cependant musclées.

« Arrête de les fixer », a sifflé Brigit.

J'ai sursauté.

« Tu vas t'asseoir à ma place, a-t-elle ordonné. Comme ça, tu lui tourneras le dos. Ne prends pas cet air affamé. Et rentre ta langue, elle traîne par terre. »

J'ai obéi, mais très vite j'ai regretté d'avoir changé de place. Du coup, j'ai chargé Brigit de les épier pour moi.

« Qu'est-ce qu'il fait, là ?

— Il lui tient la main. »

J'ai gémi doucement.

« Toujours ? ai-je demandé quelques secondes plus tard.

— Toujours quoi ?

— Il lui tient toujours la main ?

— Oui.

— Oh, nom de Dieu ! »

J'en aurais pleuré.

« Comment est-il ?

— Brun, un mètre quatre-vingts et des poussières…

— Mais non ! Je parle de son attitude. A-t-il l'air heureux, crois-tu qu'il est raide dingue d'elle ?

— Finis ça. »

D'un geste brusque, Brigit a désigné mon verre et ajouté :

« On s'en va.

— Non ! ai-je murmuré avec véhémence. Je veux rester. Il faut que je reste pour les surveiller…

— Pas question. »

Brigit était catégorique.

« C'est mauvais pour tout le monde. Et que ça te serve de leçon. La prochaine fois que tu rencontreras un mec aussi canon et sympa que Luke Costello, tu ne feras peut-être pas tout foirer.

— Tu le trouves canon et sympa ? ai-je soufflé, sidérée.

— Évidemment, a-t-elle répondu, surprise.

— Mais alors, pourquoi tu ne l'as pas dit ?

— Pourquoi ? Tu as besoin de mon autorisation pour savoir ce qui te plaît ou pas ? »

Connasse, ai-je pensé, agacée. Sa promotion datait de quelques heures à peine, et déjà elle jouait les petits chefs.

J'ai porté le deuil de Luke plusieurs jours. Tout espoir était vain : je ne pouvais rivaliser avec Anya. Quand même, je connaissais mes limites.

J'ai donc consacré mon temps à la recherche d'un travail. Recherche, c'était un grand mot. Vu mon maigre curriculum et mon absence de diplômes, les offres ne pleuvaient guère. J'ai néanmoins réussi à décrocher un poste dans un autre hôtel. Il était certes moins bien que l'Old Shillayleagh, à supposer que l'Old Shillayleagh ait été bien. Mon nouveau lieu de travail se nommait Motel de la Barbade. Pourquoi la Barbade, je n'en savais rien. À moins qu'un séjour là-bas, ça ne se paie à l'heure.

Mon patron, Eric, était un obèse comme j'en avais rarement vu dans ma vie. On le surnommait Super Kro à cause de ses colossales poignées d'amour. Le personnel se composait principalement d'immigrés clandestins, car la direction préférait nettement payer au-dessous du salaire minimum.

Mais enfin bon, c'était un boulot.

Autrement dit, dur labeur, misère et ennui réunis trois en un.

Le premier jour, je suis rentrée chez moi déprimée, titubante de fatigue. Au moment où je poussais la porte, le téléphone a sonné.

« Allô ? » ai-je dit d'un ton revêche, bien décidée à passer ma mauvaise humeur sur la personne qui se trouvait à l'autre bout du fil, quelle qu'elle soit.

Il y a eu une brève pause – éloquente –, puis la voix de Luke, telle une caresse :

« Rachel ? »

Et mon monde crépusculaire s'est embrasé d'une clarté flamboyante.

D'instinct, j'ai su que ce n'était pas un coup de fil anodin, genre « Je ne retrouve plus mon slip Beavis et Butthead, je ne l'aurais pas laissé chez toi ? ».

Au contraire.

Au simple ton de sa voix, à la façon dont il avait prononcé « Rachel ? », j'ai compris que tout irait bien.

Mieux que bien.

Et moi qui croyais ne plus jamais le revoir ! J'ai failli fondre en larmes de joie, de soulagement, de gratitude pour la seconde chance qui m'était offerte.

« Luke ? »

Vous remarquerez que je n'ai pas dit « Daryl ? » ou « Frederick ? » ou « Belzébuth ? », comme je l'aurais fait si j'avais continué de jouer avec lui.

« Comment vas-tu ? »

*Appelle-moi poulette !*

« Bien, ai-je répondu. Enfin, j'ai été virée de mon boulot et j'en ai un autre dans une espèce d'hôtel de passe complètement pourri, avec un salaire de misère, mais à part ça, tout va bien. Et toi ? »

Il a eu un petit rire amical et chaleureux, et j'ai eu l'impression que j'étais amoureuse de lui.

« Ça te dirait que je t'invite à dîner ?

Je t'invite à dîner. Je t'*invite*. On peut exprimer tant de choses en un seul mot. Ça veut dire : Tu me plais. Je prendrai soin de toi. Et, par-dessus tout, je *paierai* pour toi.

J'ai eu envie de rétorquer : « Et Anya ? » Mais pour une fois, dans ce gâchis autodestructeur qu'était ma vie, j'ai réussi à surveiller ma langue.

« Quand ? » ai-je demandé.

*Maintenant, maintenant, maintenant !*

« Ce soir ? »

J'aurais sans doute dû prétexter un autre rendez-vous. N'est-ce pas une règle d'or quand on veut prendre un homme dans ses filets ? Mais je n'avais nulle intention de le laisser glisser de nouveau à travers les mailles.

« Ce soir, c'est parfait, ai-je acquiescé, suave.

— Au fait, excuse-moi de n'être pas venu vous voir l'autre jour, Brigit et toi. Le mec d'Anya venait juste de la larguer, et j'essayais de lui remonter le moral. »

Ma coupe a débordé.

## 44

C'était un rendez-vous, un vrai.

Il a promis de passer me chercher à huit heures et demie pour m'emmener dans un restaurant français. Là, j'ai eu un sursaut d'appréhension, car seuls les ploucs et les ringards mangeaient français. Un restaurant turkmène, ça, ç'aurait été top. Mais ensuite, je me suis dit : Oh, et puis tant pis.

Je me suis préparée lentement, dans le calme. Sans cette effervescence que j'associais normalement à Luke. J'avais bien des papillons dans l'estomac, mais ils dormaient. C'est à peine s'ils tressaillaient de temps à autre pour se rappeler à mon bon souvenir.

En vue de mon dîner français gratuit, je me suis habillée sobrement.

Du moins à l'extérieur.

J'avais mis ce que j'appelais ma robe d'adulte. Ça voulait dire qu'elle n'était pas noire, pas en lycra et qu'on ne voyait pas le contour de ma culotte au travers. C'était une robe droite, gris ardoise, quasi monastique. En un mot, importable. Mais Brigit m'avait forcé la main en affirmant qu'elle me serait utile un jour. Je lui avais répondu que je ne projetais pas de mourir, ni d'entrer au couvent ou d'être jugée pour meurtre. Cependant, tandis que j'admirais mon reflet qui, bizarrement, n'avait rien de déplaisant, j'ai dû reconnaître qu'elle avait eu raison.

Il y a eu mieux. J'ai relevé mes cheveux *et* mis des hauts talons. D'ordinaire, c'était l'un ou l'autre, sauf s'il me plaisait de dominer les gens façon Incroyable Hulk. Mais Luke avait un caractère suffisamment trempé pour me tenir tête au plus haut de ma forme.

Par-dessous ma soutane, j'avais enfilé des bas noirs avec un porte-jarretelles. C'était la meilleure preuve que j'étais folle de Luke. Car qui aurait supporté des sous-vêtements pareils sans avoir l'intention de les enlever très rapidement ? C'était inconfortable et artificiel au possible. Je me sentais aussi ridicule qu'une drag queen.

Luke est arrivé à huit heures trente tapantes. Dès que je l'ai aperçu, brun, rasé de frais, dégageant une senteur citronnée, mes papillons se sont réveillés comme un seul homme et ont commencé à se chamailler pour savoir qui allait préparer le café.

Je ne l'avais encore jamais vu aussi clean, avec des kilomètres de cheveux et de jean en moins. Apparemment, il me prenait au sérieux. Je me suis rengorgée de plaisir.

À l'instant même où il franchissait le seuil, je me suis attendue à être étouffée de baisers. Mais, à ma surprise, il ne m'a pas embrassée. Momentanément décontenancée, j'ai cependant refusé de céder à la déprime qui m'ouvrait grands les bras. Je ne me suis pas dit : *Je ne lui plais pas*. Car j'étais sûre du contraire. J'en aurais donné ma tête à couper.

Poliment, il s'est assis sur le canapé, et poliment ne m'a pas renversée sur la moquette pour m'arracher mes vêtements. Ça me faisait drôle, qu'on soit encore habillés au bout de cinq secondes en présence l'un de l'autre.

« J'en ai pour une minute.

— Relax », m'a-t-il répondu.

Je sentais son regard sur moi pendant que je cherchais mes clés en me cognant partout. Et pan, une hanche contre le comptoir, et bing, un coude sur une poignée de porte. Il n'y avait rien de tel que le regard d'un homme que je désirais pour réveiller la godiche en moi. Finalement, je me suis retournée en lançant avec une exaspération forcée :

« Quoi ? »

Je savais, remarquez, que je ne courais pas de risque.

« Je te trouve… »

Il a fait une pause.

« … belle. »

Bonne réponse.

Je ne connaissais pas le restaurant où il m'a emmenée, je n'en avais jamais entendu parler. Mais c'était charmant. Tapis moelleux, lumière tamisée à la limite de la pénombre, serveurs discrets et murmurant avec un accent français tellement outré qu'ils se comprenaient à peine entre eux.

Luke et moi, on n'a pratiquement pas échangé un mot de la soirée.

Pas parce qu'on n'avait rien à se dire. Au contraire, jamais je ne m'étais sentie aussi proche de quelqu'un. On n'arrêtait pas de sourire. D'énormes sourires béats d'une oreille à l'autre, les yeux dans les yeux.

On nous a conduits à une table tellement à l'écart et si faiblement éclairée que j'avais du mal à voir Luke.

« Ça te va, poulette ? » a-t-il murmuré.

J'ai acquiescé, radieuse. En cet instant, tout m'enchantait.

Il y a eu un bref moment de flottement lorsque nous nous sommes assis l'un en face de l'autre. Car s'il y a une chose plus embarrassante que d'aller pour la première fois au lit avec un homme, c'est bien de dîner pour la première fois avec un homme. Luke a essayé d'engager la conversation d'un joyeux :

« Alors ? »

J'allais répondre quand la joie qui me gonflait a débordé, et mon visage s'est de nouveau épanoui dans un sourire extatique. Luke a suivi, et nous nous sommes remis à rayonner comme deux imbéciles. Ç'a duré jusqu'à l'arrivée du serveur aux manières onctueuses, qui nous a tendu la carte.

« Il faudrait qu'on…

— C'est vrai », ai-je dit, m'efforçant de me concentrer.

Au bout de quelques secondes, j'ai levé les yeux et croisé son regard posé sur moi. Et nous voilà repartis à sourire. Un peu gênée, j'ai baissé les paupières. Puis, incapable de me retenir, j'ai relevé la tête et, comme il me dévisageait toujours, nous avons échangé un autre sourire pour la peine.

« Arrête, ai-je chuchoté, embarrassée et ravie à la fois.

— Désolé, c'est plus fort que moi. Tu es tellement… »

Nous avons eu un petit rire complice ; ensuite, il a désigné la carte.

« On ferait mieux… »

Et moi, j'ai dit :

« Il serait temps qu'on… »

J'avais l'impression que j'allais éclater de bonheur ; à tous les coups, je ressemblais à la grenouille de la fable tellement gonflée qu'elle ne se sentait plus de jubilation.

Il a commandé du champagne.

« En quel honneur ?

— Parce que… »

Il s'est interrompu, et m'a contemplée d'un air pensif.

« Parce que… », a-t-il répété, l'œil rieur.

Je retenais mon souffle : j'étais sûre qu'il allait me dire qu'il m'aimait.

« Parce que tu le vaux bien », a-t-il fini par déclarer.

J'ai réprimé un léger sourire. J'avais vu son visage, je savais ce qu'il éprouvait pour moi. Et il savait que je savais.

La seule fausse note de la soirée, ç'a été la question de Luke :

« Et comment va Daryl ?

— Écoute, ai-je répondu gauchement, décidée à abattre une partie de mes cartes, il ne s'est rien passé entre Daryl et moi.

— Je pense bien.

— Pourquoi ? ai-je dit, légèrement vexée.

— Mais parce qu'il est gay, a répondu Luke en riant.

— Et ta sœur ! »

J'étais rouge comme une tomate. Quoique, à la réflexion, ça expliquait bien des choses.

« Seulement, a ajouté Luke, dégoûté, il consacre trop d'énergie à se défoncer pour avoir une quelconque vie sexuelle.

— Tout à fait. »

Il fallait bien que je dise quelque chose.

Pendant toute la soirée, l'air a été parcouru de vibrations imperceptibles. Lorsque Luke a réglé l'addition (vous avez vu ? Je l'avais bien dit, hein ? « Je t'*invite* »), le courant s'est intensifié à en devenir presque palpable.

Une fois dehors, dans la nuit humide, il s'est enquis avec courtoisie :

« Tu préfères rentrer à pied ou en taxi ?

— À pied », ai-je répondu pour mieux savourer l'attente.

Sur le chemin, il ne m'a même pas pris la main, se contentant de garder la sienne dans mon dos sans me toucher, ce que j'ai trouvé très mignon.

En arrivant à la porte de l'immeuble, j'ai ressenti une bouffée de soulagement. Nom de Dieu, il était temps ! L'absence de contact physique me pesait plus que je ne l'aurais cru. Joyeusement, je me suis préparée au rituel du « Tu montes boire un café ? ».

J'ai accéléré le pas, prête à faire irruption dans le hall et à gravir les marches en courant, quand Luke a ralenti. Puis s'est arrêté. M'entraînant à l'écart des passants, il m'a embrassée sur la joue. Je mourais d'envie de lui mettre la main au panier, mais je me suis abstenue, histoire de ne pas rompre le charme.

« Merci pour cette merveilleuse soirée, a-t-il murmuré.

— Je t'en prie. Merci à toi. »

J'ai souri poliment tout en pensant avec impatience : Assez de chichis, montons vite pour que tu me culbutes sur la moquette comme tu l'as toujours fait !

« On se voit bientôt ? a-t-il demandé. Je t'appelle demain, O.K. ?

— Parfait. »

Mon euphorie était retombée comme si on avait débranché une prise. Il ne parlait pas sérieusement ? Le décorum et les belles manières, c'était bien joli, mais pas une seconde je n'avais cru que c'était réel. Dire que je m'étais enquiquinée à enfiler les bas et le porte-jarretelles ! Tout ça pour des prunes ?

« Bonne nuit. »

Se penchant, il m'a effleuré les lèvres d'un baiser. Sa bouche s'est attardée juste le temps de sceller la solennité de l'instant. Quand il s'est écarté, j'avais le vertige et des étoiles plein la tête.

« Oh, avant que j'oublie… »

Et il m'a tendu un petit paquet, surgi comme par miracle de nulle part. Puis, sans autre forme de cérémonie, il a pivoté sur ses talons et s'est éloigné, me laissant bouche bée.

Nom d'un chien !

Je lui donnai trois minutes pour se retourner et crier avec un grand sourire :

« C'était une blague, ha ha ! »

Mais il a disparu dans la rue sans un regard en arrière.

Lorsque j'ai compris que je n'avais pas d'autre choix, je suis montée chez moi en maugréant. À quoi jouait-il, à la fin ?

Pour tenter de connaître ses motivations, j'ai ouvert fébrilement le paquet qu'il m'avait offert ; dans mon agitation, je n'ai même pas remarqué le beau papier cadeau avec un nœud en bolduc. Ce n'était qu'un recueil de poésies de Raymond Carver.

« Des *poésies* ? ai-je glapi, outrée. Je veux baiser, moi ! »

Et j'ai lancé le bouquin contre le mur.

J'ai claqué les portes, bousculé les meubles. Brigit, cette salope, n'était pas rentrée, si bien que je n'avais personne à qui me plaindre.

Violemment, j'ai arraché mes dessous affriolants ; j'aurais dû me douter qu'en les mettant je bravais le sort. Trop énervée pour aller me coucher, j'ai jeté ma robe grise par terre et lui ai donné des coups de pied. (À vrai dire, je l'avais déjà accrochée, mais je suis allée la chercher dans la penderie pour lui régler son compte.) Alors que je lui jurais, pantelante, que c'était sa dernière sortie, le téléphone a sonné.

Qui diable ça pouvait être ? J'espérais que c'était une erreur : comme ça, j'en profiterais pour me défouler.

« Je n'en ai pas encore fini avec toi, ai-je menacé ma robe d'adulte recroquevillée contre le mur, tout en allant répondre. ALLÔ ! ai-je rugi dans le récepteur.

— Euh… c'est toi, Rachel ? a demandé une voix d'homme.

— OUI, ai-je admis, belliqueuse.

— C'est Luke.

— ET ALORS ?

— Excuse-moi, je ne voulais pas te déranger. Je te rappellerai demain, a-t-il dit humblement.

— Non, attends. Tu téléphones pour quoi ?

— J'étais inquiet, tu comprends, après ce soir. »

Je me taisais, mais mon cœur battait la chamade.

« J'ai cru bien faire, a-t-il enchaîné rapidement. Me conduire en gentleman, quoi, pour repartir sur de nouvelles bases. Mais, en arrivant chez moi, je me suis dit que je n'avais peut-être pas été clair, que tu allais croire que tu ne me plaisais plus, alors que je suis fou de toi, du coup j'ai voulu t'appeler, puis j'ai pensé qu'il était tard et que tu dormais, d'ailleurs il *est* tard et tu dois dormir…

— Qu'essaies-tu de me dire ? »

Je ne tenais plus en place d'excitation. Je sentais son anxiété, son désir de ne pas me heurter. Était-ce une déclaration ? Allait-il me demander officiellement de sortir avec lui ?

Il a cessé tout à coup d'être sérieux, et sa voix est redevenue rieuse.

« Un tour au plumard, c'est hors de question, j'imagine ? »

Déçue et profondément offusquée, j'ai raccroché d'un geste brutal.

J'en bafouillais d'indignation.

« Non mais, vous vous… vous avez entendu ce qu'il a dit ? me suis-je exclamée, m'adressant à la chambre en général et à ma robe d'adulte en particulier. Quel culot, j'y crois pas ! Non mais, quel *culot* ! »

J'ai secoué la tête, incrédule.

« S'il se figure qu'il va me revoir après ça, il n'est pas au bout de ses surprises… »

J'ai poussé un soupir, genre « Je suis plus triste qu'en colère », savourant ma consternation.

« Franchement… », ai-je soufflé, écœurée.

Six secondes plus tard, je décrochais le téléphone.

Bien sûr qu'un tour au plumard n'était pas hors de question.

# 45

Un autre week-end. Deux jours pour souffler par rapport au questionnaire.

Malgré ce répit, mes émotions étaient toujours sens dessus dessous.

Dans le flux et reflux de la mélancolie profonde, la tristesse ou la colère contre Luke étaient les bienvenues, car au moins je savais à quoi m'en tenir.

Le samedi matin, on a démarré comme d'habitude par le cours de cuisine.

Naturellement, on a assisté à l'inévitable psychodrame entre Eamonn et la nourriture, en l'occurrence une boîte de chocolat en poudre, qui s'est soldé comme tous les samedis matin par l'évacuation de l'intéressé.

Tous, nous observions Angela à la dérobée, dans l'attente – dans l'espoir, devrais-je dire – d'un scénario similaire. Mais, contrairement à Eamonn, sa conduite a été irréprochable.

En fait, sans son ahurissant tour de taille, on n'aurait pas su qu'elle avait un problème avec la bouffe car *jamais* on ne la voyait manger. Je l'avais entendue confier à Misty qu'elle avait de gros ennuis hormonaux et un métabolisme d'une lenteur criminelle. Ce pouvait fort bien être vrai.

Ou alors elle s'enfermait dans la salle de bains trois fois par jour pour engloutir en cachette l'équivalent d'une moyenne surface. Personnellement, je penchais pour la seconde hypothèse : il fallait trimer dur, jour et nuit, sans un moment de repos, pour entretenir un cul aussi gigantesque que le sien.

Curieusement, Misty ne le lui a pas fait remarquer. D'ailleurs, elle était très gentille avec Angela. Pourquoi avec Angela et pas avec moi, la petite garce ?

La mise en place a pris un moment à Betty, le temps de fournir à chacun farine, sucre, saladier, tamis et tout le bazar.

Clarence ne cessait pas de lever la main en disant :

« Madame ! »

Betty répondait :

« Appelez-moi Betty. »

Et Clarence :

« Oui, madame. »

Puis une sorte de paix est descendue sur la salle. Leurs pulls marron saupoudrés de farine, les pensionnaires se concentraient sur la tâche. Une étrange harmonie régnait entre nous. Presque comme si… comme si *nous étions en présence du divin*.

Aussitôt, j'ai eu honte de mes pensées new age à la noix. Si ça continuait, j'allais me mettre à lire *La Prophétie des Andes* !

Peu après, cependant, j'ai eu un nouvel accès de sentimentalisme aigu. Quand les hommes ont sorti du four leurs gâteaux avachis, difformes, brûlés, mal cuits, leur fierté m'a donné envie de pleurer. Chacun de ces gâteaux était un petit miracle, ai-je pensé en versant une larme discrète. Ces gens-là étaient alcooliques, certains avaient commis des actes monstrueux, et pourtant, ils avaient réussi à confectionner un gâteau tout seuls…

Puis j'ai flippé.

Non mais, qu'est-ce qui m'avait pris ?

Dieu merci, personne ici ne savait lire dans les têtes.

Le plus dur, au Prieuré, c'étaient les samedis soir. Le monde entier s'habillait pour sortir. Sauf moi. Pis encore, c'était le moment où Luke avait le plus de chances de rencontrer une autre fille. Et ça me rendait folle.

J'en avais oublié ma colère. Il me manquait terriblement, j'étais malade à l'idée de le perdre. Oui, d'accord, je l'avais déjà perdu ; mais s'il rencontrait quelqu'un d'autre, là je le perdais pour de bon.

Histoire de penser à autre chose, je suis allée à la soirée de jeux. J'y avais déjà participé la semaine précédente, mais sans conviction. Gênée, j'avais imaginé la réaction d'Helenka et d'autres New-Yorkais branchés s'ils m'avaient vue. Mais cette fois-ci, à mon grand étonnement, j'ai trouvé ça très amusant.

On a commencé par jouer à chat perché, se poursuivant à travers la salle à la température glaciale. On riait tellement que c'en était inquiétant.

Ensuite, quelqu'un a sorti une corde à sauter.

Là, ç'a été moins drôle, car tout le monde se faisait « appeler » sauf moi. Exactement comme dans mon enfance. Je suis donc allée bouder dans un coin, et tant pis si on me demandait, de toute façon je n'irais pas, na !

« Tu t'amuses bien ? »

Chris a surgi à côté de moi. Dieu, qu'il était beau… J'en ai eu la chair de poule.

« Ils m'écœurent ici, ai-je lancé avec amertume. Franchement, quelle idée de nous faire retomber en enfance !

— Ce n'est pas le but ! a-t-il protesté, éberlué. Ils font ça parce que ça nous plaît, ça permet de décompresser. D'ailleurs, quel mal y a-t-il à revivre son enfance ? »

Je n'ai pas répondu.

Chris avait l'air soucieux.

Vaguement, j'ai entendu Misty qui sautillait, légère et délicate comme un elfe, s'écrier d'une voix chantante :

« J'appelle Chri-is… »

« Si tu trouves ça dur, tu ferais mieux d'en parler en groupe, a-t-il dit. Oh, mon Dieu, c'est à moi ! »

Et il s'est précipité pour sauter près de Misty.

C'était John Joe qui faisait tourner la corde, avec Nancy, la ménagère accro au valium. Tout le monde ici était maladroit et marchait à côté de ses pompes, mais Nancy et John Joe étaient un peu *trop* désarticulés. En fait, Nancy tenait à peine debout.

J'ai regardé Chris sauter. Il était gauche et dégingandé, mais complètement craquant. Son visage était l'image même de la concentration tandis qu'il s'efforçait de ne pas perdre le rythme.

J'étais là, malheureuse et oubliée de tous, quand soudain je l'ai entendu scander :

« J'a-appelle Rachel ! »

Joyeusement, j'ai bondi de ma chaise. J'adorais qu'on m'appelle, mais on ne m'appelait jamais. Jamais. Il n'y en avait que pour les plus grandes.

Ou les plus petites.

Je me suis faufilée entre deux tours de corde et pendant quelques secondes j'ai sauté avec Chris, souriant timidement, tout à mon bonheur d'avoir été choisie. Puis il s'est emmêlé les pieds, j'ai trébuché, et tous deux on s'est étalés sur le plancher. Je savourais la sensation d'être par terre à côté de lui lorsque John Joe a piqué une crise, et déclaré qu'il en avait marre de faire tourner la corde. Dans un accès de magnanimité, j'ai pris sa place face à Nancy au regard vitreux. Elle était tellement dans les vapes avec ses tranquillisants qu'elle me faisait peur.

Après avoir manqué nous rompre les os en sautant à la corde, ç'a été l'heure des chaises musicales. Au début, je n'osais pas bousculer les autres, craignant de leur faire mal. Sauf quand il s'agissait de Misty, bien sûr. Mais, lorsque j'ai compris que le jeu consistait à rivaliser de turbulence, je m'en suis donné à cœur joie. Je poussais, je chahutais, je riais à gorge déployée. Jamais je ne m'étais autant amusée – sans drogue, j'entends.

C'est seulement au moment d'aller au lit, en repensant à Luke qui devait être sur le point de sortir, que j'ai senti ma bonne humeur me déserter.

Le dimanche matin, tous les pensionnaires hommes, y compris Chris, hélas ! sont venus me demander :

« Elle vient aujourd'hui, ta sœur ?

— Je n'en sais rien », ai-je répondu.

Mais, à l'heure des visites, Helen a fait son apparition aux côtés de papa et de maman. D'Anna, malheureusement, il n'y avait aucun signe. Papa s'exprimait toujours avec l'accent d'*Oklahoma*.

Quand j'ai réussi à prendre Helen à part – papa et maman étaient plongés dans une grande discussion avec les parents de Chris ; je préférais ne pas savoir de quoi ils parlaient –, je lui ai glissé la lettre pour Anna.

« Tu veux bien la lui remettre ?

— Je ne la verrai pas. J'ai trouvé un boulot.

— Un boulot, toi ? »

Je n'en revenais pas. Outre sa paresse légendaire, Helen, tout comme moi, était une bonne à rien.

« Depuis quand ?

— Mercredi soir.

— Et tu fais quoi ?

— Serveuse.

— Où ça ?

— Dans un putain de... »

Elle s'est interrompue, cherchant le mot juste.

« ... un putain d'abattoir à Temple Bar qui s'appelle le Club Mexxx. Avec trois X. C'est pour te dire.

— Euh... félicitations. »

Je n'étais pas très sûre que ce soit la formule appropriée. C'était comme féliciter une copine se retrouvant enceinte sans l'ombre d'un fiancé dans les parages.

« Écoute, ce n'est pas ma faute si je suis trop petite pour être hôtesse de l'air ! s'est-elle écriée soudain.

— Ah bon, parce que tu voulais faire ça ? ai-je dit, surprise.

— Ben oui, a-t-elle répliqué, maussade. J'aurais compris si ç'avait été une vraie compagnie d'aviation, seulement c'était une boîte de charters merdique, Air Paella, qui était prête à embaucher n'importe qui. Sauf moi. »

Elle s'est caché le visage dans les mains en un geste de désespoir qui m'a effrayée.

« J'avais tout, Rachel, le look, les manières... tout !

— Comment ça ?

— Tu sais, dix couches de fond de teint abricot, le cou blanc, le sourire carnivore, la couture de la culotte qu'on devine. Sans parler de la surdité sélective. J'aurais été parfaite ! »

Sa lèvre inférieure s'est mise à trembler.

« Si tu savais, Rachel, comment je m'étais entraînée ! Je n'ai pas arrêté. J'ai été infecte avec toutes les femmes que je rencontrais et j'ai fait la carpette avec les hommes. Je me suis exercée à ouvrir la porte du congélateur et à hocher la tête avec un sourire bidon en disant : "Merciaurevoirmerciaurevoirmerciaurevoirmerciaurevoirmerciaurevoir." Pendant des heures. Tout ça pour m'entendre dire que j'étais trop petite ! "Et pourquoi faut-il que je sois grande ?" j'ai demandé. Pour mettre les bagages à main dans les compartiments du haut… Des clous, oui, tout le monde sait qu'une hôtesse de l'air, c'est son boulot d'ignorer les femmes et de les laisser se débrouiller seules. Et si un homme a besoin d'aide, tu lui secoues tes lolos au nez, et il sera trop content de le faire lui-même. *Ravi !*

— Pourquoi la porte du congélateur ?

— Parce qu'il fait toujours froid là où elles se tiennent, lorsque les gens descendent de l'avion.

— Ma foi, tu as eu raison de t'entraîner, ai-je dit gauchement.

— S'entraîner ! »

Maman avait refait son apparition.

« Je vais lui apprendre à s'entraîner, moi ! Elle m'a décongelé un tiroir entier de Magnums et de crêpes dentelle avec ses "merciaurevoir". Tu parles d'un entraînement !

— C'étaient des Magnums à la menthe, ils prenaient de la place pour rien. Ils ne méritaient pas de vivre. Et d'ailleurs, merci, maman, pour ton soutien ! a éclaté Helen comme si elle avait douze ans. Toi, tu aurais préféré que je reste au chômage toute ma vie. »

Je m'attendais qu'elle explose – « Je n'ai pas demandé à naître ! » – et quitte la pièce en claquant la porte.

Mais nous nous sommes rappelé qu'on n'était pas chez nous et on a fermé notre clapet.

Maman s'est éloignée, cette fois pour causer avec les parents de Misty O'Malley. Papa, lui, était toujours en grande conversation avec le père de Chris.

« Tu n'aurais pas un timbre ? » ai-je demandé à Helen.

Si elle ne voulait pas donner ma lettre à Anna, tant pis, je la glisserais dans la pile de courrier en partance, ni vu ni connu.

« Un timbre, moi ? Ai-je l'air d'une femme mariée ?

— De quoi tu parles ?

— Seuls les gens mariés se baladent avec des timbres sur eux, tout le monde sait ça.

— Bon, ce n'est pas grave. »

Je venais de réaliser – comment avais-je pu oublier une chose pareille ? – que, dans cinq jours, les trois semaines de séjour obligatoire allaient prendre fin. Je serais libre de partir. Pas question de rester moisir pendant deux mois ici avec les autres. Je ne passerais pas une seconde de trop au Prieuré. Et après, je pourrais m'offrir autant de dope qu'il me plairait.

# 46

Après le départ des visiteurs, j'ai succombé au blues du dimanche après-midi. La sensation confuse, étouffante que s'il ne se passait pas quelque chose, s'il n'y avait pas un changement, j'allais péter les plombs.

Incapable de me poser, j'errais sans but entre la salle à manger, le salon et ma chambre. Je me sentais comme un animal en cage.

À vrai dire, je connaissais bien ce sentiment de vide et de mal-être. Ça me prenait généralement le dimanche, vers quatre heures ; le décalage de ce jour-là s'expliquait sans doute par le fait que je fonctionnais encore à l'heure de New York.

Les autres pensionnaires, avec leurs vannes et leurs chamailleries, m'énervaient prodigieusement. Mike, d'une humeur massacrante, piaffait, plus taurin que jamais. Vincent, en revanche, jubilait. Sa femme lui avait apporté les questions du Trivial Pursuit version Babyboomer. Il agitait la boîte rouge sous le nez de Staline.

« On va voir, maintenant, qui est le plus fort ! »

Staline a fondu en larmes. Il avait espéré que Rita lui rendrait visite pour lui annoncer qu'elle était revenue sur sa décision de divorcer, mais elle ne s'était pas manifestée.

« Fiche-lui la paix ! » a sifflé Neil.

Après avoir pris conscience de son alcoolisme, Neil avait pleuré pendant quarante-huit heures avant de succéder à Vincent, côté colère. Josephine disait que c'était normal, que personne n'avait envie de se savoir alcoolique, et qu'il finirait par s'y faire. En attendant, tout le monde avait peur de lui.

« Le pauvre vieux est au trente-sixième dessous à cause de sa femme ! a-t-il rugi à la figure de Vincent. Et toi, tu n'arrêtes pas de l'asticoter !

— Désolé, a dit Vincent, mortifié. C'était juste pour rire…

— Tu es d'une agressivité !

— Je sais, a marmonné Vincent d'un ton humble. Mais je fais ce que je peux…

— Ce n'est pas assez ! »

Neil a tapé du poing sur la table.

Il y a eu un mouvement de foule vers la sortie.

« Désolé », a soufflé Vincent.

Alors, les pensionnaires ont regagné leurs places et le calme est revenu momentanément.

Jusqu'à ce que le jeune Barry surgisse dans la salle à manger, tout excité : Celine avait surpris Davy en train de lire les pages du tiercé. Comme Davy était un joueur compulsif, c'était aussi grave que si on avait trouvé un alambic sous le lit de Neil.

Selon Barry, Davy avait piqué une crise, au point qu'on avait dû recourir à Finbar, le simplet employé comme jardinier et homme à tout faire, pour le maîtriser. Et, de nouveau, il y a eu une ruée générale vers la porte, avec Barry en tête, pour assister à l'événement depuis les premières loges.

Moi, je n'ai pas bougé.

J'étais trop en pétard pour y aller.

Une fois la poussière retombée, je me suis aperçue que j'étais seule dans la pièce avec Chris. Même Misty la peste était partie.

« Ça va ? » a-t-il demandé gentiment, en venant s'asseoir près de moi.

J'ai plongé mon regard dans ses yeux bleu piscine, et sa beauté m'a donné le vertige.

« Non, ai-je répondu en trépignant. Je... je suis... j'en ai ras le bol !

— Je vois. »

L'air pensif, il a passé sa grande main carrée dans ses cheveux couleur de blé mûr pendant que je lui soufflais au visage avec espoir. Oh, comme je me délectais d'être l'objet de son attention !

« Que peut-on faire pour remonter le moral à Rachel ? » s'est-il interrogé à voix haute.

Je me trémoussais littéralement de plaisir.

« On va se balader ? a-t-il proposé avec entrain.

— Où ça ?

— Dehors. »

Il a hoché la tête en direction de la fenêtre.

« Mais il fait noir, ai-je objecté. Et froid.

— Allez, viens, a-t-il insisté avec son petit sourire en coin. C'est le mieux que j'aie à t'offrir. »

Et il a ajouté, tentateur :

« Pour l'instant. »

J'ai couru chercher mon manteau, et nous sommes sortis dans la nuit glaciale pour faire le tour du parc dans l'obscurité.

Je ne disais pas grand-chose. Ce n'était pas volontaire. J'aurais adoré lui parler, mais j'étais nerveuse, et, comme toujours dans ces cas-là, mon cerveau s'était transformé en un bloc de béton : lourd, gris et vide.

Longtemps, on a marché en silence, avec pour seuls bruits notre respiration qui formait des nuages de vapeur devant nous et le crissement de l'herbe sous nos pas.

Nous sommes pratiquement de la même taille, me disais-je comme si c'était une vertu. Nous allons bien ensemble.

Je mourais d'envie que Chris m'embrasse. À en devenir folle. Que n'aurais-je pas donné…

À ma consternation, j'ai remarqué que nous étions de retour à la maison.

*Déjà ?*

La proximité des fenêtres éclairées nous permettait enfin de nous voir.

« Regarde. »

Chris s'est tourné vers moi ; on se touchait presque. Les nerfs à fleur de peau, j'étais sûre et certaine qu'il allait me prendre dans ses bras.

« Tu vois cette grande salle de bains là-haut ?

— Oui », ai-je balbutié, suivant la direction de son bras.

Il ne se rapprochait pas de moi, mais ne s'écartait pas non plus.

« On a surpris deux personnes en train de faire l'amour là-dedans.

— Quand ? ai-je articulé, au supplice.

— Il y a quelque temps.

— Qui c'était ?

— Deux patients, deux clients, ce que tu veux. Des gens comme toi et moi.

— Ah bon ? »

Je me demandais où il voulait en venir.

« Oui, a-t-il expliqué en riant. Deux personnes comme toi et moi ont été surprises en train de faire l'amour dans cette salle de bains-là. »

On aurait dit qu'il avait délibérément construit sa phrase de manière à la rendre le plus provocante possible. Sur ce, il s'est reculé, et j'ai eu la sensation de tomber du haut d'une falaise.

« Que penses-tu de ça ?

— Je ne te crois pas. »

Grande était ma déception. Toute cette attente, cette anticipation, pour en arriver là…

« Je te jure que c'est vrai.

— À d'autres. »

J'ai enfin réussi à me concentrer pleinement sur ce qu'il racontait.

« Comment ont-ils fait pour être aussi… aussi… Je veux dire, comment ont-ils pu désobéir aux règles à ce point-là ? »

Chris a éclaté de rire.

« Tu es d'une fraîcheur surprenante. Et moi qui te prenais pour une nana superlibérée ! »

Furieuse contre moi-même, j'ai bégayé :

« Mais je le suis… je t'assure.

— On rentre ? »

Confuse et frustrée, j'ai acquiescé :

« O.K. »

## 47

Le lundi matin, en groupe, Josephine s'est attaquée à Mike et l'a assaisonné aux petits oignons.

« J'avais bien l'intention d'en revenir à vous, Mike, a-t-elle annoncé sur un ton d'excuse. Il serait temps qu'on reparle de votre alcoolisme, non ? »

Il s'est contenté de la fixer d'un œil torve.

Chouette, ai-je pensé, ravie. Tant qu'il y avait quelqu'un d'autre sur la sellette, ça signifiait qu'il n'y avait pas de place pour moi.

« Avez-vous des questions à poser à Mike ? » a lancé Josephine à la cantonade.

Te fais-tu permanenter les cheveux ? Et si oui, pourquoi ?

Personne n'a moufté.

« Alors je vais le faire, a repris Josephine avec un soupir. Vous êtes l'aîné d'une famille de douze enfants ?

— Oui, a répondu Mike d'une voix forte.

— Et votre père est mort quand vous aviez quinze ans ?

— Oui.

— Ça n'a pas dû être facile.

— On s'est débrouillés.

— Comment ?

— En travaillant dur. »

Le visage patibulaire de Mike était plus fermé que jamais.

« La terre ?

— La terre.

— Les journées étaient longues ?

— Debout avant le lever du soleil, et on finissait après le coucher, a répondu Mike presque avec fierté. Sept jours sur sept, et pas de vacances.

— Très louable, a murmuré Josephine. Jusqu'au moment où vos beuveries vous ont entraîné à disparaître des semaines entières, et l'exploitation s'en est allée à vau-l'eau.

— Mais…

— Votre femme est venue ici. Nous savons tout. Je ne vous apprends rien en disant cela. »

Et ainsi de suite. Elle l'a harcelé toute la matinée.

Elle essayait de lui faire admettre qu'à force de vouloir diriger tout son petit monde à la ferme il n'avait pas eu l'occasion de faire le deuil de son père. Mais, en dépit du feu roulant de questions, Mike n'a pas cédé un pouce de terrain.

L'après-midi, la chance a continué de me sourire, car ç'a été le tour de Misty. Une double bénédiction. D'abord parce que la voir déguster était un pur bonheur. Et ensuite, parce que c'était sa fête, et par conséquent j'avais la paix.

Au fond, je m'en étais tirée à bon compte. Dans la mesure où mon séjour touchait à sa fin, je doutais qu'ils ressortent le questionnaire maintenant. Plus que cinq jours. Cinq jours pour me convaincre que j'étais toxicomane ? Ma foi, je leur souhaitais bien du plaisir.

Dans cet état d'esprit, j'ai pu profiter pleinement de la dérouillée que Josephine a administrée à Misty sans craindre de subir le même sort.

Et quelle dérouillée ! Josephine soupçonnait que sa rechute n'était qu'un coup publicitaire.

Misty protestait vigoureusement.

« Ce n'est pas une pub pour mon nouveau roman, *Des larmes au coucher*, répétait-elle. Je ne suis pas ici pour promouvoir mon nouveau roman, *Des larmes au coucher.* »

Elle avait l'air belle, fragile, évanescente. Ses grands yeux suppliants imploraient la compréhension.

Les autres gardaient un silence honteux.

Bande d'ahuris, fulminais-je, ils ne voyaient pas qu'elle les menait par le bout du nez !

« Vous vous trompez complètement. »

Sa lèvre inférieure s'est mise à frémir.

Josephine l'observait, les yeux étrécis.

« En fait, je suis en train de recueillir de la matière pour mon *prochain* livre », a ajouté Misty. Comme après réflexion.

Il y a eu un moment de stupéfaction, suivi d'une clameur générale.

« Je serai dedans ? a demandé John Joe, excité.

— Et moi ? s'est inquiétée Chaquie. Tu ne vas pas citer mon vrai nom, dis ?

— Le mien non plus, hein ? a renchéri Neil d'un air anxieux.

— Le héros, ce sera moi, a plastronné Mike. Celui qui part avec la fille.

— Et moi alors ? a commencé Clarence.

— ÇA SUFFIT ! » a rugi Josephine.

Bien joué, me suis-je dit sournoisement. Vas-y, éreinte-la ! Et si je racontais ça à Chris, histoire de lui montrer à quel point cette fille était vaine et prétentieuse ? Quoique je n'aie pas été vraiment sûre que Chris s'intéresse à la force de caractère de Misty.

« C'est votre deuxième séjour dans ce centre de cure, rageait Josephine. Quand allez-vous réagir en adulte ? Bon sang, vous êtes une alcoolique !

— Bien sûr que je suis une alcoolique, a acquiescé Misty calmement. Je suis *écrivain*.

— Vous vous prenez pour qui ? a éructé Josephine. Ernest Hemingway ? »

Je buvais du petit-lait.

Ensuite, Josephine a vertement reproché à Misty ses manières d'allumeuse.

« Vous vous conduisez d'une façon extrêmement provocante avec la plupart des pensionnaires hommes. J'aimerais savoir pourquoi. »

Misty refusant de coopérer, Josephine est devenue de plus en plus mauvaise.

L'après-midi a été une partie de plaisir de bout en bout. Mais, juste au moment où j'allais m'éclipser pour m'offrir une bonne tasse de thé, Josephine m'a attrapée par la manche. En un éclair, je suis passée de la gaieté et la décontraction à la terreur.

« Demain », a-t-elle dit.

Oh non ! Demain, le jour du questionnaire. Comment avais-je pu croire que j'y échapperais ?

« Demain, a-t-elle répété. Je préfère vous prévenir… »

J'étais au bord des larmes.

« … pour que vous ayez le temps de vous préparer… »

L'idée du suicide a éclos dans ma tête comme une petite fleur au printemps.

« … que vos parents viendront en qualité de vos Principaux Autres Concernés. »

J'ai mis une ou deux secondes à imprimer. Obnubilée par Luke et les horreurs qu'il avait dû raconter sur moi, je n'ai pas compris tout de suite ce qu'elle me disait.

Des parents ? Quels parents ? Et qu'avaient-ils à voir avec Luke ?

« Ah oui, d'accord », ai-je répondu.

Et je me suis éloignée pour digérer ce que je venais d'apprendre.

O.K., réfléchissais-je fébrilement, ce n'était pas la fin du monde, car après tout ils ne savaient pas grand-chose de ma vie. Néanmoins, pour en avoir le cœur net, j'ai décidé de téléphoner à la maison.

La conseillère de garde était la petite et mignonne Barry Grant. Quand je lui ai demandé si je pouvais passer un coup de fil, elle s'est plainte bruyamment :

« Allons, Rrachel, ma grrande, vous ne voyez pas que je suis en train de boire mon thé ? »

Et elle a désigné la tasse devant elle.

J'ai trépigné tant et si bien qu'elle a fini par se lever pour m'accompagner dans le bureau. En traversant la réception, nous sommes tombées sur Mike perché sur le comptoir de Boucles d'Or.

« Une jolie fille comme vous ? roucoulait-il. Je parie que vous êtes obligée de les chasser à coups de pied au cul.

Non mais ! a tonné Barry Grant. Je vous y prrends, vous ! »

Mike a sauté en l'air.

« Allez, bonne chance et à bientôt, a-t-il glissé à Boucles d'Or avant de détaler.

— Laissez les filles tranquilles ! Et vous, cessez de l'encourrager, a-t-elle aboyé à l'adresse de la réceptionniste. Vous êtes censée faire parrtie du personnel. »

Puis, histoire de ne pas me laisser de côté sans doute, elle m'a crié :

« Vous venez ? Quel est le numéro ? »

Papa a décroché en disant :

« El Rancho Walsho. »

Au fond, on entendait *The Surrey with the Fringe on Top*.

« Salut, papa. Comment ça va, le théâtre ? Le bruit du fard, l'odeur du public ? »

Diplomate, j'avais décidé de jouer la carte de l'amitié. Ainsi, il ne serait peut-être pas trop vache avec moi le lendemain.

« Je m'éclate comme un fou. Et toi ?

— Moi, beaucoup moins... C'est quoi, cette histoire que vous devez venir demain ? »

Il a émis un son étouffé comme si on l'étranglait.

« Je vais chercher ta mère ! »

Et le combiné a dégringolé avec fracas sur la table.

Là-dessus, il y a eu un long conciliabule à voix basse : papa mettait maman au courant, et chacun essayait de rejeter la faute sur l'autre.

Finalement, papa a dû menacer de lui couper les vivres, car maman a pris le téléphone et déclaré d'une voix chevrotante, faussement enjouée :

« Tu sais quoi, un bon Surrey, c'est un Surrey mort. Ce qu'il me pompe, avec son sacré *Oklahoma* ! Tu n'imagines pas ce qu'il m'a demandé de lui rapporter de chez Dunnes. Du gruau de maïs ! Pour son petit déjeuner. C'est quoi, le gruau ? je dis. Et il me répond : De la nourriture pour cow-boy. Sûr, le seul gruau que je connaisse, c'est celui qu'on donne aux oiseaux... »

Lorsque j'ai enfin réussi à placer un mot, elle m'a confirmé à contrecœur que oui, papa et elle venaient au centre pour me faire ma fête.

J'avais du mal à y croire. Que ça arrive aux autres, d'accord, mais pas à moi. Je n'étais pas des leurs. Ça n'avait rien à voir avec un quelconque déni ; je n'étais *réellement* pas des leurs.

« Eh bien, venez puisqu'il le faut, ai-je soupiré. Mais je vous conseille d'être gentils avec moi, car qui sait ce que je pourrais faire. »

En entendant cela, Barry Grant a bondi sur un stylo.

« Mais bien sûr qu'on sera gentils. Seulement, on est obligés de répondre aux questions de cette femme. »

C'était précisément ce que je craignais.

« D'accord, mais ça ne vous empêche pas d'être gentils. »

J'avais l'impression d'avoir treize ans.

« Vous serez là le matin ou l'après-midi ?

— L'après-midi. »

Tant mieux, sinon on avait des chances d'y passer la journée.

« Rachel, chérie… »

On aurait dit que maman allait fondre en larmes.

« Nous n'avons pas l'intention de te faire du mal. Tout ce qu'on veut, c'est t'aider.

— Parfait, ai-je répliqué, maussade.

— C'est bong ? » a demandé Barry Grant en me transperçant du regard, quand j'ai eu raccroché.

J'ai hoché la tête.

C'était tout bong, j'avais la situation bien en main.

Et puis, il n'y en avait plus que pour quatre jours. Qu'est-ce que je risquais ?

# 48

Affalées toutes deux sur son lit, Brigit et moi avions à peine la force de bouger dans la chaleur du mois d'août. L'aveuglante lumière de l'été new-yorkais se réverbérait sur les trottoirs et le béton des buildings qui la renvoyaient au centuple : sa brillance avait quelque chose de maléfique.

« Va au frigo. »

Brigit m'a poussée du pied.

« Va au frigo et rapporte-moi un truc glacé.

— Je ne savais pas qu'Helenka habitait dans notre frigo », ai-je rétorqué.

Et nous avons ri mollement.

« Je ne peux pas, Brigit. Je suis à plat, je vais m'écrouler.

— Espèce de feignasse, tu ne dirais pas ça si ton has been de Luke Costello débarquait avec sa trique à la main pour jouer à zizi pan-pan. »

Elle n'aurait pas dû parler de ça. Aussitôt, un frisson de désir m'a parcourue, me laissant ronchon et insatisfaite. On avait décidé de se voir en fin de journée ; tout ce qu'il y aurait d'ici là m'a paru soudain inutile et pesant.

« Tu veux quelque chose ? a demandé Brigit en se levant avec effort.

— Apporte-moi une bière, tiens.

— Il n'y en a plus », a-t-elle crié un peu plus tard de la cuisine.

Le ton de sa voix ne me disait rien qui vaille.

Ça recommence, ai-je pensé, accablée. En ce moment, elle n'était vraiment pas à prendre avec des pincettes. Mais quelle mouche l'avait donc piquée ?

Un bon coup, voilà ce qu'il lui fallait. Ce qu'il nous fallait à toutes. Je pourrais même lancer une pétition et me promener avec une pancarte : « Un coup pour Brigit Lenehan ! » Ou bien organiser un défilé entre le Cute Hoor et le Tadgh's Boghole ; je marcherais en tête, criant dans un mégaphone :

« QUE VOULONS-NOUS ? »

Et les autres me répondraient :

« UN COUP POUR BRIGIT LENEHAN. »

« Eh oui, a répété Brigit, venimeuse. Il ne reste plus une seule bière. Qui l'aurait cru ?

— Je suis désolée.

— Mais enfin, Rachel ! On avait besoin de tout. De pain, de coca light… De Coca-Cola, j'entends, pas de l'autre, que tu utilises habituellement pour perdre du poids… »

Elle avait l'air si hargneuse que je me suis recroquevillée intérieurement.

« … d'essuie-tout, de café, de fromage. Et qu'as-tu acheté, hein ? Du pain ? Non. Du fromage ? Non. L'un des articles marqués sur la liste ? Non. En fait, elle est rentrée avec… »

Lorsqu'elle se mettait à parler de moi à la troisième personne, c'est que les choses tournaient au vinaigre.

« … avec vingt-quatre cannettes de bière et un paquet de chips. Passe encore si ç'avait été *son* argent. Avec *son* argent, elle pouvait s'acheter toute la bière qu'elle voulait… »

Comme sa voix se rapprochait, je me suis renfoncée dans le lit.

« … et, en plus, elle a tout sifflé en quelques heures ! »

La voyant surgir dans l'encadrement de la porte, j'ai regretté de ne pas être dans un camp de rééducation nord-coréen où les prisonniers devaient trimer vingt-trois heures sur vingt-quatre. C'était certainement préférable à ce que je ressentais en cet instant.

« Désolée. »

C'était tout ce que je trouvais à dire.

Elle m'a ignorée. Finalement, la tension devenant insupportable, j'ai hasardé de nouveau :

« Je suis désolée, Brigit. »

Elle m'a regardée. Ç'a duré une éternité.

Mentalement, j'essayais d'infléchir son humeur, de lui envoyer des vibrations pour qu'elle cesse de m'en vouloir.

Pardonne à Rachel. Sois son amie.

Ç'a dû fonctionner, car l'expression de Brigit s'est radoucie. Profitant de l'aubaine, je lui ai redit que j'étais désolée. Ça ne me coûtait pas cher et ça pouvait rapporter gros.

« Je sais que tu l'es », a-t-elle fini par répondre.

J'ai poussé un soupir de soulagement.

« Mais tout de même, a-t-elle ajouté d'une voix de nouveau normale. Vingt-quatre cannettes ! »

Elle a ri, et je ne me suis plus sentie de joie.

« Bon, ai-je déclaré en m'extirpant du lit. Il faut que je me prépare, j'ai rendez-vous avec Luke.

— Tu le retrouves où ?

— Je passe d'abord à la centrale de testostérone et ensuite on sort. Tu viens ?

— Ça dépend. Vous sortez en amoureux ?

— Non, je vais juste boire un verre avec lui et quarante-neuf de ses meilleurs amis. Allez, viens, s'il te plaît.

— O.K., d'accord, mais pas question que je couche avec Joey simplement pour te faire plaisir.

— Oh, sois gentille, Brigit ! Je suis sûre que tu lui plais. Ce serait génial, tellement romantique. »

J'ai fait une pause.

« Et tellement *pratique*.

— Espèce de sale égoïste ! s'est-elle exclamée.

— Pas du tout. Je dis seulement que… enfin, quoi… toi et moi, on habite ensemble, et Luke et Joey aussi…

— Non ! Ça ne marche pas. Nous sommes des adultes, toi et moi…

— Parle pour toi.

— Et, en tant qu'adultes, nous ne sommes pas obligées de tout faire à deux. On peut très bien sortir avec des hommes qui ne sont pas forcément amis.

— C'est ça », ai-je maugréé.

Le silence chargé s'est prolongé pendant quelques minutes.

« Bon, a-t-elle soupiré, résignée. J'y réfléchirai. »

# 49

Si je tenais tant à ce que Brigit sorte avec Joey, c'est parce qu'au fond de moi j'avais toujours un peu honte d'être maquée avec l'un des Vrais Hommes. Si j'avais pu brancher une amie sur un autre d'entre eux, je me serais sentie moins seule.

Je savais bien que mon plan était nul, mais c'était plus fort que moi.

Brigit et moi, on a pris une douche – on se demande pourquoi, d'ailleurs, car cinq minutes plus tard on transpirait de nouveau à grosses gouttes. Puis on s'est habillées un minimum, et on s'est engouffrées dans la chaleur lourde et moite pour aller chez Luke.

Nerveusement, j'ai sonné d'en bas. C'était curieux, ce mélange de désir et de réticence qu'il m'inspirait. De répulsion, presque. J'en avais l'estomac noué en montant dans l'ascenseur.

La porte de l'appartement était ouverte. Vêtu seulement d'un jean coupé aux genoux, Luke était allongé par terre, à côté d'un ventilateur qui lui soufflait ses cheveux longs dans les yeux. Quand il m'a vue, son regard s'est assombri, et il m'a adressé un lent sourire.

Un sourire plein de promesses. J'en ai éprouvé une violente bouffée de concupiscence mêlée de nausée.

« Comment il va, notre has been ? l'a salué Brigit.

— Binoclard, a répondu Luke.

— Tête de lard.

— Ah non, a-t-il riposté, catégorique. Là, tu triches. »

Brigit et Luke s'entendaient comme deux larrons en foire. Ça me faisait plaisir.

Mais pas toujours.

La ligne de démarcation était en fait très aléatoire.

Sur ce, j'ai fait ce que je faisais systématiquement quand je venais chez Luke. J'ai feint de glisser dans une flaque de testostérone.

Luke a ri obligeamment. Alors Brigit et moi, on a fait mine de patauger avec force moulinets des bras et cris du genre :

« Attention, voilà une autre mare !

— Bon sang, a dit Brigit en scrutant l'appartement encombré de tout un bric-à-brac masculin. Ça ne s'arrange pas ici. Il y a tellement d'hormones mâles dans l'air qu'il va me pousser des couilles, si je m'attarde trop. Y aurait-il moyen d'avoir un verre de café glacé ?

— Oh, mon Dieu, je ne sais pas. »

Luke s'est frotté la joue d'un geste perplexe que j'ai trouvé irrésistible : j'aurais voulu que Brigit s'en aille pour nous laisser en tête à tête.

« Notre service traiteur à domicile n'est pas très au point. Je pourrais faire un saut chez l'épicier du coin… Mais que dirais-tu d'une bière ? Des bières, on en a plein.

— Tu m'étonnes, a ironisé Brigit. O.K., va pour une bière.

— Où sont les autres ? ai-je demandé.

— Ils ne vont pas tarder. »

Juste à ce moment-là, il y a eu un remue-ménage derrière la porte, des cris, des plaintes, des exhortations. Soutenu par Joey et Shake, Gaz, livide, a été à moitié propulsé, à moitié traîné dans l'appartement.

« On y est presque, vieux », lui disait Joey.

Tour à tour, chacun d'eux a trébuché sur une paire de bottes de moto qui gisaient dans l'entrée.

Et chacun, tour à tour, a marmonné :

« Nom de Dieu ! »

Comment pouvaient-ils porter autant de choses en jean par cette chaleur ? Comment pouvaient-ils porter autant de *cheveux* par cette chaleur ?

« On est arrivés, vieux, a annoncé Shake.

— Putain, il était temps. »

Gaz a plaqué le dos de sa main sur son front, telle une vieille fille victorienne sur le point de défaillir après avoir croisé un exhibitionniste. Ses yeux ont papilloté, ses genoux fléchi sous lui.

« Il va tomber, il va tomber », a déclamé Shake, théâtral, tandis qu'il s'effondrait comme une masse.

Gaz s'était évanoui ! Quelle rigolade.

Luke, Brigit et moi, on s'est précipités pour voir de quoi il retournait.

« Laissez-lui un peu d'air, a ordonné Joey. Allez, vieux. »

Il s'est accroupi à côté de Gaz.

« Respire, vas-y, continue, respire profondément. »

En guise de réponse, Gaz a émis un râle d'asthmatique.

« Desserrez-lui son corset, ai-je murmuré.

— Que s'est-il passé ? » a demandé Luke.

Je croyais que c'était la chaleur, mais Joey a répliqué d'un ton brusque :

« Ça le regarde. »

Et j'ai senti que ça devait être quelque chose de bien plus intéressant.

Peut-être s'était-il fait renverser : les cyclistes new-yorkais étaient particulièrement vicelards.

J'ai examiné son corps inerte, à la recherche d'une blessure – une trace de pneu de vélo sur son visage ? –, quand j'ai aperçu son bras gauche.

Il était enflé et en sang. Tellement en sang qu'on distinguait à peine le mot « ASSS » tracé en caractères gothiques sur sa peau.

« Qu'est-ce qu'il a au bras ?

— Rien », a répondu Joey, sur la défensive.

Et soudain, j'ai compris.

« Il s'est fait tatouer ! C'est pour ça qu'il a tourné de l'œil ? »

Quelle fillette, pensais-je avec dédain.

Gaz a rouvert les yeux.

« Ce mec-là, c'était un boucher. Il m'a tué. »

J'ai regardé à nouveau « ASSS ».

« C'était quoi, ton tatouage ?

— Le nom du meilleur groupe de tout l'univers.

— Mais ASSS ? a dit Brigit, déconcertée. Un groupe qui s'appelle ASSS ?

— Non, a répondu Joey avec humeur, excédé par tant de stupidité. Le nom du groupe, c'est Assassin.

— Et où est le reste du mot ? me suis-je étonnée. J'ai l'impression qu'il manque un A, un S, un I et un N. Et comment comptes-tu caser un A entre les deux derniers S, je me le demande.

— Le tatoueur ne savait pas écrire, a lancé Joey brièvement.

— Gaz n'a pas supporté la douleur, a expliqué Shake, parlant en même temps. Il suppliait comme un malade l'autre d'arrêter… »

Joey a froncé les sourcils, et il s'est tu.

« Il va y retourner, a déclaré Joey d'un air sombre. Il est juste rentré se reposer.

— Je n'y retourne pas ! »

Toujours en position horizontale, Gaz a entrepris de piquer une crise.

« Je ne veux pas, je ne veux pas, ça fait trop mal, vieux ! Je te l'ai dit, j'ai tenu aussi longtemps que j'ai pu, mais la douleur, vieux... JE N'Y RETOURNE PAS ! »

Il bégayait de peur.

Baissant la voix, genre « ne te ridiculise pas devant les filles », Joey a répliqué :

« Écoute, vieux... le reste du nom ? Tu auras l'air con, si tu ne le termines pas.

— Je vais me couper le bras. Comme ça, personne ne saura.

— Arrête. On va te bourrer la gueule, et ensuite on te ramène là-bas.

— NON ! a glapi Gaz.

— Nom d'un chien ! »

Furieux, Joey s'est relevé d'un bond et a donné un coup de pied dans le canapé. Il s'est passé les doigts dans les cheveux, a fait une pause, puis a de nouveau cogné le canapé. Brusquement, il s'est mis à fourrager dans un tiroir.

Luke, moi, Brigit, Shake et Gaz – surtout Gaz – l'observions anxieusement. Énervé comme il l'était, Dieu sait de quoi Joey était capable.

Il a fini par trouver ce qu'il cherchait. Un objet noir et brillant. C'était trop petit pour être un flingue, donc ça devait être un couteau.

Se proposait-il d'immobiliser Gaz et de terminer le travail à la place du tatoueur ?

À voir la tête des autres, je n'étais pas la seule à me le demander.

Joey s'est approché, menaçant.

« Donne-moi ton bras.

— Non, écoute, je t'assure..., a protesté Gaz.

— Donne-moi ton putain de bras. Je ne veux pas qu'un copain à moi passe pour un gogol. »

Gaz a essayé de se redresser.

« Prends-lui le couteau, a-t-il imploré Luke.

— Donne-moi ce couteau, vieux. »

Luke s'était planté devant Joey ; son attitude virile m'a fait frissonner de plaisir.

« Quel couteau ?

— Celui-là. »

D'un hochement de tête, il a désigné la main de Joey.

« Ce n'est pas un couteau.

— C'est quoi, alors ?

— Un MARQUEUR, un marqueur indélébile ! a crié Joey. S'il ne veut pas finir son tatouage, je vais le dessiner, moi. »

Un vent de soulagement a soufflé sur la pièce. Nous étions si contents que Joey ne veuille pas tuer Gaz que nous nous sommes tous entraînés à écrire des A, des I, des S et des N en lettres gothiques.

Ensuite, Shake a timidement proposé une partie de Scrabble. Il *adorait* le Scrabble. Alors qu'à le voir on aurait pensé que son plus grand bonheur était de balancer des téléviseurs par les fenêtres des chambres d'hôtel.

« D'accord, mais une seule, ai-je acquiescé. Après, on sort. On est samedi soir, espèce de pomme. »

Après avoir ouvert nos cannettes de bière, nous nous sommes installés autour du plateau, Shake, Luke, Joey, Brigit et moi.

Gaz préférait regarder la télé. Ce n'était pas plus mal. La fois précédente, il avait semé la zizanie en voulant à tout prix placer des mots comme « axion », « bizness » ou « couaq ».

Bruyamment, le jeu a commencé. J'étais très concentrée, car moi aussi j'aimais beaucoup le Scrabble. Mais, en levant les yeux, j'ai croisé par inadvertance le regard de Luke. Quelque chose dans son expression m'a fait perdre tous mes moyens. J'ai juste réussi à former le mot « pot », alors que Brigit avait trouvé « joyeux », et Shake « jungle ».

Une force irrépressible me poussait à regarder Luke. Cette fois-ci, lorsque nos yeux se sont rencontrés, il s'est épanoui dans un grand, un immense sourire. Si lumineux, si tendre que j'ai eu l'impression d'avoir mon propre soleil à moi.

Shake a intercepté ce sourire.

« Quoi ? a-t-il demandé en nous contemplant avec inquiétude l'un et l'autre. Ne me dites pas que vous allez encore nous mettre "yakusa" ! »

# 50

L'été new-yorkais avait cédé le pas à l'automne, une saison infiniment plus humaine. La canicule était retombée, l'air avait fraîchi, et les feuilles des arbres avaient viré au rouge et or. Je continuais de voir Luke tous les week-ends et la plupart des jours de semaine également. Même si je redoutais encore le mépris de certaines personnes, il me devenait de plus en plus difficile de nier, y compris à mes propres yeux, qu'il était mon petit ami. Après tout, n'était-il pas avec moi en ce jour historique où j'avais acheté mon imperméable chocolat style Diana Rigg ? Ne lui avais-je pas tenu la main dans la rue ? (Pour la lâcher toutefois en entrant chez Donna Karan.) Ne s'était-il pas arrêté au retour devant toutes les vitrines en disant :

« Regarde, Rachel, poulette, tu serais renversante là-dedans. »

J'avais dû le traîner de force pour l'éloigner.

« Non, Luke, c'est beaucoup trop court. Même pour moi.

— Avec les jambes que tu as, tu veux rire ? »

En octobre, Brigit a rencontré un autre petit Latino, un Portoricain nommé José qui s'est révélé aussi insaisissable que Carlos. Comme son nouveau boulot était très prenant, le peu de temps libre qui lui restait, elle le passait à attendre les coups de fil de Josie (ainsi que nous l'appelions, Luke et moi). Le changement dans la continuité, quoi.

« Pourquoi, moi, ça ne m'arrive jamais de tomber sur un mec gentil ? s'est-elle plainte un soir. Pourquoi, entre Josie et moi, ça ne peut pas être comme entre toi et Luke ? *José*, je veux dire. Mais qu'est-ce que vous avez, toi et Costello, à ne pas appeler Josie par son vrai nom ? *José*, je veux dire ! » a-t-elle hurlé, exaspérée.

J'étais ravie de la voir malheureuse. Car, tant qu'elle était en pétard contre Josie, elle oubliait de se fâcher contre moi. Ça me changeait agréablement.

« Comment ça, entre moi et Luke ? ai-je demandé.

— Tu sais bien, a-t-elle dit en écartant les mains. Amoureux.

— Tu parles », ai-je protesté.

La suggestion que Luke puisse être amoureux de moi me faisait chaud au cœur. Personnellement, je n'en étais pas très sûre, malgré ses « Je t'aime » à la pelle. L'ennui, c'est qu'il disait ça à tout le monde, même au marchand de hot-dogs.

Mon hésitation n'a pas échappé à Brigit.

« Tu essaies de me dire que tu n'es pas amoureuse de Luke Costello ? Que tu n'es pas sincère avec lui ?

— Je l'aime bien, me suis-je défendue. Il me plaît. Ça ne te suffit pas ? »

C'était la stricte vérité. Je l'aimais bien. Il me plaisait. Simplement, je restais convaincue qu'il devait y avoir autre chose.

« Tu veux quoi ? Qu'un messager céleste descende avec sa trompette pour t'annoncer que tu es amoureuse de lui ?

— Relax, Brigit, ai-je répondu, un peu anxieuse. Ce n'est pas parce que Josie tarde à t'appeler que tu dois me reprocher mon attitude envers Luke.

— Si ç'a l'air d'un canard, ça marche comme un canard, ça cancane comme un canard, alors il y a des chances que ce soit un canard », a décrété Brigit obscurément.

Je l'ai dévisagée sans comprendre. Pourquoi comparait-elle Josie à un canard ?

« J'entends par là, a-t-elle expliqué avec un soupir, que tu aimes bien Luke, il te plaît, tu n'arrêtes pas d'acheter de nouveaux soutifs, tu ne peux pas te passer de lui. Tous les soirs, tu rentres à la maison en disant : "On a décidé de rester chacun chez soi." Et, à neuf heures moins cinq, tu l'appelles, s'il ne t'a pas téléphoné d'abord. Ensuite, tu mets une brosse à dents et une culotte propre dans ton sac, et tu fonces chez lui comme un pet sur une toile cirée. Alors, ne va pas me raconter que tu n'es pas amoureuse de lui ! »

Elle s'est interrompue un instant.

« D'ailleurs, dernièrement tu n'as pas emporté ta brosse à dents, espèce de cradoque. Tu ne te laves plus les dents ? »

J'ai rougi.

« Si.

— Ha-ha ! Tout s'explique. Tu as une autre brosse à dents qui reste là-bas à demeure. Une brosse *Amour toujours*. »

J'ai haussé les épaules, gênée.

« C'est possible.

— Tu m'étonnes. »

Brigit ne me quittait pas des yeux.

« Je parie que tu as un beau déodorant tout neuf et un beau pot de crème tout neuf sur place… J'en étais sûre ! a-t-elle exulté devant mon manque de réaction. Coton à démaquiller ? Lait démaquillant ? »

J'ai secoué la tête.

« Tu n'en es pas encore au stade où tu te démaquilles quand vous êtes ensemble, a-t-elle conclu avec un soupir. Ah, le vert paradis des amours enfantines ! »

Et de poursuivre son inventaire :

« Tu lui as préparé à manger. Il t'a emmenée en week-end. Il t'appelle tous les jours au boulot, tu as un sourire jusqu'aux oreilles chaque fois que tu lui ouvres, depuis juin dernier tu n'as plus un poil aux mollets. Il est tellement attentionné, tellement romantique. Ne me dis PAS que tu n'es pas amoureuse ! »

Elle avait raison : Luke était attentionné et romantique. Pour mon anniversaire au mois d'août, il m'avait offert un week-end à Porto Rico. (Brigit avait essayé de se glisser dans mon fourre-tout. N'y arrivant pas, elle m'avait suppliée de lui ramener un jeune homme. « Tout ce que je demande, avait-elle gémi, c'est qu'il ait passé l'âge de la puberté. »)

C'était vrai également qu'il m'appelait tous les jours au travail. J'en profitais pour m'épancher entre deux réservations.

« Dis à ton Eric qu'il a intérêt à faire gaffe, menaçait Luke quotidiennement. S'il embête ma nana, il aura affaire à moi. »

Et c'était merveilleux de débarquer en titubant chez lui après une rude journée pour découvrir qu'il avait expédié Shake et Joey dehors, et m'avait préparé à dîner. Bon, d'accord, les assiettes venaient de chez Pizza Hut, les serviettes de chez McDo ; la nourriture avait été réchauffée au micro-ondes, et en guise de vin il y avait de la bière. Mais il avait pensé à l'essentiel : les bougies, les capotes et un cheesecake au chocolat – rien que pour moi.

La sonnerie du téléphone m'a tirée de ma douce rêverie. Brigit a plongé sur l'appareil. C'était Josie.

Pendant qu'elle lui causait avec une animation fébrile, j'ai soudain compris quel était le plus gros problème entre Luke et moi. Ce n'était pas, comme on l'aurait cru de prime abord, la honte que m'inspirait son accoutrement grotesque. Non, c'était le fait qu'on ait des *priorités différentes*. Il avait des goûts très éclectiques. Trop éclectiques, si vous voulez mon avis. Souvent, il m'obligeait à faire des choses qui ne me branchaient pas, comme aller au cinéma ou au théâtre. Alors que moi, ce que j'aimais par-dessus tout, c'était fréquenter les endroits à la mode. J'étais beaucoup plus fêtarde que lui. Bien sûr, il prenait plaisir à sortir, mais ma façon de décompresser à moi, c'était de sniffer de la coke. Et Luke était coincé grave, côté drogue. Il n'arrêtait pas de se bagarrer avec Joey, qui gardait toujours de la poudre en stock. Ce qui m'arrangeait bien, entre nous soit dit.

Brigit a raccroché.

« C'était Josie, a-t-elle annoncé, radieuse. Sa sœur joue dans une espèce de happening à TriBeCa. Il faut que tu viennes avec moi.

— Quand ?

— Ce soir. »

J'ai hésité. Brigit s'est méprise sur ma réaction.

« Je paierai, a-t-elle glapi. Je paierai ! Mais, s'il te plaît, viens. Je ne peux pas y aller toute seule.

— Ça devrait plaire à Luke, ce truc-là, ai-je observé négligemment. Il adore le théâtre.

— Grosse maligne, va. »

Brigit Lenehan était tout sauf une imbécile.

« N'étiez-vous pas censés faire un break ce soir ?

— On en a parlé. Mais maintenant qu'il y a cet événement imprévu…

— C'est lamentable ! a-t-elle déclaré. Tu es incapable de passer une soirée sans lui.

— Pas du tout. »

Ma voix calme démentait la joie que j'éprouvais à l'idée de le voir. Je ne savais pas comment j'aurais pu survivre jusqu'au lendemain soir.

« Il serait navré d'avoir manqué une représentation. Surtout s'il connaît quelqu'un de la troupe. »

Le téléphone a sonné. Brigit s'est jetée dessus.

« Allô ! s'est-elle exclamée. Ah, c'est toi. Qu'est-ce que tu veux ? Eh bien, dis-le-moi, et je lui transmettrai. »

Elle s'est tournée vers moi.

« C'est Luke. Il te fait dire qu'il ne peut pas vivre sans toi et demande s'il peut passer. »

# 51

L'heure du déjeuner au Prieuré. Dans une trentaine de minutes, mes parents arrivaient pour être mes Principaux Autres Concernés. L'effervescence régnant dans la salle à manger ne parvenait pas à calmer l'angoisse qui me nouait l'estomac.

Nous avions un nouveau pensionnaire. Un homme, mais de la race des pulls marron. Si on pouvait appeler ça un homme. De toute façon, ça m'était égal, puisque j'étais promise à Chris. Même si le principal intéressé ne le savait pas encore.

Don avait accompli ses huit semaines ; nous lui avions préparé une carte et une petite cérémonie d'adieux.

Frederick, qui sortait le lendemain, lui a remis la carte avant de faire un discours.

« Tu m'as pompé l'air, à t'exciter et à pinailler en permanence… »

Un grand éclat de rire a salué cette déclaration.

« … mais je t'aimais beaucoup. Tout le monde ici te souhaite bonne chance. Et n'oublie pas : *reste avec les sentiments.* »

Nouveaux rires, puis Don a réclamé la parole.

Il s'est levé, petit, rondouillard, souriant et rougissant. Après une profonde inspiration, il s'est lancé :

« Quand je suis arrivé ici, j'ai cru tomber sur une bande de cinglés. Je n'avais pas envie d'être avec des alcooliques. J'étais certain, moi, de n'avoir aucun problème de ce côté-là. »

C'était fou, le nombre de sourires entendus et de hochements de tête qui ont ponctué ses propos.

« J'en voulais à mort à ma pauvre mère de m'avoir mis là. Ç'a été dur, mais j'ai fini par comprendre à quel point j'ai été égoïste et comment j'ai gâché ma vie. Alors, bonne chance à vous tous. Accrochez-vous, et tout ira bien. Je vais vous dire une chose : je ne toucherai plus à la boisson. Et vous savez pourquoi ? Parce que je ne tiens pas à finir ici, avec vous autres trouducs !

— Commande-moi un demi au Flynns », a braillé Mike.

Tout le monde a ri, y compris moi.

Après les adieux larmoyants, ç'a été l'heure du groupe. Resté dans la salle à manger en attendant qu'on vienne le chercher, Don nous a suivis d'un regard nostalgique. Et nous sommes partis à contrecœur ; on n'appartenait déjà plus au même univers.

Je ne me laisserais pas démonter, me suis-je promis avec véhémence en longeant le couloir. Plus que quatre jours, et à nous la liberté.

Papa et maman trônaient déjà au Presbytère, habillés comme pour un mariage. Ce n'était pas tous les jours qu'ils se rendaient dans un centre de cure pour disséquer la vie de leur troisième enfant.

Je les ai salués gauchement, et les ai présentés en bafouillant à Mike, John Joe et compagnie.

Maman m'a adressé un sourire tremblant et, affolée, j'ai senti mes yeux s'embuer.

Là-dessus, Josephine, le maître de cérémonie, a fait son entrée.

« Merci d'être venus, a-t-elle dit. Nous espérons que vous allez pouvoir nous éclairer sur Rachel et son usage des drogues. »

Je me suis tassée sur ma chaise dans une vaine tentative pour disparaître. J'ai toujours eu horreur qu'on parle de moi. J'avais passé ma vie entière à essayer de me faire aimer, et c'était dur d'entendre en direct l'ampleur de mon échec.

Maman a ouvert le débat en fondant en larmes.

« Je n'arrive pas à croire que Rachel soit une droguée ! »

Et tu n'es pas la seule, ai-je pensé, luttant contre un cuisant sentiment de détresse.

Papa a pris la situation en main.

« Ça fait huit ans que Rachel n'habite plus à la maison. »

Il avait laissé tomber pour la circonstance son accent Amérique profonde.

« On n'y connaît donc pas grand-chose, à ces histoires de drogue. »

Menteur ! Ne partageaient-ils pas leur toit avec Anna ?

« Pas de problème, a répondu Josephine. Il y a plein d'autres informations vitales que vous pouvez nous fournir. Notamment concernant l'enfance de Rachel. »

Papa, maman et moi nous sommes raidis comme un seul homme. Allez savoir pourquoi… Ils ne m'avaient pourtant pas enfermée dans un placard, battue, privée de nourriture. Nous n'avions rien à cacher.

« J'aimerais vous interroger sur une période qui semble l'avoir particulièrement traumatisée. Quand on l'a évoquée lors d'une séance de groupe, elle en a été toute bouleversée.

— On ne lui a rien fait ! a éclaté maman en me fusillant du regard.

— Je ne dis pas le contraire, a répliqué Josephine, conciliante. Mais les enfants ont souvent une vision déformée du monde des adultes. »

Maman me contemplait d'un œil torve.

« Avez-vous jamais souffert de la dépression postnatale ?

— Dépression postnatale ! Sûrement pas. Ça n'existait pas, à l'époque. »

Mon cœur s'est serré. Raté, Josephine.

« Vous est-il arrivé quelque chose, à vous ou à votre famille, peu de temps après la naissance d'Anna ? »

Je trépignais sur ma chaise. Les réponses, je les connaissais déjà, et j'avais envie que ça s'arrête.

« Ma foi, a dit maman avec lassitude, deux mois après que j'ai accouché d'Anna, j'ai perdu mon père, le grand-père de Rachel.

— Et vous en avez souffert ? »

Maman a dévisagé Josephine comme si elle était devenue folle.

« Évidemment que j'en ai souffert. C'était mon père !

— Votre chagrin, il a pris quelle forme à ce moment-là ? »

Maman m'a regardée d'un sale œil.

« J'ai dû beaucoup pleurer, j'imagine. Mais enfin, mon père était mort, que fallait-il que je fasse ?

— Ce qui m'intéresse, a expliqué Josephine, c'est de savoir si vous avez vécu un épisode dépressif. Car c'est un souvenir extrêmement douloureux pour Rachel, et il est important d'en connaître tous les tenants.

— Un épisode dépressif ! a répété maman, ahurie. Un épisode dépressif ! J'aurais bien voulu, mais je n'en avais pas les moyens, avec toute cette marmaille à élever.

— Je me suis peut-être mal exprimée. Vous est-il arrivé de garder le lit à cette époque-là ? Même pendant un temps très court ?

— Si seulement », a reniflé maman.

J'ai entendu une petite voix enfantine protester dans ma tête : « Mais si, rappelle-toi ! Et tout ça par ma faute. »

« Tu ne te souviens pas de ces quinze jours ? est intervenu papa. Pendant que j'étais en formation…

— À Manchester ? a demandé Josephine.

— Oui, a-t-il dit, sidéré. Comment le savez-vous ?

— C'est Rachel qui l'a mentionné. Continuez.

— Ma femme avait du mal à dormir, moi étant absent, et son père mort depuis un mois à peine. Sa sœur est venue à la maison, et du coup elle a pu s'aliter un petit moment.

— Vous voyez, Rachel, a déclaré Josephine, triomphante. Ce n'était absolument pas votre faute.

— Moi, j'en ai un autre souvenir, ai-je marmonné, sceptique.

— Je le sais bien. L'important, c'est *comment* vous avez mémorisé cette période de votre vie. Vous avez tout exagéré. L'ampleur du désastre, sa durée, et surtout le rôle que vous y avez joué. Dans votre version à vous, vous y teniez la vedette.

— Oh non, me suis-je étranglée. Pas la vedette. Plutôt… plutôt… »

Je cherchais le mot juste.

« J'étais la vilaine. La bête noire de la famille.

— Mais pas du tout ! s'est écrié papa. La bête noire ! Qu'est-ce que tu racontes ?

— J'ai pincé Anna, ai-je avoué d'une petite voix.

— Et alors ? Anna a pincé Helen quand elle est née. Claire a fait pareil avec Margaret, et Margaret avec toi.

— Margaret m'a pincée ? »

J'aurais cru qu'elle n'avait jamais commis une mauvaise action de sa vie.

« Tu en es certain ?

— Évidemment. »

Papa s'est tourné vers maman.

« Tu te souviens ?

— Pas vraiment, a-t-elle rétorqué, l'air compassé.

— Bien sûr que tu t'en souviens !

— Puisque tu le dis… »

Son ton laissait entendre qu'elle était prête à tout pour faire plaisir à son pauvre nigaud de mari.

Josephine a regardé maman, puis moi, puis à nouveau maman avec un petit sourire en coin.

Maman a rougi. Elle soupçonnait Josephine de la mettre en boîte et, du reste, elle n'avait peut-être pas tort.

« Moi, dans mon souvenir… »

Papa a considéré maman d'un drôle d'air avant de s'adresser à moi :

« … tu n'étais ni pire ni meilleure que n'importe laquelle de tes sœurs. »

Maman a marmonné quelque chose comme :

« Meilleure, sûrement pas. »

J'avais envie de vomir.

« Avez-vous une rancœur particulière à l'égard de Rachel, madame Walsh ? » a questionné Josephine.

Son impertinence m'a laissée sans voix.

Maman aussi, à en juger par sa mine hagarde. Mais elle s'est vite ressaisie.

« Aucune mère n'est heureuse de venir dans un centre de cure parce que sa fille se drogue, a-t-elle répondu vertueusement.

— C'est le seul grief que vous ayez contre elle ?

— C'est tout. »

Josephine lui a lancé un regard interrogateur. La bouche en cul-de-poule, maman a relevé le menton.

« Alors, Rachel… »

Josephine m'a souri.

« Vous voyez maintenant que vous n'avez rien à vous reprocher. »

Maman aurait versé toutes ces larmes uniquement à cause de la mort de son père ? Papa serait parti de la maison juste pour suivre une formation ?

D'un autre côté, pourquoi auraient-ils menti ? Ils n'en avaient pas besoin.

Sur ce, j'ai senti mon passé se transformer légèrement, comme si on y avait mis un peu d'ordre.

Josephine s'est tournée vers mes parents.

« Parlez-nous de Rachel en général… »

Papa et maman ont échangé un coup d'œil dubitatif.

« … comme ça vous vient, a-t-elle ajouté gaiement. Tout est bon pour mieux la connaître. Racontez-nous ses points forts.

— Ses points forts ? »

Papa et maman semblaient être pris de court.

« Oui. Par exemple, est-elle intelligente ?

— Ah non, s'est exclamé papa en riant. Chez nous, le cerveau, c'est Claire. Elle a une licence d'anglais, figurez-vous.

— Margaret se débrouille bien aussi, a renchéri maman. Elle n'a pas de diplôme, mais elle a énormément de responsabilités dans son travail, plus que certains diplômés… »

Ostensiblement, Josephine s'est éclairci la voix.

« Rachel, a-t-elle rappelé avec un sourire, gracieuse. C'est d'elle que nous parlons.

— Oui, c'est vrai. »

Ils ont hoché la tête.

Elle a attendu en silence jusqu'à ce que papa bredouille :

« Ordinaire, Rachel est quelqu'un d'ordinaire. Elle n'est pas bête, mais on ne peut pas dire qu'elle a inventé la poudre. Ha ha ha.

— Et alors, quelles sont ses qualités ? » a persisté Josephine.

Mes parents se sont regardés, perplexes, puis ont haussé les épaules. J'ai senti les autres pensionnaires s'agiter inconfortablement sur leurs sièges. Je ne savais plus où me mettre. Ne pouvaient-ils pas inventer quelque chose, nom de Dieu, pour m'épargner cette humiliation ?

« Avait-elle du succès auprès des garçons ? a demandé Josephine.

— Non, a répondu maman, catégorique.

— Vous avez l'air très sûre de vous.

— C'est sa taille, comprenez-vous. Elle était trop grande pour la plupart des gars de son âge. Je dirais même qu'elle en faisait un complexe. C'est dur, pour une fille de sa taille, de se trouver un copain. »

Josephine a fixé avec ostentation la tête de ma mère, puis celle de mon père, quelques centimètres plus bas. Mais maman ne s'est rendu compte de rien.

« À part ça, elle n'est pas désagréable à regarder », a-t-elle ajouté sans conviction.

Manifestement, elle n'en croyait pas un mot. Papa non plus, car il s'est exclamé :

« Non, les plus jolies chez nous, c'est Helen et Anna. Quoique… », a-t-il lâché, jovial.

*Dis que moi aussi*, ai-je supplié intérieurement. *Dis-le !*

« Elles sont tellement coquines, a-t-il poursuivi, que je me demande si on va pouvoir les caser un jour. Elles ont de quoi vous rendre chèvre ! »

Il avait l'air de s'attendre à des rires complices, mais ses paroles ont été accueillies par un silence de plomb. Les autres pensionnaires contemplaient leurs pieds, et moi, j'aurais voulu être n'importe où, sauf dans cette pièce. Une prison turque, ç'aurait été parfait.

Ce soir-là, j'ai commencé à faire mes bagages. À dire vrai, je ne les avais jamais réellement défaits. Mon sac était toujours à côté de mon lit, avec collants, jupes, jeans et chaussures entassés pêle-mêle dedans.

« Tu vas quelque part ? » a beuglé Chaquie, me voyant prendre ma belle veste dans la penderie et la jeter dans le sac.

Comme Neil, elle avait complètement pété les plombs depuis qu'elle avait admis être alcoolique. Les deux étaient maintenant en compétition pour le titre du pensionnaire le plus hargneux du Prieuré. Elle hurlait et engueulait tout le monde, notamment son vieux pote, Dieu.

« Pourquoi as-tu fait de moi une putain d'alcoolique ? glapissait-elle, levant les yeux au ciel. Pourquoi moi ? »

Josephine lui assurait que c'était normal, que sa colère faisait partie du processus. Ce qui ne me consolait guère, moi qui partageais sa chambre et qu'elle incendiait pour un oui ou pour un non.

« Mes trois semaines de séjour obligatoire expirent vendredi, lui ai-je expliqué avec nervosité.

— Moi aussi, j'ai voulu me tirer au bout de trois semaines, a-t-elle dit entre ses dents. Seulement, ils ont fait venir mon salopard de mari, et ç'a été la débâcle. Ensuite, ils m'ont menacée d'injonction, et à présent je suis obligée de rester jusqu'à la fin.

— Ça alors, ai-je répondu maladroitement. Tu vas me manquer, tu sais. »

Ce qui était vrai.

« Toi aussi, tu vas me manquer », a-t-elle rugi en retour.

## 52

Le lendemain matin, comme d'habitude, ç'a été la ruée dans le couloir. Nous avons fait irruption au Presbytère, riant et chahutant pour être les premiers à occuper les bonnes chaises. À notre surprise, il y avait déjà deux personnes dans la pièce.

Le temps s'est arrêté net lorsque, telle une séquence au ralenti, je me suis rendu compte que je connaissais l'homme. Je ne savais plus où je l'avais vu, mais quelque chose dans son allure…

Au fil des nanosecondes, son visage, ses cheveux, ses habits se sont imprimés dans mon cerveau. Qui était-ce ? J'étais pourtant sûre de le connaître.

Était-ce… ?

Se pouvait-il… ?

Oh, mon Dieu, ça ne pouvait pas…

C'était…

C'était.

« Hello, Luke », me suis-je entendue balbutier.

Il s'est levé, plus grand, plus athlétique que dans mon souvenir. Ses cheveux étaient emmêlés, il n'était pas rasé. Et ce visage, si familier que c'en était poignant. Un bref instant, j'ai cru que j'allais exploser de joie. Luke, *mon* Luke, était venu me chercher ! Mais mon sourire a vacillé, à peine éclos. Quelque chose ne tournait pas rond. Il ne réagissait pas du tout comme le Luke que je connaissais. L'air froid et distant, il ne s'est pas précipité pour m'embrasser et me faire tournoyer à travers la pièce.

Les images de la terrible scène finale, la scène de notre rupture, me sont revenues alors à l'esprit. Mon sang n'a fait qu'un tour. Le questionnaire ! Le voilà, il était arrivé en personne. Comment avais-je pu espérer y échapper ?

Pour me tourner vers la grande blonde qui se tenait à côté de lui, il m'a fallu environ une heure. Elle aussi, je l'avais déjà vue. Son visage ne m'était pas inconnu.

Ce n'était quand même pas… ?

Ça ne pouvait pas être… ?

Mais qu'avais-je donc fait pour mériter ça ?

« Salut, Brigit », ai-je marmonné, les lèvres molles et engourdies.

Guère plus chaleureuse que Luke, elle m'a saluée d'un laconique :

« Bonjour. »

Le moral dans les chaussettes, je me suis retournée vers Mike et les autres. Bêtement, je me sentais obligée de faire les présentations. Les jambes flageolantes, après avoir présenté Mike à John Joe et Chaquie à Misty, je me suis effondrée sur la plus mauvaise chaise. Quatre ou cinq ressorts ont entrepris de creuser des sillons dans mes fesses, mais je n'en avais cure.

Luke et Brigit se sont rassis également. Ils semblaient fatigués et déprimés. Quant aux autres, ils n'en pouvaient plus de curiosité.

Moi, j'avais l'impression d'être morte et de me retrouver en enfer. À en juger par leur attitude hostile, leur visite ne présageait rien de bon. Ce n'est pas possible, me répétais-je. Ce n'est pas possible ! Leur apparition m'avait causé un choc, mais plus encore j'étais choquée par Luke. On avait été si proches tous les deux que sa froideur m'anéantissait.

« Comment ça va, Rachel ? a-t-il demandé finalement.

— Très bien.

— Tant mieux. »

Il a hoché la tête, accablé. Lui qui était si vivant, si exubérant, jamais je ne l'avais vu aussi malheureux. J'avais un tas de questions urgentes à lui poser. Sors-tu avec une autre fille ? Est-elle aussi gentille que moi ? Est-ce que je te manque ? Mais j'étais trop hébétée pour réussir à articuler un mot.

J'ai regardé Brigit. Elle avait sa tête des jours où elle ne se maquillait pas. Alors qu'elle était ultramaquillée. C'était bizarre.

Tout ça était très bizarre.

La dernière fois que je l'avais vue, c'était chez nous, dans notre appartement de New York, avant que je parte à l'aéroport avec Paul et Margaret. Je l'avais serrée dans mes bras, mais elle était restée raide comme un piquet.

« Tu me manqueras, avais-je dit.

— Toi, tu ne me manqueras pas », avait-elle répliqué.

Au lieu de m'offusquer de sa réponse, je l'avais complètement occultée. Je venais juste de m'en souvenir.

*La salope.*

Josephine est entrée et nous a servi un blabla sur l'arrivée inopinée de Luke et Brigit.

« Je vous aurais prévenue, Rachel, mais nous-mêmes ne l'avons su que ce matin. »

Elle mentait, c'était écrit sur sa figure. Elle était au courant et me l'avait caché pour un maximum d'impact.

Sans autre forme de cérémonie, Josephine a effectué les présentations, confirmant ce que je soupçonnais déjà. À savoir que Luke et Brigit étaient là tous les deux en tant que mes Principaux Autres Concernés. Brigit n'avait pas voulu répondre au questionnaire : ce qu'elle avait à révéler était si important que ça méritait d'être dit de vive voix.

J'étais malade d'appréhension.

« Brigit, je sais combien vous êtes bouleversée, a déclaré Josephine. Nous allons donc procéder en douceur. »

Selon toute apparence, Brigit tenait la première partie du spectacle dont Luke allait être la vedette.

Je transpirais littéralement de terreur. C'était la pire chose qui puisse m'arriver dans la vie.

« Vous connaissez Rachel depuis longtemps ?

— Depuis l'âge de dix ans. »

Une fraction de seconde, son regard a glissé nerveusement sur moi.

« Pouvez-vous nous parler de son usage de la drogue ?

— Je vais essayer. »

Elle a dégluti.

Il y a eu un moment de silence chargé. Peut-être qu'elle ne trouve rien à dire, priais-je, éperdue.

Mais non.

Brigit a pris la parole.

« On a tout fait pour qu'elle arrête. Tout. Personne ne pouvait ignorer qu'elle avait un problème… »

Elle a baissé la tête. Ses cheveux lui cachaient le visage.

J'étais tellement tendue que j'en vibrais presque. Je n'écoute pas, répétais-je comme un mantra. Je n'écoute pas. Mais, malgré mes efforts, des fragments de son réquisitoire se sont insinués dans mes oreilles.

« … très agressive quand on essayait de lui parler… de pire en pire… se droguait dans son coin… volait les autres… et avant d'aller travailler… toujours dans les vapes… a perdu son boulot… mentait en permanence, à propos de tout et n'importe quoi… »

Et patati, et patata. J'étais estomaquée par la violence de ses attaques. À la dérobée, j'ai jeté un œil sur Luke dans l'espoir qu'il l'écoutait bouche bée, outré par ses accusations.

Mais, à mon horreur, il hochait la tête en signe d'assentiment.

« … une égoïste comme on n'en fait pas… très pompante… toujours à traîner avec des gens louches qui se droguent… perpétuellement fauchée… doit de l'argent à tout le monde… s'est évanouie dans le couloir… aurait pu se faire violer ou assassiner… »

Et ainsi de suite. En l'écoutant déformer, dénaturer ma vie, présenter quelque chose d'ordinaire et d'anodin sous un jour malsain, j'ai senti la moutarde me monter au nez. Elle-même n'était pas vraiment une blanche colombe non plus.

« … j'avais peur de rentrer… je priais pour qu'elle ne soit pas là… très gênée par sa conduite… à toute heure du jour et de la nuit… passait son temps à glander… demandait qu'on téléphone à son boulot pour dire qu'elle était malade… »

Tout à coup, j'ai hurlé à tue-tête :

« Et toi-même, hein ? Depuis quand tu joues les saintes nitouches ? Maintenant que tu as eu ta promotion à force de fayoter, tu te crois supérieure aux autres.

— Rachel, un peu de tenue, a ordonné Josephine.

— Sûrement pas ! me suis-je égosillée. Je ne vais pas me laisser juger par ce… ce tribunal à la gomme, alors que j'en aurais des bonnes à vous raconter à son sujet…

— Taisez-vous, Rachel, et ayez au moins la décence d'écouter quelqu'un qui a fait un voyage de cinq mille kilomètres par amitié pour vous. »

J'ai ouvert la bouche pour riposter : « Par amitié ? Ha ! » Mais l'expression de Luke, pitié et dégoût mêlés, m'a stoppée net dans mon élan. J'avais tellement l'habitude qu'il me couve d'un œil admiratif qu'un instant tout s'est brouillé dans ma tête. Humiliée, je me suis tue.

Brigit, bien que secouée, s'est remise à parler.

« ... complètement parano... m'accusait de flirter avec Luke... de plus en plus irrationnelle... impossible de discuter... pas seulement de la cocaïne... des tonnes de valium... des joints... de la tequila... ne désirait rien faire qui ne soit lié à la drogue... ne se lavait plus les cheveux... maigre comme un clou... disait que non... »

Ç'a duré un long moment. Quand enfin elle a baissé la tête, en voyant son air misérable j'ai pensé à un complot. Elle et Luke avaient dû répéter ça dans l'avion.

« Alors, heureuse ? ai-je grincé, toute fiel et amertume.

— Non », a-t-elle gémi.

Et, à ma stupéfaction, elle a fondu en larmes.

*Mais qu'est-ce qu'elle a à chialer ? C'est plutôt ma prérogative, non ?*

« Je ne voulais pas faire ça, sanglotait-elle. Je ne voulais pas être méchante. Elle était ma meilleure amie... »

Malgré toutes les horreurs dont elle m'avait accusée, j'ai senti une boule dans ma gorge.

« Tout ce que je veux, c'est l'aider. Je sais bien que j'étais en colère et que j'avais l'impression de la haïr... »

J'en suis restée baba. Brigit, me haïr ? Brigit, en colère contre moi ? Ce n'était pas concevable. Pourquoi ? Parce que je lui avais piqué un peu de coke de temps à autre ? Franchement, elle gagnerait à être plus zen.

« Mais ce n'est pas pour ça que je suis venue. J'aimerais juste qu'elle mette de l'ordre dans sa vie, qu'elle redevienne comme avant... »

Elle a recommencé à pleurer. Sans un mot, Luke a posé sa main sur la sienne et l'a serrée fermement.

On aurait dit un couple dont l'enfant a été hospitalisé pour une méningite et qui attend bravement dans le couloir les nouvelles du service de soins intensifs.

C'est ma main qu'il aurait dû tenir, ai-je pensé, démoralisée.

Sans doute lui avait-il insufflé de sa force car, bientôt remise d'aplomb, Brigit a pu répondre aux multiples questions que Josephine brûlait de lui poser.

« Depuis quand, selon vous, le fait de se droguer crée-t-il des problèmes à Rachel ?

— Depuis un an au moins, a répondu Brigit en se frottant les yeux et en reniflant. C'est difficile à dire, parce qu'on picolait tous et on prenait tous de la drogue dans les soirées mondaines. Mais déjà, l'été dernier, elle avait perdu les pédales… elle répétait constamment qu'elle était “désolée”. C'était le mot le plus courant de son vocabulaire. À part “encore”… »

Il y a eu des ricanements dans l'assistance. J'ai rougi de colère.

« … mais comme elle ne changeait pas, ça prouvait qu'elle n'était pas désolée du tout. J'en avais assez de la surveiller. On a le même âge, en fait elle a trois mois de plus que moi, mais j'avais l'impression d'être sa gardienne ou sa mère. Elle me traitait de rabat-joie, de pauvre conne. Ce que je ne suis pas… »

Un bref instant, j'en étais presque arrivée à plaindre Brigit : j'avais oublié que c'était moi, la méchante, dans le récit de ses malheurs.

La minute d'après, j'ai failli l'étrangler.

« … et elle était infecte avec Luke, disait-elle. Elle avait honte de son apparence physique, car il n'était pas suffisamment tendance à son goût… »

Pourquoi fallait-il qu'elle raconte *ça* ? J'ai paniqué. Ce n'était déjà pas la joie entre Luke et moi, sans qu'elle jette de l'huile sur le feu. J'ai risqué un coup d'œil en direction de Luke, priant désespérément pour qu'il n'ait pas entendu. Mais, bien sûr, il avait entendu. Alors, affolée, j'ai tenté de protester :

« Ce n'est absolument pas vrai.

— Si, c'est vrai », a rétorqué Luke avec violence.

*Oh, putain !* Je n'ai pas eu d'autre choix que de laisser Brigit poursuivre :

« … elle me poussait à sortir avec l'un des amis de Luke, peu importe lequel, parce qu'elle craignait de ne pas pouvoir faire face à des gens comme Helenka toute seule. Ça ne la gênait pas que je n'aie rien de commun avec les amis de Luke, elle était trop centrée sur elle-même. Elle voulait régenter la vie de tout le monde autour d'elle… »

Mais je n'écoutais plus vraiment. J'étais terrassée par la colère de Luke. Luke, qui avait toujours été adorable, surtout avec moi. Tout cela était étrange, incompréhensible : il ressemblait à Luke Costello, l'homme qui avait été mon meilleur ami, mon amant pendant six mois. Et il se comportait comme un étranger. Pire, comme un ennemi.

« Voyons un autre aspect de Rachel… »

La voix de Josephine a interrompu le cours de mes pensées. Elle souhaitait aborder ma vie professionnelle. J'ai eu une folle envie de crier : « Vous ne voulez pas savoir la couleur de ma culotte ? »

« Rachel est quelqu'un de dégourdi, a-t-elle dit, s'adressant à Brigit. Pourquoi, à votre avis, n'a-t-elle pas trouvé un travail à la hauteur de ses capacités ?

— Peut-être parce qu'il est dur de s'accrocher à un poste quand votre préoccupation majeure, c'est la drogue. Et puis, elle se croit bête.

— Vous, vous avez un bon travail, n'est-ce pas ?

— Euh… oui, a répondu Brigit, déconcertée.

— Vous avez un diplôme ?

— Oui.

— Vous avez fait une école de commerce ?

— Oui…

— Vous avez effectué des stages de formation à Londres, Édimbourg, Prague et New York, et dans l'ensemble Rachel vous a suivie ?

— Je ne dirais pas qu'elle m'a *suivie*. Mais, comme elle s'ennuyait à Dublin, elle a voulu venir avec moi.

— Pendant tout ce temps, votre carrière a évolué alors que Rachel en était toujours au même point ?

— C'est possible. »

Je me sentais nulle, tel un minable petit chien de compagnie.

« Ce n'est pas désagréable d'être avec quelqu'un qui vous sert de faire-valoir, a observé Josephine, pensive, comme si elle réfléchissait tout haut. Le contraste est très rassurant.

— Mais… je… »

Désemparée, Brigit a voulu s'expliquer, mais Josephine était déjà passée à autre chose.

Péniblement, la séance tirait à sa fin. L'après-midi, a annoncé Josephine, serait consacré à Luke. Là-dessus, elle les a escortés tous les deux à la cantine du personnel. Le fait qu'ils mangent avec les « personnes normales » a ajouté à mon humiliation. Je supportais très mal d'être marginalisée et qu'on me traite comme une malade mentale.

Une fois qu'ils ont eu disparu de ma vue, j'ai sombré dans un profond abattement. Où était Luke ? Où était-il parti ? J'avais envie qu'il me serre dans ses bras, tout contre sa poitrine. J'avais besoin de réconfort, comme autrefois.

Brièvement, j'ai caressé l'idée saugrenue de faire irruption dans la cantine du personnel et de solliciter un entretien avec lui. Si on arrivait à discuter calmement, il ne manquerait pas de s'apercevoir qu'il tenait toujours à moi. Et toute cette folie prendrait fin.

L'espace d'un éclair, ça m'a semblé parfaitement faisable. L'avenir n'était qu'une promesse de rédemption. Puis j'ai repris mes esprits. Ça n'était pas faisable du tout.

Les pensionnaires se sont massés autour de moi pour m'apporter chaleur et compassion.

« Il ne faut pas croire tout ce que Brigit raconte sur moi, me suis-je justifiée. Elle en rajoute des tonnes juste parce qu'elle a décroché un nouveau poste. S'ils apprennent là-bas qu'elle s'est droguée, ça va barder pour son matricule. Vous verriez la quantité de drogues qu'elle prend. C'est elle qui m'a enseigné tout ce que je sais. »

J'ai eu un rire forcé en pensant qu'ils allaient se joindre à moi. Mais ils se sont contentés de me tapoter avec des petits bruits rassurants.

Au déjeuner, j'ai été incapable d'avaler une bouchée. Au lieu de ça, j'ai prié comme je n'avais jamais prié de ma vie. J'ai mené toutes sortes de négociations effrénées avec Dieu. Une existence entière dans les missions s'il envoyait une terrible calamité à Luke ou, mieux encore, s'il nous réunissait tous les deux. Seulement, dans la mesure où je l'avais déjà carotté, Dieu, à une ou deux reprises, il se pouvait qu'il ne veuille plus traiter avec moi.

Une dizaine de minutes avant que le groupe se rassemble pour la suite du spectacle, une vague de nausée m'a submergée. Je n'y voyais plus clair. Ragaillardie, j'ai pensé que ça présageait peut-être une mort imminente.

Je me suis ruée dans la salle de bains, me cramponnant au mur : les taches noires qui flottaient devant mes yeux me brouillaient la vue. Mais, dès que j'ai eu vomi, je me suis sentie mieux. Assurément, je n'y étais pas encore arrivée, à ma date d'expiration. Grand a été mon désenchantement.

## 53

En deux temps, trois mouvements, j'étais de retour au Presbytère – cette fois, on m'avait charitablement cédé une bonne chaise –, et Luke devait arriver d'une minute à l'autre.

Peut-être qu'il ne serait pas méchant avec moi. Peut-être qu'il se découvrirait incapable d'être cruel. Il avait été raide dingue de moi, pourquoi voudrait-il me faire du mal ?

À nouveau, pendant une fraction de seconde, j'ai fantasmé sur nos éventuelles retrouvailles. On rentrerait à New York ensemble, on tirerait un trait sur ce sinistre épisode.

Puis je me suis rappelé la prestation de Brigit, et la peur m'a glacé le sang.

À deux heures tapantes, Josephine, Luke et Brigit ont effectué leur entrée. En voyant Luke, j'ai ressenti la même joie fulgurante qu'à la séance du matin. Luke, tellement beau et craquant, tellement grand, tellement *à moi*. Mais son expression sombre et distante a eu tôt fait de me ramener sur terre.

La séance a débuté. Les autres pensionnaires trépignaient de curiosité. Ils avaient dû tricoter au pied de la guillotine dans une vie antérieure, ai-je pensé, écœurée, oubliant comment *moi* je m'étais léché les babines lorsque l'un d'eux devait passer sur le gril.

« Pouvez-vous définir la nature de votre relation avec Rachel ? a demandé Josephine.

— C'est ma petite amie, a marmonné Luke. Enfin, c'était.

— Vous étiez donc idéalement placé pour observer ses rapports avec la drogue ?

— Ouais. »

Son apparente réticence m'a procuré une infime miette de réconfort.

« Il y a quelques semaines, vous avez pris la peine de remplir un questionnaire sur la toxicomanie de Rachel. Ça ne vous ennuie pas que je le lise en groupe ? »

Luke, mal à l'aise, a haussé les épaules. J'avais l'estomac dans les chaussettes.

Quand tu veux, Seigneur, pour le tremblement de terre, ai-je prié en silence. Il est encore temps.

Mais le Seigneur, personnage imprévisible s'il en fut, était occupé ailleurs. Et *mon* tremblement de terre s'est produit au fin fond de la Chine, où il n'a profité à personne. Alors que, s'il avait dévasté le comté de Wicklow, ça m'aurait rendu un immense service. Plus tard, j'ai découvert qu'il avait eu lieu dans la province de Wik Xla, et ça m'a remonté le moral. Dieu ne m'avait pas abandonnée, il était juste un peu sourd.

Sous mon regard anxieux, Josephine a sorti une pile de papiers. On aurait dit que Luke avait écrit un roman.

« Bien. »

Elle s'est éclairci la voix.

« La première question est : "Quelles drogues Rachel prend-elle, à votre connaissance ?" Et Luke a répondu : "Cocaïne, crack, ecstasy…" »

J'aurais voulu mourir sur place. C'était clair, il n'y aurait pas de quartier. Luke, *mon* Luke, s'était retourné contre moi. L'ultime lueur d'espoir venait de s'éteindre en cet instant même.

« "… amphés, hasch, herbe, champignons, acide, héroïne…" »

À la mention de l'héroïne, quelqu'un a étouffé une exclamation. Je n'ai fait que la *fumer*, bordel ! ai-je songé, agacée.

« "… valium, librium, antalgiques, antidépresseurs, somnifères, coupe-faim et alcool sous toutes ses formes." »

Elle s'est interrompue pour reprendre son souffle.

« À cette liste, Luke a ajouté un post-scriptum. Qui dit : "Si c'est une drogue, Rachel l'aura certainement essayée. Elle a dû consommer des drogues qui n'ont pas encore été inventées." Réponse émotionnelle à une question factuelle, mais on comprend ce que vous avez voulu exprimer par là, Luke. »

J'avais baissé la tête et fermé les yeux, mais en me redressant j'ai vu Josephine lui sourire chaleureusement.

C'était pire qu'un cauchemar. Je ne comprenais pas comment le pouvoir absolu que j'avais exercé sur Luke s'était soudain trouvé réduit à néant.

« La question suivante est : "Pensez-vous que Rachel abuse des drogues ?" Et Luke a répondu : "N'en jetez plus." Ça veut dire quoi, Luke ?

— Ça veut dire oui.

— Ensuite, à la question : "À quand remontent les problèmes de Rachel avec la drogue ?", Luke a répondu : "À la nuit des temps." Vous voulez bien expliciter, Luke ?

— Ben, a-t-il hésité, j'entends par là qu'elle était accro longtemps avant que je l'aie rencontrée. »

Comment osait-il employer ce mot, « accro » ? Comme si j'étais une junkie !

« Mais alors, qu'est-ce que tu fichais avec moi, hein ? ai-je glapi soudain. Puisque j'étais aussi horrible que ça ? »

Tout le monde dans la pièce a sursauté, y compris moi.

Luke a levé les yeux au ciel, l'air de dire : « Qui est cette folle hystérique ? » Je l'aurais tué.

« Ne vous inquiétez pas, Rachel, a répondu Josephine en souriant d'un air affable. On va y venir. Question suivante : "À quel moment avez-vous constaté que Rachel avait un problème de drogue ?" La réponse est assez longue : "Je savais que Rachel buvait comme un trou et sniffait de la cocaïne…" »

Il mentait sans vergogne. Je ne buvais pas comme un trou. Le salaud, il voulait me faire passer pour Oliver Reed !

« "… mais ça ne me choquait pas, car tous ceux que je connais boivent en société et fument des joints. Pendant un bon bout de temps, je ne l'ai vue que le soir, toujours raide certes, mais je pensais que c'était juste lorsqu'elle sortait. Tout de même, je lui ai dit que j'aurais préféré la voir clean. Et elle m'a répondu que c'était pour vaincre sa timidité vis-à-vis de moi. Je l'ai crue, j'ai même trouvé ça mignon."

— Mais j'*étais* timide ! » ai-je sifflé, furieuse.

Josephine m'a lancé un regard noir avant de poursuivre :

« "Une fois, elle était restée dormir chez moi et le lendemain elle sentait très fort l'alcool. C'était d'autant plus bizarre qu'elle n'avait pas beaucoup bu la veille – par contre, elle s'était shootée à la coke. Après son départ, mon colocataire Joey m'a accusé d'avoir vidé sa bouteille de JD…" »

Josephine a fait une pause.

« "JD" ?

— Jack Daniel's, a expliqué Luke.

— Merci. “… ce qui n’était pas le cas. Je n’arrivais pas à croire que c’était Rachel qui l’avait bue, surtout au saut du lit.” »

J’aurais voulu que la terre s’ouvre pour m’engloutir. Je n’aurais pas touché à cette bouteille si je n’avais pas flippé grave à mon réveil. Étant à court de valium, il me fallait quelque chose pour lutter contre l’horreur et la paranoïa.

J’étais morte de honte. Je détestais être en tort. Et, par-dessus tout, je détestais qu’on expose mes torts au grand jour.

« À partir de là, je me suis mis à l’observer et, dès l’instant où j’ai été attentif, je me suis aperçu que ça n’allait pas du tout. Elle était bourrée ou camée en permanence. D’une manière ou d’une autre. »

En disant cela, Luke me regardait bien en face. La tête me tournait. On était censés être à New York, Luke et moi. Heureux, amoureux. Le retrouver ici, au Prieuré, en train de me démolir était totalement surréaliste, comme voir des vaches voler.

« Très bien, a déclaré Josephine. Question suivante : “Comment les drogues affectaient-elles le comportement de Rachel ?” Réponse : “Difficile à dire, elle était toujours dans le cirage quand on était ensemble. Quelquefois, elle était gentille et mignonne. Mais, la plupart du temps, elle était à côté de ses pompes. Elle fixait des rendez-vous et les oubliait. Souvent, on avait des discussions dont elle ne se souvenait plus lorsque j’en reparlais. À mon avis, cet état de confusion était dû au valium. Quand elle prenait de la coke, c’était différent. Elle devenait franchement pénible. Bruyante, grossière, et avec ça elle se croyait sublime. Le plus dur à avaler, lorsqu’elle était comme ça, c’est qu’elle draguait tous les hommes. Dès qu’il y en avait un qu’elle trouvait cool…” »

Josephine s’est interrompue, a dégluti et enchaîné :

« “… elle se jetait sur lui.” »

J’étais atterrée, mortifiée, folle de rage.

« Comment oses-tu ? ai-je hurlé. Estime-toi heureux que je t’aie seulement fréquenté. Comment oses-tu m’insulter ainsi ?

— Et comment voudrais-tu que je t’insulte ? » a-t-il riposté, glacial.

Mon cœur s’est presque arrêté de battre. *Jamais* Luke n’avait été mauvais avec moi. Qui était cet homme grand, austère, coléreux, cruel ? Je ne le connaissais pas. Lui en revanche semblait me connaître.

« Mais oui, tu te jetais sur eux. Allez, rappelle-toi, Rachel… Le jour où je t’ai emmenée au vernissage de François : tu es partie, tu es *rentrée* avec ce type, ce marchand d’art. »

J’avais le visage en feu. J’aurais dû me douter qu’il remettrait ça sur le tapis. Je n’avais pas fini d’en entendre parler.

« Je n’ai pas couché avec lui, ai-je marmonné. Et puis, ai-je ajouté, belliqueuse, c’est uniquement parce qu’on s’était disputés.

— Une dispute que tu as orchestrée après avoir repéré ce gugusse ! »

Et moi qui croyais lui avoir monté un bateau à toute épreuve. J’étais catastrophée d’apprendre qu’il avait vu clair dans mon jeu.

« Ce qui nous amène à notre question suivante, s’est interposée Josephine. “Qu’avez-vous relevé d’aberrant dans le comportement de Rachel, suite à sa consommation de drogues ?” Ici, Luke a écrit : “Sa conduite était de plus en plus bizarre. Elle ne mangeait presque plus. Et elle était complètement parano. Elle m’accusait de reluquer ses copines. Elle se faisait porter pâle pour un oui ou pour un non. Sauf qu’elle n’était pas malade, c’était juste pour rester à picoler ou à se défoncer chez elle. Elle ne sortait que pour se procurer de la dope. Elle empruntait de l'argent à droite et à gauche et ne le rendait jamais. Et quand les gens refusaient de lui en prêter, elle le volait…" »

Ah bon ?

Ce n'était pas du vol. Ils pouvaient se permettre de m'en prêter, et d'abord, ils avaient qu'à ne pas me dire non.

Finalement, Josephine s'est arrêtée de lire.

« O.K., voilà pour le questionnaire. Et maintenant, puisque Brigit est trop perturbée pour répondre à d'autres questions, vous voulez bien, Luke… ? »

Il a hoché la tête.

« Comme Rachel… euh, vous l'a demandé tout à l'heure, que faisiez-vous avec elle ?

— Que faisais-je avec Rachel ? »

Il a failli éclater de rire.

« Mais j'étais fou d'elle ! »

*Merci mon Dieu, merci mon Dieu, merci mon Dieu.* Un intense soulagement m'a envahie. Luke avait repris ses esprits. Il était temps ! Maintenant, il allait revenir sur les horribles mensonges qu'il avait racontés à mon sujet. Peut-être… peut-être même qu'on se réconcilierait, qui sait.

« Vous étiez fou d'elle ? »

Il n'a pas répondu tout de suite.

« Sur un tas de plans, Rachel était épatante. »

J'ai bien noté l'emploi du passé.

« Je trouvais extra sa vision du monde. On s'éclatait avec elle, elle me faisait vraiment rire… sauf à certains moments, a-t-il précisé, dubitatif. Surtout quand elle était raide : elle en rajoutait tellement que ce n'était plus drôle du tout. »

J'avais très envie de lui rappeler que c'était de mes bons côtés qu'on parlait.

« Je n'ai jamais été dupe de son numéro de nana hyperbranchée », a-t-il confessé.

Ça m'a alarmée. Qui d'autre m'avait percée à jour ?

« Parce que, lorsqu'elle était tout simplement *elle-même*... »

On aurait dit qu'il venait de découvrir le secret de l'univers.

« ... elle était formidable. »

Bien, on était de nouveau sur la bonne voie.

Josephine hochait la tête d'un air engageant.

« On pouvait parler de tout. Quand elle était en forme, on n'avait jamais assez de temps pour se dire tout ce qu'on avait à se dire. »

C'est vrai, ai-je pensé avec mélancolie.

« Parfois, on était tellement proches que j'avais l'impression qu'on faisait partie l'un de l'autre », a-t-il ajouté, nostalgique.

Nos regards se sont croisés, et un bref instant j'ai vu le Luke que je connaissais. C'était triste à mourir.

« C'est parfait. »

Impatiemment, Josephine a coupé court à ses réminiscences.

« J'imagine qu'en découvrant l'ampleur du problème vous avez tenté d'aider Rachel.

— Évidemment. Mais d'abord elle m'a caché la chose, et après elle m'a menti. Elle refusait d'avouer ce qu'elle prenait et en quelle quantité, bien que j'aie été au courant et que je le lui aie dit. Ça me rendait chèvre. J'ai tenté de la faire parler. Puis je lui ai proposé d'aller voir un psy, mais elle m'a envoyé chier. »

Il a rougi.

« Pardonnez-moi l'expression, ma sœur. »

Elle a accepté l'excuse d'un gracieux signe de la tête.

« Et qu'est-il arrivé ensuite ?

— Elle a fait son overdose et a quitté New York.

— Avez-vous regretté d'avoir mis fin à cette relation ?

— Ce n'était plus vraiment une relation. »

Mon cœur s'est serré. Il n'avait pas l'air de vouloir renouer avec moi.

« C'était pratiquement terminé. D'ailleurs, je ne sais pas ce qu'elle pouvait me trouver car, quoi que je fasse, ce n'était jamais bien. Elle voulait tout changer : mes fringues, mes copains, mon appartement, la façon dont je dépensais mon argent. Même la musique que j'écoutais. »

Josephine, compréhensive, hochait la tête.

« Je savais qu'elle riait de notre manière de nous habiller, à mes potes et à moi, et ça ne me gênait pas. On avait l'habitude. Mais, à un moment, elle s'est mise à m'ignorer en public, à faire comme si on n'était pas ensemble. Et là, ça ne m'a plus amusé du tout. »

En regardant son visage honnête, ouvert, j'ai ressenti, de même qu'avec Brigit, un bref élan de compassion pour lui. Pauvre Luke, quelle injustice ! Soudain, je me suis rappelé que c'était moi qui l'avais si mal traité, sauf que ce n'était pas vrai. Espèce de geignard, va.

À ma stupéfaction, Josephine lui a soudain demandé tout à trac :

« Avez-vous aimé Rachel ? »

Il n'a pas répondu. Immobile, il fixait le plancher.

Il y a eu un silence lourd, interminable. Je retenais mon souffle. M'avait-il aimée ?

J'avais désespérément envie qu'il dise oui. Se redressant, il a passé ses doigts dans ses cheveux longs. Je me suis raidie. Il a pris une inspiration avant de parler.

« Non. »

Quelque chose s'est brisé en moi.

J'ai fermé les yeux, la souffrance était insoutenable.

C'est faux, me disais-je avec force. Il était fou de toi. Il l'est toujours.

« Non », a-t-il répété.

C'est bon, on a entendu, inutile de remuer le couteau dans la plaie.

« Si ç'avait été la gentille Rachel, celle qui ne se défonçait pas et ne se pâmait pas devant ces connards victimes de la mode, a-t-il déclaré d'un air pensif, alors oui, je l'aurais aimée, c'est sûr. Je n'aurais pas rêvé mieux. Mais ce n'était pas le cas, et maintenant c'est trop tard. »

Je l'ai regardé fixement. Mon visage était un masque de douleur. Il a évité mon regard.

Josephine s'est tournée vers Luke.

« Venir ici et faire ce que vous avez fait a dû être extrêmement pénible pour vous ?

— Ouais, a-t-il marmonné. Je suis très… »

Il a marqué une longue pause.

« … triste. »

Le mot a ricoché sur les murs de la pièce.

J'ai eu l'impression d'étouffer. Ma poitrine me brûlait, mais ma peau était glacée, couverte de chair de poule.

Josephine a levé la séance. Brigit est partie sans un coup d'œil pour moi. Avant de sortir, Luke m'a contemplée longuement. J'ai tenté de lire dans ses yeux… quoi ? La honte ? le repentir ?

Il n'y avait rien.

Une fois la porte refermée, mes camarades se sont précipités pour me consoler et me protéger. Leur expression – mélange de pitié et de curiosité – m'était familière ; j'avais réagi comme eux quand leurs PAC nous avaient rendu visite. Et ça, je ne l'ai pas supporté.

# 54

Mon sac à moitié fait au pied de mon lit semblait se moquer de moi. J'avais cru que j'allais prendre la porte à la minute même où l'horloge sonnerait la fin de mes trois semaines ; mais le mercredi soir, après le départ de Luke et Brigit, j'ai été convoquée dans le bureau du Dr Billings.

Il m'a accueillie avec une horrible grimace censée figurer un sourire, et j'ai compris qu'il avait une mauvaise nouvelle à m'annoncer.

« Après ce qu'on a entendu sur vous aujourd'hui en groupe, j'espère que vous ne comptez pas partir vendredi.

— Bien sûr que non », ai-je répondu avec effort.

Je n'allais pas lui faire ce plaisir.

« Tant mieux. »

Il a retroussé ses lèvres.

« Je suis content qu'on n'ait pas besoin de recourir à l'injonction pour vous obliger à rester. C'est pour votre bien », a-t-il expliqué.

J'ai réussi à contenir ma fureur en me visualisant en train de lui fendre le crâne à coups de hache.

Au moins, me suis-je consolée en sortant de son bureau, puisque j'étais coincée ici, ça me laissait le temps de clarifier la situation auprès des autres pensionnaires. Car je me torturais les méninges à l'idée de ce qu'ils pouvaient penser de moi après les révélations de Luke et de Brigit.

Cette nuit-là, j'ai eu du mal à trouver le sommeil. Dans ma tête, je menais des dialogues imaginaires avec l'un et l'autre de mes visiteurs new-yorkais et je les terrassais par mes remarques cinglantes, caustiques. À la fin, bien que terrifiée par ses éclats, j'ai réveillé Chaquie. Il *fallait* que je parle à quelqu'un. Dieu merci, elle était trop hébétée pour exploser. Pendant qu'assise dans son lit elle clignait des yeux comme un lapin, je lui ai hurlé mon humiliation et mon désir de vengeance.

« Quand Dermot est venu ici en tant que PAC, comment as-tu fait pour tenir le coup ? ai-je questionné, les yeux exorbités.

— J'étais folle de rage, a-t-elle répliqué en bâillant. Puis Josephine m'a dit que je me réfugiais dans la colère pour éviter d'assumer ma propre responsabilité dans cette affaire… Je peux me recoucher, s'il te plaît ? »

J'étais sûre que Josephine allait m'interroger en groupe le lendemain. Je l'avais vue faire ça avec Neil, John Joe, Mike, Vincent et Chaquie. Il n'y avait aucune raison pour qu'elle me traite différemment.

Je ne m'étais pas trompée. À peine arrivée, elle a pris le taureau par les cornes.

« Il n'est pas bien joli, hein, le tableau que Luke et Brigit nous ont peint hier de vous et de votre vie ?

— Luke Costello est mal placé pour donner une opinion objective, ai-je répliqué avec lassitude. Vous savez ce que c'est, la fin d'une histoire d'amour.

— Dans ce cas, Brigit a bien fait de venir. Car il n'y a pas eu d'histoire d'amour entre elle et vous, n'est-ce pas ?

— Brigit raconte des conneries. »

Irritée, je me suis préparée à resservir le couplet sur sa promotion.

« Taisez-vous ! »

D'un regard étincelant de colère, Josephine m'a réduite au silence.

Alors, j'ai changé de tactique.

« Je n'ai jamais dit que je ne me droguais pas.

— La drogue mise à part, le tableau n'est toujours pas reluisant. »

Je me demandais de quoi elle parlait.

« Votre malhonnêteté, votre égoïsme, votre manque de loyauté, votre vanité et votre inconstance », a-t-elle expliqué.

Oh, ça.

« Votre rapport à la drogue n'est que le sommet de l'iceberg, Rachel. Moi, ce qui m'intéresse, c'est la personne qu'ils ont décrite. Vous savez… celle qui ignore la loyauté, qui snobe son ami en présence de gens qu'elle cherche à impressionner. Une personne tellement superficielle qu'elle juge les autres sur leur apparence, sans se soucier de leurs qualités en tant qu'êtres humains. Et tellement égoïste qu'elle vole sans une pensée pour celui ou celle qu'elle a volé. Une personne qui lâche ses collègues et employeurs à la dernière minute. Une personne avec un sens des valeurs tordu, dénaturé, ayant une notion si floue de sa propre identité qu'elle adopte les accents des gens qu'elle rencontre… »

Et ç'a duré, duré. Chaque fois qu'elle terminait une phrase, je me disais : Ça y est, elle a fini son laïus. Eh bien, pas du tout.

Je m'efforçais de ne pas écouter.

« Voilà, c'est vous, Rachel, a-t-elle conclu enfin. Vous êtes cet être amorphe, inconsistant. Sans loyauté, sans intégrité aucune. »

J'ai haussé les épaules. Curieusement, elle n'avait pas réussi à m'atteindre. Et ça, c'était jouissif.

Josephine m'a regardée avec mépris.

« Je sais que vous déployez toute votre énergie pour ne pas craquer devant moi. »

Comment a-t-elle deviné ? me suis-je alarmée.

« Mais je ne suis pas votre ennemie, Rachel. Votre ennemie véritable, c'est vous-même, et ça, vous n'y couperez pas. Vous allez sortir de cette pièce, toute contente de n'avoir pas lâché le morceau. Or, ce n'est pas une victoire, c'est un échec. »

Je me suis tout à coup sentie très fatiguée.

« Vous voulez que je vous dise pourquoi vous êtes quelqu'un d'aussi peu fréquentable ? »

Je n'ai pas répondu.

« Vous voulez ?

— Oui. »

Ce mot m'a été arraché à mon corps défendant.

« Vous avez une si piètre image de vous-même que c'en est un vrai handicap. Vous n'existez pas à vos propres yeux. Et vous n'aimez pas vous sentir bonne à rien, personne n'aime ça. Du coup, vous recherchez l'aval de gens que vous admirez. Comme cette Helenka dont Brigit nous a parlé. N'est-ce pas ? »

Faiblement, j'ai hoché la tête. Helenka était quelqu'un de bien, là-dessus au moins on était d'accord.

« C'est pourtant très inconfortable, quand on n'a pas confiance en soi. On vogue à la dérive en attendant de trouver quelqu'un qui vous jette l'ancre. »

*Si ça peut te faire plaisir.*

« C'est la raison pour laquelle vous n'êtes pas parvenue à assumer votre relation avec Luke. Écartelée comme vous l'étiez entre vos sentiments pour lui et l'impression d'avoir fait un mauvais choix. Car la seule personne à vous assurer qu'il était un type bien, c'était vous-même. Et vous ne vous croyiez pas. Quelle vie épuisante que la vôtre ! »

C'est vrai, c'était épuisant. Parfois même, il m'était arrivé de disjoncter, à force de jongler avec le regard des autres et la présence de Luke à mes côtés.

Je me rappelais notamment une fête à laquelle il m'avait invitée. J'y étais allée en toute confiance, sûre de ne croiser aucune de mes relations. À mon horreur, je suis tombée nez à nez avec Chloé, l'une des acolytes d'Helenka. Dans un accès de panique, je me suis enfuie, suivie de Luke.

« Qu'est-ce que tu as, poulette ? m'a-t-il demandé, inquiet.

— Rien », ai-je marmonné.

Je me suis forcée à retourner dans la salle, mais j'ai passé la soirée sur le fil du rasoir, à me planquer dans les coins, essayant de ne pas me tenir trop près de Luke, furieuse chaque fois qu'il me prenait par la taille ou tentait de m'embrasser, puis navrée de le voir malheureux parce que je le repoussais. Finalement, j'ai dû partir pour de bon, sinon j'aurais pété les plombs.

« N'aurait-il pas mieux valu garder la tête haute et vous montrer fière d'être avec Luke ? »

La voix de Josephine m'a tirée en sursaut de ce cauchemar.

« "Me voici, braves gens, que ça vous plaise ou non."

— Oh, mais… vous n'y êtes pas du tout ! me suis-je exclamée, dépitée. Il faut avoir vécu à New York pour comprendre ça, que ces gens-là sont importants.

— Ils ne sont pas importants pour moi, a rétorqué Josephine dans un grand sourire. Ils ne sont pas importants pour Misty. »

Laquelle Misty a vigoureusement secoué la tête. Bien sûr, que pouvait-elle faire d'autre, cette garce ?

« Il y a des millions d'individus de par le monde qui vivent parfaitement heureux sans l'approbation d'Helenka.

— Pourriez-vous m'expliquer, ai-je lâché, hautaine, ce que tout ceci a à voir avec la drogue ?

— Plein de choses, a-t-elle répliqué, l'œil brillant. Vous verrez. »

L'après-midi, Josephine a réattaqué. J'aurais donné n'importe quoi pour que ça s'arrête. J'étais vraiment très, très fatiguée.

« Vous vouliez savoir le rapport entre votre tendance à la dévalorisation et la prise de drogue. Dans sa forme de base, si vous aviez un peu de respect pour vous-même, vous ne vous seriez pas bourrée de substances nocives au point de vous rendre malade. »

Je fixais le plafond sans bien comprendre ce qu'elle racontait.

« Je vous parle, Rachel ! a-t-elle aboyé, me faisant sursauter. Rappelez-vous comme vous étiez malade lorsque vous êtes arrivée ici. Le premier matin où vous êtes descendue préparer le petit déjeuner, vous avez failli tourner de l'œil car vous étiez en manque de votre cher valium. Et votre séjour à l'hôpital ? Vous avez frôlé la mort à cause de toutes les drogues que vous aviez absorbées. Vous trouvez ça normal, vous ? »

Étrangement, jusque-là je n'avais pas beaucoup songé à ma prétendue overdose.

« Je n'ai pas frôlé la mort !

— Bien sûr que si. Et pour cerner le problème, Rachel, on va jeter un œil sur votre enfance. »

D'un air ostentatoire, j'ai levé les yeux au ciel.

« C'est dur d'appartenir à une grande famille où l'on se sent la moins douée, la moins futée, la moins *aimée*, hein ? » a demandé Josephine d'une voix forte.

J'ai eu l'impression de recevoir un coup de poing à l'estomac. Ma vision s'est obscurcie. J'aurais protesté, sauf que je ne retrouvais pas mon souffle.

« Où votre sœur aînée a du charme et un don pour les études, poursuivait-elle, impitoyable. La cadette est une sainte, et les deux benjamines sont plus que jolies. C'est dur de vivre dans une famille où chacun a sa petite préférée, et ce n'est jamais vous.

— Mais…, ai-je hasardé.

— C'est dur de vivre avec une mère qui vous désapprouve ouvertement, qui a transféré sur vous l'aversion que lui inspire sa propre haute taille. Les autres peuvent bien vous dire que vous êtes trop grande, mais lorsque c'est votre *mère* qui le dit, c'est perturbant, n'est-ce pas, Rachel ? C'est dur quand on vous répète que vous êtes trop médiocre pour réussir votre vie professionnelle.

— Ma mère m'aime, ai-je bégayé, tétanisée.

— Je ne dis pas le contraire. Mais les parents sont humains aussi, avec des peurs et des ambitions inassouvies qu'ils reportent quelquefois sur leurs enfants. De toute évidence, la pauvre femme est très complexée par sa taille, et ce complexe, elle vous l'a transmis. Elle a bon cœur, mais ce n'est pas forcément une bonne mère. »

Je suis entrée dans une rage noire contre maman. La vieille vache ! C'est donc grâce à elle que je me suis sentie aussi gourde toute ma vie. Pas étonnant que mes rapports avec les hommes soient un désastre. Pas étonnant – je n'ai fait qu'effleurer cette idée – que j'aie pris tant de drogues !

« Ainsi, c'est la faute de ma mère si je suis… à supposer que je le sois… toxicomane ? »

Désespérément, je cherchais à me raccrocher à quelque chose de positif.

« Oh non. »

*Non ? De quoi parle-t-on, alors ?*

« Rachel, a dit Josephine avec douceur, nous ne sommes pas là pour distribuer des blâmes.

— Ah oui ? Et nous sommes là pourquoi ?

— Si nous arrivons à identifier et à analyser d'où vient votre manque de confiance en vous, il nous sera possible de le résoudre. »

Je me suis mise en colère. J'en avais marre, marre, *marre* de tout ça ! J'étais fatiguée, j'avais sommeil, j'aurais voulu aller me coucher.

« Comment se fait-il, ai-je demandé d'un air bravache, que j'aie une mauvaise image de moi, comme vous dites, et pas mes sœurs ? Nous avons les mêmes parents. Expliquez-moi ça !

— Question compliquée, a-t-elle répondu sans sourciller. À laquelle j'ai déjà partiellement répondu à une occasion au moins.

— Vous a… ?

— L'image initiale que nous avons de nous-mêmes se forme au contact de nos parents. Et vos parents ont – affectueusement – fait une croix sur vous. »

*Non, pas ça.*

« Certaines personnes prennent à cœur les messages négatifs les concernant. D'autres, plus résistantes, se moquent pas mal des critiques… »

Maintenant que j'y pensais, ça me renvoyait à des souvenirs.

« … Vous êtes quelqu'un de sensible, vos sœurs ne le sont pas. C'est aussi simple que ça.

— Les salauds, ai-je marmonné, haïssant toute ma famille en bloc.

— Pardon ?

— Les salauds, ai-je répété plus fort. Pourquoi moi ? J'aurais pu réussir ma vie s'ils m'avaient traitée autrement.

— O.K., a lancé Josephine. Vous êtes en colère. Mais mettez-vous, disons, à la place de Margaret à qui on a assigné le rôle de la fille modèle. Si jamais elle avait envie de se révolter, de sortir du moule, elle se sentirait coincée. Et elle pourrait en vouloir à vos parents de l'avoir enfermée là-dedans.

— Elle est trop lèche-cul pour en vouloir à quiconque ! ai-je éclaté.

— Vous voyez ! Vous aussi adhérez à l'image stéréotypée ! Et si Margaret avait *envie* d'en vouloir aux autres ? Vous imaginez son désarroi, son sentiment de culpabilité ?

— Mais on s'en fiche, d'elle ! me suis-je exclamée.

— C'était juste pour montrer qu'on vous a inconsciemment assigné des rôles, à vous et à vos sœurs. Ça arrive dans n'importe quelle famille. Vous n'aimez pas le vôtre – celui d'une bonne à rien, d'un chien fou –, mais vos sœurs doivent trouver le leur tout aussi contraignant. Cessez de vous apitoyer sur vous-même, c'est ça que je veux dire.

— J'ai toutes les raisons de m'apitoyer sur moi, ai-je affirmé avec conviction.

— Vous ne pouvez continuer à vivre en rejetant vos fautes sur les autres, a-t-elle riposté d'un ton sec. Vous êtes adulte. C'est à vous d'être responsable de vous-même et de votre bonheur. Vous n'êtes plus confinée dans le rôle que votre famille vous a attribué. Ce n'est pas parce qu'on vous a dit que vous étiez trop grande ou trop bête que vous l'êtes réellement.

— J'ai été très esquintée par ma famille », ai-je affirmé en reniflant, drapée dans ma dignité, sans prêter attention à son discours énergique.

Je me suis aperçue soudain que Mike se retenait de rire. Misty, elle, ricanait ouvertement.

« En quoi c'est drôle ? » ai-je fulminé.

Jamais je ne me serais frottée à elle si je n'avais pas été aussi furieuse.

« Esquintée, toi ? »

Elle s'est esclaffée.

« Oui, moi.

— Si ton père était venu dans ton lit toutes les nuits depuis que tu avais neuf ans pour te tringler, alors là, oui, je dirais que tu as été esquintée, a-t-elle débité précipitamment, d'une voix haut perchée. Si ta mère t'avait traitée de menteuse et battue comme plâtre quand tu lui aurais demandé son aide, je dirais que oui, tu as été esquintée. Si ta sœur aînée s'était tirée à seize ans, t'abandonnant à ton père, oui, je dirais que tu as été esquintée ! »

Les traits convulsés, elle avait glissé au bord de sa chaise. Ses taches de rousseur lui sortaient presque de la figure, ses lèvres étaient retroussées. Soudain, elle s'est rendu compte de ce qu'elle disait ; elle s'est tue abruptement, s'est renfoncée sur sa chaise et a baissé la tête.

Le choc m'avait clouée sur place. Il se reflétait sur tous les visages… sauf celui de Josephine. Visiblement, elle s'y attendait.

« Misty, a-t-elle déclaré d'une voix douce, je me demandais quand vous alliez nous en parler. »

Pendant le reste de la séance, plus personne ne s'est occupé de moi. Misty m'avait fait honte, mais quelque part je lui en voulais de m'avoir volé la vedette.

Après le groupe, en arrivant dans la salle à manger, je l'ai trouvée en pleurs. À ma consternation, Chris était presque assis sur ses genoux. Il m'a regardée avant de se tourner ostensiblement vers elle et, d'un geste tendre, d'essuyer ses larmes avec ses pouces. Exactement le même scénario qu'avec moi. Jalouse, je l'étais comme si, mariée avec lui depuis quatre ans, je l'avais surpris au lit avec Misty. De nouveau, il a levé les yeux sur moi, mais son expression restait indéchiffrable.

# 55

Les aveux de Misty avaient sonné le glas du fervent intérêt dont j'avais fait l'objet tout au long de la semaine. Son enfance brisée a été au programme des deux séances du vendredi et d'une bonne partie de la semaine suivante. Tous les projecteurs étaient braqués sur elle pendant qu'elle tempêtait, pleurait, gémissait et hurlait.

Presque désappointée, je découvrais que la vie au Prieuré suivait sensiblement le même cours qu'avant la visite apocalyptique de Luke et Brigit. Certes, je rêvais en permanence de les tuer tous les deux. Et en même temps, j'étais hantée par le souvenir doux-amer de la tendresse de Luke, qui avait atteint son apogée en novembre dernier, lorsque j'avais attrapé la grippe. Ce souvenir, je ne pouvais m'empêcher de l'exhumer, de le sortir de son écrin comme un bijou précieux et de le couver d'un œil humide.

Brigit était partie pour huit jours. Dans le New Jersey, pour une espèce de formation à la con censée vous apprendre comment mieux écrabouiller les gens travaillant sous vos ordres. Naturellement, à la minute même où elle avait franchi la porte, Luke avait débarqué avec une serviette de toilette et une semaine de slips de rechange.

C'était géant. Comme si on avait été mariés, mais en plus respirable. Chaque soir après le boulot, on fonçait à la maison, on préparait le dîner, on prenait de longs bains à deux, on faisait l'amour dans la cuisine, dans la salle de bains, dans le salon, dans la chambre, dans l'entrée. Le matin, on partait ensemble. Il avait toujours un jeton de métro pour moi. Au moment de descendre, il m'embrassait au vu et au su de toute la rame en disant :

« À ce soir, c'est mon tour de faire la bouffe. »

Le bonheur domestique.

Le mercredi, toute la journée, je ne m'étais pas sentie dans mon assiette. Mais comme j'avais l'habitude d'en baver au bureau, je n'y ai pas prêté attention. C'est seulement au retour, en sortant du métro, que j'ai vu que quelque chose n'allait pas. J'avais chaud et froid, j'étais fourbue, dans le cirage.

J'ai gravi les marches en titubant, mes jambes me soutenaient à peine. Luke a ouvert la porte à la volée, un grand sourire aux lèvres.

« Te voilà ! Salut, chérie ! »

Il m'a entraînée à l'intérieur.

« Le dîner arrive. Je ne savais pas quel parfum commander, fraise ou chocolat, alors je t'ai pris les deux. Allez, on va t'enlever ces vêtements mouillés ! »

Il disait souvent ça, bien que, évidemment, mes vêtements aient été tout à fait secs.

« Viens vite, me tançait-il en déboutonnant mon imper Diana Rigg. Tu es trempée comme une soupe.

— Non, Luke », ai-je protesté faiblement.

J'étais au bord de l'évanouissement.

« Plus un mot, jeune fille. »

D'un coup sec, il a fait glisser la fermeture Éclair de mon gilet et l'a retiré de mes épaules.

« Luke, je me sens un peu…

— Tu veux attraper la mort ou quoi ? Rachel Walsh, tu vas finir avec une pneumonie. »

Il en était déjà à mon soutien-gorge.

« À essorer ! » a-t-il décrété, le dégrafant prestement.

D'ordinaire, à ce stade, j'étais déjà assez en émoi ; quelquefois même, je commençais à le déshabiller, lui. Mais pas ce jour-là.

« Ta jupe, maintenant, a-t-il repris, cherchant à tâtons le bouton de la fermeture. Mon Dieu, c'est tout mouillé, tu t'es pris une belle saucée… »

Il a dû remarquer que je ne réagissais pas avec mon ardeur coutumière, car il a hésité et s'est arrêté.

« Ça va, poulette ? a-t-il demandé, soudain inquiet.

— Luke, ai-je balbutié, je me sens bizarre.

— Bizarre comment ?

— Je crois que je suis malade. »

Il a posé sa main sur mon front, et j'ai presque défailli de plaisir au contact de sa paume fraîche sur ma peau brûlante.

« Nom de Dieu ! Tu es bouillante. Oh, ma poulette, a-t-il dit, contrit, et moi qui t'ai enlevé tes vêtements… »

Fébrilement, il a drapé le soutien-gorge autour de mes épaules et m'a remis mon imperméable.

« Viens près du feu.

— On n'a pas de feu, ai-je soufflé.

— Je t'en ferai. Dis-moi ce que tu veux, et je me débrouillerai pour l'avoir.

— J'aimerais aller au lit. »

Ma voix m'a paru très, très lointaine.

Un instant, son regard s'est illuminé.

« Chouette ! »

Puis il a compris son erreur.

« Oh… oui, bien sûr. »

J'ai ôté le reste de mes vêtements, que j'ai laissés tomber par terre – même si je n'avais pas besoin d'être agonisante pour faire ça. Et je me suis allongée entre les draps frais… tellement frais. Pendant un moment, j'ai eu l'impression d'être au paradis. J'ai dû m'assoupir car, quand j'ai rouvert les yeux, Luke était devant moi avec une sélection de milk-shakes.

« Fraise ou chocolat ? »

J'ai secoué la tête en silence.

« J'en étais sûr ! s'est-il écrié en se frappant le front. J'aurais mieux fait de prendre vanille.

— Non, Luke, ai-je marmonné. Pas faim. Envie de rien. »

J'ai esquissé un pâle sourire.

« Je dois être en train de mourir.

— Arrête, Rachel, a-t-il répondu, angoissé. Ne parle pas de corde…

— … dans la maison d'un cordonnier. »

C'est ce qu'Helen disait toujours.

« Ça va aller si je m'absente un moment ? » a-t-il demandé avec douceur.

J'ai dû avoir l'air paniquée.

« Juste le temps de faire un saut au drugstore, s'est-il empressé d'expliquer. Pour t'acheter des trucs. »

Il est revenu une demi-heure plus tard avec un énorme sac en papier rempli d'une quantité de choses, depuis le thermomètre jusqu'aux magazines, en passant par le chocolat et le sirop contre la toux.

« Mais je ne tousse pas.

— Ça peut venir. Mieux vaut tout prévoir. Tiens, on va prendre ta température… TRENTE-HUIT HUIT ! » s'est-il écrié, affolé.

Frénétiquement, il a rabattu la couette tout autour de moi, y compris sous mes pieds, si bien que je me suis trouvée dans un cocon.

« La bonne femme de la pharmacie m'a dit de te garder au chaud, murmurait-il. Mais tu *as* chaud. »

À minuit, la fièvre est montée à quarante. Luke a appelé un médecin. À Manhattan, une visite à domicile coûte environ le prix d'un appartement de quatre pièces. Il devait réellement tenir à moi.

Le médecin est resté trois minutes, a diagnostiqué une grippe – « une vraie grippe, pas un simple refroidissement » –, a déclaré qu'il ne pouvait rien prescrire, a dépouillé Luke de toutes ses économies et s'en est allé.

J'ai passé trois jours dans un état lamentable. Je délirais, ne sachant pas où j'étais ni quel jour on était. J'avais des courbatures, je transpirais, je grelottais. Je n'avais même pas la force de m'asseoir pour boire l'orangeade que Luke tentait de me faire ingurgiter.

« Allez, poulette, insistait-il. Tu as besoin de liquide et de glucose. »

Il a pris son jeudi et son vendredi pour s'occuper de moi. Chaque fois que j'émergeais, il était là. Ou bien assis dans ma chambre à me surveiller ; ou bien dans la pièce d'à côté, au téléphone avec ses copains.

« C'est une vraie grippe, se vantait-il. Authentique. Pas un simple refroidissement. Non, il n'y a pas de traitement particulier. »

Le samedi soir, je me suis sentie suffisamment mieux pour qu'il m'enveloppe dans la couette et m'emporte – *m'emporte* – dans le salon. Où il m'a déposée sur le canapé. J'ai essayé de regarder la télé pendant une dizaine de minutes, mais c'était trop d'effort pour moi. De toute ma vie, je n'avais été aussi choyée.

Et voyez ce qu'on était devenus. Les meilleurs ennemis. À quel moment cela a-t-il basculé entre nous deux ?

Divers membres de ma famille m'ont rendu visite le dimanche. Les yeux étrécis, j'ai salué papa et maman qui arrivaient, ployant sous le poids des confiseries. Regardez-les, ces salauds, pensais-je. Ils voudraient m'acheter avec du chocolat. Alors comme ça, je suis trop stupide, hein ? Comme ça, je suis trop grande ?

Apparemment, ils n'ont pas capté les mauvaises ondes qui émanaient de moi. De toute façon, on n'avait jamais rien à se dire, et ce jour-là n'était pas une exception.

Helen aussi avait décidé de m'honorer de sa visite. Extrêmement méfiante quant à ses motivations, je les gardais à l'œil, elle et Chris, au cas où ils auraient tendance à trop se lorgner.

L'invitée surprise de ce dimanche-là, c'était Anna ! J'étais ravie de la voir. Pas seulement parce que je l'aimais bien, mais parce que j'allais pouvoir la taper d'un peu de dope que j'estimais avoir amplement méritée.

Nous nous sommes embrassées avec effusion, puis elle a marché sur l'ourlet de sa jupe et manqué s'affaler. Même si elle ressemblait beaucoup à Helen – toutes deux étaient petites et brunes, avec des yeux verts –, elle n'avait pas une once de son assurance. Elle passait son temps à trébucher, à tomber, à se cogner aux meubles. Les vastes quantités de drogues douces qu'elle avait l'habitude de consommer étaient sans doute pour quelque chose dans ses problèmes d'équilibre.

« T'as pas un pétard sur toi ? lui ai-je demandé discrètement.

— Non, a-t-elle chuchoté, rougissante.

— Alors, qu'est-ce que t'as ?

— Rien.

— *Rien ?* ai-je répété, sidérée. Mais pourquoi ?

— J'ai laissé tomber, a-t-elle dit doucement sans me regarder.

— Laissé tomber quoi ?

— Ben… la dope.

— Mais enfin, pourquoi ? C'est le carême ?

— Possible, je ne sais pas. Mais ce n'est pas la raison.

— C'est quoi, alors ? »

J'étais consternée.

« Je n'ai pas envie de finir comme toi. Je veux dire, dans un centre de ce genre, a-t-elle rectifié précipitamment. Voilà, c'est ça : je n'ai pas envie de finir ici. »

J'étais anéantie. Totalement anéantie. Même Luke ne m'avait pas fait aussi mal. Je ne voulais pas qu'elle s'en aperçoive, mais j'étais K.-O.

« Excuse-moi, a-t-elle ajouté, malheureuse. Ce n'est pas pour te prendre la tête, mais quand tu as failli mourir j'ai eu la trouille de ma vie…

— C'est bon, ai-je rétorqué brièvement.

— Oh, Rachel ! s'est-elle lamentée, tentant de m'attraper la main pour m'empêcher de partir. Ne sois pas fâchée, j'essaie juste d'expliquer… »

Cette fois, je me suis dégagée et, tremblant comme une feuille, je suis allée dans la salle de bains pour me calmer.

Je n'arrivais pas à y croire ! Anna s'était retournée contre moi. *Elle* considérait que *moi* j'avais un problème. Anna, la seule personne à qui je pouvais toujours me comparer en pensant : Au moins, je ne suis pas aussi grave qu'elle.

# 56

Les jours s'écoulaient.

Les gens allaient et venaient. Clarence et Frederick nous ont quittés. Ainsi que Nancy, la pauvre ménagère catatonique accro aux tranquillisants. Jusqu'à son dernier jour, les pensionnaires approchaient un miroir de son visage pour vérifier si elle respirait encore. Nous nous proposions de lui offrir un kit de survie pour sa sortie. À savoir, un walkman et une cassette avec le message « Inspirez, expirez, inspirez, expirez » diffusé en boucle. Je doutais que Nancy figure dans les annales du Prieuré sous la rubrique Réussites.

Mike est parti également, mais pas avant que Josephine soit parvenue à le faire pleurer sur la mort de son père.

En l'espace d'une dizaine de jours, nous avons fait nos adieux à Fergus l'azimuté et au gros Eamonn.

Une semaine après la visite de Luke et Brigit, on a eu deux nouveaux pensionnaires, ce qui comme toujours a suscité un grand branle-bas.

La première était une jeune femme boulotte prénommée Francie qui parlait fort et sans interruption, télescopant tous les mots. Je ne me lassais pas de la regarder. Elle avait des cheveux blonds mi-longs avec cinq centimètres de racines noires, des dents de devant tellement écartées qu'on pouvait faire passer un camion dans le trou, et elle s'était tartinée avec un fond de teint bon marché, trois fois trop foncé pour elle. Malgré son embonpoint, elle portait une jupe rouge ultramoulante avec l'ourlet décousu.

Ma première réaction a été : Quel cageot ! Mais au bout de quelques secondes, elle avait déjà fait copain-copain avec tout le monde, elle leur lançait des cigarettes et des vannes comme si elle les connaissait depuis toujours. Angoissée, j'ai constaté qu'elle était indéniablement, sinon explicablement, sexy. Et, à nouveau, j'ai eu peur que Chris se désintéresse de moi.

Elle avait un port, une attitude de déesse. Apparemment, elle ne remarquait même pas la saillie que formait son ventre sous son horrible jupe fourreau. Moi, ça m'aurait suffi pour me pousser au suicide. Jalousement, je l'observais, et j'observais Chris en train de l'observer.

En voyant Misty, elle a laissé échapper un petit cri.

« O'Malley, qu'est-ce que tu fais ici, espèce d'alcoolo ?

— Francie, vieille poivrote ! a répondu Misty, ravie, souriant pour la première fois en huit jours. Mais la même chose que toi. »

Il s'est avéré qu'elles avaient séjourné au Prieuré ensemble, l'année précédente. La promo de 96.

« Tu es déjà venue ici ? a demandé quelqu'un, choqué.

— Et comment ! J'ai fait tous les centres de cure, les hôpitaux psy et les prisons d'Irlande. »

Francie se tordait de rire.

« Pourquoi ? ai-je hasardé, curieusement attirée vers elle.

— Parce que je suis dingue. Schizo, maniaque, décalée, traumatisée, rayez la mention inutile. Regarde, a-t-elle ordonné en remontant ses manches.

Regarde-moi ces lacérations. Tout ça, c'est mon œuvre. »

Ses bras étaient couverts de balafres et de cicatrices.

« Tiens, une brûlure de cigarette, a-t-elle expliqué négligemment. Et une autre, ici.

— Et qu'est-ce qui t'est arrivé cette fois ? a questionné Misty.

— Qu'est-ce qui ne m'est pas arrivé ! a déclamé Francie en roulant les yeux. J'avais rien à boire à la maison, il restait plus que de l'acool à brûler, alors je l'ai bu. Quand j'ai réémergé, une semaine après – unesemainedansleschoux, vousimaginez ? j'avaisencorejamaisconnuça –, quand j'ai réémergé, donc, j'étais en train de me faire violer par une bande de mecs quelque part à la sortie de Liverpool. »

Elle a marqué une pause pour reprendre sa respiration.

« Laisséepourmorte, hospitalisée, relâchéelelendemainmatin, arrêtée, déportée, réexpédiéechezmoi, àpeinerentrée, ilsm'ontenvoyéeici. Etmevoilà ! »

Un silence total régnait dans la salle. À en juger par l'expression des hommes, ils auraient bien aimé faire partie de la bande de Liverpool.

« T'eslàpourquoi ? m'a-t-elle demandé gaiement.

— La drogue, ai-je répondu, éblouie.

— O-oh, c'est ce qu'il y a de mieux. Tu vas aux réunions des NA ? Narcotiques anonymes, a-t-elle expliqué impatiemment en voyant ma mine perplexe. Mon Dieu, ces bleus !

— Juste celles qu'il y a ici, ai-je dit, presque sur un ton d'excuse.

— Ah non ! C'est pas les bonnes. Attends d'aller aux réunions à l'extérieur. »

Elle s'est penchée vers moi.

« C'est plein de mecs. Plein ! La trentaine maxi, et tous très portés sur les bisous. T'auras plus qu'à choisir.

Les AA, c'est beaucoup moins bien. Trop de nanas et de vieux. »

Jusqu'à présent, les réunions des Narcotiques anonymes ne m'avaient pas fait une grande impression. Généralement, je m'endormais avant la fin. C'était une bonne nouvelle, ce que Francie m'annonçait là.

« Et toi, tu vas auxquelles ? Les AA ou les NA ?

— Les deux. »

Elle a éclaté de rire.

« Je suis accro à tout, moi. L'alcool, les cachets, la bouffe, le sexe… »

La salle à manger a failli s'embraser, tant le regard des hommes s'est illuminé à la mention de ce dernier mot.

Au milieu de toute cette effervescence, l'autre nouveau pensionnaire est passé quasiment inaperçu. C'est seulement lorsque Francie et Misty sont parties bras dessus, bras dessous évoquer leurs souvenirs communs qu'on s'est rappelé sa présence. C'était un homme âgé qui se nommait Padraig, et il tremblait si fort qu'il n'arrivait même pas à sucrer son thé. Sous mes yeux horrifiés, tout le sucre a giclé de la cuillère avant d'atteindre sa tasse.

« Confettis », a dit Padraig en essayant de plaisanter.

J'ai souri, incapable de dissimuler ma pitié.

« Tu es là pour quoi ? m'a-t-il demandé.

— La drogue.

— Vois-tu… »

Il s'est rapproché de moi, et je me suis efforcée de ne pas reculer à cause de l'odeur.

« … Moi, je n'ai rien à faire ici. Je suis venu uniquement pour ne plus avoir ma bonne femme sur le dos. »

Je l'ai regardé… tremblotant, malodorant, mal rasé, pas très net. Et j'ai pensé, affolée : Étions-nous tous dans l'erreur quand nous affirmions que nous n'avions pas de problèmes ? *Tous* jusqu'au dernier ?

# 57

Il a fallu deux semaines pleines pour que mon univers implose, après la visite de Luke et Brigit.

Entre-temps, il y a eu des frémissements, des signes avant-coureurs pour annoncer l'imminence du cataclysme.

Mais je n'ai rien vu venir. Je n'ai pas senti l'approche du tremblement de terre.

Jusqu'au moment où il a eu lieu.

Après tout ce que Francie m'avait raconté sur les NA, j'attendais la réunion du jeudi soir avec une certaine impatience. Juste au cas où ça ne marcherait pas entre Chris et moi, il serait bon de connaître l'adresse d'un vivier de jeunes gens et le mode d'emploi pour y accéder.

On s'y est rendus en troupeau : Chris, Neil, moi, deux ou trois autres, et Francie, bien sûr. Ce soir-là, elle arborait un chapeau de paille et une longue robe-chemisier à fleurs dont les boutons semblaient sur le point d'exploser, dévoilant une poitrine bourgeonnante et des cuisses celluliteuses. Elle était là depuis vingt-quatre heures seulement, et déjà je l'avais vue dans une vingtaine de tenues différentes. Au petit déjeuner, elle avait mis un blouson de cuir et un jean ultramoulant avec d'affreuses bottes à talons aiguilles. Pour le groupe du matin, elle avait choisi un jogging orange des années 80 aux épaules rembourrées comme chez un footballeur américain. L'après-midi, ç'avait été une minijupe en skaï et un dos nu rose. Autant d'habits différents, mais qui avaient tous en commun d'être vulgaires, mal ajustés, et qui lui allaient comme un tablier à une vache.

« J'ai des millions de fringues », fanfaronnait-elle.

Oui, mais quel intérêt, si elles sont toutes hideuses ? avais-je envie de lui demander.

Contrairement aux prédictions de Francie, ce n'était pas un homme qui nous venait de la part des NA. C'était Nola, la ravissante blonde avec l'accent de Cork… celle que j'avais prise pour une actrice lors de ma première réunion.

« Salut, Rachel. »

Elle m'a gratifiée d'un sourire éblouissant.

« Comment ça va ?

— Bien, ai-je marmonné, flattée qu'elle se soit souvenue de moi. Et toi ?

— Super, merci, a-t-elle répondu avec un nouveau sourire qui m'a réchauffé le creux de l'estomac.

— T'occupe pas d'elle, a murmuré Francie. Dehors, tu verras, les réunions sont bourrées de mecs.

— Désolée pour ceux qui ont déjà entendu mon histoire, s'est excusée Nola une fois que tout le monde s'est assis. Mais la femme qui devait venir ce soir a fait une rechute mardi. Elle est morte. »

Pétrifiée, j'ai regardé désespérément autour de moi en quête de réconfort. Neil m'a jeté un coup d'œil inquiet.

« Ça va ? » a-t-il mimé.

À ma surprise, il n'était visiblement plus en colère. Et surtout, je ne le détestais plus. J'ai hoché la tête avec gratitude. Mon cœur avait cessé de jouer au yo-yo dans ma poitrine.

Là-dessus, Nola s'est mise à nous parler de son passé de toxicomane. Lorsque je l'avais entendue la première fois, trois semaines auparavant, j'avais été persuadée qu'elle lisait un script. Je ne l'avais tout simplement pas crue. Elle était trop belle, trop classe pour me convaincre qu'elle avait touché à la dope. Mais, ce soir-là, c'était différent. Je buvais ses paroles. Comment elle avait toujours pensé qu'elle était nulle, comment elle avait aimé l'héroïne et les sensations que ça lui procurait, comment ç'avait été sa meilleure amie, comment elle avait préféré sa compagnie à celle des humains.

Je la recevais cinq sur cinq.

« ... jusqu'à ce que finalement ma vie entière tourne autour de l'héroïne, expliquait-elle. À trouver de l'argent pour en acheter, puis à réussir à l'acheter ; je n'avais qu'une seule chose en tête : mon prochain shoot ; je me cachais de mon petit ami, je mentais lorsque j'étais en pleine défonce. C'était extrêmement pompant, mais ça remplissait ma vie à un point tel qu'il me semblait normal de vivre dans cet état obsessionnel... »

En l'écoutant, j'ai subi un premier microchoc quand une pensée m'a effleurée à l'improviste : *Moi aussi, j'étais comme ça.*

Figée dans mon déni, je me suis calée contre ma chaise. Mais les mots sont revenus me narguer : *Moi aussi, j'étais comme ça.*

Luttant pour recouvrer mon calme, je me suis dit avec fermeté que pas du tout, c'était totalement faux.

Mais une voix plus forte encore m'a rétorqué que c'était la vérité. Et mes mécanismes de défense, affaiblis par plusieurs semaines d'assauts répétés, bercés par un sentiment de sécurité illusoire à travers le récit de Nola, ont commencé de s'effriter.

Alarmée, j'ai vu arriver à fond la caisse une foule de constatations déplaisantes. En un instant, il est devenu clair comme de l'eau de roche que cocaïne, valium, speed et somnifères m'occupaient l'esprit vingt-quatre heures sur vingt-quatre : il fallait trouver de l'argent, débusquer Wayne ou Digby selon mes moyens, guetter le moment propice pour en prendre, *en cachette* des autres, naturellement. Sans cesse, il fallait dissimuler mes achats à Brigit, à Luke, faire semblant d'être *clean* au boulot, essayer de travailler avec la tête à l'envers.

J'étais furieuse, dégoûtée, effrayée. Paniquée presque.

« Ça va, Rachel ? a demandé Nola. Tu m'as l'air un peu…

— Moi aussi, ai-je bredouillé, j'y pensais tout le temps. »

Légèrement hystérique, j'ai ajouté :

« Je ne suis pas heureuse. Pas heureuse du tout. Je n'ai pas envie d'être comme ça. »

Les autres me contemplaient, et ça me gênait. Surtout en ce qui concernait Chris. Je ne voulais pas qu'il assiste à ma déconfiture, mais c'était plus fort que moi. J'avais trop la frousse. Éperdument, je fixais Nola : j'avais besoin qu'elle me rassure.

Grâce lui soit rendue, elle a fait de son mieux.

« Regarde-moi, a-t-elle déclaré en souriant gentiment. Je ne pense plus à la drogue. Je suis libre maintenant. Et regarde-toi. Tu es là depuis… quoi, quatre semaines ? Pendant tout ce temps, tu ne t'es pas droguée. »

C'était vrai. J'y avais songé très rarement, pour ainsi dire jamais.

Sur ce, j'ai entr'aperçu une faible lueur de liberté, la vision fulgurante d'une autre vie, avant de replonger dans le chaos et la peur.

En partant, Nola a arraché une page de son agenda, et a griffonné quelque chose dessus.

« Mon numéro de téléphone, a-t-elle dit en me le tendant. Passe-moi un coup de fil quand tu seras dehors. Surtout n'hésite pas. »

Hébétée, je me suis vue lui donner mon propre numéro, comme l'exigeait la politesse.

Quel n'a pas été mon soulagement de chercher l'oubli dans le sommeil, pour échapper à l'activité frénétique, incontrôlable de mon cerveau ! Sauf que j'ai été réveillée en pleine nuit par un nouveau glissement tectonique de mes plaques mentales. Ce coup-ci, je m'étais souvenue du jour où Brigit m'avait surprise en train de voler vingt dollars dans son porte-monnaie. *J'ai volé*, me disais-je, couchée dans mon lit. C'était un acte inqualifiable de ma part. Mais, sur le moment, ça ne m'avait posé aucun problème. Je n'avais strictement rien senti. Puisque Brigit avait été promue, elle en avait les moyens, point… Je ne comprenais même pas comment j'avais pu raisonner de la sorte.

# 58

Plus tard dans la semaine, il est devenu clair que mes cauchemars n'avaient pas disparu : ils s'étaient juste regroupés avant de lancer une nouvelle attaque.

C'était comme jouer au Game Boy. Les souvenirs fonçaient sur moi tels des missiles. De plus en plus vite, tous plus honteux et plus pénibles les uns que les autres.

Au départ, j'arrivais à les pulvériser sans trop de difficulté.

*Brigit qui me supplie en pleurant d'arrêter la drogue.* J'ai détruit ça d'un PAN !

*J'emprunte de l'argent à Gaz, sachant qu'il est fauché, et je ne le rembourse pas.* VLAN !

*Je reprends connaissance par terre dans ma chambre plongée dans la pénombre, sans savoir si c'est le jour ou la nuit.* PAF !

*Je me fais porter pâle le jour de congé de Martine, si bien qu'elle est obligée de venir travailler.* BING !

*Je me réveille dans un lit inconnu avec un type inconnu sans me rappeler si j'ai fait ou non l'amour avec lui.*

Aïe, là, c'est une vie de perdue.

Les souvenirs affluaient, plus nets, plus violents, avec moins d'intervalle. Je n'avais plus beaucoup de vies en réserve. Ça commençait à chauffer dur.

*J'arrive défoncée à une soirée avec des collègues de Luke, et je me tiens tellement mal qu'il est obligé de me raccompagner chez moi à neuf heures.* PLAFF !

*Je bois la bouteille de champagne que José a offerte à Brigit pour son anniversaire, puis je mens pour éviter de me faire gauler.* SPLOTCH !

*Je dis à Luke que Brigit est une traînée parce que j'ai peur qu'il la drague.* Encore une vie en moins.

*Je vais à un vernissage avec Luke et repars avec un dénommé Jerry.* Et une vie, une.

La ronde s'accélérait.

*Je débarque chez Wayne à quatre heures du matin, et réveille toute la maisonnée parce que je suis en manque de valium.* BANG !

*Anna dit qu'elle ne veut pas finir comme moi.* PAF !

*Je me fais virer.* CRAC !

*Je me fais virer* (bis). WHIZZ !

*J'oublie de reboutonner mon body en allant aux toilettes dans une réception. Toute la soirée, je me balade sans m'apercevoir qu'il pendouille au-dessus de mon jean.* Celui-là, il me vaut plusieurs vies d'un coup.

*Impression de mourir à force de vomir tripes et boyaux après une nuit de bringue.* PAN !

*Saignements de nez à répétition.* BONG !

*Je me réveille couverte de bleus, sans savoir comment ça m'est arrivé.* BAM !

*Je me réveille à l'hôpital branchée sur un goutte-à-goutte et un moniteur.* Une vie en moins.

*Je réalise que je viens de subir un lavage d'estomac.* Et de deux.

*Je me rends clairement compte que j'aurais pu mourir.* Et de trois, et de quatre, et de cinq.

Fin de la partie.

Pour moi, l'heure de vérité a sonné à la réunion suivante, alors que j'étais au Prieuré depuis presque cinq semaines.

Tout a commencé d'une manière relativement anodine. On a rassemblé les suspects habituels, et à huit heures on s'est rendus en masse à la Bibliothèque.

À ma déception, la personne venue nous parler était une femme. Encore. Je soupçonnais Francie de m'avoir raconté des craques sur « les garçons en veux-tu en voilà dans les réunions des NA ». Ou alors elle prenait ses désirs pour des réalités. La femme s'appelait Jeanie, elle était jeune, maigrichonne et jolie. Tout comme l'histoire de Nola, chaque mot qui sortait de la bouche de Jeanie m'a précipitée la tête la première vers le gouffre béant, l'abysse de la prise de conscience.

En guise d'introduction, elle a dit :

« À l'époque où j'ai arrêté la drogue, il n'y avait rien dans ma vie. Je n'avais pas de travail, pas d'argent, pas d'amis, pas de relation de couple, pas d'estime de moi et pas de dignité. »

Je me suis reconnue à un point tel dans cette description que j'ai eu l'impression de sentir la terre trembler et se dérober sous mes pieds.

« La drogue avait tué toute motivation en moi. Je n'avançais pas, coincée dans une peau d'adolescente alors que tout le monde se conduisait en adulte autour de moi. »

Une nouvelle secousse, plus violente, m'a fait totalement perdre l'équilibre.

« La drogue m'avait *fossilisée* en quelque sorte, je survivais en état d'apesanteur. »

Glacée d'appréhension, j'ai su que cette fois-ci le séisme durerait jusqu'au bout, jusqu'à son dénouement cataclysmique.

« Et, le plus drôle… »

Souriante, elle a parcouru la pièce du regard.

« … c'est que je croyais que ma vie était finie quand j'ai décroché. Mais je n'avais pas de vie ! »

*Ça commence, tous aux abris !*

Cette nuit-là, je n'ai pas réussi à fermer l'œil. De même qu'un tremblement de terre peut retourner une maison sens dessus dessous, collant la table de cuisine au plafond, mes souvenirs et mes émotions ont basculé, mon univers intérieur s'est réorganisé selon un schéma que jamais je n'aurais cru plausible. Pourtant, force m'a été de reconnaître que c'était le bon.

Ma vie était un désastre.

Je n'avais rien. Pas de biens matériels, à moins de prendre en compte les dettes. Quatorze paires de chaussures trop petites, voilà tout ce qui me restait de mon existence prodigue. Je n'avais plus d'amis. Pas de travail. Aucune qualification. Aucune réalisation personnelle. Je n'avais jamais été heureuse, et n'avais ni mari ni amant. (Même dans ma détresse, je refusais d'employer le mot « partenaire ». J'étais quoi, un cow-boy ?) Mais le plus perturbant, le plus douloureux était que Luke, le seul homme qui ait vraiment tenu à moi, ne m'avait jamais aimée.

Le lendemain, vendredi, comme un fait exprès, Josephine a commencé la séance par moi. Elle savait qu'il se passait quelque chose. Tout le monde savait.

« Rachel, voilà cinq semaines jour pour jour que vous êtes ici. Auriez-vous découvert des choses intéressantes sur vous pendant votre séjour ? Peut-être avez-vous maintenant conscience d'être toxicomane ? »

C'était dur de répondre, vu que depuis la veille au soir je me trouvais en état de choc. J'étais prisonnière d'une planète étrange, fantasmagorique, où j'avais compris que j'étais toxicomane ; et parfois c'était tellement pénible que je me raccrochais à mes anciennes convictions.

Je n'admettais pas d'avoir fini exactement comme tous les autres pensionnaires, malgré toutes les défenses érigées depuis mon premier jour au Prieuré. *Mais comment en suis-je arrivée là ?*

« Tenez, jetez un coup d'œil là-dessus. »

Josephine m'a tendu une feuille de papier.

« Lisez-le-nous à voix haute. »

J'ai regardé, mais l'écriture était si tordue, si inintelligible que j'ai tout juste réussi à décrypter un ou deux mots. « La vie… les noyaux… », et après ?

« C'est quoi, *ça* ? ai-je demandé, exaspérée. On dirait des gribouillages d'enfant. »

J'ai continué de ramer jusqu'au moment où je suis tombée sur la phrase : « Je tire l'échelle. » Mon sang s'est figé dans mes veines. C'était moi, l'auteur de ces gribouillis incohérents. Je me rappelais vaguement que j'avais trouvé ce titre – « Je tire l'échelle » – pour un poème sur une cambrioleuse repentie. J'étais horrifiée. Être confrontée au résultat d'un acte commis sous l'emprise de la drogue me choquait profondément. Je n'arrivais pas à détacher les yeux de ces pattes de mouche. *Ce n'est absolument pas mon écriture.* J'avais dû être à peine capable de tenir un stylo.

« Vous comprenez pourquoi Brigit a pris ça pour un mot d'adieux, a dit Josephine.

— Je n'ai pas voulu me suicider, ai-je bégayé.

— Je vous crois. Néanmoins, vous avez failli y rester. Effrayant, hein ? »

Elle a souri, puis m'a forcée à faire circuler la feuille parmi mes camarades.

J'ai passé le week-end et une bonne partie de la semaine dans un état de prostration totale. Je n'avais presque pas la force de parler, avec le leitmotiv qui tournait dans ma tête : *Tu es une toxico, nananaire ! Tu es une toxi...*

C'était la dernière chose que j'avais envie d'être, la pire des catastrophes qui pouvaient m'arriver.

Je connaissais, pour avoir observé les gens de mon groupe – Neil en particulier, car je l'avais suivi pratiquement depuis le début –, les différentes phases qu'ils traversaient avant de se réconcilier avec leur problème de dépendance. D'abord il y avait le déni, puis la prise de conscience, ensuite la rage et finalement, avec de la chance, l'acceptation.

J'avais vécu le déni et la prise de conscience, mais rien ne m'avait préparée à la fureur aveugle, meurtrière qui a déferlé sur moi. Josephine, naturellement, a réagi avec son flegme habituel quand j'ai explosé en plein groupe.

« Je suis trop jeune pour être toxicomane ! ai-je hurlé. Pourquoi moi et pas quelqu'un d'autre ?

— Pourquoi pas ?

— Mais bon sang... ! »

Je me suis étranglée de colère.

« Pourquoi il y a des gens qui naissent aveugles ? Pourquoi certains se retrouvent infirmes ? C'est une question de hasard. Vous êtes née avec une propension à la toxicomanie. Et alors ? Ç'aurait pu être mille fois pire.

— Non ! ai-je glapi, versant des larmes de dépit.

— Où est le problème ? a-t-elle demandé de sa voix placide qui avait le don de m'horripiler. D'accord, vous ne pouvez plus toucher à la drogue. Mais ce n'est pas un besoin vital : des millions de gens vivent sans, heureux et épanouis...

— Vous voulez dire que je ne peux plus rien prendre ? Jamais ?

— C'est exact. Vous devriez le savoir maintenant : une fois que vous commencez, vous n'êtes plus capable de vous arrêter. Vous vous êtes exposée aux narcotiques si souvent que vous avez irrémédiablement modifié l'équilibre chimique de votre cerveau. Si vous absorbez un stupéfiant, votre cerveau réagira par la dépression, créant un nouveau désir de drogue, suivi d'une nouvelle dépression, et ainsi de suite. Vous êtes physiquement et psychiquement dépendante. Et la dépendance physique est irréversible, a-t-elle ajouté presque avec nonchalance.

— Je ne vous crois pas », ai-je soufflé, frappée d'horreur.

Et ma colère a flambé de plus belle. Je me suis rappelé qu'avant son départ Clarence avait été prévenu qu'il ne pourrait plus boire une goutte d'alcool. J'avais trouvé ça parfaitement logique. Mais c'était Clarence. Moi, j'étais différente. J'avais reconnu ma toxicomanie seulement parce que je pensais être récupérable.

« Vous êtes récupérable », a confirmé Josephine.

Mon visage s'est illuminé d'espoir. Jusqu'à ce que cette salope ajoute :

« Simplement, vous ne pouvez plus prendre de drogues. »

Sur ce, elle a cru bon de préciser :

« À propos, votre colère est tout à fait normale. C'est l'ultime tentative pour éviter d'affronter la réalité.

— AAAAAaaaaaaaaaahhhhhhh ! me suis-je entendue beugler.

— C'est ça, sortez-la, cette colère, m'a-t-elle encouragée, provoquant de nouveaux rugissements. Libérez-la, ça vaut mieux que de la garder en vous. Comme ça, vous arriverez à l'acceptation beaucoup plus rapidement. »

La tête dans les mains, je lui ai suggéré d'une voix étouffée d'aller se faire foutre.

« De toute façon, a-t-elle poursuivi, ignorant ma proposition, vous étiez malheureuse dans cette existence en forme d'impasse. Sans la drogue, vous avez un avenir, la possibilité de réaliser tous les projets qui vous tiennent à cœur. Imaginez un peu cette sensation de bien-être quand, à votre réveil, vous vous souviendrez de ce que vous avez fait la veille. Et avec qui vous êtes rentrée chez vous. À supposer que vous rentriez avec quelqu'un. »

Et elle disait ça pour me réconforter ?

# 59

J'ai continué de sévir pendant une semaine et quelque. Entre-temps, Neil est parti, humble et repentant, bourré à craquer de bonnes intentions.

John Joe est parti aussi. Fier comme Artaban, exhibant déjà un embryon de moustache en guidon de vélo.

Chris est rentré chez lui, non sans m'avoir donné son numéro de téléphone et m'avoir fait jurer de l'appeler le jour de ma sortie. Après son départ, j'ai rayonné de bonheur l'espace d'une heure, d'avoir été ainsi distinguée par lui, puis j'ai sombré dans la mélancolie.

Helen n'est plus venue me voir. Surprise, surprise.

Vincent aussi avait fini ses deux mois, méconnaissable comme les autres, rien à voir avec la grosse brute que j'avais rencontrée en arrivant. Doux et gentil, on l'imaginait debout dans une clairière, couvert d'oiseaux. Avec autour de lui un attroupement de daims, écureuils et autres habitants de la forêt.

Le jeune Barry, Peter le nain rieur, Davy le joueur et Staline nous ont quittés également. À présent, je faisais partie des anciens.

Chaque fois que quelqu'un s'en allait, on pleurait, on s'embrassait, on échangeait nos adresses et on promettait de garder le contact. C'était fou, la force des liens qui s'étaient tissés entre nous, sans distinction d'âge, de sexe et de milieu social.

Les nouveaux arrivants non plus ne restaient pas nouveaux longtemps. Selon l'usage du Prieuré, la connivence s'instaurait presque avant les présentations. Les bleus se fondaient si vite dans la masse qu'au bout de quelques minutes on avait l'impression qu'ils avaient toujours été là.

J'ai réellement su que j'étais parmi les vieux de la vieille le jour où l'on m'a nommée chef d'équipe. J'étais responsable du petit déjeuner, Chaquie du déjeuner, Angela du dîner et Misty des aspirateurs.

« Alors voilà, a annoncé Chaquie d'un ton brusque, Angela et moi, on a déjà fait nos équipes.

— Quand ça ?

— Pendant que tu regardais la télé, a-t-elle répondu, évasive.

— Espèce de chameau, ai-je gémi. Je parie que vous avez choisi les plus bosseurs et les plus dégourdis, et que vous nous avez laissé Francie.

— Chameau toi-même. Premiers arrivés, premiers servis. »

J'ai été si touchée de l'entendre me traiter de chameau que je lui ai pardonné. Elle revenait de loin.

« Tu n'as plus qu'à aller voir Misty pour vous partager le reste », a-t-elle déclaré gauchement.

J'étais consternée. Je détestais Misty. Soudain, il m'est venu à l'esprit que la tension entre nous était moins vive depuis le départ de Chris. Néanmoins, je n'avais guère envie d'avoir affaire à elle, et je l'ai dit à Chaquie.

« Allons, Rachel ! Conduis-toi en adulte, laisse une chance à la petite.

— Dis donc, tu as changé de rengaine ! »

Combien de fois, avant de dormir, avions-nous cassé du sucre sur le dos de Misty !

« La pauvre, a répliqué Chaquie d'une voix triste. Avec tout ce qu'elle a vécu, pas étonnant qu'elle soit aussi désagréable…

— Je ne lui parlerai que si tu me débarrasses de Francie. »

Personne ne voulait de Francie dans son équipe car elle était complètement allumée, épuisante et feignasse comme pas deux.

Chaquie a hésité avant de capituler.

« Bon, d'accord. Que Dieu ait pitié de moi. »

À contrecœur, je suis donc allée trouver Misty.

« Il faut qu'on fasse nos équipes, lui ai-je annoncé. »

Elle m'a considérée avec froideur.

« O.K., a-t-elle acquiescé à ma surprise. Maintenant ? »

On a repris la liste des brebis galeuses et des frappadingues que Chaquie et Angela avaient bien voulu nous laisser et on les a répartis entre nous. Tout en lui parlant, j'ai découvert que, parmi les autres bouleversements intérieurs, ma haine pour elle avait disparu. Je n'étais plus mortellement jalouse de sa fragile beauté. Au contraire, elle me donnait plutôt envie de la protéger. Une chaleur timide circulait entre nous deux.

Lorsque, après avoir exécuté avec succès notre numéro d'adultes, nous nous sommes levées de table, Misty m'a touché la joue. C'était un drôle de geste de sa part, mais je n'ai pas bougé : j'ai senti la compassion, l'affection et une curieuse amitié qui émanaient d'elle. Une petite fleur sur une terre brûlée.

« Tu vois bien, a commenté Chaquie plus tard avec un sourire satisfait.

— Tu devrais solliciter un poste à l'ONU, ai-je bougonné. Comme diplomate.

— Ma foi, ça me fera une occupation quand Dermot aura demandé le divorce. »

Inexplicablement, nous avons trouvé ça tellement hilarant que nous avons ri aux larmes.

Ce soir-là, lorsque la liste des équipes a été affichée au tableau, j'ai entendu Larry, un héroïnomane de dix-sept ans qui sortait d'une maison de redressement, se plaindre :

« Je ne veux pas être dans l'équipe de cette Rachel, elle est trop agressive. »

Tiens, tiens, ai-je pensé, plus amusée que vexée.

Soudain, je me suis rendu compte qu'un miracle s'était produit. Même si j'étais toujours folle de rage contre Luke et, dans une moindre mesure, contre Brigit, l'idée d'être toxicomane ne me mettait plus en fureur. J'avais vu bien des pensionnaires abandonner la colère pour les eaux calmes de l'acceptation, mais jamais je n'aurais cru que ça m'arriverait à moi.

Une sensation inconnue m'a envahie alors. Comme une sorte de paix.

Bon, d'accord, j'étais toxicomane. Et après ? Je n'étais plus rongée par le regret à l'idée que les choses auraient pu tourner autrement. Soyons réalistes, me suis-je dit, j'ai toujours eu conscience d'avoir un problème. Au moins, à présent je sais de quoi il s'agit.

Au cours de la semaine suivante, des tas de points obscurs se sont trouvés éclaircis, une fois que j'ai eu admis que j'avais une mauvaise opinion de moi. Ça expliquait pourquoi je m'intéressais toujours aux hommes qui ne s'intéressaient pas à moi. Comme Josephine l'a formulé quatre jours avant mon départ :

« Vous aviez besoin d'eux pour renforcer votre haine de vous-même. »

Ça expliquait aussi pourquoi la plupart des hommes ne s'intéressaient pas à moi.

« Vous étiez trop en demande. Vous leur faisiez peur, avec ce trou noir et béant que vous portiez en vous. »

J'ai opiné avec empressement, fascinée par les merveilles de la psychothérapie. J'allais passer le cap, oublier Luke et construire une relation solide avec un autre homme.

« À présent, parlons de vos rapports malsains avec la nourriture », a déclaré Josephine.

Ma belle humeur s'est évaporée d'un coup.

« Vous abusez de la nourriture autant que vous avez abusé de la drogue. Vous étiez squelettique à votre arrivée ici...

— Oh, allez, à d'autres ! »

Je rayonnais de fierté.

« Vous voyez ! a-t-elle glapi. C'est très malsain, ça. Et ç'a la même origine que votre toxicomanie. Vous fuyez votre immaturité et vos faiblesses en vous focalisant sur quelque chose que vous croyez pouvoir maîtriser, à savoir votre poids. Mais vous ne changerez pas votre intérieur en changeant votre extérieur. Vous passez d'un extrême à l'autre... »

J'allais protester, mais elle m'a interrompue.

« Nous vous avons observée, Rachel. Nous sommes au courant. Vous êtes obnubilée par votre poids. Quoique ça ne vous empêche pas de vous payer des orgies de chocolat et de chips. »

Honteuse, j'ai baissé la tête.

« Avouez-le, a-t-elle glissé, sournoise, malgré tout le tapage que vous avez fait autour de votre régime végétarien, vous ne vous êtes pas laissée dépérir. »

Rien, cependant, ne pouvait entamer mon optimisme. Puisque j'avais admis que j'étais toxicomane, pourquoi ne pas y ajouter des troubles alimentaires, pour rigoler ? Plus quelques autres aberrations, tant qu'on y était.

Ce n'était pas un problème car, comme le disait Josephine : « Trouvez la source de l'un, et vous les résoudrez tous. »

La veille de ma sortie, elle m'a prise à part dans son bureau pour un entretien particulier. Tout le monde avait droit à un tête-à-tête avec sa conseillère juste avant de partir. Comme une équipe de foot pour un dernier briefing avec l'entraîneur avant le jour du match.

En gros, elle m'a expliqué que je ne pourrais rien faire, une fois dehors.

« Pas de drogues, y compris l'alcool. Pas de régime crève-la-faim, pas d'excès de table, pas d'exercice à outrance. Et, surtout, évitez les rapports avec le sexe opposé pendant une année. »

Là, j'ai failli m'évanouir. *Je croyais qu'on était amies !*

« Mais pourquoi ?

— Vous avez une attitude malsaine envers les hommes. Sans la drogue, il y aura un grand vide dans votre existence. Beaucoup de gens foncent dans une relation pour ne pas se retrouver seuls face à eux-mêmes. Et vous êtes probablement de ceux-là. »

La garce ! ai-je pensé, offusquée.

« On dit la même chose à tous ceux qui partent », a-t-elle fait remarquer.

À tous ? J'ai songé à Chris.

« C'est juste pour un an », a-t-elle ajouté avec bonté.

Un an ou un siècle, c'était pareil.

« Dans ce cas, je retourne à New York, ai-je annoncé, boudeuse. Même si je n'ai pas envie de rester célibataire, là-bas je n'aurai pas le choix.

— Pas New York, a-t-elle répondu. Laissez-vous une année pour récupérer. Et n'essayez pas de me faire croire que vous étiez célibataire avec Luke », a-t-elle ajouté avec un sourire malicieux.

Je me suis retenue de lâcher une bordée d'injures, mais l'expression de mon visage devait en dire long sur la haine qu'il m'inspirait.

« Luke est un être d'exception, a poursuivi Josephine. Pour le moment, vous n'êtes peut-être pas de mon avis, mais il a fait ce qu'il fallait vis-à-vis de vous. »

Je n'ai pas desserré les dents.

« Il est loyal, intègre, intelligent et très… »

Sur ce, elle a fait une pause et s'est pratiquement lissé les cheveux.

« … très beau. »

J'étais abasourdie. La vieille chouette était donc humaine, après tout !

Mais ça n'a pas duré.

« Une fois que vous serez dehors, a-t-elle poursuivi d'un ton tranchant, le plus difficile restera à accomplir. Vous devrez vous réconcilier avec votre passé et acquérir de nouveaux automatismes face aux épreuves que la vie va vous imposer. Ce ne sera pas toujours facile. »

Elle ne m'a pas impressionnée. Ce n'était pas que je ne la croie pas, simplement je pensais qu'à force de volonté j'arriverais à tout surmonter.

« Il y a toujours une tension non réglée avec votre mère, m'a-t-elle prévenue. Si vous êtes toutes les deux sous le même toit, ça va probablement dégénérer. Attention à la rechute, si jamais ça se produit.

— Je ne me droguerai pas, je vous le promets.

— Pas la peine de me faire des promesses à moi, a-t-elle rétorqué. Ce n'est pas ma vie qui sera fichue.

— La mienne non plus, ai-je déclaré avec une pointe de défi.

— Allez aux réunions, suivez une thérapie et, avec le temps, tout rentrera dans l'ordre. Vous avez tellement d'atouts pour réussir.

— Quoi, par exemple ? ai-je demandé, étonnée.

— On ne s'attarde pas beaucoup sur les qualités ici, hein ? a-t-elle admis en souriant. Eh bien, vous êtes éveillée, intuitive, drôle, vous avez *très* bon cœur, je vous ai vue avec vos camarades de groupe, ou avec les nouveaux. Vous êtes même parvenue à être gentille avec Misty. »

J'ai rougi, flattée.

« Et pour finir, je voudrais dire que ç'a été une expérience très gratifiante pour moi de constater à quel point vous avez changé et mûri pendant votre séjour ici.

— J'étais terrible, hein ? ai-je questionné par curiosité.

— Vous étiez coriace, oui, mais j'ai connu pire.

— Je vous ai haïe », me suis-je entendue confesser, à ma propre consternation.

Mais Josephine n'a pas eu l'air de s'en émouvoir.

« Le contraire aurait été surprenant. Comment dit-on dans les films ? "Je suis votre pire cauchemar."

— Comment savez-vous autant de choses sur moi ? ai-je hasardé timidement. Comment avez-vous deviné quand je mentais ? Quand l'un de nous mentait ?

— J'ai longtemps été aux premières loges », a-t-elle répondu.

Ça ne me disait rien.

« Comment ça ?

— J'ai vécu pendant des années avec quelqu'un qui était toxicomane et alcoolique chronique », a-t-elle répliqué avec un petit sourire secret.

Ça m'a fait un choc. Pauvre Josephine. Qui ça pouvait bien être ? Un de ses parents ? Un frère ? Ou alors un mari. Peut-être qu'elle avait été mariée avant son entrée au couvent.

« Qui c'était ? » ai-je bredouillé.

Je m'attendais à une réponse doctorale et moralisatrice du style :

« On ne pose pas ces questions-là, Rachel. »

Au lieu de quoi, il y a eu un long, un très long silence. Puis, me regardant droit dans les yeux, elle a dit doucement :

« Moi. »

# 60

Mon dernier jour est enfin arrivé. C'était comme mon anniversaire, ma première communion, mon mariage et mon enterrement réunis. J'étais au centre de l'attention, et j'aimais ça : la carte, le discours, les vœux, les larmes, les embrassades, les « Tu vas nous manquer ». Même Sadie la sadique, Boucles d'Or la réceptionniste et Finbar le jardinier simplet sont venus me souhaiter bonne chance. Plus le Dr Billings, les infirmières, les conseillères et les pensionnaires, évidemment.

J'ai fait le petit speech traditionnel, comment j'étais convaincue en arrivant que je n'avais pas de problèmes, comment je plaignais les autres, etc., etc. Tout le monde a ri et applaudi, et quelqu'un a crié – c'était la coutume : « Commande-moi un demi au Flynns ! »

Puis ils sont tous allés au groupe, et j'ai attendu, l'œil humide, qu'on vienne me chercher, excitée et nostalgique tout à la fois.

J'étais au Prieuré depuis presque deux mois et j'avais réussi à survivre. Je n'en étais pas peu fière.

Papa et maman sont arrivés ; tandis que la voiture franchissait le haut portail, je me suis découverte symboliquement en signe de salut et en souvenir de mon premier jour. Comment j'avais débarqué, la langue pendante, à l'affût des célébrités. J'avais l'impression que c'était un million d'années avant, et que ce n'était pas moi mais quelqu'un d'autre.

En un sens, ce n'était pas faux.

À part mon escapade chez le dentiste, je n'avais pas vu le monde extérieur depuis deux mois. J'avais du mal à contenir mon excitation sur le chemin du retour, m'exclamant à tout bout de champ :

« Oh, regardez, une boîte aux lettres ! »

« Oh, regarde la coiffure de ton homme ! »

« Oh, regarde cette boîte de chez KFC devant la porte ! »

« Oh, regardez ce drôle de bus ! »

« Oh, regardez cette femme qui achète son journal ! »

« Oh, regardez, vous avez vu les oreilles de ce bébé ? On dirait Spock ! »

Quand finalement nous sommes arrivés à la maison, je faisais des bonds de trois mètres sur mon siège. La vue de la porte d'entrée m'a rendue quasi hystérique : une porte que je pouvais franchir à tout moment, *quand bon me semblait*. Et il a presque fallu m'administrer un calmant lorsque j'ai retrouvé ma chambre. Ma *propre* chambre. Avec personne dedans en train de se peindre les ongles des pieds. Mon propre lit. Une vraie couette ! Qui n'avait pas une drôle d'odeur ! Qui ne me donnait pas des démangeaisons !

Finis, les réveils en pleine nuit pour aller frire soixante-dix œufs. Je pouvais rester au lit toute la journée, si j'en avais envie. Et j'en avais envie.

J'ai couru dans la salle de bains, une salle de bains que je partageais seulement avec quatre autres personnes ! J'ai passé la main sur le téléviseur : l'unique limite aux conneries que je pouvais regarder à présent, c'était la quantité de sommeil dont j'avais besoin.

L'aspirateur était dans l'entrée ; je me suis arrêtée pour lui rire au nez. Ma courte accointance avec son frère du Prieuré avait pris fin, et je n'avais pas l'intention de me remettre au ménage. Jamais plus.

J'ai ouvert à la volée la porte du frigo, salivant au spectacle de toutes ces bonnes choses dans lesquelles je pouvais piocher à volonté. Excepté les mousses au chocolat d'Helen : elle avait scotché une image de deux doigts dessus. J'ai regardé dans les placards de la cuisine, cherchant, cherchant, cherchant...

Soudain, je me suis sentie très, très déprimée.

Oui, très déprimée. D'accord, j'étais sortie.

Et alors ?

Que pouvais-je faire ? Je n'avais pas d'amis, on m'avait interdit de fréquenter les pubs, d'ailleurs je n'avais pas d'argent... Allais-je finir mes jours devant la télé, en compagnie de ma mère ?

« Qu'est-ce que je vais faire ? » geignais-je comme une âme en peine.

Je m'ennuyais à mourir. J'étais à la maison depuis vingt-quatre heures seulement, et déjà je regrettais le Prieuré.

« Pourquoi n'irais-tu pas à une de tes réunions bizarroïdes ? » a suggéré maman avec entrain.

J'ai pensé à la liste des réunions qu'on m'avait donnée avant mon départ du Prieuré. Je ne voulais pas être celle qui allait à des « réunions bizarroïdes ». Je m'en sortirais à ma manière.

« Mmm... je vais attendre deux ou trois jours », ai-je répondu d'un air vague.

En fait, je n'avais qu'une seule envie : appeler Chris. Mais le courage me manquait. Le dimanche, j'étais tellement mal dans ma peau que je me suis retrouvée à la messe. Là, ç'a été le coup de grâce. En rentrant, j'ai décroché le téléphone d'une main tremblante et composé son numéro.

Quelle n'a pas été ma déception quand quelqu'un – M. Hutchinson, probablement – m'a dit que Chris n'était pas là. Je n'ai pas laissé mon nom, de peur qu'il ne me rappelle pas. Le lundi, j'ai recommencé la pénible manœuvre, mais cette fois-ci il était chez lui.

« Rachel ! s'est-il exclamé, apparemment ravi de m'entendre. J'espérais bien avoir de tes nouvelles. Comment ça va ?

— Très bien. »

Tout à coup, je voyais la vie en rose.

« Quand es-tu sortie ?

— Vendredi. »

*Tu devrais savoir ça.*

« Tu as déjà été à une réunion ?

— Euh… non. J'étais trop occupée… »

Occupée à manger des petits gâteaux, à tourner en rond et à pleurer sur mon sort.

« Il ne faut pas les négliger, Rachel, m'a-t-il avertie gentiment.

— Oui, oui, j'irai, ai-je promis à la hâte. Euh… ça te dirait qu'on se voie ?

— Pourquoi pas. »

Il avait l'air beaucoup moins enthousiaste que je ne l'escomptais.

« Quand ?

— Avant ton départ du Prieuré, on ne t'a pas mise en garde contre… enfin… contre certaines choses, au moins pendant un an ? »

Tout d'abord, j'ai cru qu'il changeait de sujet, puis j'ai compris que non.

« Si, ai-je balbutié, mortifiée à l'idée qu'il ait pu imaginer que je le draguais. Pas de rapports avec le sexe opposé. Moi, ça me va tout à fait, ai-je menti. Toi aussi, on te l'a dit ?

— Ouais, pas de rapports, pas d'alcool, même le tiercé, c'est niet ! Je m'étonne qu'on ne m'ait pas défendu de respirer, des fois que je développerais une contre-dépendance à l'oxygène ! »

On a ri longuement et bruyamment, et ensuite il a proposé :

« Mercredi soir, ça t'irait ? Sept heures trente, Stephen's Green ?

— Super ! »

J'ai raccroché, enchantée.

Après tout, aucune loi ne m'interdisait de flirter avec lui.

# 61

En l'honneur de mon rencard avec Chris, j'ai décidé de me faire épiler les jambes ou alors de me faire couper les cheveux. L'un ou l'autre, car je ne pouvais pas me payer les deux. À dire vrai, je ne pouvais rien me payer du tout, donc j'ai opté pour le coiffeur. À quoi bon me faire épiler ? Puisque Chris et moi n'avions pas le droit de nous connaître dans le sens biblique du terme, autant dépenser de l'argent pour un résultat visible.

Le mardi matin, excitée comme une puce, je me suis fait déposer par maman au salon de coiffure où j'avais rendez-vous avec Jasmine. Je n'avais pas mis les pieds dans un établissement de ce genre depuis si longtemps que j'ai contemplé les carreaux, les miroirs, les serviettes et les bouteilles de produits avec une sorte d'émerveillement… qui n'était guère partagé : la réceptionniste m'a à peine regardée tandis que j'exposais l'objet de ma visite.

« Allez vous asseoir au bac. »

Et elle s'est mise à crier :

« Gráinne, Gráinne, il y a une cliente au bac numéro deux. »

Gráinne ne m'inspirait pas confiance. Elle paraissait très jeune. Je ne lui aurais pas donné plus de treize ans, sauf que ça devait être interdit par la loi. Elle s'est approchée de moi sur des jambes maigres comme des allumettes. Flageolante, elle m'a tendu un peignoir et a noué un paquet de serviettes autour de mon cou. Manifestement, elle avait du mal à tenir debout sur ses plates-formes.

Puis elle a ouvert les robinets, et je me suis laissée aller en arrière. Mais la relaxation n'était pas au menu.

Après m'avoir ébouillanté le cuir chevelu et m'avoir copieusement arrosé les oreilles avec la douchette, si bien que j'ai dû avoir de l'eau jusque dans le cerveau, Gráinne m'a demandé :

« Qui c'est qui s'occupe de vous ?

— Jasmine.

— Je vais vous la chercher. »

Elle a ricané sous cape, mais du moment qu'elle ne se moquait pas de moi…

Titubante, elle s'est propulsée en avant.

« Maura, Maura, ta cliente est prête ! »

En voyant Jasmine-Maura, je l'ai reconnue tout de suite, et pas seulement parce qu'elle m'avait coiffée quand j'étais venue chez mes parents à Noël. Avec son fond de teint brun foncé et ses cheveux blond platine, elle ressemblait à un négatif. Ça ne s'oubliait pas, une allure pareille.

En passant devant Gráinne, elle s'est arrêtée et lui a parlé d'un ton brusque, sans doute pour lui dire de ne pas l'appeler Maura.

Elle ne devait pas se souvenir de moi car, quand elle m'a eu soulevé quelques mèches, elle a déclaré, l'air dégoûté, avec un fort accent de Dublin :

« Punaise, c'est du foin, vos cheveux ! Qu'est-ce que vous leur avez fait ?

— Je ne sais pas.

— Me dites pas que vous les séchez au séchoir.

— Ça m'arrive.

— Vous êtes folle ? Avec un cheveu aussi cassant que le vôtre ! Et ça vous arrive d'utiliser un démêlant ?

— Évidemment ! »

Pétasse, va. Je n'étais pas une totale abrutie en matière d'hygiène capillaire.

« Avec un cheveu aussi sec que le vôtre, il vous faut un bon produit. »

Elle a fait une pause.

Je savais déjà ce qui allait suivre.

« On a une ligne de soins », a-t-elle annoncé, comme je m'y attendais.

Et en avant pour le discours commercial. J'ai relevé des mots adaptés aux circonstances : testé en laboratoire, actifs brevetés, nutriments vitaux, formule enrichie, votre seul espoir…

« C'est combien ? »

Le prix était astronomique.

« Très bien. »

J'ai dégluti.

« Je le prendrai.

— Ce qu'il vous faut, c'est le shampoing, la mousse traitante, le baume embellisseur sans rinçage, le sérum lissant, et…

— Attendez ! »

J'ai inspiré profondément, pour arriver à prononcer les mots les plus difficiles qu'il m'ait jamais été donné de dire :

« Je n'en ai pas les moyens. »

Son regard a croisé le mien dans la glace. Elle ne me croyait pas. Espèce de sale bourge, voilà ce qu'elle devait penser.

Je me suis raidie, prête à ce qu'elle me saute à la gorge en hurlant :

« ET MA COMMISSION ? »

J'avais beau essayer de me convaincre que je n'avais pas à me sentir coupable, il n'y avait rien à faire.

« C'est comme vous voulez, a répondu Jasmine à contrecœur. Moi, personnellement, je trouve que ça vaut le coup. Mais c'est comme vous voulez.

— Je suis au chômage », ai-je expliqué dans l'espoir de l'amadouer.

L'air méprisant, elle a rejeté la tête en arrière.

« Alors, on les coupe comment ? a-t-elle demandé avec froideur.

— Juste un peu, pour égaliser.

— Non. »

*Non ?*

Visiblement non.

« Les pointes sont abîmées sur presque toute la longueur. Il faudra les raccourcir jusqu'ici. »

Elle a esquissé un geste à la hauteur de mes épaules.

*Non, Jasmine, tout sauf des cheveux courts. Pitié. Je vous en supplie.*

« Ça ne me gêne pas, que les pointes soient abîmées, ai-je assuré avec ferveur. Honnêtement, ça ira, je peux vivre avec.

— Mais c'est tout cassé et fourchu presque jusqu'à la racine. Regardez ! a-t-elle ordonné. Regardez ! Vous les voyez, les fourches ?

— Je les vois. Mais…

— Vous ne regardez pas. »

J'ai regardé.

« Ça m'est égal, ai-je affirmé quand j'ai senti que j'en avais assez vu. J'aime mieux avoir les cheveux longs et fourchus que des cheveux courts sans fourches.

— Impossible, a décrété Jasmine. On va pas conserver les fourches. Ça ne se fait pas. »

On a été interrompues par Gráinne.

« Maura, y a maman au téléphone. Elle dit qu'elle peut pas garder Elroy ce soir, du coup tu vas être obligée de rentrer.

— De la merde ! Je me bourre la gueule, ce soir. T'as qu'à y aller, toi.

— Mais…

— Tu veux retrouver ta place lorsque tu viendras bosser demain ?

— Oh », a fait Gráinne, résignée.

Et elle s'est éloignée en claudiquant.

J'ai regardé Jasmine dans le miroir.

« Ma frangine », a-t-elle lâché en guise d'explication.

J'ai eu un sourire nerveux.

« Bon, alors on est d'accord ? » a-t-elle ajouté d'un ton impatient.

Finalement, ce n'était peut-être pas plus mal. On repartait de zéro, on coupait le bois mort, les cheveux morts du passé. Direction, un avenir sain et honnête avec des cheveux sains et honnêtes aussi.

« Allons-y », ai-je acquiescé.

La main qui manie les ciseaux gouverne le monde.

En m'entendant rentrer, Helen a levé les yeux.

« Mais tu as une coiffure de dame ! s'est-elle exclamée, surprise. Pourquoi as-tu demandé qu'on te coiffe comme une dame ?

— Je *ne* l'ai *pas* demandé ! »

Je me suis précipitée vers la glace pour voir si c'était aussi immonde que dans mon souvenir. J'avais un cercle blanc à la naissance des cheveux, là où le fond de teint était parti au shampoing. Et j'avais deux flaques grises sous les yeux. Mais le pire, c'était ma chevelure. Jasmine l'avait taillée généreusement, bien au-dessus des épaules. Et, pour comble d'humiliation, elle l'avait séchée au séchoir, avec comme résultat une masse de bouclettes de mémé.

« Je suis moche, ai-je hoqueté entre deux gros sanglots déchirants.

— Ah ça, oui », a confirmé Helen.

J'étais contente qu'elle soit de mon avis. Si maman avait été là en disant « Ça va repousser », j'aurais probablement piqué une crise de nerfs.

J'ai pensé aux kilomètres de mes cheveux sur le carrelage, les cheveux où Luke aimait à enfouir ses mains, et j'ai sangloté de plus belle.

« Ma vie est finie, bégayais-je.

— À ta place, j'éviterais de sortir pendant quelque temps », a conseillé Helen.

Sortir ! À ce mot, j'ai frôlé la suffocation. J'étais censée sortir avec Chris le lendemain soir ! Comment le pourrais-je, maintenant que j'étais quasi chauve ?

« Je la hais ! me suis-je écriée en m'étranglant. Cette grosse conne avec ses dix couches de fard. Je hais *tous* les coiffeurs.

— J'espère que tu ne lui as pas laissé de pourboire.

— Ne sois pas idiote, ai-je gémi. Bien sûr que si. »

Je n'aurais pas dû laisser quoi que ce soit à Jasmine, sauf peut-être un œil au beurre noir, mais je n'avais pas osé. J'avais même murmuré « Très joli » au moment où elle avait approché un miroir par-derrière.

J'avais attendu d'être dehors pour donner libre cours à mes larmes. À l'arrêt du bus, je pleurais comme une Madeleine : je me sentais nue sans mes cheveux et j'étais sûre que tout le monde me regardait.

« Ils étaient si beaux, me suis-je lamentée.

— Quoi, qu'est-ce qui était beau ?

— Mes cheveux ! Jusqu'à ce que cette salope y touche.

— Beaux, je ne dirais pas ça, mais enfin…

— Et je n'ai même pas eu droit à un magazine !

— Bande de rats, a compati Helen.

— Et le prix ! ai-je glapi. Je n'ai pas perdu que mes cheveux dans cette histoire.

— Tu sais à qui tu me fais penser ? a lancé Helen, songeuse.

— À qui ? ai-je demandé d'une voix tremblante en espérant la rédemption.

— Brenda Fricker.

— BEEeeeuurk !

— Tu te rappelles, quand elle était la maman dans ce film… »

Je me suis ruée sur le miroir.

« Tu as raison ! »

Je me réjouissais presque que les choses prennent une tournure apocalyptique ; ça me conférait un certain prestige.

À leur retour, papa et maman ont été invités à donner leur avis sur ma chevelure sacrifiée.

« Ça va repousser », a dit maman d'un air dubitatif.

Quant à papa, fier et attendri, il a déclaré :

« Tu ressembles de plus en plus à ta mère. »

Sur ce, j'ai de nouveau fondu en larmes.

« Tu sais à qui tu me fais penser ? a observé maman.

— Si tu dis Brenda Fricker, je me tuerai, l'ai-je avertie.

— Mais non, pas du tout, a-t-elle protesté gentiment. Comment s'appelle-t-elle ? C'est une actrice. Quel est son nom, déjà ?

— Audrey Hepburn ?

— No-o-on. »

Maman agitait les mains de frustration.

« Je ne trouve plus son nom… »

Je me suis demandé si elle connaissait Linda Fiorentino.

« Linda Fiorentino ? » ai-je risqué.

Une fois, un homme dans une soirée m'avait dit que je ressemblais à Linda Fiorentino, et ça m'avait tellement émue que j'avais couché avec lui.

« Linda qui ? Non ! »

Elle dansotait sur place pour essayer de réactiver sa mémoire.

« Je l'ai sur le bout de la langue… Quel est ce film dans lequel elle a joué ?

— *Leçon de séduction* ?

— Ça m'a l'air d'être une grosse cochonnerie, ton truc. Non, c'était autre chose. Ah, j'y suis ! C'était avec Daniel Day-Lewis… »

J'ai senti mon cœur se serrer.

« … mais oui, tu sais, ce pauvre bougre de peintre… Christy Brown ! *My Left Foot*, voilà ce que c'était, jubilait-elle. Comment elle s'appelle, celle qui jouait la mère ?

— Brenda Fricker », ai-je répondu d'une voix atone.

# 62

J'avais le choix entre trouver une corde pour me pendre et me préparer à mon rendez-vous avec Chris.

J'aurais bien voulu remettre notre grande sortie à une date ultérieure, une fois que mes cheveux auraient repoussé, mais je doutais qu'il patiente pendant les douze ans requis.

« Au moins, ils sont sains et robustes, me consolais-je après avoir lavé mes bouclettes de mémé, en tirant sur mes cheveux avec le peigne pour essayer de les rallonger.

— Écoutez-la. »

Helen se tordait de rire.

« Quelle naze ! Tu as vu mes cheveux ? »

Elle a soulevé quelques-unes de ses mèches soyeuses qui lui arrivaient à la taille.

« Plus fourchu que ça, tu meurs. Mais je m'en tape. »

Le mercredi, j'ai passé des heures à me pomponner. Les préparatifs ont débuté dès mon réveil (vers quatorze heures trente) et se sont poursuivis dans l'après-midi. J'ai relavé ce qui me restait de cheveux et je me suis copieusement enduite de lait pour le corps Issey Miyake qui appartenait à Helen. Puis j'ai culpabilisé. J'aurais dû lui demander. Et, si elle m'avait dit non, accepter son refus en adulte, sans la traiter de petite garce. La prochaine fois que j'aurais besoin de lui piquer quelque chose, j'en profiterais pour m'exercer, ai-je résolu.

Puis ma main s'est attardée au-dessus de son eau de toilette... avant de s'en emparer. De toute façon, le mal était déjà fait.

Maman me surveillait d'un air soucieux.

« Helen te tuera, m'a-t-elle prévenue en voyant que le niveau de lait pour le corps avait sérieusement baissé.

— Oh, ça va, ai-je riposté, agacée.

— Et avec qui tu sors, à propos ? »

Son inquiétude me peinait et m'exaspérait tout à la fois.

« Avec Chris, du centre. Tu l'as rencontré. Voilà, tu n'as rien à craindre... Ce n'est pas quelqu'un qui se drogue.

— Chris Hutchinson ? s'est-elle écriée, alarmée.

— Ouiiii, ai-je soupiré avec une patience exagérée.

— Fais attention, Rachel. Il a failli briser le cœur de sa pauvre mère.

— Ah bon ? »

Je me suis rapprochée, intriguée.

« Comment ça ?

— Il était dans la drogue jusqu'au cou, a-t-elle marmonné sans me regarder. Ted et Philomena ont dépensé une fortune pour consulter tel ou tel spécialiste... pour ce que ç'a donné ! On leur téléphonait de son bureau pour dire qu'il n'était pas venu travailler depuis huit jours. À trente ans passés, il est trop vieux, Rachel, pour que ses parents continuent à s'occuper de lui. Et ce n'est pas tout...

— Je sais.

— Il a déjà été au Prieuré une première fois, il y a quatre ans.

— Je sais, ai-je répété en prenant un ton apaisant. Il me l'a dit. »

Son agitation commençait à me porter sur les nerfs.

Pour me rendre en ville, j'ai pris le métro aérien, flageolante comme un veau nouveau-né. Tout me semblait insolite, étranger. J'avais l'impression que je venais de naître, moi aussi.

Je découvrais le printemps à Dublin, tel que je ne l'avais encore jamais vu. La mer était bleue et calme, le ciel clair avait l'air légèrement délavé, les jardins resplendissaient de pelouses vert émeraude et de massifs de tulipes rouges, jaunes et violettes. Ce spectacle m'inspirait crainte et émerveillement.

Dans ma hâte de revoir Chris, j'ai couru presque jusqu'à Stephen's Green. Et il était là qui m'attendait. Superbe. Il était venu pour *moi*. Les yeux baissés, j'ai traversé la chaussée pour le rejoindre. Mon cœur battait la chamade. On souriait tous les deux, gênés, la larme à l'œil. Ne sachant pas trop quelle contenance adopter face au monde extérieur.

« Tu vas bien ? » a-t-il demandé d'une voix bourrue en me serrant gauchement par le cou.

Les gestes d'affection ne nous venaient pas spontanément, à nous les toxicos en voie de guérison, ai-je pensé, nostalgique. On n'avait pas cessé de se tripoter au centre, mais ici, parmi les civils, c'était différent.

« Oui », ai-je bredouillé.

Je croyais que mon cœur allait éclater d'émotion.

« Un jour à la fois, a-t-il dit, ironique.

— Et voilà, ai-je déclaré avec un sourire tremblant. On l'a fait : on a été au Prieuré et on a survécu pour porter témoignage.

— Bon ! s'est-il exclamé.

— Bon », ai-je acquiescé.

J'attendais un commentaire sur ma nouvelle coiffure, mais, comme Chris ne disait rien, j'ai ressenti un début d'angoisse. C'était horrible à ce point-là ?

« Tu n'as rien remarqué ? » me suis-je entendue demander.

*Non, non, non !*

« Tu as rasé ta moustache ? a-t-il répliqué en riant.

— Non, ai-je marmonné, honteuse. J'ai coupé mes cheveux.

— C'est vrai », a-t-il constaté d'un air pensif.

Je m'en voulais d'avoir parlé de ça et j'en voulais aux hommes en général de leur inattention. La seule chose qu'ils remarquaient chez une femme, me disais-je avec amertume, c'étaient les gros lolos.

« C'est charmant, a-t-il ajouté. Ç'a un côté gavroche. »

Il mentait peut-être, mais j'étais toute prête à lui accorder le bénéfice du doute.

« Qu'est-ce qu'on fait ? ai-je lancé, ragaillardie.

— Je ne sais pas. Qu'est-ce qui te ferait plaisir ?

— N'importe, ai-je minaudé. Et toi ?

— Moi, ce que j'aimerais, c'est acheter un quart de Red Leb, le fumer en moins d'une plombe, t'emmener chez moi et me payer une gigantesque partie de jambes en l'air. Mais, a-t-il ajouté avec un sourire rassurant devant mon air tétanisé, on n'a pas le droit de faire ça.

— Et on ne peut pas aller dans un pub », ai-je renchéri, me raclant virilement la gorge pour bien lui montrer que je ne l'avais pas pris au sérieux.

J'avais appris au Prieuré que j'étais trop en demande. Et les filles en demande, ça faisait fuir les hommes.

« On pourrait... j' sais pas, moi... aller au cinéma ? » a-t-il suggéré.

Ce n'était pas vraiment ce que j'avais envie d'entendre.

*Au cinéma ?*

*Voir un putain de film ?*

*Étais-je réduite à ça ?*

Non, je n'avais pas l'intention de m'avouer battue. On pouvait me priver de valium, de cocaïne, de mes cartes de crédit, mais on ne pourrait me priver de mon âme. Ni de mon appétit.

« Si on allait manger un morceau ? » ai-je proposé avec entrain.

Luke et moi, certains de nos meilleurs moments, on les avait connus dans les restaurants.

« Ça, on y a encore droit, hein ?

— Tout juste, a-t-il concédé. Tant qu'on ne vomit pas en sortant ou qu'on ne commande pas cinq desserts d'affilée.

— Où va-t-on ? »

J'étais contente. J'imaginais un petit bistrot romantique à l'ambiance feutrée. Nos deux visages rapprochés à la lueur de la bougie. Parlant jusque tard dans la nuit. Le patron dodu nous sourirait, attendri, toutes les autres chaises seraient empilées sur les tables, mais Chris et moi, on continuerait de parler, perdus dans notre monde à nous.

« Viens, on va marcher et on verra bien où ça nous mènera. »

Tout en déambulant, je n'arrêtais pas de songer à ce qu'il avait dit. Au sujet de la gigantesque partie de jambes en l'air.

Des promesses, toujours des promesses.

Mmmm.

*Non ! Tu n'as pas le droit de penser à ça.*

Exact, me suis-je dit, reprenant mes esprits. D'accord, il était craquant, mais on sortait en amis, sans plus. Et puis, sans dope, je ne me voyais guère coucher avec quelqu'un d'autre que Luke.

Une chape de tristesse s'est abattue sur moi à l'idée que je ne partagerais plus jamais mon lit avec Luke. Une fraction de seconde, j'ai oublié ma haine pour lui.

Dans un sursaut, je suis revenue à l'instant présent et à Chris.

Nous sommes allés à Temple Bar, la rive gauche de Dublin. Où j'ai constaté de mes propres yeux l'incroyable métamorphose de ma ville natale. Toute cette animation, c'était vraiment top.

Pourrais-je habiter ici ? En huit ans, la ville avait certainement beaucoup changé.

*Suffisamment pour que j'y habite ?* J'ai frémi d'appréhension.

Si je ne restais pas à Dublin, où irais-je ?

À New York ?

Pour affronter Luke, Brigit et compagnie ?

Très peu pour moi.

Je me suis tournée, et j'ai souri à Chris.

*Sauve-moi.*

On était devant un restaurant qui me convenait à tout point de vue. Il y avait les bougies, les nappes à carreaux, le patron dodu. Même carrément obèse.

« Ça te va, ici ? » ai-je demandé, savourant le moment où mon rêve deviendrait réalité.

« Je ne sais pas, a-t-il répliqué avec un geste incertain. C'est trop… »

J'avais envie d'aller là. Mais j'ai souri et dit :

« Oui, n'est-ce pas ? »

Aussi sec, je m'en suis voulu à mort. J'aurais dû donner mon avis. J'avais manqué l'occasion de réviser les vieux schémas comportementaux. *Et*, ai-je pensé, excédée, j'en avais marre de la voix désincarnée de Josephine qui égrenait des commentaires dans ma tête.

Nous avons donc poursuivi notre chemin, dépassant un bistrot à l'ambiance feutrée après l'autre. Chaque fois, Chris lâchait un vague :

« N'est-ce pas un peu trop… ? »

Mon moral baissait à mesure que grandissait ma déception. À la fin, je m'exprimais par monosyllabes. Finalement, on s'est retrouvés devant une sorte de hangar jaune d'où s'échappait la musique assourdissante des Gypsy Kings.

« On va là ? » a proposé Chris.

J'ai haussé les épaules, l'air de dire : *Ici ? T'es tombé sur la tête ou quoi ?*

« Allez, viens ! »

Il m'a ouvert la porte.

*Connard*, ai-je pensé, en proie à une fureur muette.

À l'intérieur, le vacarme a failli m'assommer pour de bon. C'est là que je me suis rendu compte que je vieillissais, et qu'une Rachel sans dope avait une tout autre vision du monde que la Rachel avec un gramme de coke dans le nez.

Une gamine de douze ans affublée d'un poncho et d'un sombrero nous a accueillis avec un enthousiasme qui frisait la démence. *Donnez-lui du lithium, à cette petite.*

« Deux personnes », a annoncé Chris qui se dévissait la tête comme un malade.

On aurait dit qu'il cherchait quelqu'un. Pendant qu'on traversait la salle bruyante et jonchée de sciure, j'ai entendu crier :

« Rachel, Ra-chel ! »

La voix se rapprochait. Je me suis retournée, et j'ai vu Helen. Elle portait un chemisier rouge à volants, une jupe ultracourte et un sombrero dans le dos. Et elle avait un plateau dans les mains.

« Qu'est-ce que tu fais ici ?

— Et toi ? ai-je rétorqué.

— Je travaille ici », a-t-elle répondu simplement.

D'un seul coup, tout est devenu clair.

« C'est *ça*, l'abattoir ?

— D'autres l'appellent le *Club Mexxx.* »

Elle a coulé un regard oblique sur l'allumée de service qui, à force de sourire, allait bientôt exploser.

« Donne-moi ça. »

Elle lui a arraché les menus.

« Je vais les installer dans ma section. »

En ondulant du popotin entre les buveurs de tequila, elle a lancé par-dessus son épaule :

« Ne croyez pas que vous pourrez picoler à l'œil. Tenez, mettez-vous là… »

Elle a jeté les menus sur une table en bois bancale de la taille d'un album photos. En quelques secondes, j'ai eu les mains pleines d'échardes.

« Il faut juste que j'apporte à boire à cette bande d'abrutis, a-t-elle expliqué, hochant la tête en direction de dix-huit garçons complètement saouls à la table voisine. Puis je suis à vous. »

Chris et moi étions assis l'un en face de l'autre. Il souriait. Pas moi.

« Tu savais qu'Helen travaillait ici ? ai-je demandé d'une voix tremblante.

— Pardon ? a-t-il crié pour couvrir le bruit.

— TU SAVAIS QU'HELEN TRAVAILLAIT ICI ? ai-je rugi, libérant un peu de ma colère.

— Non. »

Il ouvrait de grands yeux innocents.

« Je n'en avais pas la moindre idée. »

Tu parles !

Je le détestais. Ce n'était pas moi qui l'intéressais. C'était ma sœur. Je n'intéressais personne. Ou alors juste en tant que marchepied pour arriver à quelqu'un d'autre. Quelqu'un qui n'était pas moi.

Helen est revenue environ une demi-heure plus tard.

« *Adios à mycose*, nous a-t-elle salués. On est obligés de dire ça, a-t-elle ajouté, la lippe méprisante. Pour faire authentique. Bien, vous voulez quoi ? »

C'était l'habituelle tambouille Tex-Mex avec, comme principal ingrédient, des haricots sautés.

« Qu'est-ce que tu nous conseilles ? »

Chris a levé sur elle des yeux pétillants.

« Je vous conseille surtout d'aller manger ailleurs. Ici, on a des repas réservés au personnel, et, franchement, il faudrait me payer pour que j'y touche. C'est bon quand on aime les sensations extrêmes. Tout à l'heure, je me suis tapé un *burrito*, ç'a été une expérience de mort imminente. Si vous n'êtes pas suicidaires, ne restez pas ici. Il y a un super-resto italo-californien un peu plus loin, allez là-bas ! »

J'étais déjà debout, mais Chris a répondu en riant :

« Ah non, on ne bouge pas d'ici. »

De mauvaise grâce, j'ai donc commandé des haricots sautés, servis avec des haricots sautés.

« Et un supplément de haricots sautés ? a suggéré Helen, le stylo en l'air.

— Allons-y, ai-je acquiescé, maussade. Au point où nous en sommes…

— O.K., a-t-elle dit en s'éloignant. *Mou chiasse gracias à mycose.* »

L'instant d'après, elle était de retour.

« Au fait, qu'est-ce que vous voulez boire ? Je pourrais piquer un peu de tequila, vu qu'elle est pas chère et absolument infecte. Le seul problème, c'est que ça risque de vous rendre aveugles. Désolée, mais si on me prend à chourer des bières, ça va être la porte.

— Euh… c'est bon, Helen. »

J'étais morte de honte.

« Moi, ce sera un coca light. »

Elle m'a dévisagée comme si elle venait de voir une apparition.

« Un coca light ? Juste un coca light ? Écoute, je t'assure, la tequila n'est pas si mauvaise, elle peut simplement provoquer une crise de schizophrénie, mais ça ne dure pas.

— Merci, Helen, ai-je murmuré. Mais le coca light, ça me va très bien.

— D'accord, a-t-elle dit, désemparée. Et toi ? a-t-elle demandé à Chris.

— La même chose.

— Mais pourquoi ? Vous êtes TOXICOMANES, pas ALCOOLIQUES ! »

Tous les regards depuis le restaurant italo-californien se sont tournés vers nous.

Mais ce n'était pas le moment de grimper sur ma chaise pour leur exposer les dangers de la contre-dépendance.

« Sincèrement, Helen… »

Chris a pris les choses en main.

« Merci de nous offrir de la tequila, mais non, merci. »

Elle est partie. Je me suis sentie extrêmement déprimée, et je n'étais sans doute pas la seule.

Finalement, j'ai eu honte de notre silence. Le contraste était trop brutal avec les cris et les rires bruyants tout autour de nous. J'avais l'impression que le monde entier était en train de s'éclater, à part moi et mon ami buveur de coca.

Je le détestais, je me détestais, je détestais ne pas être saoule. Ou, mieux encore, shootée à la coke.

Je suis trop jeune pour être mise à l'écart de la sorte, pensais-je avec amertume.

J'avais passé ma vie à me considérer comme une laissée-pour-compte, et maintenant je l'étais réellement.

Dans un effort désespéré pour paraître normale, j'ai entamé une conversation forcée avec Chris. Mais personne n'a été dupe, et surtout pas moi.

Longtemps après, nos plats sont arrivés, et nous avons tous deux simulé le ravissement.

Nous poussions les haricots sautés le long de nos assiettes, et la table oscillait et tanguait comme un bateau sur une mer houleuse. Je me suis accoudée dessus, et le verre de Chris a débordé. Puis il a pris la salière, et ma fourchette est allée valdinguer par terre. J'ai enlevé mon coude pour tenter de la récupérer, vu que Chris, cette espèce de salopard, ne semblait pas vouloir se déranger, et son assiette a failli glisser de la table.

Bien plus tard, après qu'on a eu refusé la glace – parfum haricot sauté, évidemment –, l'horrible calvaire s'est enfin achevé. On était libres de partir.

Chris a laissé un pourboire princier à l'intention d'Helen. En passant devant elle, il était tout sourires.

Moi, j'étais incapable de la regarder. Rongée par la jalousie, j'avais un trou à la place de l'estomac. D'accord, ce n'était pas sa faute si elle était née jolie et sûre d'elle. Mais tout de même, je trouvais ça très injuste. Et moi ? Pourquoi je n'avais rien ?

# 63

Dehors, dans l'air tiède du soir, Chris s'est soudain souvenu de mon existence. D'un geste spontané, amical, il a passé un bras autour de mes épaules, et nous avons marché à travers les rues.

J'étais contente, c'était plus fort que moi. Peut-être qu'il m'aimait bien, après tout.

« Tu es venue comment ? m'a-t-il demandé.

— En métro.

— Je vais te raccompagner chez toi. »

Ça m'a fait chaud au cœur, je me suis sentie *protégée*.

« Sauf si tu as envie de venir boire un café à la maison, m'a-t-il proposé avec un long regard oblique que je n'ai pas réussi à décrypter.

— Euh… O.K., ai-je bredouillé. D'accord. Tu es garé où ?

— À Stephen's Green. »

Nous sommes donc retournés à pied à Stephen's Green, en harmonie pour la première fois de la soirée. En arrivant, nous avons découvert que la voiture avait disparu.

Là-dessus, Chris a exécuté la danse de la voiture volée. Le principe est le suivant. On fait quatre pas le long de la place vide, et on s'arrête net. Puis on fait quatre pas en sens inverse, et à nouveau on s'arrête net.

Volte-face frénétique à gauche, volte-face frénétique à droite, suivie de tours frénétiques dans toutes les directions, culminant en une pirouette de trois cent soixante degrés. La pirouette se répète dans l'autre sens. Là, ce sont les mimiques qui entrent en jeu. Yeux exorbités, sourcils froncés, bouche ouverte. À ce stade, on peut chanter : « Mais où… ? Je l'ai garée ici, j'en suis absolument certain ! »

Une pause. Et on se remet à arpenter le bitume. Avec plus d'agitation, cette fois. À droite, à gauche, à droite, à gauche. Toujours plus vite.

Une nouvelle pause pour chanter, les bras tendus : « C'est bien là que je l'ai garée ? Peut-être que… Mais, putain, je suis sûr que c'était là ! »

Et, dans un crescendo : « PUTAIN DE BORDEL ! Les salauds. Les putain de putain de… SALAUDS. »

« Elle est toute neuve. » (Dans certaines versions.)

« Elle n'est pas assurée. » (Dans d'autres.)

« Mon père ne sait pas que je l'ai empruntée. » (Dans celle de Chris.)

J'ai tout fait pour essayer de le calmer. J'ai offert d'aller chez les flics, de téléphoner à l'assurance, et de tuer le ou les inconnus qui avaient volé la voiture. À dire vrai, je n'avais qu'une envie : rentrer chez moi en taxi, me mettre au lit, et oublier Chris et ses malheurs. Mais je me sentais moralement obligée de rester.

Finalement, il a dit :

« Bon, puisqu'il n'y a rien à faire, autant lever le camp. J'appellerai la poulaille demain matin. »

J'ai poussé un soupir de soulagement qui a manqué déraciner quelques arbres alentour.

« Désolé, a-t-il ajouté avec un sourire en coin que j'ai enfin reconnu. Tu veux toujours venir à la maison ? Mes parents sont partis en voyage. »

L'estomac noué, j'ai répondu d'un ton désinvolte :

« Ma foi, pourquoi pas ? La nuit est à nous, ha ha ha ! »

*À quoi tu joues ?*

*Lâche-moi les baskets. C'est juste un copain.*

Le fait que Chris habite encore chez ses parents m'inspirait un certain mépris. D'accord, c'était aussi mon cas, mais il avait plus de trente ans, et puis c'était un homme.

La maison familiale des Hutchinson témoignait d'une certaine opulence, avec ses dépendances, ses vérandas, ses patios, ses micro-ondes et ses caméscopes. Chris m'a emmenée dans la cuisine ; pendant qu'il mettait l'eau à chauffer, assise au comptoir – car, bien sûr, il y avait un comptoir –, je balançais les jambes pour montrer que j'étais détendue, et non à demi morte de frayeur et d'anticipation.

Les avertissements de Josephine résonnaient dans ma tête. « Vous aurez le réflexe de chercher à vous raccrocher à quelqu'un. Un homme. Vraisemblablement le premier venu. » J'ai regardé Chris, ses cuisses musclées moulées dans un jean. Et j'ai songé : « Qu'elle aille se faire foutre. »

Chris n'était pas le premier venu. Il était beau, plus beau que la majorité des hommes, et nous avions tout un passé commun. À supposer qu'il m'ait été permis de le fréquenter, on aurait formé le couple idéal.

Se perchant sur un autre tabouret de bar, il s'est rapproché de moi. Au point que nos genoux se touchaient. Soudain, j'ai fait un bond : il avait glissé sa cuisse entre mes jambes. Ma respiration était si bruyante que c'en devenait gênant.

Ça nous était arrivé nombre de fois au Prieuré, de rester ainsi, en toute sécurité. Seulement, nous n'étions plus au Prieuré. Un frisson d'angoisse m'a parcourue. Comme si je me rendais soudain compte, après avoir sauté d'un avion, que j'avais oublié mon parachute.

« Voilà une chose, a dit Chris avec un sourire qui m'a bloqué le souffle, que j'avais l'intention de faire depuis ces deux derniers mois. »

Et il m'a embrassée.

# 64

Je savais que c'était mauvais, pour moi comme pour lui ; je soupçonnais fortement que je ne lui plaisais même pas. Mais j'étais déterminée à aller jusqu'au bout.

Je n'aurais pas dû.

C'était un de ces épisodes cauchemardesques où, au bout de trois secondes, l'un et l'autre réalisent qu'il s'agit d'une grande, d'une *monumentale* erreur.

Et comment, en de telles circonstances, avec soixante-douze kilos de mâle ahanant entre la porte et vous, comment faites-vous pour vous excuser et partir ?

Vous ne pouvez feindre d'avoir aperçu une connaissance à l'autre bout de la pièce.

Eh non.

Vous ne pouvez pas consulter votre montre, pousser un cri et marmonner des paroles incohérentes sur votre colocataire qui n'a pas la clé de l'appartement.

Aucune chance.

Il ne vous reste plus qu'à serrer les dents et à attendre que ça se passe.

Sitôt qu'on s'est déshabillés, ce qui a déjà été une épreuve en soi, j'ai senti l'extinction du désir. Je *savais*, j'étais sûre que Chris n'avait plus envie de moi. Sa panique était presque palpable.

Moi non plus, je n'avais pas envie de lui. Il avait tout faux. Il était trop petit. À *tous* les points de vue.

Mais on était trop polis l'un et l'autre pour faire machine arrière.

C'était comme débarquer chez une amie après un copieux dîner pour découvrir qu'elle vous a préparé un festin de huit plats. Que vous êtes obligée de manger, même si vous avez la nausée qui monte à chaque bouchée.

Après des préliminaires vite expédiés, Chris s'est attaqué au plat de résistance. Sentir en moi quelqu'un qui n'était pas Luke me dérangeait énormément. Mais au moins, au rythme où allaient les choses, ce serait bientôt terminé.

Raté.

Ç'a duré éternellement.

*Il va jouir, oui ?* priais-je pendant que Chris s'acharnait sur moi. Évidemment, je ne risquais pas d'arriver à l'orgasme, mais j'ai simulé tant et plus dans l'espoir que, s'il m'attendait, il pourrait se hâter de conclure.

Seulement, il continuait de pomper, et à force ça commençait à faire mal. J'allais rentrer chez moi avec des *ampoules*.

Soudain, il m'est venu à l'esprit qu'il était peut-être de ceux qui croient avoir comblé une femme uniquement au bout de plusieurs orgasmes. Alors j'ai remis ça, côté simulation, pour accélérer le processus.

Sans résultat apparent.

Longtemps, longtemps après, il a fini par s'arrêter…

Pas dans un gémissement rauque, non, ni avec des spasmes d'agonie et la grimace de quelqu'un qui vient de se prendre un grand coup de pied dans les valseuses. Mais lentement, comme un vieux soufflé qui retombe, ce qui n'était rien d'autre qu'un constat d'échec.

« Désolé, Rachel, a-t-il marmonné sans me regarder.

— Ce n'est pas grave », ai-je répondu tout bas, sans le regarder non plus.

Je serais bien partie, mais je ne pouvais pas lui demander de me ramener, vu qu'il n'avait plus de voiture, et je n'avais pas assez d'argent pour le taxi.

Il a retiré la capote, l'a jetée dans la corbeille à papier – beurk ! –, puis a éteint la lumière et m'a tourné le dos. Ce qui ne m'a point étonnée.

Luke et moi, on s'endormait dans les bras l'un de l'autre, me suis-je rappelé avec nostalgie.

Le salaud.

Couchée dans le noir, j'ai soudain eu faim. J'aurais dû manger mes haricots sautés.

C'était trop tard maintenant.

J'ai dormi abominablement mal. D'un sommeil agité et en pointillé. Quand je me suis réveillée, vers six heures et demie, mon sentiment d'échec était si cuisant que l'idée de rester là une minute de plus m'a été insupportable. Avec une sombre résolution, je me suis habillée, j'ai ramassé mon sac et je me suis dirigée vers la porte.

Puis j'ai hésité. Au fond, je n'avais rien d'autre dans ma vie. J'ai fourragé dans mon sac à la recherche d'un stylo, ai griffonné mon numéro de téléphone sur un bout de papier et l'ai posé sur son oreiller.

« Je t'appellerai », a murmuré Chris, ensommeillé.

Naturellement, il ne l'a pas fait.

J'avais peut-être arrêté la drogue, mais à part ça il n'y avait pas grand-chose de changé dans mon existence.

En arrivant chez moi, je me sentais sale.

L'accueil de ma mère a eu tôt fait de me remettre en mémoire ce pour quoi j'étais partie de la maison en premier lieu. Échevelée et en chemise de nuit, elle a hurlé :

« Où étais-tu, bon Dieu ? J'étais à deux doigts de téléphoner à la gendarmerie.

— J'ai dormi chez Mme Hutchinson. »

Je trouvais ça plus rassurant que de dire : « J'ai dormi avec Chris, et on a voulu faire l'amour, mais ç'a été le flop total. »

« Je serais revenue, mais leur voiture a été volée, et il a été obligé de prévenir les flics, l'assurance et tout… »

Je parlais rapidement dans l'espoir que l'histoire de la voiture volée la distrairait de son courroux.

« Philomena et Ted Hutchinson sont à Tenerife, a-t-elle sifflé. Tu étais seule là-bas avec lui !

— Eh oui », ai-je acquiescé d'un ton enjoué.

Je commençais à en avoir assez. J'étais adulte, non ?

Sur ce, ma mère a pété les plombs. Elle a essayé de me frapper, a jeté une brosse à cheveux par terre, s'est assise, s'est relevée et a fondu en larmes, tout ça en même temps.

« Espèce de traînée ! a-t-elle glapi. N'as-tu pas honte, avec un homme marié ? Et ses trois enfants, je parie que tu n'y as pas pensé une seconde ! »

J'étais tellement choquée que ç'a dû se voir sur ma figure.

« Tu n'étais même pas au courant, hein ? Mais enfin, comment peut-on être aussi gourde ? Toujours à se fourrer dans le pétrin… Égoïste, va, on se demande bien à quoi tu sers. »

Elle était devenue livide et respirait avec effort. Mon sang s'est glacé dans mes veines.

« Tu ne sais même pas, je suis sûre, que la première fois où il a été au Prieuré on l'a flanqué à la porte. Parce qu'on l'avait trouvé dans une salle de bains avec une femme mariée. Et veux-tu que je te dise ce qui me met en colère ?

— Non. »

Elle me l'a dit quand même.

« Ça ne t'a pas suffi qu'on me montre du doigt à cause de tes histoires de drogue. Maintenant, c'est les coucheries. Jamais tu ne penses aux autres, je n'ai pas oublié la fois où tu as mangé l'œuf de Pâques de la pauvre Margaret, tu fais ça exprès pour me narguer… »

Je suis montée en courant pendant qu'elle s'époumonait au pied de l'escalier :

« Égoïste, sale petite peste ! Tu n'as qu'à prendre la porte, et cette fois ce ne sera pas la peine de revenir. Allez, va… fais tes bagages, et que je ne te revoie plus jamais. Après tout ce que tu m'as fait subir ! »

Je tremblais de tous mes membres. J'avais toujours détesté les conflits, et la réaction violente de ma mère me laissait complètement désemparée. Son mépris pour moi était terrifiant. Depuis longtemps, je me doutais que je l'avais grandement déçue, mais l'entendre de sa propre bouche, ça faisait très mal.

Sans parler de ce que je venais d'apprendre sur Chris. Je n'arrivais pas à le croire : il était *marié* – avec trois *enfants*. Enfin, il était manifestement séparé de sa femme, mais ça ne me consolait guère.

Je pensais sans cesse au fiasco de la nuit qu'on avait passée ensemble. D'abord lui m'avait rejetée, et à présent ma mère. Trop, c'était trop.

Mais je savais exactement ce qu'il me restait à faire.

D'abord, j'allais me changer. Puis j'allais mendier, emprunter ou voler une forte somme d'argent, sortir m'acheter une tonne de dope, l'absorber et me sentir mieux.

Titubante, je me suis réfugiée dans ma chambre, claquant la porte pour couper court aux invectives de maman. Les rideaux étaient tirés, et il y avait quelqu'un dans mon lit. Ou plutôt deux personnes. Helen et Anna.

Encore.

Pourquoi donc dans cette putain de maison n'était-il pas d'usage de dormir dans son propre lit ? ai-je pensé avec lassitude. Et que faisaient-elles là toutes les deux ? Elles étaient censées ne pas pouvoir se sacquer.

Elles dormaient à poings fermés, blotties l'une contre l'autre comme deux petits chats, douces et mignonnes, leurs longs cheveux noirs emmêlés sur les oreillers, leurs cils recourbés jetant une ombre sur leurs joues lisses.

J'ai allumé la lumière, provoquant un tollé général.

« Bordel de... ! »

L'une des deux s'est dressée, hagarde.

« Je *dormais* !

— Éteins, a ordonné l'autre.

— Non, ai-je dit. C'est ma chambre, et j'ai besoin de prendre des affaires.

— Chameau », a marmonné Helen.

Et, se penchant, elle a fouillé dans son sac.

« Ça va ? » a demandé Anna.

Elle avait l'air surprise.

« Très bien, ai-je répliqué d'un ton bref.

— Tiens, a dit Helen, lui tendant une paire de lunettes de soleil. Mets ça pour qu'on puisse se rendormir. »

Elle aussi a mis des lunettes noires ; couchées dans le lit, elles ressemblaient aux Blues Brothers.

« Au fait, a lancé Helen nonchalamment, tu te l'es tapé, ton mec ?

— Oui », ai-je dit d'une voix frémissante.

Puis, après une pause :

« Et non. »

Elle a haussé un sourcil de sous ses verres fumés.

« Comment ça, oui et non ? Tu lui as taillé une pipe ? »

J'ai secoué la tête. Je n'avais aucune envie de parler de ça.

## 65

J'ai vidé le porte-monnaie de ma mère : cent trente livres en tout. Elle venait sans doute de toucher l'argent du ménage. J'ai aussi épousseté sa carte bleue et je l'ai empochée pour la bonne mesure. J'ai hésité à piquer de l'argent à Anna, mais par chance pour elle elle n'avait que huit pence dans sa petite bourse en madras. Quant à Helen, ce n'était même pas la peine d'y songer : elle dormait avec ses économies sous son oreiller.

Je n'avais absolument pas le sentiment de mal agir. La compulsion était si forte que j'avais une seule et unique idée en tête : me procurer à tout prix de la coke et du valium. Hantée par les paroles terribles de ma mère, je n'envisageais pas un instant de *rester avec cette souffrance*.

J'ai pris le métro dans un état second. Chaque atome de mon corps réclamait la drogue à cor et à cri, et aucune force au monde ne pouvait me retenir. J'avais entendu dire qu'il y avait un gros problème de trafic de stupéfiants à Dublin. Naturellement, j'étais pleine d'espoir.

Une fois en ville, je me suis demandé anxieusement où aller. L'idéal pour acheter de la coke, c'étaient les boîtes de nuit, mais il ne devait pas y en avoir beaucoup d'ouvertes à neuf heures du matin. La meilleure variante serait encore un pub. Mais où ? Lequel ?

À chacun de mes pas, mon angoisse grandissait, et mon besoin aussi.

Mais, à ma consternation, tous les pubs étaient fermés.

*Rentre chez toi.*

*Va te faire foutre.*

« À quelle heure ils ouvrent, les pubs ? ai-je bredouillé à l'adresse d'un homme qui se hâtait à son travail.

— À dix heures et demie, a-t-il répondu, déconcerté.

— Tous ?

— Oui. »

Il m'a décoché un drôle de regard ; en temps ordinaire, ça m'aurait fait flipper.

Les Irlandais n'avaient-ils pas la réputation d'être un peuple d'ivrognes ? Comment, dans ce cas-là, les pubs pouvaient-ils ouvrir à dix heures trente ? Alors que la journée était presque finie ?

Si seulement il y avait eu un quartier rose à Dublin. Pourquoi n'étais-je pas hollandaise ?

Je me suis engouffrée dans les rues latérales, et le hasard m'a conduite dans une longue artère qui, épisodiquement, occupait la une des journaux en tant qu'exemple de violence urbaine. Chaque année, une ou deux personnes se faisaient descendre ici. D'après la rumeur, de braves banlieusards égarés par inadvertance dans ce lieu de perdition se voyaient offrir de la dope tous les dix centimètres.

Ça tombait bien.

Sauf que, quand on avait besoin des dealers, ils n'étaient jamais là. Peut-être qu'il était encore trop tôt. Ah, si au moins j'avais eu une lettre d'introduction de Wayne !

J'ai longé à n'en plus finir les murs couverts de graffitis. Sur chaque fronton, on voyait le dessin tremblotant et tordu d'une seringue géante barrée d'une croix rouge, avec les mots : « Les revendeurs dehors ! » Ça prouvait que j'étais dans une zone envahie par la drogue. Mais, contrairement à ce que la presse essayait de nous faire croire, personne ne s'est approché de moi pour me plaquer au sol et m'injecter de l'héroïne par force.

J'ai décidé de tenter ma chance auprès des quelques jeunes à l'allure branchée. Mais en croisant mon regard, ils ricanaient et se détournaient, rougissants.

Je n'ai pas l'intention de vous draguer, avais-je envie de hurler. Je veux juste acheter de la cocaïne. Toutes ces foutaises sur le terrible problème de drogue à Dublin, mon œil ! Le plus terrible avec cette putain de drogue, c'était d'en trouver.

Finalement, après avoir battu le pavé pendant une bonne heure, je me suis arrêtée et j'ai attendu. Simplement attendu. Plantée au coin de la rue, en m'efforçant de prendre un air implorant.

Les gens me regardaient avec suspicion. C'était horrible. Tous savaient pourquoi j'étais là, et leur dégoût était tangible.

Pour me faire moins remarquer, je me suis assise sur les marches crasseuses d'un immeuble qui semblait avoir subi un bombardement. Mais bientôt, une femme est sortie avec une ribambelle de gamins et m'a dit, la mine sombre :

« Lève-toi. »

J'ai obéi. Elle avait l'air dure et elle m'a fait peur. J'avais entendu parler de milices bénévoles dans des quartiers comme celui-ci. Qui ne se contentaient pas de peindre sur les murs des seringues avec des croix rouges. Il y avait des gens dans le milieu de la drogue qui s'étaient retrouvés à l'hôpital à la suite d'un passage à tabac. Sans oublier les fusillades annuelles.

Une voix dans ma tête me pressait d'abandonner, de retourner à la maison. Je me sentais sale, gênée, honteuse, j'étais morte de trouille. Mais l'idée de partir m'effrayait bien davantage.

Adossée au mur, je fixais les passants avec une expression suppliante, et récoltais en retour des regards noirs.

J'ignore combien de temps j'ai traîné ainsi, malheureuse et désespérée, lorsqu'un garçon s'est approché de moi. En quelques phrases, dans un langage crypté que nous comprenions tous les deux, je lui ai expliqué qu'il me fallait une grosse dose de cocaïne, et apparemment il était en mesure de m'aider.

« J'aurais aussi besoin de tranquillisants.

— Témazépam ?

— C'est bon.

— La coke, ça prendra un moment.

— Combien de temps ? me suis-je affolée.

— Peut-être deux heures.

— O.K., ai-je acquiescé à contrecœur.

— Et y aura un sniff pour moi, a-t-il ajouté.

— O.K., ai-je marmonné de nouveau.

— Attends-moi dans le pub au bout de la rue. »

Il m'a soulagée de quatre-vingts livres, ce qui était du racket pur et simple, mais je n'étais pas en position de négocier.

Le regardant détaler, j'ai eu la conviction que je ne le reverrais plus, ni lui, ni la coke, ni l'argent.

*Dieu que j'ai horreur de ça !*

Je suis allée au pub. Je n'avais pas d'autre choix que d'attendre.

Il y avait peu de clients dans la salle… et rien que des hommes. L'ambiance était macho et hostile, et j'ai tout de suite compris que j'étais indésirable. Dès que j'ai commandé un brandy, les conversations se sont tues. Une fraction de seconde, j'ai cru que le barman allait refuser de me servir.

Nerveusement, je me suis installée dans le coin le plus reculé. J'espérais que le brandy apaiserait mon agitation. Mais comme, l'ayant terminé, j'étais toujours très mal, j'en ai repris un autre. Puis un autre.

Fébrile, le cœur au bord des lèvres, je comptais les minutes en tambourinant sur la table de formica. J'étais là depuis une éternité quand un homme s'est approché de moi pour me proposer de la méthadone. Malgré mon impatience, je savais que la méthadone pouvait être fatale aux non-initiés. Et je n'étais pas en manque à ce point-là. Pas encore.

« Merci, mais quelqu'un est parti me chercher de la marchandise, ai-je expliqué, craignant de l'offenser.

— Ah, ça doit être Tiernan.

— Je ne connais pas son nom.

— C'est Tiernan. »

Dans l'heure qui a suivi, tout le monde dans ce pub a tenté de me fourguer de la méthadone. Visiblement, la récolte avait été exceptionnelle cette année-là.

Les yeux rivés sur la porte, j'attendais que Tiernan revienne. Mais il ne réapparaissait pas.

Malgré le brandy, je commençais à paniquer. Qu'allais-je devenir ? Comment me procurerais-je désormais de la drogue, avec tout l'argent que je lui avais donné ?

Une autre solution s'est soudain imposée à mon esprit. Justement, Tiernan m'avait peut-être rendu service en prenant la poudre d'escampette avec mon argent. *Tu pourrais te lever et partir maintenant, rentrer chez toi, t'expliquer avec ta mère. Cela n'est pas irréversible.*

Mais je me suis vite ravisée. Il n'y avait pas d'issue possible. J'étais allée trop loin pour envisager de faire demi-tour. J'ai commandé un nouveau brandy.

Vers deux heures de l'après-midi – bien que, le choc et l'alcool aidant, le temps ait perdu toute signification –, Tiernan a fait son apparition. Moi qui n'y croyais presque plus, je l'aurais embrassé, tellement j'étais euphorique.

Et saoule, par-dessus le marché.

« Tu as… ? » ai-je demandé anxieusement.

Le souffle court, je l'ai vu brandir un petit sachet de poudre blanche.

Mon cœur a fait un bond. Je brûlais de le prendre dans mes mains, comme une mère avec son nouveau-né. Mais Tiernan a réagi en propriétaire.

« Un rail pour moi », m'a-t-il rappelé en mettant le sachet hors de ma portée.

— O.K., ai-je haleté, incapable de contenir ma convoitise.

*Magne-toi.*

Au vu et au su de tout le pub, il a confectionné deux lignes, deux grosses et superbes lignes, sur la table en formica.

J'ai regardé avec appréhension autour de moi, mais personne ne nous prêtait attention.

Il a roulé un billet de dix livres et, prestement, a aspiré l'une des deux lignes. La plus grasse, ai-je remarqué, ulcérée.

À présent, c'était mon tour. Mon cœur battait à tout rompre ; j'éprouvais déjà une agréable sensation de vertige. Je me suis penchée sur la coke. L'instant était quasi mystique.

Tout à coup, juste au moment de sniffer, j'ai entendu la voix de Josephine : « La drogue était en train de vous tuer. Ici, au Prieuré, on vous a montré un autre chemin. Vous pouvez être heureuse sans vous droguer. »

J'ai hésité. Tiernan me regardait, interloqué.

*Tu n'es pas obligée de faire ça.*

*Tu peux t'arrêter maintenant, et il n'y aura pas de dégâts.*

Je me tâtais. J'avais appris tant de choses au Prieuré, fait tant de progrès, j'avais reconnu que j'étais toxicomane, j'avais cru en un avenir meilleur, plus sain, plus radieux. Étais-je prête à balancer tout ça aux orties ?

Alors ?

J'ai contemplé l'innocente poudre blanche, disposée en une ligne sinueuse sur la table devant moi. J'avais failli mourir à cause d'elle. Ça valait-il le coup de continuer ?

Oui ou non ?

Oui !

Je me suis baissée vers la cocaïne, ma meilleure amie, mon salut, mon refuge. Et j'ai inhalé profondément.

# 66

Je me suis réveillée à l'hôpital.

Sauf que je ne l'ai pas su tout de suite. Pendant que je luttais pour refaire surface, ç'aurait pu être n'importe où. Dans n'importe quel lit du monde.

Mais, quand j'ai vu le goutte-à-goutte et senti une drôle d'odeur, l'odeur du désinfectant, j'ai compris. En revanche, j'ignorais totalement comment j'avais atterri ici. Ou de quoi j'étais censée souffrir.

L'atterrissage a été dur. Très dur. J'avais l'impression d'être au bord du gouffre, dans le coin le plus désolé de l'univers. Autour de moi, c'était le vide. Au-dedans de moi, aussi. Et tout cela m'était horriblement familier.

Je n'avais pas ressenti ça depuis plus de deux mois. J'avais oublié à quel point c'était insoutenable. Et, naturellement, mon premier réflexe pour y échapper, ç'a été de vouloir reprendre de la drogue.

Mais que m'était-il arrivé ?

Je me revoyais vaguement dans les rues très éclairées avec mon nouvel ami Tiernan. On entrait dans un autre pub, on buvait, on se refaisait une ligne. Plus une poignée de cachets pour combattre un début de paranoïa. Je me rappelais avoir dansé dans ce pub, persuadée que j'étais la plus grande danseuse du monde. La honte.

Ensuite, Tiernan et moi, on était allés dans un troisième pub où on avait repris de la coke. Puis dans un quatrième, et peut-être un cinquième, je ne savais plus. Après quoi, on avait suivi trois – ou quatre – de ses copains chez l'un d'entre eux. Il faisait nuit noire. Là, on avait pris deux ou trois ecstas chacun. À part la vision fulgurante d'une scène style boîte de nuit, réelle ou imaginaire, je ne me souvenais plus de rien.

Quelqu'un pleurait, sanglotait à côté de moi. Ma mère. À contrecœur, j'ai ouvert les yeux, et ça m'a fait d'autant plus bizarre que c'était papa qui avait lâché les écluses.

« Arrête, ai-je dit d'une voix rauque. Je ne recommencerai plus.

— J'ai déjà entendu ça, a-t-il hoqueté, la tête dans les mains.

— Je te le promets, ai-je articulé avec peine. Cette fois, ce ne sera pas pareil. »

Apparemment, je m'étais fait renverser par une voiture. D'après la conductrice, je m'étais précipitée sur la chaussée, si bien qu'il lui avait été impossible de m'éviter. Le rapport de police parlait d'une crise de démence. Les gens avec qui j'étais avaient pris la fuite, m'abandonnant en pleine rue. On m'a dit que j'avais eu beaucoup de chance : en dehors d'un gros hématome sur la cuisse, je n'avais rien.

Hormis le fait que j'étais en train de devenir folle, bien sûr.

Je n'avais qu'un souhait. Un seul. Je rêvais d'être morte.

Une lourde chape de désespoir pesait sur moi. Un cocktail fait de récriminations de ma mère, de la honte d'avoir rechuté et du rejet de Chris.

J'étais couchée dans mon lit d'hôpital, et mes larmes ruisselaient sur l'oreiller. La haine que j'éprouvais pour moi était incommensurable. J'étais une ratée, la pire nullité que la terre ait jamais portée. Personne ne m'aimait. On m'avait mise à la porte de chez moi parce que j'étais une bonne à rien. Et franchement, je ne pouvais en vouloir à ma mère. Car en plus de mes autres fautes, et elles étaient légion, j'étais retombée dans la drogue.

C'est ça qui me tuait. J'avais tout gâché, ma vie était fichue. Et papa qui avait dépensé une fortune pour ma cure ! Je me méprisais. J'avais trahi tout le monde : Josephine, les autres pensionnaires, mes parents, ma famille, et jusqu'à moi-même. Rongée par la culpabilité, j'aurais voulu disparaître, mourir, ne plus exister.

Par bonheur, le sommeil m'a permis d'échapper momentanément à ce supplice infernal. Quand j'ai réémergé, Helen et Anna étaient assises à côté de mon lit, picorant le raisin que quelqu'un m'avait apporté.

« Putains de pépins, se plaignait Helen en crachant dans sa main. Ils n'ont jamais entendu parler de variétés sans pépins ? Bienvenue au XXe siècle. Ah, tiens, tu es réveillée. »

Trop déprimée pour répondre, j'ai hoché la tête.

« Nom d'un chien, tu es dans un état ! a-t-elle commenté joyeusement. Réatterrir à l'hosto à cause de la drogue. La prochaine fois, tu vas y rester.

— Arrête. »

Anna l'a poussée du coude.

« Ne t'inquiète pas, ai-je bégayé. Ce ne sera plus ton problème. Dès que je serai sur pied, je partirai loin d'ici, et vous ne me reverrez plus. »

J'envisageais de prendre le large. De mener en guise de punition une existence morne et solitaire, coupée de ma famille et de mes amis. J'errerais de par le monde, sans feu ni lieu, car je ne méritais pas de vivre autrement.

« Écoutez-la, la reine de la tragédie, a persiflé Helen.

— Arrête, a gémi Anna, éplorée.

— Tu ne comprends pas, ai-je rétorqué, le cœur brisé par mon statut de quasi-orpheline. Maman m'a dit de m'en aller et de ne plus jamais revenir. Elle me déteste. Elle m'a toujours détestée.

— Qui, maman ? s'est étonnée Helen.

— Oui, à l'entendre, je suis une bonne à rien », ai-je murmuré, me retenant de hurler de douleur.

Ma déclaration a provoqué une crise d'hilarité générale.

« Toi ? s'est étranglée Helen. C'est moi, d'après elle, qui suis un cas désespéré. Elle me le serine à longueur de journée. Parce que j'ai raté deux fois mes exams et que j'ai un boulot merdique. Tous les deux jours, elle me dit de partir et de ne plus remettre les pieds à la maison. À ce stade, je m'inquiète lorsqu'elle ne le fait pas... Je te jure que c'est vrai, a-t-elle assuré face à mon air incrédule.

— Non, c'est moi qu'elle déteste en réalité », a affirmé Anna.

On aurait dit qu'elle s'en vantait presque.

« Et en plus, elle ne peut pas sentir Shane. »

Mon moral a remonté imperceptiblement. Peut-être que je n'allais pas me suicider ou m'enfuir en mer aussitôt. Peut-être que tout n'était pas définitivement perdu.

« Elle est vraiment mauvaise avec vous ? Ou vous dites ça pour être gentilles ?

— Gentille, moi ? a lâché Helen, dédaigneuse. Évidemment qu'elle est atroce avec nous deux ! »

Quel soulagement que d'entrevoir une éclaircie, même passagère, dans la dépression apocalyptique qui pesait sur moi !

Gauchement, Helen m'a tapoté la main, et cette malhabile preuve d'affection m'a tellement touchée que j'ai fondu en larmes pour la quatre-vingt-neuvième fois de la journée.

« C'est une mère, a-t-elle expliqué, raisonnable. Son rôle est de nous engueuler. Sinon, on va lui retirer sa plaque.

— Ça n'a rien de personnel, a confirmé Anna. Elle pense que si elle nous met la pression, on arrivera à faire quelque chose de notre vie. Il n'y a pas que toi : ça nous concerne *toutes*.

— Sauf Margaret », avons-nous proclamé à l'unisson.

Je me suis sentie suffisamment mieux pour traiter Margaret de lèche-cul une bonne trentaine de fois.

« Lèche-cul, avons-nous répété en hochant la tête. Ouais, cette espèce de lèche-cul.

— Comme ça, tu as flippé parce que maman t'a dit de partir et de ne plus revenir ? »

Helen avait enfin daigné comprendre.

« Oui », ai-je acquiescé, penaude.

Ç'avait l'air tellement puéril !

« Grosse nouille, va, a-t-elle déclaré avec bonté. T'as qu'à l'envoyer paître… C'est ce que je fais, moi. Ou alors tu lui demandes qui prendra soin d'elle dans ses vieux jours.

— Toi et moi, on ne réagit pas pareil.

— Eh bien, je te conseille de t'y mettre. Il faut te blinder, tu es beaucoup trop poire. Tu ne vas pas flirter avec la mort chaque fois que maman – ou quelqu'un d'autre – crie après toi. Tu ne dureras pas cinq minutes. »

C'était l'avertissement que Josephine m'avait donné. Brusquement, je me suis rappelé ses paroles sur la tension non réglée avec ma mère, et tout est devenu clair. Sur le coup, je l'avais écoutée avec attention, pour m'empresser d'oublier ses conseils à la minute même où ladite tension avait repointé le bout de son nez.

J'avais loupé ma première épreuve dans le monde réel.

Je ferais mieux la prochaine fois.

« Si jamais elle recommence, ignore-la. »

Helen, qui avait lu dans mes pensées, m'a gratifiée d'un sourire encourageant.

« Elle te traite de naze, et alors ? Il faut que tu croies en toi.

— D'ailleurs, elle ne parle pas sérieusement, a glissé Anna.

— Sauf quand il s'agit de toi », a riposté Helen.

Le nuage noir qui m'enveloppait se dissipait peu à peu. C'était merveilleux d'apprendre que mes sœurs et moi étions toutes logées à la même enseigne. La seule différence résidait dans notre façon de réagir. Je prenais trop à cœur ce qu'elles considéraient comme un simple divertissement, une joute verbale sans importance. Il fallait que ça change.

« Tu te sens mieux ? a demandé Anna avec sollicitude. Tu sais, si maman a perdu la tête, c'est parce qu'elle a eu peur en voyant que tu n'étais pas rentrée. L'idée que tu puisses te droguer avec Chris l'a rendue hystérique. Des fois, quand on est inquiet, on dit des choses qu'on ne pense pas forcément. Moi aussi, j'étais inquiète, a-t-elle avoué, embarrassée.

— Sainte Anna… »

Helen s'est étirée en bâillant.

« Ça fait combien de temps que tu n'as pas touché à la dope ?

— T'occupe », a répondu Anna avec hauteur.

Là-dessus, elles se sont chamaillées, mais je les entendais à peine. J'étais de nouveau submergée par la honte et le remords. Pas de la même façon qu'à mon réveil, toutefois : j'avais honte vis-à-vis de maman. Bien sûr qu'elle s'était inquiétée, me disais-je dans un effroyable accès de lucidité. Il n'y avait pas une semaine que j'étais sortie du Prieuré. J'étais toxicomane, c'était ma première escapade dans le monde extérieur, en compagnie de quelqu'un dont la mauvaise réputation n'était plus à faire, et je n'étais pas rentrée dormir à la maison. On ne pouvait guère lui reprocher d'avoir imaginé le pire. Je méritais une bonne paire de gifles.

Elle m'avait traitée d'égoïste. Et elle avait eu raison. Obnubilée par Chris, je n'avais même pas remarqué qu'elle se faisait un sang d'encre pour moi. J'ai résolu de lui demander humblement pardon sitôt que je la verrais.

Maman est arrivée peu après le départ d'Helen et d'Anna. Nerveuse, je me suis assise dans mon lit pour lui présenter mes excuses, mais elle m'a devancée.

« Je suis désolée, a-t-elle dit, l'image même de la misère.

— Non, c'est moi qui suis désolée, ai-je protesté, une boule dans la gorge. Tu as raison : j'ai été irresponsable et égoïste, et je regrette profondément de t'avoir causé tant de soucis. Mais je ne recommencerai plus, je te le jure. »

Elle est venue s'asseoir sur mon lit.

« Moi, je regrette toutes les horreurs que je t'ai dites. Ç'a été plus fort que moi. »

Elle a baissé la tête.

« Je suis comme ça. Ce n'est pas pour être méchante, je veux juste que tu sois heureuse, c'est tout…

— Désolée d'être une si mauvaise fille, ai-je dit, mortifiée.

— Mais tu ne l'es pas ! s'est-elle écriée. Pas du tout : tu as toujours été un amour, la plus mignonne, la meilleure de toutes. Mon bébé, a-t-elle gémi en se jetant à mon cou. Ma petite fille ! »

Un torrent de larmes a jailli de mes yeux. Je me suis effondrée en sanglots dans ses bras pendant qu'elle me caressait les cheveux et me murmurait des mots tendres.

« Je suis désolée pour l'œuf de Margaret, ai-je finalement réussi à articuler.

— Arrête, a reniflé maman. Je me serais arraché la langue, à la minute où j'ai dit ça…

— Et je regrette de t'avoir fait honte en étant toxicomane.

— Il n'y a vraiment pas de quoi, a-t-elle répondu en essuyant mes larmes avec la manche de son cardigan. Ça pourrait être mille fois pire, tu sais. Hilda Shaw, tiens, attend un bébé. Un deuxième. Et elle n'est toujours pas mariée. Ou encore, écoute-moi ça… »

Elle a baissé la voix, bien que nous ayons été seules dans la chambre.

« … Angela Kilfeather s'est mis dans le crâne qu'elle était lesbienne… »

Ça alors ! Angela Kilfeather avec ses bouclettes blondes dont j'étais si jalouse, enfant… une gousse !

« … et elle se pavane dans la rue en roulant des pelles à sa… »

Maman a fait une pause, comme si elle ne se décidait pas à prononcer ces mots.

« … sa petite copine. La toxicomanie, à côté, c'est de la rigolade. Marguerite Kilfeather doit se dire que j'ai une chance folle. »

Nous avons ri à travers nos larmes. Et je me suis solennellement promis de ne jamais rouler une pelle à une femme sous les fenêtres de nos voisins. C'était le moins que je puisse faire pour ma mère.

# 67

À ma sortie de l'hôpital, papa m'a annoncé que j'avais eu un coup de fil d'une dénommée Nola. Nola, la belle blonde venue animer les réunions des NA au Prieuré. Merci, mon Dieu, ai-je songé en défaillant presque de soulagement. Il était temps que je contacte un groupe de soutien, mais je n'aurais pas eu le courage d'y aller toute seule.

J'ai donc rappelé Nola et, confuse, je lui ai parlé de ma rechute. Elle ne m'a pas fait la morale. Tout comme les deux fois où je l'avais vue au Prieuré, elle a été adorable, sinon quelque peu fantasque. J'ai bientôt découvert que Nola *était* adorable, sinon quelque peu fantasque.

Elle m'a dit que peut-être j'avais eu besoin de rechuter pour me rendre compte que je ne voulais plus continuer dans cette voie-là. C'était un peu compliqué, mais, du moment qu'il ne s'agissait pas de me clouer au pilori, j'ai volontiers accepté cette explication.

« Pardonne-toi, mais n'oublie pas », a-t-elle insisté.

Elle m'a amenée à une réunion des NA dans une salle paroissiale. Je me sentais flageolante et parano. C'était ma première incursion dans le monde extérieur depuis ma fatale journée avec Tiernan. Et j'étais tétanisée à l'idée de tomber sur Chris. Par chance, il n'était pas dans les parages.

La réunion a été très différente de ce que j'avais connu au Prieuré. Il y avait beaucoup plus de gens, tous chaleureux et accueillants. Plusieurs d'entre eux ont pris la parole pour décrire leur vie au jour le jour, les relations avec leurs parents, conjoints, collègues de travail. Souvent, je me suis reconnue à travers leurs récits. Je ne me sentais plus seule et, à ma grande surprise, ça m'a remonté le moral.

Ça, plus le fait que Francie n'avait pas menti : c'était plein de mecs canon. Plein.

« Mais qu'est-ce qui t'a pris, m'a demandé Nola dans le café où nous étions allées après la réunion, de zieuter tous les garçons, dis-moi ? »

Je n'attendais que ça. Empressée, je lui ai raconté le lamentable épisode avec Chris.

« À mon avis, la meilleure solution serait de me remettre en selle, ai-je conclu avec espoir.

— Ah non, a répondu Nola d'une voix tranquille qui m'a momentanément leurrée. Pourquoi veux-tu faire ça ? Fréquenter quelqu'un au tout début du rétablissement est une grosse erreur. Tu ne peux que te rendre malheureuse. »

Moi, je voyais les choses d'un tout autre œil.

« Tu es trop jeune et trop immature pour bien choisir ! »

Elle a dit ça comme si c'était un compliment.

« J'ai vingt-sept ans, ai-je protesté, maussade.

— Ah, mais tu en as de la chance d'être aussi jeune et jolie ! » s'est-elle exclamée, se méprenant sur ma réponse.

Délibérément, ainsi que je l'ai découvert plus tard.

« Quoi qu'il en soit, a-t-elle ajouté, joviale, oublie les garçons pour l'instant. Tu viens juste de sortir de ta cure. »

C'était on ne peut plus frustrant, mais elle était tellement gentille que je n'ai pas voulu la contrarier.

« Tu sais quoi ? Tu vas rigoler, mais beaucoup de gens prennent les NA pour une agence matrimoniale. »

*Francie, espèce de vieille pute !*

« C'est tordant, non ? Regarde ce qui t'est arrivé lorsque tu es sortie avec un toxico qui a décroché il n'y a pas si longtemps. »

Nola m'a considérée avec affection.

« Ça t'a fait replonger ! Tu ne veux pas que ça recommence, hein ? Tu as trop de respect pour toi-même. »

C'était faux, mais je l'ai laissée dire.

« Je crois que c'est plus dur d'être rejetée par quelqu'un qu'on a mis sur une sorte de piédestal, ai-je tenté d'expliquer. Il me donnait tellement de conseils, au Prieuré. Il était tellement raisonnable !

— Mais pas du tout, a répliqué Nola, naïvement surprise. Il était d'une connerie crasse. »

Ça m'a choquée d'entendre une expression pareille dans sa bouche.

« Non, mais franchement ! s'est-elle exclamée en pouffant. Je ne dis pas que c'est sa faute, à ce pauvre vieux ; mais, conseils ou pas, il ne s'est pas conduit très raisonnablement. Parler, ça ne mange pas de pain, ce sont les actes qui comptent.

— Pourtant, il a été très sympa avec moi au centre, l'ai-je défendu presque malgré moi.

— Je pense bien. Surtout quand tu allais mal, n'est-ce pas ?

— Oui. »

Comment le savait-elle ?

« Eh oui, un toxico, c'est souvent très manipulateur, a-t-elle acquiescé avec compassion. S'il sent que l'autre est particulièrement vulnérable, il rapplique aussi sec. Il n'y a pas qu'avec toi qu'il a dû être sympa, le malheureux. »

Elle s'exprimait sur un ton si placide, si bénin, que je n'ai pas tout de suite saisi ce que ses propos avaient de caustique. Puis je me suis souvenue du manège de Chris avec Misty. De notre promenade nocturne dans le parc du Prieuré. De ses remarques *volontairement* provocantes.

« L'enfoiré ! ai-je explosé. Il a joué avec moi, il m'a menée en bateau, tout ça parce qu'il était mal dans sa peau…

— Ohé, du calme, ma grande ! N'oublie pas qu'il est un peu comme toi. Un toxicomane qui fait ses premiers pas dans la vraie vie. »

Ça m'a coupé le sifflet.

« Il faut que tu te pardonnes, a poursuivi Nola. Tu n'as pas à te reprocher le fait qu'il t'a rejetée. Et pardonne-lui, tant que tu y es. »

À ma propre stupeur, j'ai senti ma colère et mon humiliation mollir. Je voyais Chris sous un autre jour : un pauvre type, aussi paumé que moi. Il n'aurait pas dû coucher avec moi. Mais *moi* non plus, je n'aurais pas dû coucher avec lui. Je n'étais pas une victime. Malgré les mises en garde, j'avais pris la décision de sortir avec lui. Et si tout était parti en eau de boudin, j'en étais en partie responsable.

J'aimais bien ça, ce sentiment de responsabilité. De maîtrise.

Mais, au lieu de crier victoire, je me suis surprise à penser à Luke.

« Qu'est-ce qui t'arrive encore ? a demandé Nola. Tu en fais, une tête… »

Rageusement, d'une voix entrecoupée, je lui ai parlé de la trahison de Luke, de l'enfer que j'avais vécu le jour où il était venu au Prieuré.

Elle m'a écoutée avec bienveillance.

« Et tu l'aimes toujours, a-t-elle dit, une fois que j'ai eu terminé.

— Moi, l'aimer ? »

Je l'ai dévisagée comme si elle avait perdu la boule.

« Je le hais !

— À ce point-là ? »

Elle m'a lancé un regard apitoyé.

« Non, je suis sérieuse. Je ne peux pas le sentir.

— Même s'il a eu la générosité de faire tout ce chemin pour t'aider à prendre conscience de ton problème avec la schnouf ? »

Elle avait l'air abasourdie.

« Moi, je le trouve trop chou.

— Ah non, ne commence pas, ai-je rétorqué avec humeur. Je le hais. Jamais je ne lui pardonnerai... De toute façon, la page est tournée. »

Sur ce, subitement accablée, j'ai gémi :

« Mais je ne rencontrerai personne d'autre. Ma vie est finie. »

Nola s'est levée d'un bond.

« Allez, vite, bois ça », a-t-elle ordonné en désignant ma tasse de café.

Elle a jeté deux billets d'une livre sur la table.

« On s'en va.

— Où est-ce que... ?

— Viens avec moi », a-t-elle dit, hors d'haleine.

Elle est sortie d'un pas énergique et, faisant tinter un trousseau de clés, s'est approchée d'une voiture de sport argentée.

« Monte, ma grande. »

Intimidée, j'ai obéi.

« Où on va ? ai-je hasardé tandis qu'elle roulait à tombeau ouvert à travers la ville.

— Je voudrais te montrer un truc, a-t-elle marmonné vaguement. Ça te plaira. »

Et elle n'a plus desserré les dents jusqu'à ce qu'on pile net devant une maison en brique rouge.

« Descends », a-t-elle dit.

Gentiment, mais avec une grande fermeté. Je ne me fiais plus depuis longtemps à son apparente douceur.

Je suis descendue ; elle a enfilé à toute vitesse l'allée de gravier et, ouvrant la porte de la maison, m'a fait signe d'entrer.

« Harry, a-t-elle appelé. Harry ! »

J'ai cru que Harry était son chien, car aucun Irlandais n'aurait porté un prénom pareil.

Mais, ne voyant point de chien accourir à son appel, j'ai fini par réaliser que Harry devait être ce géant blond et bronzé qui était sorti à sa rencontre.

« Voici Harry, a-t-elle annoncé. Mon mari. Je l'ai rencontré après trois ans de décroche, et j'avais huit ans de plus que toi maintenant. Il est fou amoureux de moi… n'est-ce pas ? »

Elle s'est tournée vers lui.

Il a hoché la tête.

« Fou amoureux d'elle, m'a-t-il confirmé sur le ton de la confidence.

— On a une relation fabuleuse. Parce qu'avant de le connaître j'avais appris à vivre avec moi-même. Tant que ce n'était pas le cas, j'étais une vraie tache, une catastrophe ambulante… C'est clair, ce que je dis là ? a-t-elle demandé, soudain perplexe.

— Comme de l'eau de roche, ai-je grommelé.

— Tant mieux ! Des fois, vois-tu, j'ai l'impression que les gens ont du mal à me suivre… Allez, viens, je te raccompagne chez toi. »

À partir de là, toutes les nombreuses fois où je m'éveillerais en pleine nuit, persuadée de finir ma vie sans que plus jamais un homme ne m'ait touchée, je penserais « Opération Harry », et ma panique retomberait. Car je savais que, après douze mois d'abstinence, j'aurais droit à mon propre Harry.

Nola m'a téléphoné le lendemain pour m'emmener à une autre réunion. Dans une autre salle, avec d'autres participants. Mais l'ambiance était sensiblement la même.

« Reviens, me disait-on. Et, petit à petit, ça ira mieux. »

Le surlendemain, on est allées à une nouvelle réunion. Et le jour d'après aussi.

« Pourquoi tu es si gentille avec moi ? ai-je questionné Nola, non sans appréhension.

— Et pourquoi pas ? s'est-elle exclamée. Tu es tellement chou !

— Pourquoi ? ai-je persisté.

— Ah, a-t-elle soupiré, nostalgique. Quand je t'ai vue au Prieuré, avec ta frimousse renfrognée, tu m'as fait penser à moi. Il y a sept ans, à l'époque où j'étais dans la mouise jusqu'au cou. Ça m'a rappelé la pétoche, la déconfiture, tout. Dès le premier coup d'œil, je me suis dit : Dieu me préserve, mais c'est moi ! »

Je me suis hérissée. Elle était gonflée, la moukère !

« Tu es exactement comme j'ai été, moi ! Pareil. »

Ça m'a adoucie. J'aurais bien voulu être comme elle.

« Je n'aurais pas décroché si les autres n'avaient pas été gentils avec moi. Maintenant, c'est mon tour de l'être. Et quand tu iras mieux, c'est *toi* qui aideras les nouveaux. »

J'étais à la fois émue et exaspérée.

« Tu ne travailles pas ? ai-je demandé lorsqu'elle est venue me chercher le lendemain pour encore une autre réunion.

— Je suis ma propre patronne, a-t-elle répondu, rassurante. Ne t'inquiète donc pas pour moi. »

Il s'est avéré qu'elle dirigeait une agence de mannequins, l'une des plus renommées d'Irlande. Et qu'elle-même avait été mannequin. Ça m'a fait plaisir, qu'une ancienne toxicomane puisse avoir une brillante et prestigieuse carrière. Ça m'a légèrement ébranlée dans ma conviction d'appartenir à une sous-catégorie de perdants.

« On est une flopée de toxicos en voie de guérison à réussir du feu de Dieu dans notre boulot, a-t-elle affirmé. Attends d'aller un peu mieux, et il t'arrivera certainement la même chose. »

Alors là, rien n'était moins sûr.

## 68

Chaque fois qu'elle me surprenait en train de discuter avec un homme, Nola s'empressait de me couper l'herbe sous le pied.

« Ne t'approche pas de celle-là, lui disait-elle. Elle est complètement givrée : elle est passée sous une voiture et a failli y rester, ça fait à peine quinze jours qu'elle a arrêté la neige. »

Et elle m'embarquait manu militari. En revanche, elle m'a présenté des tas de femmes toxicomanes qui, à première vue, ne m'inspiraient pas trop confiance.

Mais, au fil des semaines, j'ai découvert que, tout comme j'avais fini par m'attacher à chacun au Prieuré, j'en étais arrivée à me lier d'amitié avec certains membres des NA. J'ai retrouvé Jeanie, la jolie maigrichonne qui était venue au Prieuré animer la réunion au cours de laquelle j'avais pris conscience de ma toxicomanie. Et je suis devenue copine avec une bouchère (c'était son métier, pas son hobby) qui fumait comme un pompier et répondait au doux prénom de Gobnet.

« Pas étonnant que je sois devenue toxico, a-t-elle déclaré au moment des présentations. Avec un nom pareil. »

Elle a été interrompue par une monumentale quinte de toux.

« Nom de Dieu, a-t-elle soufflé, les yeux larmoyants. File-moi mes clopes. »

Au bout d'un moment, selon une routine bien établie, j'ai pris l'habitude d'assister aux réunions pratiquement tous les jours.

« N'est-ce pas un peu excessif ? ai-je demandé anxieusement à Nola.

— Ah non ! »

J'aurais dû m'en douter.

« Tu te droguais bien tous les jours, alors pourquoi pas une réunion par jour ? Et puis, c'est temporaire : jusqu'à ce que tu ailles mieux.

— Mais… »

Je me suis agitée, mal à l'aise.

« Il faudrait peut-être que je cherche du boulot, non ? Je culpabilise de ne pas travailler.

— Surtout pas, a-t-elle rétorqué en s'esclaffant comme s'il s'agissait d'une bonne blague. Pourquoi travailler ? Profite, prends le soleil dans le jardin, c'est ce qu'on appelle vivre, ma fille.

— Mais…

— Et que ferais-tu, hein ? Tu ne sais pas ce que tu veux faire de ta vie. »

À l'entendre, c'était quelque chose dont je pouvais être fière.

« Ça viendra plus tard. D'ailleurs, tu vas toucher une allocation chômage, non ? »

Prudemment, j'ai hoché la tête.

« Eh bien ! a-t-elle chantonné. Tu auras assez d'argent pour survivre. Considère ça comme une convalescence, comme quand on se remet d'une mauvaise grippe, la grippe émotionnelle. Et, en attendant, fais-toi dorer la couenne !

— Combien de temps, me suis-je alarmée, je devrai vivre ainsi ?

— Le temps qu'il faudra », a-t-elle lancé, désinvolte.

Voyant ma mine s'allonger, elle a ajouté précipitamment :

« D'accord, d'accord. On t'a parlé d'un an au Prieuré, pas vrai ? Occupe-toi de toi pendant un an, et tu verras les progrès que tu auras accomplis d'ici là. Tâche d'être patiente. »

Elle était très convaincante, mais, pour plus de sécurité, j'ai abordé la question du travail avec papa et maman. Face à l'avalanche de protestations que ç'a déclenché, je me suis résignée, temporairement du moins, à coincer la bulle.

À mon grand étonnement, je pensais à la drogue beaucoup moins souvent que je ne l'aurais cru. Et je m'amusais autant en compagnie de Nola, Jeanie et Gobnet que dans mes meilleurs moments avec Brigit. On allait aux réunions, chez l'une ou l'autre, au cinéma, faire du shopping, on prenait des bains de soleil dans nos jardins respectifs. Bref, tout ce qu'on fait normalement entre amies, à part boire et se droguer.

Je me sentais bien avec elles, car elles m'avaient connue sous mon jour le moins reluisant sans porter aucun jugement. Mes histoires les plus honteuses, les plus humiliantes ne les surprenaient guère ; elles en avaient autant à me raconter.

Outre les réunions, j'avais des séances de psychothérapie avec une psychologue spécialisée deux fois par semaine, le mardi et le vendredi.

Peu à peu, mon paysage intérieur se modifiait. Je m'extirpais de mes idées préconçues me concernant comme d'un écheveau de barbelés. Ç'a été un grand jour quand j'ai compris que je n'avais pas à me croire stupide simplement parce que j'avais une sœur qui brillait par son intellect.

J'avais l'impression d'assister au développement très lent d'une photo où ma personnalité émergeait progressivement à la lumière.

Tout n'était pas rose, loin de là.

Mon évolution ne suivait pas une ligne droite. Pour deux pas en avant, je faisais un pas en arrière. Il y avait des moments où j'avais envie de débrancher, de m'offrir un break par rapport à l'inexorable processus de la conscience. Je n'allais pas mal, non... j'étais juste fatiguée d'éprouver des sensations.

Sans parler des jours où je déprimais en songeant à toutes mes années gâchées. Des crises aiguës de culpabilité vis-à-vis de gens qui avaient souffert par ma faute. Nola m'assurait que, quand j'irais mieux, j'aurais l'occasion de me racheter auprès d'eux. Ce qui ne m'enchantait pas non plus.

Pendant que toutes ces émotions bouillonnaient et m'assiégeaient dans le désordre, jamais je n'aurais pu survivre sans les réunions. Nola et les autres me réconfortaient, m'encourageaient, me rassuraient et m'apaisaient. Tout ce que je ressentais, elles l'avaient ressenti auparavant.

« On a survécu, me répétaient-elles. Et on est heureuses, maintenant. »

Le temps passait. Et je ne rechutais toujours pas. Je me sentais différente. Plus calme. Mieux dans ma peau.

Des choses qui m'auraient fait hurler jadis me procuraient à présent une immense joie. Comme aller voir ma copine bouchère, préparer le dîner pour ma famille ou me promener sur le front de mer.

J'avais appris l'intégrité et la loyauté envers mes amies. Je n'ai pas eu le choix, avec Helen dans les parages. Chaque fois qu'elle répondait au téléphone et qu'il y avait quelqu'un des NA au bout du fil, elle criait :

« Rachel, c'est pour toi, encore une tarée, une junkie qui n'a pas su s'en sortir. »

Dans ma vie d'avant, je me serais soumise au jugement d'Helen – ou de n'importe qui d'autre – et j'aurais coupé les ponts avec la personne en question. Mais plus maintenant.

Quelquefois, pour rire, je lui répliquais :

« De quoi as-tu peur, Helen ? »

Histoire de lui flanquer les chocottes.

Jusqu'au jour où elle est tombée sur Nola et moi en ville.

« C'est *vous*, Nola ? a-t-elle glapi, incrédule. Mais vous avez l'air... »

Nola a haussé un sourcil finement arqué en un geste interrogateur.

« Vous avez l'air normale, a balbutié Helen. Mieux que ça : vous êtes superbe. Vos cheveux, vos habits...

— Ce n'est rien, mon petit, a répondu Nola de sa voix chantante. Attendez de voir ma voiture.

— Et son mari », ai-je ajouté fièrement.

Pas une fois je n'ai croisé Chris à l'une des réunions. Au bout de quelque temps, j'ai cessé de le guetter.

Et, pour finir, il m'est complètement sorti de la tête.

Mais un soir, Helen s'est approchée de moi, nerveuse et embarrassée. Aussitôt, je me suis inquiétée.

Jamais je n'avais vu Helen nerveuse et embarrassée.

« Quoi ? ai-je aboyé, rongée par l'angoisse.

— J'ai un truc à te dire.

— Je sais, ai-je crié. Ça saute aux yeux.

— Tu me promets de ne pas te fâcher ? »

Ça devait être vraiment très grave.

« Je te le promets, ai-je menti.

— J'ai un nouveau copain... », a-t-elle avoué, penaude.

J'ai eu un haut-le-cœur. Certes, je ne voulais plus de lui, mais je n'avais pas envie qu'il se tape ma sœur alors qu'il avait fait flanelle avec moi.

« … et tu le connais. »

*Je sais.*

« Il était avec toi chez les barges. »

*Je sais.*

« En principe, il n'a pas le droit de sortir avec une fille pendant un an après avoir arrêté la gnôle… mais je suis raide dingue de lui, a-t-elle gémi. Je n'y peux rien.

— Pas la gnôle, la drogue, ai-je dit, hébétée.

— Quoi ?

— Chris était là pour la drogue, pas pour l'alcool… »

Et pourquoi je lui expliquais ça ?

« Chris qui ?

— Chris Hutchinson, ton… »

Je me suis forcée à prononcer le mot.

« … ton mec.

— Mais non ! a-t-elle protesté, déconcertée. Mon mec, c'est Barry Courtney.

— Barry ? Quel Barry ?

— Vous l'appeliez le jeune Barry. Sauf qu'il n'est pas si jeune que ça. Pour moi, c'est un homme.

— Oh, mon Dieu, ai-je dit faiblement.

— C'est quoi, ces conneries à propos de Chris ? Ah, CHRIS ! »

Je l'observais attentivement. Car j'étais sûre qu'il s'était passé quelque chose entre ces deux-là.

« Il t'a déjà draguée ? ai-je demandé. Et ne me raconte pas de bobards ou je dirai à la conseillère de Barry qu'il est avec quelqu'un, et il sera obligé de rompre. »

Elle semblait en proie à un conflit intérieur.

« Une fois, a-t-elle confessé. Il y a une éternité. Il a débarqué au Club Mexxx complètement flippé. J'ai dit non, s'est-elle empressée de préciser.

— Pourquoi ? »

Je m'attendais à avoir mal, mais à mon étonnement ça ne me faisait ni chaud ni froid.

« Parce qu'il me débectait. »

Elle a haussé les épaules.

« Avec son cinéma à la con. Moi, il ne m'a pas impressionnée. Et puis, je ne voulais pas d'un bonhomme qui avait fricoté avec toi.

— Pourquoi tu ne me l'as pas dit ? ai-je questionné, mortifiée.

— Parce qu'avec tes rechutes, tes accidents et tout, j'ai pensé que ce n'était pas le moment. »

J'ai dû reconnaître que sur le coup elle avait eu raison. Aujourd'hui, en revanche, le problème ne se posait plus.

# 69

L'automne a filé, le temps refroidissait à l'approche de l'hiver.

Quelque chose avait changé. Je n'étais plus en colère contre Luke ou Brigit. Je ne saurais dire avec précision quand c'est arrivé : le pardon et l'amour fraternel vous réveillent rarement en pleine nuit pour vous tarauder la cervelle, comme c'est souvent le cas de la haine et du désir de vengeance.

À présent, j'avais conscience de mon égoïsme monstrueux. Du calvaire que Brigit et Luke avaient dû vivre, avec moi et le chaos que je créais.

Je les plaignais de tout mon cœur, pour les souffrances et les angoisses qu'ils avaient endurées. *Pauvre Brigit, pauvre Luke.* Et je pleurais, je pleurais, je pleurais. Pour la première fois de ma vie, ce n'était pas sur mon propre sort.

Avec une lucidité consternante, je me représentais ce qu'il leur en avait coûté de prendre l'avion et de venir au Prieuré pour dire ce qu'ils avaient dit. Bien sûr, Josephine, Nola et les autres s'étaient tuées à me l'expliquer, mais jusque-là je n'avais pas été prête à les entendre.

Je n'aurais jamais admis que j'étais toxicomane si Luke et Brigit ne m'avaient pas aussi brutalement confrontée avec la réalité. Et je leur en étais reconnaissante.

Je me suis souvenue de la terrible scène finale avec Luke. À présent, je comprenais sa fureur.

Ç'avait couvé pendant tout le week-end. Le samedi soir, on était allés dans une fête et, tandis que Luke discutait musique avec le copain d'Anya, je traînais du côté de la cuisine. Cherchant quelque chose, n'importe quoi. Je m'ennuyais à mourir. Dans l'entrée, je suis tombée sur David, un vague ami de Jessica. Il se dirigeait vers la salle de bains avec un sachet petit mais à l'évidence plein de coke, et il m'a invitée à me joindre à lui.

D'habitude, j'essayais d'éviter la neige *because* Luke, ça le mettait en rogne. Mais une ligne gratos, c'était trop tentant. Et puis, ça me flattait que David se montre aussi sympa avec moi.

« Ouais, merci. »

Et j'ai foncé dans la salle de bains à sa suite.

Quelques minutes plus tard, j'étais de retour auprès de Luke.

« Poulette. »

Il a passé un bras autour de ma taille.

« Où étais-tu ?

— Oh, ai-je reniflé, à droite et à gauche. J'ai parlé avec des gens. »

Je croyais avoir réussi à me planquer derrière mes cheveux. Mais Luke m'a attirée contre lui et, sitôt qu'il a vu mon visage, il a compris. Ses pupilles se sont contractées de colère. Et de déception.

« Tu as été te droguer !

— Pas du tout, ai-je déclaré en ouvrant de grands yeux innocents.

— Arrête de mentir, bordel ! »

Et il m'a plantée là.

Sous mon regard atterré, il a saisi son blouson et a bel et bien quitté la soirée. Un instant, j'ai flirté avec l'idée de le laisser partir. Comme ça, je pourrais m'éclater sans l'avoir sur le dos. Mais, depuis quelque temps, le torchon brûlait entre nous, et j'ai eu peur de prendre ce risque. Je me suis précipitée dans la rue pour le rattraper.

« Je suis désolée, ai-je affirmé en haletant. C'était juste une ligne, je ne le ferai plus. »

Il a pivoté vers moi.

« "Désolée", tu n'as que ce mot-là à la bouche... », a-t-il crié.

Son haleine formait un nuage de vapeur dans l'air glacial de février.

« ... mais tu ne le penses pas.

— Si, je t'assure. »

À ce moment-là, j'*étais* désolée. Je l'étais toujours quand il se fâchait contre moi. C'était lorsque je le sentais m'échapper que je le désirais le plus.

« Oh, Rachel, a-t-il gémi avec lassitude.

— Allez, viens. On rentre et on se couche. »

Je savais qu'il ne pourrait me résister. Qu'un gros câlin lui fermerait le clapet. Mais, une fois au lit, il ne m'a pas touchée.

Le lendemain, il a été aussi tendre que d'habitude, et j'ai su qu'il m'avait pardonné. Comme toujours. Ce qui ne m'a pas empêchée d'être au trente-sixième dessous. On aurait dit que j'avais pris deux grammes entiers de coke au lieu d'une seule ligne. J'ai avalé plusieurs valiums, et ma déprime s'est dissipée ; je me suis retrouvée dans un cocon chaud et douillet.

Le dimanche soir, nous sommes restés à la maison, lovés sur le canapé à regarder une cassette vidéo. Tout à coup, sans crier gare, je me suis vue en train d'inhaler une longue et superbe ligne de coke. Aussitôt, je me suis sentie terriblement oppressée par la présence de Luke.

J'ai changé de position sur le canapé en m'efforçant de me calmer. On était dimanche soir, je passais un bon moment, je n'avais aucune raison d'aller faire la bringue dehors. Seulement je n'arrivais pas à réprimer le désir de coke. Il *fallait* que je parte. J'en sentais déjà l'odeur âcre, fabuleuse, je savourais déjà le flash.

J'ai résisté, résisté, mais c'était plus fort que moi.

« Luke, ai-je dit, la voix chevrotante.

— Poulette ? »

Il m'a souri indolemment.

« Je crois que je vais rentrer chez moi », ai-je bafouillé.

Il m'a dévisagée fixement, son sourire s'était évanoui.

« Pourquoi ?

— Parce que… »

J'allais dire que je ne me sentais pas bien, mais la dernière fois que je lui avais fait le coup, il avait insisté pour me soigner. J'avais dû me taper des bouillottes pour un mal de ventre imaginaire et de la racine de gingembre pour ma prétendue nausée.

« Parce que je commence très tôt demain matin et que je ne veux pas te déranger.

— À quelle heure ?

— Six heures.

— Pas de problème. Ça me fera du bien d'arriver au bureau de bonne heure. »

*Oh non !* Pourquoi, nom de Dieu, fallait-il qu'il soit aussi gentil ? J'avais envie de hurler. La sueur perlait sur mon front.

« Écoute, Luke… »

Trop tard, ça m'a échappé.

« … je ne reste pas ce soir. Un point, c'est tout. »

Son regard est devenu dur. Et malheureux en même temps.

« Désolée, ai-je balbutié. J'ai besoin d'un peu d'air.

— Dis-moi simplement pourquoi. Il y a cinq minutes, tu semblais parfaitement heureuse. C'est quoi : la cassette ?

— Non.

— C'est quelque chose que j'ai fait ? s'est-il enquis avec une pointe de sarcasme. Ou que je *n'*ai *pas* fait ?

— Non, Luke. Tu es super. C'est moi. »

À voir son visage fermé, apparemment je m'adressais à un mur. Mais ça m'était égal. Je m'imaginais déjà en train de danser au Parlour et de traiter avec Wayne.

« Je t'appellerai demain, ai-je soufflé. Désolée. »

Et je me suis ruée dehors, trop soulagée pour m'en vouloir.

En dix minutes, j'ai trouvé Wayne et lui ai demandé un gramme.

« Mets ça sur mon ardoise. »

J'ai ri anxieusement.

« Je dois toucher de l'argent dans une semaine.

— Aucune importance, a-t-il répliqué avec un haussement d'épaules. Tu sais ce qu'on dit… N'achetez pas à crédit, car une balle dans la tête, ça peut faire mal.

— Ha ha ! »

Quel fils de pute !

Finalement, j'ai réussi à le persuader de me vendre un quart de gramme, ce qui était tout juste suffisant pour vaincre le sentiment d'oppression et me procurer l'euphorie du flash.

Quand j'ai réémergé des toilettes, il était parti.

Alarmée, je me suis aperçue que le bar était en train de se vider. Tous ceux que je connaissais de près ou de loin semblaient lever le camp.

« Où allez-vous ? demandais-je dans l'espoir qu'on m'inviterait aussi.

— On est dimanche soir, me répondait-on. Demain, il faut bosser. »

Bosser, demain ? Quoi, ils rentraient se coucher ?

Très vite, je me suis retrouvée seule, gonflée à bloc et sans personne pour faire la fête avec moi. J'ai bien essayé de sourire aux rares clients qui restaient, mais visiblement il n'y avait aucune ouverture de ce côté-là. Déjà, la parano pointait le bout de son nez. Je n'avais pas d'argent, pas de dope, pas d'amis. J'étais larguée, indésirable, mais Dieu que je n'avais pas envie de rentrer.

Finalement, je n'ai pas eu d'autre choix. Malgré mes tentatives, pas un de ces guignols n'a voulu me payer un pot ou me prêter de l'argent. Honteuse, je me suis éclipsée.

Mais, une fois chez moi, ma tête s'est mise à vrombir comme une tronçonneuse et à vibrer comme un bolide de Formule 1. C'était encore pire qu'au Parlour. Du coup, j'ai pris trois somnifères et décidé d'écrire un poème, vu que je me sentais créative et exceptionnellement douée.

Mon mal de crâne étant toujours là, j'ai pris deux autres cachets.

Tout le plaisir du flash était parti, me laissant avec la migraine. Alors, j'ai paniqué. Ça allait durer longtemps ? Et si ça s'éternisait ?

Ma terreur a oscillé de-ci de-là avant de se fixer sur la perspective du lendemain. Il *fallait* que j'aille travailler, j'avais eu trop d'ennuis ces derniers jours pour me permettre de sécher à nouveau. Je ne pouvais arriver en retard, il était temps de redresser la barre. Et, pour ce faire, il était impératif que je dorme. Maintenant. Tout de suite. Sauf que j'étais incapable de fermer l'œil.

Fébrilement, j'ai vidé la fiole de somnifères dans ma main, et j'ai tout avalé d'un coup.

Des voix, une lumière crue dans mes yeux, le lit qui bouge, qui tangue, une lueur bleue, des sirènes, d'autres voix, le lit qui remue à nouveau, la blancheur, une étrange odeur stérile.

« Sale conne », dit quelqu'un.

De qui parle-t-il ? Un signal d'alarme, des pieds qui courent dans le couloir, un choc métallique, une main brutale sur mon menton m'ouvre de force la bouche, un truc plastique sur ma langue me racle la gorge. Un brusque haut-le-cœur, je m'étouffe, j'essaie de me redresser, on me plaque sur le dos, je vomis, des mains fortes me maintiennent sur la table. *Faites que ça s'arrête.*

Moins de vingt-quatre heures plus tard, j'étais de retour dans mon appartement. Entre-temps, Margaret et Paul avaient débarqué de Chicago pour me convoyer dans un centre de cure en Irlande. Je ne comprenais pas pourquoi ils faisaient tant d'histoires. À part la sensation d'avoir été battue, d'avaler des lames de rasoir et d'être sur le point de mourir de déshydratation, je me portais comme un charme. Tout ça n'était qu'un stupide accident, et j'avais hâte de l'oublier.

Sur ce, à ma surprise, j'ai vu arriver Luke.

*Aïe.* J'allais avoir droit à un sermon pour m'être sauvée et avoir pris de la coke ce dimanche soir. Avec toute cette débâcle, lavage d'estomac et compagnie, quelqu'un avait dû le mettre au courant.

« Salut ! »

J'ai souri nerveusement.

« Tu ne devrais pas être au bureau ? Viens que je te présente Margaret, ma lèche-cul de sœur, et son affreux mari. »

Poliment, il a échangé une poignée de main avec Margaret et Paul, mais son visage demeurait sombre et orageux. Pour détendre l'atmosphère, je me suis lancée dans le récit pittoresque de mon réveil mouvementé à Mount Solomon. Mais il m'a agrippée par le bras.

« J'aimerais te parler en privé. »

Il me faisait mal, et son regard fou m'effrayait.

« Comment diable tu peux plaisanter avec ça ? s'est-il exclamé avec rage après avoir claqué la porte de ma chambre.

— Relax. »

Je me suis forcée à rire. Heureusement, il ne m'engueulait pas pour la coke du dimanche soir.

« Tu as failli crever, espèce de conne ! a-t-il éructé. On était tous malades d'inquiétude – et pas seulement à cause d'hier –, en particulier la pauvre Brigit ; et toi, ça te fait rigoler !

— Mais calme-toi, voyons ! ai-je rétorqué, dédaigneuse. C'était un accident.

— Tu es cinglée, Rachel, tu es vraiment cinglée ! Tu as besoin de te faire soigner.

— Depuis quand as-tu perdu ton sens de l'humour ? Tu ne vaux pas mieux que Brigit.

— Je ne vais même pas répondre à ça… Brigit dit que tu pars dans un centre de cure, a-t-il ajouté, radouci. Je trouve que c'est une excellente nouvelle.

— Ça ne va pas, la tête ? ai-je répliqué en m'esclaffant. Moi, dans un centre de cure ? Elle est bien bonne, celle-là. De toute façon, je ne peux pas te laisser tomber. »

Je l'ai gratifié d'un sourire complice, histoire de raviver notre intimité.

« Tu es mon mec. »

Il m'a dévisagée longuement.

« Plus maintenant, a-t-il dit enfin.

— Co… comment ? » ai-je bégayé, glacée d'horreur.

Il s'était déjà mis en colère contre moi, mais jamais au point de rompre.

« C'est fini. Tu es dans un état lamentable, et je voudrais surtout que tu te reprennes en main.

— Tu as rencontré quelqu'un d'autre ? ai-je balbutié.

— Ne sois pas stupide.

— Pourquoi, alors ? »

Cette discussion me semblait complètement irréelle.

« Parce que tu n'es pas celle que je croyais.

— Est-ce parce que j'ai sniffé de la dope dimanche soir ? »

J'avais pris mon courage à deux mains pour poser la question fatidique.

« Dimanche soir ? a-t-il riposté avec un rire grinçant. Pourquoi spécialement dimanche soir ? Mais il s'agit bien de la dope, c'est vrai : tu es totalement dépendante et tu as besoin d'aide. J'ai fait tout ce que j'ai pu pour te convaincre... *t'obliger* à arrêter, et je suis épuisé. »

En cet instant, il avait effectivement l'air épuisé. Découragé, abattu.

« Tu es une fille formidable à bien des points de vue, mais tu causes trop d'ennuis autour de toi. Tu es intenable, et je n'ai plus la force de me battre.

— Oh non ! »

Je n'allais pas me laisser manipuler.

« Jette-moi si tu veux, mais n'essaie pas de me faire porter le chapeau.

— Bon sang, a-t-il explosé, mais tu n'entends rien ! »

Et il s'est dirigé vers la porte.

« Tu te fais des idées, Luke. »

J'ai tenté de le retenir en l'attrapant par la main. Je connaissais l'effet que je produisais sur lui ; ça marchait à tous les coups.

« Lâche-moi », Rachel.

Il a repoussé violemment ma main.

« Tu me dégoûtes. Tu es dans un sale état, une vraie loque. »

Là-dessus, il est sorti dans le couloir.

« Comment peux-tu être aussi cruel ? ai-je pleurniché en me précipitant à sa suite.

— Salut, Rachel. »

La porte d'entrée a claqué derrière lui.

# 70

À l'approche de Noël, chaque fois que j'allais en ville, j'avais les nerfs à fleur de peau. Luke et Brigit étaient sans doute à Dublin, et j'espérais vaguement les rencontrer, l'un ou l'autre. Je scrutais constamment la foule des passants à la lumière des guirlandes électriques. Un jour, j'ai bel et bien cru apercevoir Luke dans Grafton Street. Un homme de haute taille aux cheveux longs qui marchait à grandes enjambées devant moi.

« Attends une seconde », ai-je marmonné à l'adresse de maman.

J'ai couru derrière lui en bousculant un groupe de chanteurs, mais une fois à sa hauteur je me suis rendu compte que ce n'était pas Luke. En un sens, c'était aussi bien. Car je n'avais pas la moindre idée de ce que je lui aurais dit.

Le jour de l'an, une vingtaine de membres de ma famille avec enfants et pièces rapportées s'étaient entassés dans notre salon pour regarder *Les Aventuriers de l'Arche perdue*. Dès qu'Harrison Ford apparaissait à l'écran, tout le monde hurlait :

« Montre-nous ta trique ! »

Même maman, mais uniquement parce qu'elle ne savait pas ce que ça signifiait. Helen était en train de boire un gin-tonic en me décrivant ses sensations au fur et à mesure.

« D'abord, on ressent une sorte de chaleur dans la gorge, a-t-elle déclaré, pensive.

— Ça suffit ! »

Maman a voulu la taper.

« Cesse d'embêter Rachel.

— Mais c'est moi qui lui ai demandé, ai-je protesté.

— Ensuite, c'est comme une brûlure dans ton estomac, et ça irradie dans ton sang…

— Choue-e-tte », ai-je soufflé.

Maman, Anna et Claire piochaient méthodiquement dans une boîte de chocolats en répétant :

« Je peux m'arrêter quand je veux. Quand je veux. »

En plein suspense, on a sonné à la porte.

« J'y vais pas, ai-je crié.

— Moi non plus, a crié maman.

— Moi non plus, a crié Claire.

— Moi non plus, a crié Adam, son copain.

— Moi non plus », a dit Anna aussi fort qu'elle a pu.

Ce n'était pas terrible, mais au moins elle avait essayé.

« C'est à toi d'y aller », a conclu Helen en se tournant vers Shane.

Comme on l'avait viré de son appartement, le petit ami d'Anna vivait maintenant chez nous, à titre officieux. De ce fait, nous voyions Anna beaucoup plus souvent, car elle n'avait pas d'autre endroit où aller.

« O-o-oh, a-t-il gémi. Juste au moment où il va descendre le type avec le poignard dans le souk.

— Où est Margaret quand on a besoin d'elle ? a lancé Adam.

— Lèche-cul », a repris l'assistance en chœur.

La sonnerie a retenti de nouveau.

« Vas-y, a conseillé maman à Shane, si tu ne veux pas dormir sous les ponts ce soir. »

Il est sorti en maugréant, pour revenir quelques secondes plus tard.

« C'est pour Rachel. »

J'ai bondi de mon siège. Ça devait être Nola. Pourvu qu'elle aime bien Harrison Ford ! Quoique, avec Nola, il n'y eût pas de danger : elle aimait tout le monde.

Mais c'était Brigit, pâle et nerveuse, qui m'attendait dans l'entrée. J'ai eu un tel choc que des taches noires se sont mises à danser devant mes yeux. J'ai tout juste réussi à lui dire bonjour.

« Salut », a-t-elle répondu avec un semblant de sourire.

C'était effarant. Nous nous sommes regardées en silence. Je songeais à notre dernière entrevue au Prieuré.

« J'ai pensé que ce serait bien si on se revoyait », a-t-elle hasardé gauchement.

Je me suis rappelé les millions de conversations que j'avais eues avec elle dans ma tête, les répliques cinglantes que je lui avais assenées mentalement. « Ah bon, tu as *pensé*... ? Et dis-moi, Brigit, pourquoi aurais-je envie de te revoir ? Inutile de t'amener ici en croyant que je vais te pardonner, ma soi-disant *amie* ! »

Mais à présent, elles me paraissaient toutes parfaitement incongrues.

« Tu veux... ? »

D'un vague mouvement de la tête, j'ai désigné l'escalier qui menait à ma chambre.

« O.K. »

Elle est montée la première. Moi, je la suivais tout en examinant ses bottes, son manteau, sa silhouette.

On s'est assises sur le lit. Du « Comment ça va ? » on est rapidement passées à « Tu as bonne mine ». Elle *avait* bonne mine, et ça me perturbait beaucoup. Elle s'était fait des mèches, et sa coupe glamour était typiquement new-yorkaise.

« Tu ne prends toujours pas… ? a-t-elle demandé.

— Ça fait plus de huit mois, ai-je répondu avec une fierté timide.

— Nom de Dieu. »

Elle avait l'air consternée et impressionnée tout à la fois.

« Comment va New York ? » ai-je dit, la gorge nouée.

La véritable question était : « Comment va Luke ? », suivie de près par : « Comment tout a pu foirer à ce point-là ? »

« Bien. »

Elle a esquissé un petit sourire.

« Il fait froid, tu sais. »

J'ai ouvert la bouche, déterminée à me jeter à l'eau, mais le courage m'a manqué.

« Et ton boulot ?

— Ça se passe bien.

— Super, ai-je acquiescé chaleureusement. Formidable.

— Et toi, euh… Tu as un travail ?

— Moi ? ai-je répondu en pouffant. Seigneur, non, le fait d'être toxicomane m'occupe à temps complet, pour l'instant. »

Nos regards inquiets se sont croisés brièvement.

Brigit a rompu le silence la première.

« C'est comment, la vie à Dublin ?

— Génial. »

J'espérais ne pas donner l'impression d'être trop sur la défensive.

« Je me suis fait plein de bons amis.

— Tant mieux. »

Elle m'a souri, encourageante, mais ses yeux étaient remplis de larmes. J'ai senti ma gorge se serrer de plus belle.

« Depuis l'autre jour… là-bas…, a commencé Brigit, hésitante.

— Au Prieuré, tu veux dire ?

— Oui. Cette vieille bique, Jennifer…

— Josephine.

— Josephine, soit. Mon Dieu, elle était atroce, je ne sais pas comment tu as fait pour la supporter.

— Elle n'était pas si terrible que ça.

— Oh que si. Enfin, bon, elle m'a dit un truc sur l'intérêt d'avoir un faire-valoir sous la main… »

J'ai hoché la tête. Déjà, je pressentais la suite.

« Et… et… »

Elle s'est interrompue, une larme s'est écrasée sur le dos de sa main. Elle a dégluti, cligné des yeux.

« J'ai pensé que c'était n'importe quoi. J'étais tellement furieuse contre toi que je ne voyais pas du tout ma part de responsabilité dans cette histoire.

— Tu n'en avais pas.

— Elle avait raison… »

Brigit continuait de ramer comme si elle ne m'avait pas entendue.

« Même si je t'engueulais, ça me rassurait de te savoir aussi paumée. Plus tu pédalais dans la semoule et plus j'étais contente de moi. Je suis désolée. »

Sur ce, elle s'est mise à pleurer bruyamment.

« Ne sois pas bête, Brigit, ai-je dit en m'efforçant de rester ferme et de ne pas m'écrouler. Je suis *toxicomane*, tu as vécu avec une toxicomane. Ç'a dû être un enfer, seulement maintenant j'ai conscience de tout ce que tu as enduré.

— J'ai eu tort de t'enfoncer, sanglotait-elle. C'était malhonnête !

— Arrête, Brigit ! » ai-je aboyé.

De surprise, ses larmes ont cessé de couler.

« Je regrette que tu te sentes coupable, mais si ça peut t'aider, toutes ces choses que tu m'as dites quand tu es venue au Prieuré… »

Elle a réprimé une grimace.

« … c'est le meilleur service que tu m'aies jamais rendu. Et je t'en suis reconnaissante. »

Elle a protesté. J'ai insisté. Elle a protesté de nouveau. J'ai réinsisté.

« Tu es sérieuse ?

— Parfaitement sérieuse », ai-je répondu, affable.

Et je l'étais pour de bon.

Elle m'a souri, mélancolique, et la tension est retombée.

« Alors c'est vrai, tu vas bien ? a-t-elle demandé maladroitement.

— Je suis en pleine forme », ai-je assuré avec sincérité.

On s'est tues toutes les deux.

Puis elle s'est risquée à poser une question.

« Et tu racontes partout que tu es toxicomane ?

— Ma foi, je n'arrête pas les inconnus dans la rue. Mais quand c'est pertinent, je le dis.

— Comme dans ces réunions où tu vas ?

— Absolument. »

Les yeux brillants, elle s'est penchée vers moi.

« C'est pareil que dans *Pour l'amour d'une femme*, lorsque Meg Ryan se lève devant tout le monde et annonce qu'elle est alcoolo ?

— C'est exactement ça, Brigit. Sauf qu'Andy Garcia ne se précipite pas vers moi à la fin.

— Ce n'est pas plus mal. »

Brigit a souri subitement.

« Il est immonde.

— Un vrai lézard, ai-je renchéri.

— Un beau lézard, remarque. Mais un lézard est un lézard. »

L'espace de quelques instants, on aurait dit qu'il n'était rien arrivé. Le temps avait cessé d'exister : elle était à nouveau ma meilleure amie, et chacune savait lire dans la pensée de l'autre.

Finalement, elle s'est levée.

« Il faut que j'y aille. Je dois faire ma valise.

— Tu repars quand ?

— Demain.

— Merci d'être venue, ai-je déclaré.

— Merci d'avoir été si gentille avec moi.

— Non, merci à *toi*.

— Il y a une chance pour que tu retournes à New York ? a-t-elle demandé.

— Pas dans un avenir proche. »

Je l'ai raccompagnée jusqu'en bas.

« *Bye*, a-t-elle lancé d'une voix tremblante.

— *Bye*, ai-je répondu », guère en meilleur état.

Elle a ouvert la porte, et mis un pied dehors. Mais, juste au moment où je la croyais partie, elle a fait volte-face et s'est jetée dans mes bras. Nous nous sommes étreintes farouchement. Je sentais ses larmes couler dans mes cheveux ; j'aurais donné tout ce que j'avais au monde pour pouvoir remonter le temps. Pour que tout redevienne comme avant.

Longtemps, nous sommes restées enlacées. Puis elle m'a embrassée sur le front. Je l'ai encore serrée contre moi. Et elle a disparu dans la nuit froide.

On ne s'est pas promis de garder le contact. Peut-être qu'on allait se revoir et peut-être pas. Mais tout était O.K. à présent.

Ce qui ne m'a pas empêchée d'être malheureuse comme les pierres.

J'ai pleuré pendant quarante-huit heures non-stop. Je ne voulais ni Nola, ni Jeanie, ni Gobnet, ni personne d'autre, parce qu'elles n'étaient pas Brigit. Je ne voulais plus continuer à vivre, si ce n'était pas la vie que j'avais connue avec Brigit.

Je pensais que je ne m'en remettrais jamais.

Mais je m'en suis remise. Ç'a été une question de jours.

J'étais fière d'avoir traversé une épreuve aussi douloureuse sans recourir à la drogue. Curieusement, j'étais soulagée de ne plus dépendre de Brigit. C'était bon de savoir que je pouvais survivre sans elle, que je n'avais pas besoin de sa caution ni de son approbation.

Je me sentais forte, capable de tenir debout sans éclisses ni béquilles.

## 71

Et à nouveau le printemps.

J'avais trouvé un boulot. Comme femme de chambre à temps partiel dans un petit hôtel. Je gagnais trois fois rien ; j'aurais payé mes employeurs, ç'aurait été pareil. Mais j'étais très fière de moi. Je mettais un point d'honneur à arriver à l'heure, à travailler dur et à ne pas piquer l'argent que je ramassais par terre, contrairement à mes habitudes d'antan. La plupart des filles bossant là étaient des étudiantes qui arrondissaient ainsi leurs fins de mois. Dans mon ancienne vie, je me serais sentie rabaissée, plus maintenant.

« Et si tu retournais à l'école ? » m'a suggéré Jeanie.

Elle était pour sa part en deuxième année de sciences.

« Tu pourrais même passer un diplôme, une fois que tu sauras ce que tu veux.

— Un diplôme ? Mais ça va prendre un temps fou. Quatre ans, peut-être. D'ici là, j'aurai trente-deux ans. Je serai vieille.

— Tu auras trente-deux ans de toute façon, m'a-t-elle fait remarquer calmement.

— Et j'étudierais quoi ? »

Soudain, l'impensable, le hors de question, ne me semblait plus aussi saugrenu. Pour un peu, j'y aurais presque cru.

« Je ne sais pas, a dit Jeanie. Qu'est-ce qui te branche ? »

J'ai réfléchi avant de répondre.

« *Ceci*, ai-je avoué timidement en nous désignant. Les problèmes de dépendance, de guérison, ce qui se passe dans l'esprit des gens, leurs motivations. »

Depuis que Josephine m'avait parlé de son passé d'alcoolique et de toxicomane, l'idée de suivre son exemple me trottait dans la tête.

« La psychologie, a avancé Nola. Ou une formation de conseillère. Téléphone, renseigne-toi. »

Le 14 avril, j'ai fêté ma première année sans drogue. Nola et les filles m'avaient confectionné un gâteau avec une bougie. Quand je suis rentrée chez moi, papa, maman et mes sœurs m'avaient fait un autre gâteau.

« Tu es formidable, me répétaient-ils. Toute une année sans la moindre drogue, c'est fabuleux. »

Le lendemain, j'ai annoncé à Nola :

« Ça y est, mon année est finie, à présent je peux faire des folies de mon corps.

— Mais oui. Vas-y, fonce ! » a-t-elle rétorqué avec une pointe d'ironie qui m'a décontenancée.

J'ai très vite compris ce qu'elle avait voulu dire par là. Car je n'avais envie de coucher avec personne. Personne ne m'attirait. Et ce n'était pas faute de rencontrer des hommes. Outre les milliers de garçons aux NA, j'ai commencé à sortir le soir avec Helen et Anna. Des escapades dans le monde réel, avec des mecs réels qui ne se droguaient pas et ne savaient pas que j'étais toxicomane. J'étais toujours surprise lorsque je me faisais draguer. Bien sûr, j'étais obligée d'expliquer chaque fois pourquoi je ne buvais pas. Mais apparemment, même s'ils ne pouvaient pas me saouler pour me faire atterrir dans leur lit, ils ne baissaient pas les bras.

Un ou deux de ces prétendants étaient beaux gosses, s'habillaient bien et travaillaient dans la musique ou dans la pub.

Au fond, je ne tirais pas pleinement partie de ma liberté retrouvée. Car hélas, dès qu'une aventure se présentait à moi, la personne à qui je songeais instantanément, c'était Luke.

« Eh bien, qu'est-ce qui te gêne chez les garçons qui n'arrêtent pas de te solliciter ? a demandé Nola après que j'ai eu passé une bonne heure à m'épancher.

— Je n'en sais rien… »

J'ai haussé les épaules, agacée.

« Soit ils m'ennuient, soit ils sont trop bêtes, soit ils ont une nana qui traîne dans les parages en les couvant d'un œil bovin. Ou alors ils se prennent pour la huitième merveille du monde et… Bon, d'accord, il y en a qui sont canon. Ce Conlith, il est *très* séduisant, mais franchement… »

Je me suis tue, accablée.

« Ils ne sont pas assez bien, c'est ça que tu essaies de me dire ? a résumé Nola comme si je venais d'inventer la poudre.

— Exactement ! me suis-je exclamée. Et je n'ai pas envie de m'emmerder à perdre mon temps, j'ai autre chose à faire.

— Nom d'un petit bonhomme, tu as drôlement changé !

— Ah oui ?

— Sûr. Rappelle-toi comment tu étais il y a un an. Tu aurais couché avec le chien du facteur pour éviter de te retrouver seule. »

Le pire, c'était qu'elle avait raison. *Avais-je vraiment été comme ça ?* Cette pauvre chose désespérée, ayant besoin d'un homme à tout prix ?

Quelle transformation !

« Je t'avais promis que tu irais mieux, non ?

— Arrête de plastronner, l'ai-je réprimandée. C'est inconvenant. »

Mais j'ai dit ça avec un grand sourire.

« Tu sais ce que tu as ? a-t-elle répliqué. Comment ça s'appelle, déjà… oh oui, le respect de toi-même ! »

# 72

Les mains tremblantes, j'ai ouvert l'enveloppe. Elle était libellée à mon nom, foyer-résidence Annandale, 15e Rue Ouest, New York.

C'était une lettre de Luke.

Je n'avais pas eu l'intention de revenir à New York. Jamais plus.

Mais, alors que j'en étais à mon quinzième mois sans drogue, Nola m'a brusquement suggéré de m'y rendre.

« Ben oui, vas-y, a-t-elle déclaré comme s'il était question d'une simple promenade de santé. Ce serait une bonne idée, non ?

— Non, ai-je dit.

— Vas-y, je t'assure. »

Sur ce, elle s'est mise en rogne, bien que cette expression soit difficilement applicable à Nola.

« Si tu n'y vas pas, tu seras malheureuse chaque fois que tu y penseras. Allez, ouste ! Retourne sur les lieux où tu as vécu, tâche de te raccommoder avec les gens à qui tu as fait de la peine. »

C'était tout Nola, ça. Les gens à qui j'ai fait de la peine. Il aurait été plus juste de dire : « Les gens que tu as failli bousiller. »

« Comme Luke, par exemple. »

L'idée de le revoir m'a soudain emplie d'excitation.

« Surtout Luke, a ajouté Nola avec un sourire. Il est tellement chou. »

Ensuite, tout s'est déroulé très vite. J'ai emprunté de l'argent que j'ai converti en dollars. J'ai réservé mon billet d'avion et une chambre dans un foyer de jeunes filles, car je n'avais pas les moyens de me payer un studio. Et j'ai fait mes bagages.

À l'aéroport, Nola m'a remis un bout de papier avec une adresse.

« C'est une amie à moi qui vit à New York. Passe-lui un coup de fil, et elle s'occupera de toi.

— Elle n'est pas toxicomane, au moins ? ai-je demandé en roulant de gros yeux. Tu ne m'as jamais présenté que des toxicos. N'as-tu pas de gens *bien* parmi tes amis ?

— Embrasse Luke pour moi, a-t-elle répondu. Et nous deux, rendez-vous en octobre. »

New York en juillet, c'était comme se retrouver sous une couverture chaude et humide.

C'était *too much*. Les odeurs, les bruits, l'effervescence dans les rues, la foule, l'ambiance joyeusement effrontée, les immenses buildings de la 5^e^ Avenue qui emmagasinaient la chaleur moite de juillet, les taxis jaunes, pare-chocs contre pare-chocs dans les embouteillages, l'air imprégné de vapeurs de gas-oil, résonnant de coups de klaxon et de jurons folkloriques.

J'étais dépassée par l'énergie qui se dégageait de cette ville. Et par le nombre de cinglés qui s'asseyaient à côté de moi dans le métro ou m'abordaient dans la rue.

Les trois premiers jours, je me suis réfugiée dans ma chambre au foyer, à lire des magazines et à dormir, les stores baissés.

Je regrettais déjà d'être venue. Ça n'avait fait que rouvrir d'anciennes blessures. Ma famille me manquait. Nola et les autres aussi.

Jeanie m'a appelée de Dublin. J'étais toute contente, jusqu'à ce qu'elle me passe un savon.

« Tu es allée à des réunions ?

— Euh... non.

— Tu as téléphoné à l'amie de Nola ?

— Non.

— Tu as cherché du boulot ?

— Pas encore.

— Bon sang, mais qu'attends-tu pour t'y mettre ? »

Je me suis donc forcée à quitter mon refuge, pour flâner sans but par les rues écrasées de chaleur.

Sans but ? Eh bien, pas vraiment.

C'était plus une *rétrospective* de ma vie à New York. Une sorte d'hommage.

Voici la boutique où j'avais acheté mes mules vert pistache, étrennées la veille de ma première nuit avec Luke. Ici, dans ce bâtiment, se trouvait le bureau de Brigit. Plus loin, par là, il y avait l'Old Shillayleagh ; et, dans cette direction, le garage sordide où Luke, Brigit et moi étions allés voir la sœur de José dans son minable happening.

Je titubais, ployant sous le fardeau des souvenirs. À chacun de mes pas, une nostalgie poignante me vrillait le cœur.

J'ai dépassé ce qui avait été le Llama Lounge, et qui était maintenant un cybercafé.

À force de tourner en rond, j'ai fini par m'aventurer dans la rue de Luke. Légèrement barbouillée en raison de mon état de nerfs – à moins que ce ne soit la canicule –, je me suis arrêtée devant son immeuble.

Impuissante, je restai là, sous un soleil de plomb, à regretter de ne pouvoir changer le cours des événements. J'aurais voulu retourner en arrière pour réécrire le passé. J'aurais voulu n'avoir jamais quitté New York, n'avoir jamais été toxicomane et être toujours avec Luke.

Je m'attardais, espérant à moitié le voir apparaître. Soudain, je me suis rendu compte que les gens allaient me soupçonner de faire le tapin. Alors, je suis partie.

Au bout de la rue, j'ai dû faire halte. Les larmes qui me brouillaient la vue me transformaient en véritable danger public. Adossée au mur, j'ai pleuré, pleuré, pleuré. Je pleurais mon passé, la vie que j'aurais pu vivre si les choses avaient tourné autrement.

J'y serais peut-être encore si une bonne femme hispanophone n'était pas sortie et ne m'avait pas invitée, à grands coups de balai, à déguerpir et à cesser d'être une nuisance pour le voisinage.

J'espérais que ma petite excursion avait apaisé les tourments de mon âme, car je n'avais objectivement pas le courage d'entrer en contact avec Luke.

Au lieu de ça, je me suis employée à organiser mon existence. Pour commencer, j'ai trouvé un travail. Il était très facile de trouver du travail à New York.

À condition d'accepter de trimer pour un salaire de misère. C'était dans un hôtel, une sorte de pension de famille tenue par des Italiens. L'argent mis à part, c'était très sympa. Rétrospectivement, j'avais du mal à comprendre comment j'avais pu m'abaisser à travailler dans un bouge aussi abject que le Motel de la Barbade.

J'ai ensuite téléphoné à Brigit, nerveuse et excitée à la perspective de la revoir. Mais, comble de l'ironie, elle était rentrée en Irlande pour les vacances.

Au bout de quinze jours, ma vie a pris un cours routinier, pas très palpitant, à vrai dire. J'allais au travail. Puis j'allais aux réunions. Et c'était tout.

Le foyer où j'habitais était pour l'essentiel peuplé de robustes filles de ferme originaires de l'un de ces États du Sud que l'on considère comme la capitale mondiale de l'inceste. Elles répondaient aux noms incomparables de Jimmy-Jean, Bobby-Jane ou Billy-Jill. Je brûlais de leur offrir mon amitié, mais elles avaient l'air farouches et semblaient se méfier de quiconque ne faisait pas partie de leur petit monde.

Les seules à se montrer amicales étaient Wanda – une blonde oxygénée de deux mètres qui venait du Texas et ne s'habituait pas au fait de ne pas vivre dans une caravane – et une femme râblée, moustachue, aux cheveux courts, qui se prénommait Brad. Celle-là était *très* gentille, mais, honnêtement, ses motivations me paraissaient suspectes.

C'était une drôle d'ambiance. Je me sentais isolée, solitaire, à part. Ce qui n'était pas totalement déplaisant.

Un soir – j'étais là depuis cinq semaines environ –, je lisais, allongée sur mon lit, quand soudain j'ai eu une envie irrépressible d'appeler Luke. Tout à coup, j'avais l'impression que c'était parfaitement faisable ; je ne voyais pas pourquoi ça m'avait posé un tel problème. Vite, avant que ma résolution ne faiblisse, je suis descendue en trombe dans le hall du foyer, mon porte-monnaie à la main.

C'était un peu gênant de téléphoner d'en bas, avec Bobby-Ann et Pauley-Sue qui faisaient la queue derrière moi pour parler à leur agneau favori resté à la ferme. Mais je m'en moquais. Hardiment, j'ai composé le numéro de Luke, puis, lorsque ç'a sonné, j'ai paniqué en me demandant comment j'allais m'annoncer. « Luke, prépare-toi à avoir un choc » ? « Luke, devine qui c'est » ? Ou « Luke, tu ne te souviens peut-être pas de moi… » À moins que ce ne soit « Luke, s'il te plaît, ne raccroche p… » ?

J'étais tellement surexcitée que j'ai à peine cru mes oreilles quand je suis tombée sur son répondeur (*Living on a Prayer*, Bon Jovi). Après tout le mal que je m'étais donné, il n'était même pas là !

Amèrement déçue et cependant indéniablement soulagée, j'ai raccroché.

Une chose était sûre : il n'avait pas changé d'adresse. Seulement, cette histoire de coup de fil m'avait tellement épuisée que j'ai décidé de lui écrire plutôt.

Au bout de cent soixante-dix-huit brouillons, j'ai réussi à rédiger une missive à la fois humble, amicale et dénuée de toute possessivité. Dans la plupart des versions qui avaient fini à la poubelle, je me prosternais à ses pieds (« Je ne suis pas digne d'essuyer la poussière de tes semelles »). Mais en mettant un bémol à mes excuses, j'ai eu le sentiment que c'était trop froid, pas suffisamment *contrit*.

Quant à la formule finale… « Avec mes amitiés » ? Ou « Bien à toi » ? « Avec toute mon affection » ? « Je t'embrasse très fort » ? « Un tour au plumard, c'est hors de question, j'imagine ? »… Comment faire passer le bon message ? À force de cafouiller, je ne savais même plus quel était ce putain de message, de toute façon.

*Cher Luke*, ai-je finalement écrit dans la lettre que j'ai postée. *Tu seras peut-être étonné d'avoir de mes nouvelles. Je suis de passage à New York et je me demande si tu auras la gentillesse de me consacrer un peu de ton temps. Je suis très consciente d'avoir été odieuse avec toi à l'époque où nous sortions ensemble, et j'aimerais profiter de l'occasion pour te présenter mes excuses de vive voix. Tu peux me joindre à l'adresse ci-dessus. Si tu ne veux pas entendre parler de moi, je comprendrai parfaitement. Amitiés, Rachel (Walsh).*

Je trouvais ça repentant sans verser dans le ridicule, cordial sans être envahissant. J'étais assez fière de moi jusqu'au moment où je l'ai glissée dans la boîte ; là, il m'est apparu que c'était la lettre la plus nulle qu'on ait jamais écrite. J'ai dû me faire violence pour tourner les talons, au lieu d'attendre l'arrivée du facteur afin d'essayer de l'intercepter.

J'espérais ardemment que Luke allait me répondre. Tout en m'efforçant de me préparer à l'autre éventualité. Je n'occupais sans doute pas la même place dans sa vie que lui dans la mienne. Il m'avait peut-être complètement oubliée.

Ou alors, il ne se souvenait que trop bien de moi et ne pouvait pas me voir en peinture. Auquel cas, évidemment, il ne me recontacterait pas non plus.

Quatre jours durant, j'ai traîné du côté de la réception à l'heure de la distribution du courrier, et quatre jours durant je suis repartie bredouille.

Mais le cinquième jour, en rentrant du boulot, j'ai découvert une enveloppe sous ma porte. Sans timbre. Livrée à domicile.

Luke avait répondu.

J'ai pris l'enveloppe dans ma paluche moite, n'osant pas l'ouvrir. Au moins, me consolais-je, il s'était donné la peine de m'écrire.

Sauf si la feuille comportait une seule phrase : « Va te faire foutre. »

Brusquement, je me suis surprise à la déchirer aussi sauvagement qu'un tigre déchiquette une antilope. Je l'ai *massacrée*. Et, le cœur battant, j'ai parcouru le message qu'elle contenait.

Celui-ci était bref et concis. Lapidaire même. Oui, il acceptait de me revoir. Ce soir-là, à huit heures, au café Nero. En cas de problème, je pouvais laisser un message sur son répondeur.

Le ton ne m'a guère plu. Il était inamical, pas du tout dans l'esprit du pardon et du rameau d'olivier. Ce n'était pas cette fois que la caméra allait nous filmer en fondu, les mains jointes au-dessus de nos têtes, en train de chanter en nous balançant *War is Over* ou *Ebony and Ivory*, une de ces chansons tartignoles sur la réconciliation.

Enfin, bon, il voulait bien me voir. Peut-être juste parce qu'il s'était rappelé quelques horreurs qu'il n'avait pas eu le temps de me sortir au Prieuré, ai-je pensé, démoralisée.

# 73

C'était tout sauf un rendez-vous galant. Mais malgré ça, j'ai mis des heures à me préparer. Des *heures* !

Fallait-il jouer la carte de la séduction ou bien de la maturité ? Devais-je essayer de le reconquérir ou allais-je me conduire en adulte, genre « Je ne suis plus du tout celle que tu as connue » ? J'ai opté pour le sérieux, la sobriété. Chignon, un bouquin sur la toxicomanie sous le bras… peut-être que Mickey-Lou voudrait bien me prêter ses lunettes ?

Elle n'a pas voulu. Alors, histoire de rappeler à Luke qu'il ne m'avait pas toujours détestée, je me suis précipitée pour vite, vite me rendre présentable.

Côté garde-robe, c'était très restreint. Mes modestes revenus ne me permettaient aucune extravagance. Condamnée à porter ma jupe longue en jean et un T-shirt court, j'étais rongée par la honte et la contrariété. Jusqu'au moment où j'ai réalisé que désormais j'étais ainsi. Simple, droite, n'ayant rien à cacher. (Et mal habillée, par-dessus le marché.) Je n'avais pas besoin de frimer devant Luke.

Côté maquillage, en revanche, j'ai mis le paquet. Puis j'ai relevé mes cheveux, les ai lâchés, relevés, lâchés à nouveau. Finalement, j'ai décidé de les relever et de ne plus y toucher.

Juste avant de partir, je les ai lâchés.

« Tu es superbe, a beuglé Brad à l'instant où je sortais.

— Merci », ai-je dit nerveusement, pas très sûre que ça me faisait plaisir.

Je ne voulais pas arriver en retard. Ça me coûtait de ne pas jouer à ce petit jeu-là, mais je me suis forcée. Ç'aurait été complètement déplacé. Quand j'ai pénétré dans le café Nero, il n'y avait aucune trace de Luke. Naturellement, j'ai envisagé le pire : qu'il avait changé d'avis et préféré ne pas me rencontrer.

Mon premier réflexe a été de tourner les talons.

Puis je me suis ravisée. Je suis allée m'asseoir et j'ai commandé une boisson. Dix minutes, me suis-je juré. Je n'attendrais pas plus.

C'était un véritable supplice. Les yeux rivés sur la porte, je sursautais chaque fois que quelqu'un entrait.

Au vingtième client qui n'était toujours pas Luke, découragée, j'ai résolu de partir. J'ai fouillé dans mon sac, à la recherche du porte-monnaie pour payer mon eau minérale…

Et soudain, il était là. Qui franchissait le seuil. S'adressait au serveur. Jetait un coup d'œil dans ma direction.

Ç'a été un choc immense de le revoir. Je l'ai trouvé plus grand, plus costaud que dans mon souvenir. Il portait toujours un jean et des cheveux longs, mais son visage était différent. Un visage d'adulte.

Tandis qu'il traversait la salle, j'ai tenté de deviner ses sentiments à mon égard, mais son expression était indéchiffrable. Il n'y a pas eu d'effusions, pas d'embrassades. Il a laissé tomber un laconique :

« Ça va, Rachel ? »

Et il a pris place en face de moi.

Mais comment avais-je pu m'imaginer une seconde que son apparence prêtait à rire ? Il était très bel homme.

J'ai marmonné :

« Hello, Luke. »

Ou quelque chose de tout aussi inepte.

J'avais du mal à croire que c'était bien lui, Luke, assis devant moi, à ma table. À portée de ma main.

Il m'a dévisagée dans un silence hostile. Il allait falloir que je me blinde. Ça promettait d'être plus dur que prévu.

Quand le serveur est arrivé, il a demandé une bière. Moi, j'ai fait signe que je n'avais besoin de rien. Pourtant, Dieu sait que c'était un pieux mensonge.

Je me suis éclairci la voix avant de me lancer dans mon discours tant de fois répété.

« Merci d'être venu, Luke, je ne te retiendrai pas trop longtemps. »

Je parlais vite.

« Ça va te paraître un peu réchauffé, mais enfin, mieux vaut tard que jamais, du moins je l'espère. Ce que je veux dire par là, c'est que je regrette infiniment la peine et les désagréments que j'ai pu te causer quand... euh, quand on s'est connus à l'époque où j'habitais ici. J'ai été horrible avec toi, je ne sais pas comment tu as fait pour me supporter, et tu as eu parfaitement raison de te mettre en rogne contre moi. »

Plus que jamais, une goutte d'alcool aurait été la bienvenue. J'ai repris ma respiration.

« Je ne me serais pas conduite aussi abominablement si je n'avais pas été toxicomane. Je sais bien que ce n'est pas une excuse ; ça n'enlève rien à tout ce que tu as enduré par ma faute, le simple fait de comprendre *pourquoi* j'ai déconné à ce point-là... »

J'ai risqué un coup d'œil sur son visage. Impassible à l'extrême. *Réagis, nom de Dieu !*

« Ça ne t'intéresse sans doute pas, mais juste pour que tu saches que j'ai changé, maintenant je suis fidèle à mes amis. Évidemment, ça arrive trop tard, ç'aurait dû se produire il y a deux ans, lorsque j'ai été tellement salope avec toi... »

Mes paroles continuaient de se heurter au mur de son silence. À un moment, il a bougé sur sa chaise, posant un bras sur le dossier, et, malgré ma misère, je n'ai pas pu m'empêcher de penser qu'il était toujours aussi bandant.

Retour au mea-culpa. J'avais les yeux baissés en faisant tourner mon verre sur la table humide, comme si c'était une planchette de oui-ja.

Finalement, je me suis arrêtée. J'avais épuisé mon stock d'excuses, et il ne disait toujours rien. Avant notre rendez-vous, j'avais redouté sa colère. Mais ç'aurait été préférable à cette passivité monolithique. Au moins, on aurait communiqué.

Histoire de meubler le silence, j'ai redemandé pardon pour des choses que j'avais déjà évoquées.

« Désolée, encore une fois, d'avoir bu le JD de Joey ; désolée de t'avoir fait honte, d'avoir semé la zizanie chez toi à cause de ma toxicomanie... »

Je me suis tue ; il était inutile de recommencer depuis le début.

Il ne me restait plus qu'à partir.

« Bon, eh bien, je vais y aller, ai-je dit humblement. Merci d'être venu. »

À nouveau, j'ai attrapé mon porte-monnaie dans l'intention de payer et de décamper.

Mais Luke m'a coupé la chique en déclarant :

« Bon sang, Rachel, arrête de ramer, t'attaques la falaise !

— Pardon ?

— Rassieds-toi, qu'on puisse causer, s'est-il exclamé sur un drôle de ton qui ressemblait à de la jovialité forcée. Ça fait presque un an et demi que je ne t'ai pas vue. Raconte-moi ce que tu deviens. Comment ça va là-bas, en Irlande ? »

Ce n'était pas tant un rameau d'olivier qu'une simple olive. Mais je n'en demandais pas plus. J'ai lâché mon sac, et je me suis carrée sur ma chaise.

Bavarder à bâtons rompus n'était pas facile. La situation était délicate, et il n'était pas question que je m'offre un remontant. Alors, j'ai fait de mon mieux.

Prudemment, on a discuté de l'économie irlandaise. Comme deux analystes politiques à la télé. La conversation, guindée, progressait avec effort, par à-coups. Je n'avais pas envie de partir, mais c'était épuisant.

Le serveur est revenu. Luke a commandé une autre bière, et moi, une autre eau minérale.

« C'est tout ce que tu bois à présent ? a-t-il risqué, quasi timidement. De l'eau ?

— Oui.

— Nom de Dieu, ce que tu as changé ! »

Il a souri.

« C'est vrai », ai-je répondu sérieusement.

Nous nous sommes regardés. *Regardés* pour de bon. Il avait tombé le masque, et je reconnaissais enfin le Luke d'autrefois. *Mon* Luke. Ç'a duré longtemps. J'étais perdue, car j'oubliais constamment qu'on était aujourd'hui et pas il y a deux ans.

« Bien. »

Il s'est raclé la gorge. Le charme était rompu.

« Merci pour tes excuses. »

J'ai esquissé un petit sourire tremblant.

« Tu sais, a-t-il confessé, repoussant un peu plus les limites, je croyais que tu voulais me voir pour me faire la peau à cause de ce que j'avais dit là-bas, dans ton centre de cure.

— Oh non ! »

J'étais à la fois outrée par cette suggestion et soulagée qu'on ait fini par aborder le véritable objet de notre entrevue. Le déficit de la balance commerciale, ce n'était pas vraiment mon fort.

« Tu as très bien fait. Sans ça, j'aurais peut-être continué à tourner en rond dans mon petit monde fantasmatique.

— J'étais sûr que tu me détestais.

— Mais pas du tout ! »

Plus maintenant, du moins.

— Moi, je m'en suis voulu à mort, a-t-il avoué avec un soupir.

— Tu n'aurais pas dû. J'ai été ignoble.

— Mais non, voyons.

— Mais si.

— Non.

— Si.

— Bon, d'accord, quelquefois, a-t-il concédé.

— Évidemment. »

J'ai souri pour cacher ma déconfiture.

« Et c'est très sympa de ta part d'être venu et d'avoir accepté de subir cette épreuve, alors qu'on n'était pas mariés et qu'on n'était même plus en couple. Pis encore, tu n'étais pas amoureux de moi…

— Bien sûr que j'étais amoureux de toi ! m'a-t-il interrompue, l'air offusqué.

— Non.

— Si.

— Écoute, Luke, je n'affabule pas, tu as dit devant tout le monde dans mon groupe de thérapie que tu ne m'avais jamais aimée. J'ai des témoins, ai-je ajouté en manière de plaisanterie.

— Oh, mon Dieu ! J'ai dit ça, moi ? »

Il s'est frotté le menton d'un geste qui m'a rappelé une autre vie.

« Tu as raison, c'est vrai. Je n'aurais pas dû, mais j'étais en colère, Rachel, très en colère contre toi. À cause de la façon dont tu m'avais traité et dont tu t'étais traitée toi-même. »

J'ai dégluti. C'était toujours aussi douloureux d'entendre ça, mais au moins j'étais contente de savoir qu'il m'avait aimée.

« C'est bizarre, hein, comme les choses changent avec le temps ? a-t-il observé, songeur. Un jour, je suis fou de rage contre toi, et le lendemain – plus d'un an après –, c'est terminé, je ne t'en veux plus. »

Dieu merci, ai-je pensé avec un frisson de soulagement.

« Mais colère ou pas, je t'ai aimée, c'est certain ! m'a-t-il assuré avec ferveur. Crois-tu que je me serais tapé cinq mille kilomètres en avion pour me retrouver dans une salle sinistre face à une bande d'allumés et te démolir publiquement, si ça n'avait pas été le cas ? »

Nous avons tous deux éclaté de rire.

« Ça, pour me démolir, tu m'as démolie. Tu devais m'aimer très fort, je suppose.

— Oh que oui ! »

Il a hoché la tête, ironique.

L'atmosphère s'était soudain détendue.

J'ai demandé des nouvelles de Gaz et des autres. Ce qui, imperceptiblement, a débouché sur une série de « Tu te souviens… ? ».

« Tu te souviens, le jour où Gaz s'est fait tatouer ?

— Et après, son tatouage qui s'infecte, quelle rigolade !

— Tu te souviens, la fois où on a fait du pop-corn et mis le feu à la cuisine…

— Et Joey qui avait piqué un extincteur à son boulot.

— C'était drôlement pratique.

— J'avais complètement oublié cette histoire.

— Moi aussi, jusqu'à ce qu'on en parle. »

Il y a bien eu quelques timides effleurements tandis que nous jonglions avec nos souvenirs. Exquis, doux-amers, écho lointain d'autres caresses.

Après cette incursion dans le passé, j'ai entrepris d'étaler mes récents exploits comme un enfant exhibant ses jouets.

« Ça fait un an et quatre mois que je n'ai pas touché à la drogue ni à l'alcool, me suis-je vantée.

— Bravo, bien joué, Rachel ! »

Luke souriait, admiratif.

Moi, je buvais du petit-lait.

« Et en octobre, j'entre à l'uni-ver-si-té… »

J'ai soigneusement détaché les syllabes pour ménager mon effet.

Là, il a failli tomber de sa chaise.

« C'est vrai ?

— Oui, ai-je acquiescé, rayonnante. Pour étudier la psychologie.

— Nom de nom ! »

Les yeux lui sortaient de la tête.

« Ensuite, tu vas me dire que tu te maries, pour me faire la totale. »

J'ai réprimé un sourire. Quelle drôle d'idée !

« Eh bien ? a-t-il demandé après un silence.

— Eh bien quoi ?

— Tu vas te marier ?

— Ça ne va pas, la tête ?

— N'as-tu pas rencontré de mecs sympa en Irlande ?

— Non. Des connards, ça oui, plein. Mais pas de mecs sympa. »

Il a ri. Ses dents étaient blanches, son aura, dangereuse. Mon cœur a fait un triple saut dans ma poitrine.

Nous avons échangé un regard avant de baisser les yeux. J'avais cru que cette fameuse journée au Prieuré avait sonné le glas de notre relation, mais je me trompais. C'était maintenant que ça se passait.

« Rachel, a déclaré Luke gauchement, il ne faut plus que tu te sentes coupable à cause de moi. »

Abattue, j'ai haussé les épaules.

« Ç'aurait l'air vraiment tarte si je te disais que je te pardonne ? a-t-il interrogé, penaud.

— Pas du tout, ai-je protesté avec véhémence. Je *tiens* à ce que tu me pardonnes.

— Tu sais, a-t-il lancé gentiment, tu n'étais pas si horrible que ça.

— Ah bon ?

— Pas toujours. Et dans les bons jours, il n'y avait pas mieux que toi. Mais alors, pas mieux !

— Sérieusement ? » ai-je murmuré.

Sa douceur inattendue me donnait envie de pleurer.

« Je te le promets, a-t-il chuchoté en réponse. Tu ne te souviens plus ?

— Si. Mais je pensais que je l'avais peut-être rêvé, vu que j'étais constamment dans le cirage et tout. On a donc eu de bons moments, toi et moi ?

— Plein. »

On n'osait pratiquement pas bouger, même l'air ne circulait plus entre nous.

Une larme a coulé le long de ma joue.

« Désolée, ai-je dit en l'essuyant. Je ne m'attendais pas à ce que tu sois gentil avec moi.

— Pourquoi ? s'est-il exclamé, sincèrement surpris. Je suis un mec gentil, moi. »

En effet.

« Juste pour savoir, pourquoi as-tu accepté de me rencontrer ?

— Par curiosité, je voulais voir si tu avais changé. Et aussi parce que tu m'as manqué, a-t-il ajouté d'un ton léger.

— Et alors ? Tu trouves que j'ai changé ?

— On dirait que oui. Il faudrait que je t'emmène faire un tour de piste pour m'en assurer, mais j'ai l'impression que tu as gardé les bons morceaux et balancé les mauvais. »

J'étais aux anges.

« Physiquement, il n'y a pas grand changement, a-t-il décrété, pensif. Tu as les cheveux plus courts, mais tu es toujours aussi mignonne.

— Et toi, toujours aussi craquant. »

J'ai réussi à m'arracher un sourire, mais mon cœur était en lambeaux.

Il n'y a pas eu d'étreinte passionnée, pas de plongeon frénétique par-dessus la table. Le but de nos retrouvailles était d'éteindre les dernières braises, pas de les raviver.

« Il faut que je rentre. »

J'étais malade à l'idée de quitter Luke, mais je ne supportais plus de contempler le gâchis que j'avais provoqué.

« O.K., a-t-il répondu en se levant. Je te raccompagne. »

Je brûlais de savoir s'il avait quelqu'un dans sa vie. En chemin, j'ai tenté de lui poser la question.

« As-tu… ? »

Je ne suis pas allée plus loin.

« As-tu… ? » ai-je recommencé, sans plus de succès.

Finalement, il valait peut-être mieux rester dans l'ignorance.

« Tu sais, a-t-il laissé tomber, désinvolte, je ne suis sorti avec personne depuis ton départ. »

En cet instant-là, j'ai cru en Dieu.

« Prends soin de toi, m'a-t-il recommandé devant la porte du foyer.

— Toi aussi. »

J'aurais voulu être morte. J'attendais qu'il s'en aille.

« Fais attention à toi. »

Il ne partait toujours pas.

« Promis, toi aussi, fais attention à toi. »

Il a avancé le bras d'un millimètre dans ma direction, un mouvement infinitésimal, mais qui nous a littéralement catapultés l'un vers l'autre. Ses jambes étaient plaquées contre les miennes, ses bras m'enserraient avec force ; le visage enfoui dans son cou, j'inhalais son odeur pour la dernière fois. J'avais envie que ça ne s'arrête jamais. Puis, me dégageant brusquement, je me suis ruée à l'intérieur sans un regard en arrière. J'ai manqué me rompre le cou en trébuchant contre Brad qui assistait à la scène, le regard méfiant. À partir de cet instant, je doutais qu'on continue à être copines, elle et moi.

Je savais que le chagrin passerait. Que je finirais par m'en remettre.

Ce que je trouvais le plus dur à avaler, c'était d'avoir attendu que tout soit terminé pour reconnaître enfin combien je l'avais aimé. Mais ça aussi, ça allait passer.

Plus jamais je ne rencontrerais quelqu'un comme lui, me disais-je, anéantie.

Mais si, me reprenais-je aussitôt. Opération Harry.

La tristesse que je ressentais m'était à la fois tourment et rédemption. J'étais revenue pour affronter l'épisode le plus noir de mon passé. J'avais regardé mon ignominie bien en face et j'avais eu le courage de demander pardon à Luke. Je n'avais plus besoin d'avoir honte chaque fois que je pensais à lui.

J'avais sauté le pas.

À défaut d'autre chose.

Mais j'étais extrêmement fière de moi.

J'étais Rachel Walsh. Femme, adulte. Pouliche, poulette, brebis égarée, toxicomane.

Brebis retrouvée.

Survivante.

# ÉPILOGUE

Je m'apprêtais à aller me coucher quand j'ai entendu le ramdam en bas, dans le hall.

Deux semaines s'étaient écoulées depuis mon rendez-vous avec Luke, et j'attendais toujours vainement que la blessure se referme. Ce n'était pas facile d'être adulte et responsable. Mais je puisais un infime réconfort dans ma souffrance. Peut-être qu'elle allait me rendre plus forte.

Quelquefois j'y croyais.

À peu près deux secondes par jour.

Le reste du temps, je le passais à pleurer. Je nettoyais les toilettes, mettais la table et aspirais l'escalier à la *pensione* tout en versant des larmes. Ça ne les gênait pas : les Italiens avaient l'habitude de vivre avec leurs émotions.

Au moment où j'ai entendu les éclats de voix dans le hall du foyer, je me préparais justement à pleurer un bon coup, me dispensant par là même de me démaquiller.

Vu que les distractions étaient plutôt rares, je suis sortie jeter un œil. Le bruit semblait venir du rez-de-chaussée. Je me suis penchée par-dessus la balustrade et j'ai vu la cause de tout ce remue-ménage. C'était Brad qui luttait vaillamment avec un inconnu.

Un inconnu qui, à mieux y regarder, s'est révélé être Luke. Mon cœur s'est presque arrêté.

« Pas d'hommes ici, s'égosillait Brad. Pas d'hommes !

— Je voudrais seulement parler à Rachel Walsh, protestait-il. Je ne fais rien de mal. »

Je savais, j'étais absolument convaincue que ce n'était pas une visite banale. Nos adieux avaient eu un caractère bien trop définitif pour ça.

Tout à coup, il a levé la tête et m'a aperçue.

« Rachel, a-t-il crié, sans me quitter des yeux malgré sa curieuse posture, car Brad le maintenait par le cou. JE T'AIME ! »

Écœurée, Brad l'a lâché brutalement, et il s'est retrouvé les quatre fers en l'air.

Je n'en croyais pas mes oreilles. Et en même temps, pourquoi pas ? Puisque je l'aimais, moi.

« Répète-moi ça, ai-je répondu d'une voix tremblante pendant qu'il se relevait.

— Je t'aime, a-t-il claironné joyeusement en me tendant les bras. Tu es belle, fabuleuse, et je n'arrive pas à te sortir de ma tête.

— Moi aussi, je t'aime, me suis-je entendue déclarer.

— On peut arranger ça, a-t-il affirmé avec empressement. Je rentrerai en Irlande et me trouverai un boulot là-bas. On était bien ensemble, et ça va être encore mieux à présent. »

Les autres filles avaient émergé de leurs chambres, certaines en chemise de nuit.

« C'est pas la porte à côté, Rachel, a lancé l'une d'entre elles.

— Si elle veut pas de toi, a hurlé Wanda la Texane, môa, je veux bien.

— Je t'aime ! » a-t-il clamé de nouveau en montant l'escalier.

Il y a eu des cris et des applaudissements.

« Moi aussi », ai-je marmonné, figée sur le pas de ma porte.

Il s'est engagé dans le couloir. Les filles se retiraient dans les chambres pour le laisser passer, puis ressortaient pour l'admirer par-derrière.

« Rachel », a-t-il dit, parvenu à ma hauteur.

À ma stupéfaction, il a mis un genou à terre. L'assistance s'est déchaînée ! Il m'a pris la main.

« Un tour au plumard, s'est-il enquis en me regardant droit dans les yeux, c'est hors de question, j'imagine ? »

## NOTE DE L'AUTEUR

Le Prieuré n'existe pas. Partout dans le monde, il y a toutes sortes de centres de cure qui prennent en charge les problèmes de dépendance. Les conditions de vie, les traitements et les méthodes thérapeutiques varient d'un établissement à l'autre. Certains sont plus contraignants que le Prieuré, d'autres moins. Quelquefois même, on y trouve *vraiment* des jacuzzis !

Au cours de mes recherches, le dénominateur commun que j'ai découvert a été la recommandation à toutes les personnes dépendantes en voie de guérison de participer aux réunions « anonymes » appropriées. Par conséquent, j'ai jugé nécessaire de faire assister Rachel aux réunions des Narcotiques anonymes, tout en prenant soin de préserver leur caractère confidentiel.

## *Remerciements*

Qu'un certain nombre de personnes soient remerciées ici.

Merci à mes directrices littéraires Kate Cruise O'Brien et Louise Moore pour leur enthousiasme, leur soutien, leur clairvoyance, leur patience, leur amitié et leur foi en moi pendant que j'écrivais ce livre. Merci au personnel de Poolbeg, Michael Joseph et Penguin pour tout leur labeur et leur immense enthousiasme.

Merci à Jenny Boland, Rita-Anne Keyes et Louise Voss, qui ont lu le livre au fur et à mesure de sa rédaction, avec conseils et – plus important encore – éloges à l'appui. L'écriture étant souvent douloureuse, chaque fois que je m'apitoyais sur moi-même ou sombrais dans le désespoir (environ quatre-vingt-sept pour cent du temps), leur soutien m'a été vital.

Merci à Belinda Flaherty qui, pour la troisième année consécutive, s'est laissé convaincre de me servir de cobaye et de lire le produit fini. Merci pour ses commentaires et son enthousiasme.

Merci à tous ces courageux, hommes et femmes, qui se sont portés volontaires pour absorber de la cocaïne à des fins de recherche et qui m'ont fait part de leurs expériences. Leur sacrifice ne sera pas oublié.

Merci à Mags Ledwith pour m'avoir autorisée à utiliser sa « danse de la voiture volée ».

Merci à Siobhán Crummey pour m'avoir autorisée à utiliser son « chant dans la cuisine en réfection ».

Merci à Jonathan Lloyd et Eileen Prendergast pour tout le travail de préparation de contrats, etc. J'apprécie d'autant plus que je ne suis pas exactement une flèche en matière de droit.

Merci à toutes les autres « Rachel » qui m'ont confié leur histoire.

Merci au Dr Geoff Hinchley pour les conseils médicaux.

Et pour finir, merci à Tony, mon mari, mon meilleur ami, ma table d'harmonie, mon psychiatre, mon dictionnaire et mon punching-ball. Que Dieu le bénisse… Y a-t-il quelque chose de pire que d'être l'époux d'un écrivain névrosé ? Sans lui, je n'aurais pas écrit ce livre. Il m'a félicitée, conseillée, cajolée – il est très doué pour les cajoleries –, nourrie, abreuvée, approvisionnée en glaces et en chocolat tout au long du processus. Les jours sans, il a pratiquement dû me laver et m'habiller.

Ce livre est pour lui.

Bien sûr, il n'en veut peut-être pas, après tout ce qu'il a enduré, mais il l'aura quand même.

"Homo ou hétéro ?
Difficile de choisir..."

## *Le choix de Simon*

John Ramster

Simon Lyndon, trente ans, dirige une agence de voyages à Brighton, en Angleterre. Homosexuel, il n'a jamais réussi à trouver l'amour, et éprouve un grand besoin de stabilité affective. Malheureusement, les seules personnes qu'il aime sont ses amis proches, tous hétérosexuels. Un soir, Ruth, son adjointe à l'agence, l'invite à dîner. Et – oh, surprise ! – Simon se sent attiré par elle. Mais, celle-ci part le lendemain pour Manchester et laisse Simon face à ses incertitudes...

***(Pocket n° 11272)***

Il y a toujours un Pocket à découvrir

"Premier amour"

## *Amy et Isabelle*
Elisabeth Strout

Je m'appelle Amy et j'ai seize ans. Je vis à Shirley Falls, en Nouvelle Angleterre, avec ma mère. Mon père est mort quand j'avais deux ans. Je ne l'ai jamais connu. Ici, à Shirley Falls, il ne se passe jamais rien. Enfin… si. Depuis quelques temps, on a un nouveau professeur de mathématiques. Il est jeune, beau, intelligent. Bref, je suis tombée amoureuse de lui. Mais ça, il vaut mieux que ma mère ne l'apprenne jamais…

*(Pocket n° 11324)*

*Achevé d'imprimer sur les presses de*

BUSSIÈRE

GROUPE CPI

*à Saint-Amand-Montrond (Cher)*
*en septembre 2002*

POCKET - 12, avenue d'Italie - 75627 Paris Cedex 13
Tél. : 01-44-16-05-00

— N° d'imp. : 24928. —
Dépôt légal : mai 2002.

*Imprimé en France*

[illegible] - 12, avenue d'Italie - 75627 Paris Cedex 13
Tél. : 01-44-16-05-00

— N° d'imp. [illegible] —
Dépôt légal : mai 2002

Imprimé en France